행정계량분석

이론과 SAS · Excel 프로그램의 활용

김 덕 준 저

法 文 社

머리말

정보화시대의 도래와 진전은 컴퓨터의 활용을 보편화시켜서 이제는 사회과학을 전공하거나 사회현상에 관심을 지니는 사람들도 컴퓨터를 이용한 분석이 필요하다는 사실을 인식하게 되었다. 대학사회에 있어서도 행정학 전공자에게 더 이상 행정계량분석, 조사방법론실습, 고급통계론 등의 과목은 낯선 과목일 수 없게 되었다. 온라인 검색을 이용하거나 혹은 오프라인 서점의 행정학 선반에서 행정계량분석에 관련된 수많은 교재 혹은 컴퓨터 프로그램을 활용한 예제분석 등의 서적이나 자료들을 손쉽게 발견할 수 있게 된 일도 이제는 전혀 신기로운 일이 아니다.

하지만, 행정학 전공자들 중에서 행정계량분석이라는 과목 자체의 성격이나 행정계량분석에 관한 서적을 진지한 지적 탐구의 대상으로 혹은 적극적인 흥미를 가지고 접근해야 할 대상으로 평가하고 있는 비율은 그다지 높지 않음이 사실인 것 같다. 그 이유로는 무엇보다도 일단 그 내용에 있어서 많은 공식과 개념이 등장하기 때문이다. 이러한 공식이나 개념들은 행정학 전공자들이 과거 중고등학교 시절 다른 과목들보다 상대적으로 관심을 지니지 않았던 수학적·통계학적 학습 경험을 다시금 생각나게 해 준다. 결코 유쾌하다고는 할 수 없는 지난 추억을... 실제, 그 동안 행정계량분석과목을 강의하면서 많은 수강생들에게 행정계량분석과목에 적응하기 힘들었던 가장 큰 이유를 질문했을 때, 대부분의 응답자들이 고등학교 시절 문과였던 자신이 그토록 멀리하고 싶었던 거북스럽고 불편한 수학 개념과 수식을 대학에 와서까지 왜 다시 공부해야 하는가의 부정적 선입견을 이야기했던 사실을 분명히 기억한다.

따라서 이 책의 가장 큰 목적은 행정계량분석과목에 대해서 행정학 전공자들이 가지고 있는 부정적 선입견을 제거함에, 최소한 완화시킴에 있다. 이를 위해서는 행정계량분석이 과연 어떤 학문이며, 왜 행정학 전공자가 행정계량분석을 대학수준에서 학습해야 할 필요가 있는가를 생각해 보는 기회가 분명 제공되어야 한다. 분명한 사실은, 어떠한 경우이든 학습의 필요성을 느끼지 못한다면 학습의 효과성이나 효율성은 크게 저하될 수밖에 없다. 바로 이러한 맥락에서 파악할 때, 이 책의 가장 큰 목적을 아무리 강조해도 지나치지 않을 것이다.

행정계량분석과목에 대한 부정적 선입견과 함께 행정학 전공자들로 하여금 행정계량분석과목을 행정학 세부분야 중 상대적으로 중요성이 떨어지는 분야로 평가하거나, 혹은 이 과목과 멀어지게 만드는 또 다른 이유는, 지금까지 등장한 많은 책이나 자료들이 그 내용을 독자들에게 제공하는 방법론상의 문제점에서 찾아 볼 수 있겠다. 즉, 어떤 책이나 자료들은 가뜩이나 선입견을 갖고 있는 행정학 전공자들을 대상으로 이해하기 어려운 추상적인 설명을 위주로 하거나, 혹은 공식의 전개를 강조하는 접근법을 사용하고 있다. 표준편차, 회귀분석, 표본선택편의 등과 같은 생소한 단어와 개념에 대한 친절하지 않은 설명, 그리고 페이지를 가득 채운 복잡한 공식과 수식들은 사회현상의 분석과 평가에 관심을 지닌 독자들에게는 외계 그 어느 곳에서 사용되는 암호문으로서 다가올 수 있을 것이다. 따라서 그 난해하고 복잡한 암호의 해독에 지친 독자들은 중도에 책을 덮을 수밖에 없을 것이다.

또 반면에 어떤 서적들은 정보화시대에서의 컴퓨터 운영기술을 강조하며 시각적 자극의 효과에 매달려, 특정 소프트웨어를 구동시킨 결과화면만을 강조하기도 한다. 이러한 경우, 페이지의 많은 부분을 차지하고 있는 캡처된 프로그램 화면은 중요한 현실문제의 분석과는 동떨어진 하나의 그림파일로만 인식될 수 있다. 캡처된 화면들이 구체적 상황에 활용될 수 있는 이론적 기반, 초보자도 이해할 수 있는 방법으로 그 화면 속의 숫자들을 실제로 도출해 내는 상세한 절차, 그리고 그 숫자들의 의미에 관한 설명을 그저 총천연색 그림들이 대신한다면, 이 또한 독자들로 하여금 종국적으로는 그림책을 중간에 덮어버리도록 만드는 이유가 된다.

따라서 이 책의 두 번째 목적은 행정계량분석에서의 필수적인 개념과 이론을 정확히 설명하고, 나아가 이것이 어떻게 현실의 행정현상의 분석에 활용될 수 있는지의 구체적인 절차를 보여주고 납득시키는 일이다. 이러한 목적을 제대로 충족시키기 위해서는 수학적 원리, 통계학적 원칙에 관한 이해를 기초로 하여 소프트웨어 운영방법의 체득이 뒤따라야만 한다. 실제 이러한 목적은 서로 양립되기 곤란한 두 가지 구성요소를 동시에 포함하고 있는 것으로 파악된다. 즉, 원리 · 원칙에 대한 이해의 강조는 곧 독자로서의 행정학 전공자들의 지적 흥미와 호기심을 반감시킬 수 있는 요인으로 작용할 수 있을 것이다. 반면, 기술의 효용이나 호기심을 강조하여 컴퓨터 운영 절차만을 강조하면, 그러한 기술이 무엇을 위한 것인가를 망각하게 만드는 요인으로 작용될 수 있다는 것이다. 결론적으로 이 문제에 있어서 가능한 한 중용을 지키기 위해서 최대로 노력해야 할 것이다. 하지만, 만일 어느 하나에 더 중요시해야만 한다면, 이 책은 행정학 전공자들이 책 첫 페이지부터 마지막 페이지에 이르기까지 완독하는 것을 돕기 위해서 원리와 공식에 대한 설명을 가능한 한 친절하고 간결하게 전개하는 길을 택하였다.

요약하자면, 이 책은 지금까지 설명한 두 가지 목적을 달성하기 위해서, 학부 행정학 전공자를 대상으로 설정한 행정계량분석과목 입문서로서의 성격을 지닌다. 이러한 맥락에서, 이 책은 학부 행정계량분석과목 수강생들이 한 학기 14주~16주 기간 내에 학습할 중요한 분석주제 13개를 선정하여 다루고 있다. 현실적으로 행정계량분석과목의 입문자들이 이들 13개 분석주제를 한 학기에 전부 다 완벽하게 소화한다는 것은 불가능할 수 있다. 하지만 그 최소한의 기본 원리를 이해하고, 그 원리에 대한 기초적인 소프트웨어 운영방식을 습득한다는 측면이라면, 누구라도 최소 한 학기에 이 책을 한 번은 다 완독할 수 있으리라 기대한다. 또한 이를 위해서는 수강생들의 학습 의욕을 끊임없이 유지시키며 성취감을 부여하는 일이 중요할 것이다. 따라서 그 한 가지 방법으로서, 이 책에서는 누구나 쉽게 접근할 수 있는 컴퓨터 프로그램을 활용하는 절차와 그 결과를 캡처한 화면을 가능한 한 자세히 제시하기로 한다.

이 책에서 활용할 소프트웨어는 가장 일반화된 소프트웨어의 하나인 MS

EXCEL, 그리고 전문화된 통계 소프트웨어인 SAS이다. 마지막 제13장에서는 전문 통계 소프트웨어 SPSS의 작동법 역시 소개할 것이다. 학생들에게 소프트웨어의 사용 방법을 소개할 때마다 가장 여러 번 접했던 반응은 "너무 어려워요" "너무 복잡합니다"의 두 가지였다. 따라서 이 책에서는 이들 소프트웨어의 운영절차와 분석 결과를 컴퓨터에 친숙하지 않은 행정학 전공자가 충분히 이해할 수 있는 쉬운 언어로서 설명해 나가기로 한다. 이와 관련하여, 각 소프트웨어의 새로운 버전 개선이나 수정 사항들까지 전부 다 소개할 수 있다면 더 바랄 나위가 없을 것이다. 하지만, 그러한 희망사항은 현실적으로 달성하기 불가능하다. 또한 기본적으로, 가장 최신버전의 활용과 시각적으로 세련되고 화려한 프로그램의 작성기교를 습득하는 것보다는 기본에 충실하여 논리를 개발하고 적용분야를 확대해 나가는 방법을 생각하는 것이 사고의 폭과 깊이를 넓힐 수 있는 방법임을 고려할 필요가 있다. 따라서 이 책에서는 입문서로서의 성격을 살려 소프트웨어 운영에 있어서도 기본원리 및 그 응용능력을 증진시킴에 강조점을 두기로 한다.

마지막으로 책이 나오기까지 항상 옆에서 응원해주고 힘을 실어준 많은 사람들의 헌신적 노력과 도움이 있었음을 밝히고자 한다. 먼저 언제나 가족을 위해 헌신하며 기도하는 아내 정영소에게 감사의 마음을 전한다. 그리고 늘 현실 속에서 자신을 깨우며 살아가는 두 아들 태범이와 태일이에게 아버지로서의 사랑과 격려, 그리고 응원의 마음을 전한다. 가정에서 묵묵히 기도하시는 연로한 어머니와 힘든 투병생활 중인 큰 누나에게도 감사의 마음을 전한다. 그리고 특별히, 이 책이 출판되도록 큰 힘이 되어 준 법문사 · 민중서림의 김철환 대표님과, 영업부 장지훈 부장님, 그리고 편집부 최문용 차장님께 크게 감사한다.

2015년 8월

저 자 **김덕준**

차 례

제1장 행정계량분석의 의의와 학습 필요성

제1절 행정계량분석의 의의 2

1. 행정의 개념 • 2
2. 계량분석의 의미 • 4
3. 행정계량분석의 의미 • 6

제2절 행정계량분석의 학습 필요성 6

제2장 기본개념의 이해

제1절 변수 10

1. 변수의 개념 • 10
2. 변수의 구분 • 11

제2절 측정 14

1. 측정의 척도 • 14
2. 측정 오차 • 18

제3절 모집단과 표본 19

제3장 중앙경향치와 분산 및 분포

제1절 중앙경향치 24

1. 평균 • 24
2. 중앙값 • 26
3. 최빈값 • 26
4. 측정값의 분포도와 중앙경향치 • 27

제2절 분산 및 분포 29
1. 측정값의 분산 • 29
2. 측정값의 비대칭도 • 32

제3절 컴퓨터 프로그램을 활용한 중앙경향치 실습 35
1. MS Excel을 활용한 실습 • 35
2. SAS를 활용한 실습 • 42

제4장 도수분포와 교차표

제1절 도수분포 54
1. 도수분포의 의미 • 54
2. 계급 • 55

제2절 교차표 55
1. 두 변수간의 교차표 • 55
2. 세 변수간의 교차표 • 57

제3절 컴퓨터 프로그램을 활용한 도수분포 · 교차표 실습 61
1. MS Excel을 활용한 실습 • 61
2. SAS를 활용한 실습 • 69

제5장 확률과 확률분포

제1절 확률의 의미 79
1. 객관적 의미의 확률 • 79

2. 주관적 의미의 확률 • 80

제2절 확률의 기본개념들 81

1. 확률적 실험 • 81
2. 기본결과 • 82
3. 표본공간 • 82
4. 사건 • 83

제3절 확률이론의 주요 공리 및 기본 법칙 84

1. 주요 공리 • 84
2. 기본 법칙 • 85

제4절 확률분포 87

1. 확률변수 • 87
2. 확률변수의 분포 • 89
3. 확률변수의 기대값과 분산 • 90
4. 불연속 확률분포 • 92
5. 연속 확률분포 • 97

제5절 컴퓨터 프로그램을 활용한 확률 계산 실습 108

1. MS Excel을 활용한 실습 • 108
2. SAS를 활용한 실습 • 112

제6장 모집단과 표본

제1절 표본추출 118

1. 무작위 표본추출 • 118
2. 층화표본추출 • 120
3. 군집표본추출 • 121
4. 층화군집표본추출 • 122
5. 체계적 표본추출 • 122

제2절 표본분포 123
1. 평균의 표본분포 • 123
2. 중심극한정리 • 125
3. 비율의 표본분포 • 126
제3절 컴퓨터 프로그램을 활용한 표본추출 실습 129
1. MS Excel을 활용한 실습 • 129
2. SAS를 활용한 실습 • 131

제7장 모수의 추정과 신뢰구간

제1절 모수 추정의 의의 136
1. 통계적 추정의 의미 • 136
2. 추정량과 추정치 • 138
3. 점추정과 구간추정 • 139
4. 좋은 추정량의 기준 • 139
제2절 신뢰구간 추정 141
1. 신뢰구간의 의미 • 141
2. 신뢰수준과 신뢰구간 • 142
3. 모집단 평균에 대한 신뢰구간 설정 • 143
제3절 컴퓨터 프로그램을 활용한 신뢰구간 설정 실습 155
1. MS Excel을 활용한 실습 • 155
2. SAS를 활용한 실습 • 162

제8장 가설검정

제1절 가설검정의 기본개념 172
1. 가설검정의 의미 • 172

2. 귀무가설과 대립가설 • 173
3. I종 오류와 II종 오류 • 173
4. 유의도(유의수준) • 175
5. 임계치 • 177
6. 단측검정과 양측검정 • 178
7. 가설검정의 순서 • 179

제2절 가설검정의 실행 180
1. 정규분포를 활용한 가설검정 • 180
2. t-분포를 활용한 가설검정 • 185

제3절 컴퓨터 프로그램을 활용한 가설검정 실습 188
1. MS Excel을 활용한 실습 • 188
2. SAS를 활용한 실습 • 194

제9장 두 집단 평균의 차이 검정

제1절 일반적 가설검정의 절차 적용 205
1. 가설의 설정 • 205
2. 유의수준 α의 결정 • 206
3. 유의수준 α에 해당하는 임계치 계산 • 207
4. 표본의 검정 통계량 계산 • 210
5. 검정통계량과 임계치의 비교에 따른 의사결정 • 216

제2절 가설검정의 예 218
1. 정규분포를 활용하는 경우 • 218
2. t-분포를 활용하는 경우 • 221

제3절 컴퓨터 프로그램을 활용한 두 집단의 평균의 차이 검정 실습 224
1. MS Excel을 활용한 실습 • 224
2. SAS를 활용한 실습 • 230

부록 두 집단 평균의 차이 검정 – 쌍체표본의 경우

제1절 쌍체표본의 검정 절차 235

제2절 컴퓨터 프로그램을 활용한 쌍체표본의 평균의 차이 검정 실습 239

1. MS Excel을 활용한 실습 • 239
2. SAS를 활용한 실습 • 241

제10장 χ^2검정

제1절 χ^2검정의 절차와 특징 247

1. χ^2검정의 절차 • 247
2. χ^2검정의 특징 • 251

제2절 컴퓨터 프로그램을 활용한 χ^2검정 실습 252

1. 교차표 입력을 통한 χ^2검정 • 253
2. 원 자료 활용을 통한 χ^2검정 • 257

제11장 상관분석

제1절 상관분석의 의의 264

1. 변수간 관계 • 264
2. 공분산 • 267

제2절 상관계수의 특성 269

1. 상관계수의 계산 • 269
2. 상관계수의 유의성 검정 • 274
3. 상관계수의 활용 및 한계 • 275

제3절 컴퓨터 프로그램을 활용한 상관분석 실습 275

1. MS Excel을 활용한 실습 • 275

2. SAS를 활용한 실습 • 280

제12장 단순회귀분석

제1절 회귀분석의 본질 287
1. 회귀의 본래 의미 • 287
2. 회귀의 현대적 해석 • 288
3. 통계적 관계와 함수적 관계 • 288
4. 회귀분석과 인과관계 • 289
5. 회귀분석과 상관관계 • 290
제2절 회귀분석의 논리 291
1. 단순회귀분석의 기본 논리 • 291
2. 모회귀선의 추정 • 299
3. 회귀계수의 특성 • 305
4. 회귀분석의 기본가정 • 312
제3절 회귀계수와 회귀모형의 유의성 검정 317
1. 회귀계수 유의성 검정의 의미 • 318
2. 회귀계수 유의성 검정의 절차 • 320
3. 회귀모형 유의성 검정의 의미 • 321
4. 회귀모형 유의성 검정의 절차 • 322
제4절 컴퓨터 프로그램을 활용한 회귀분석 실습 323
1. MS Excel을 활용한 실습 • 323
2. SAS를 활용한 실습 • 329

제13장 결측치 처리

제1절 결측치의 개념과 중요성 336

1. 결측치의 의미 • 336
2. 결측치의 영향력 • 337

제2절 결측치의 발생 메커니즘 342
1. 완전무작위 결측치 • 342
2. 무작위 결측치 • 343
3. 무시할 수 없는 결측치 • 344

제3절 결측치의 보완 기법 345
1. 완전제거법 • 345
2. 평균대체법 • 346
3. EM-기법 • 348
4. 회귀분석 기법 • 349

제4절 컴퓨터 프로그램을 활용한 결측치 보완 기법 실습 350

부 록 359
〈표 1〉 이항분포표 • 360
〈표 2〉 정규분포표 • 365
〈표 3〉 student−t 분포표 • 366
〈표 4〉 F분포표($\alpha=0.01$) • 367
〈표 5〉 F분포표($\alpha=0.05$) • 368
〈표 6〉 χ^2분포표 • 369
〈표 7〉 무작위표(난수표) • 370

참고문헌 371

색 인 375

행정계량분석의 의의와 학습 필요성

제1절 행정계량분석의 의의
제2절 행정계량분석의 학습 필요성

01 행정계량분석의 의의와 학습 필요성

제1절 행정계량분석의 의의

행정계량분석이 과연 무엇을 어떻게 하는 지적 활동이며, 또한 왜 중요한가를 간략히 살펴보기 위해서 하나의 단어로서의 행정계량분석을 구성하고 있는 개념적 요소들을 구분해 보기로 한다. 그렇다면 누구나 행정계량분석은 '행정'과 '계량분석'이라는 두 개의 큰 요소로 구성되어 있음을 알 수 있다. 즉, 행정계량분석이라는 활동은 행정이라는 대상을 계량분석한다는 의미임을 쉽게 파악해 볼 수 있다. 그렇다면 조금 더 자세하게 과연 행정이란 어떠한 뜻인지, 행정이란 어떠한 현상을 의미하는지, 계량분석이란 또 어떠한 특성을 지니는 지적 활동인지를 살펴보기로 하자.

1. 행정의 개념

행정이 무엇인지를 개념적으로 정의하는 일은 절대로 간단한 일이 아니다. 기본적으로 행정은 그 현상의 복잡성으로 인하여 단순한 일반화가 불가능하기 때문이라고 할 수 있다. 하지만 일반적으로 행정은 넓은 의미의 행정 개념과 좁은 의미의 개념으로 구별되고 있다. 전자의 관점에 있어서 행정은 곧 공동목표를 달성하기 위한 인간협동의 측면에 중점을 두는 현상을 지칭한다. 후자의 좁은 의미의 행정의 개념인 경우, 행정은 정부, 특히 관료조

직을 통해서 이루어지는 여러 가지 활동을 의미한다. 이러한 두 가지 종류의 커다란 개념적 틀 안에서 시대에 따라서, 학자에 따라서, 또한 강조되는 분석초점의 차이에 따라서 다양한 행정의 개념이 제시되어 왔던 것이 사실이다.

행정학이 정치학과 결별하여 하나의 독자적 학문으로서 태동되기 시작하였던 시기에 있어서는, 행정은 효율(efficiency)과 관리(management)의 가치를 강조하는 과학화의 개념을 지향하는 것으로 이해되었다. 즉, 행정이란 공공의 사무를 관리하는 사회기술적 과정 혹은 기술체계로서 파악되었다. 이후 1930년대 경제대공황 시기가 도래하자, 행정이 이른바 시장실패(market failures)를 해결하는 문제해결의 기능을 담당해야 할 필요성이 제기될 수밖에 없었다. 이러한 상황에서는 행정이 담당해야 하는 정치적 혹은 정책적 기능이 강조되는 경향을 발견할 수 있을 것이다. 1940년대 이후에는 행정학뿐만 아니라 사회과학전반에 걸친 과학화의 신봉이 가치판단의 문제보다 경험과 관찰에 입각한 객관적 사실판단을 중시하는 행태주의(behavioralism)의 시대를 가져오게 되었다. 이러한 맥락에서 행정의 개념은 곧 협동적인 집단행동으로 파악되었으며, 행정현상에 관한 연구는 행정인의 의사결정행태에 그 분석초점을 설정하게 된 것을 이해할 수 있겠다. 이후 냉전체제 하에서의 유럽의 복구 및 제3세계의 개발이 문제시되고, 현대 행정학의 발전을 이끌어오던 미국 역시 1960년대 갖가지 혼란한 국내문제들을 해결할 필요성에 직면하게 되었다. 자연히 이 당시의 행정은 국가사회의 개발과 발전을 위해 정치적, 사회적, 경제적 목표설정에 적극적으로 참여하고, 그에 합당한 정책과 계획을 수립하여 이를 효율적으로 집행하고 관리하는 역할수행으로 개념화되었다. 이와 같이 1970년대까지는 점차적으로 공공정책과정에서 핵심적 기능을 수행하는 것이 행정이라는 개념이 용인되었다. 이후에도 행정의 개념은 시간경과와 함께 지속적인 변화과정을 거쳤다. 전통적인 관료제의 틀을 깨고 작은 정부를 이루기 위하여 시장주의와 새로운 관리의 원칙들을 결합시킨 행정 개념도 등장하였다. 최근에는 정부와 민간이 공공문제의 해결을 위해 모두 네트워크로 연결되는 것이 행정의 과제이자 개념으로 등장한 것도 발견할 수 있다.

지금까지 간략히 살펴본 바와 같이, 행정의 개념은 지속적인 변천과정을 겪었으며, 또한 앞으로도 변화될 것이 분명하다. 그렇다면 이제 지금까지의 논의를 정리하여 다양한 행정의 개념 중에서도 공통적인 어떤 요소를 추출해 봄으로써, 비록 정확하지는 않더라도 개략적으로나마 행정이 무엇인가의 질문에 답하기로 한다. 무엇보다도 행정은 첫째, 공익을 위한 서비스의 생산, 공급, 배분에 관계된 활동임을 알 수 있다. 둘째, 행정은 정부의 활동이건, 준정부기구의 활동이건, 혹은 민간부문과의 협력관계를 통한 활동이건, 그 기본 배경에 있어서 정치권력이 개재되는 활동을 지칭하는 것임을 이해할 수 있다. 셋째, 보다 구체적으로 행정은 정책의 형성 및 집행, 정부조직의 관리, 그리고 공공문제의 해결을 위해서 공사를 막론한 참여자 간의 네트워크 구축과 관리에 관련된 활동을 의미하는 것으로 파악할 수 있겠다.

2. 계량분석의 의미

앞서 행정이란 무엇인가의 문제를 살펴봤는데 분명 이러한 행정이 제대로 역할을 수행하기 위해서는, 혹은 행정이라는 활동을 잘 하기 위해서는, 아니면 다른 말로 행정이 그 기능을 다하기 위해서는, 해결해야 할 문제에 대한 답을 잘 찾아내고, 또한 이러한 활동을 위해서 필요한 정보를 수집하고, 분석하고, 해석하는 일이 필요하다. 바로 이러한 필요성을 인정하는 바탕 위에서 우리는 다음 질문인 계량분석이 무엇인가의 문제에 효율적으로 접근할 수 있다.

기본적으로 사회현상에 대한 답을 구하는 방법에는 질적 분석방법, 그리고 양적 분석방법 내지는 계량분석방법이라고 부르는 두 가지 방법이 있다. 연구자가 어떠한 방법을 채택하느냐에 따라서 분석 후의 자료의 의미 및 연구결과의 해석이 크게 달라지기에, 두 가지 분석방법의 본질이나 특성에 관하여 살펴볼 필요가 있다. 먼저, 질적 분석의 본질은 철학연구를 생각하면 쉽게 이해할 수 있다. 질적 분석에서는 연구자의 주관을 인정해서 연구자가 선택한 연구대상에 대해서 주관에 입각한 깊이 있는 연구가 진행된다. 이와 대비되는 계량분석으로는 수학이나 통계학을 사용한 분석을 생각할 수 있다. 계량분석은 질적 분석과는 달리, 경험적인 자료를 대상으로 수학, 통계학을 활용해서 객관적인 답을 찾아낸다. 이 답은 누구나 동의하는 일반화(generalization)를 이루는 것을 목적으로 한다. 〈표 1-1〉은 이와 같은 질적 분석과 계량분석의 특성을 간략하게 요약하고 있다.

〈 표 1-1 〉 질적 분석과 계량분석의 대비

	사회과학방법론	
구분	질적 분석	양적, 계량분석
목적	대상 자체에 관해서 깊이 있는 연구를 한다.	일반화(generalization)를 이룬다.
철학적 배경	구조주의, 해석주의, 후기 실증주의를 배경으로 한다. 분석가의 주관을 인정하는 철학적 연구가 이루어진다.	실증주의, 경험주의를 배경으로 한다. 경험적인 자료를 수치화해서 이를 수학, 통계학을 사용해서 계량적으로 분석한다.
분석가와 연구대상의 관계	상호작용이 존재한다. 따라서, 주관적 해석이 가능하다.	상호 독립적으로 구분되어 있다. 따라서, 객관성의 확보가 가능하다. 객관성이란 동일한 연구대상에 대하여 동일한 방법으로 연구한 결과는 동일하다는 의미이다.
접근법	주관에 따라서 연구대상에 대한 이해, 설명, 예측이 진행된다.	통계적 일반화가 연구대상에 대한 기술, 설명, 예측을 주도한다.

비록 이 책의 이름이 행정계량분석이라고 하여도, 질적 분석과 계량분석의 두 가지 분석방법 중에서 질적 분석이 연구대상을 분석함에 있어서 부정확한 방법이며 비효율적인 방법이라는 점을 주장할 의도는 추호도 없다. 질적 분석과 계량분석 두 가지 분석 방법 모두가 장단점을 가지고 있음이 사실

이다. 또한 연구대상의 성격이나, 연구대상에 관한 접근 가능한 자료의 특성에 따라서 보다 적합한 방법이 결정될 수 있음도 사실이다. 따라서 질적 분석과 계량분석 둘 중에서 하나를 무조건적으로 선택하거나 어느 한 가지 방법의 장점만을 주장하는 것은 이치에 맞지 않다. 이보다는 연구대상의 특성, 자료의 특성에 따라서 두 방법을 상호보완적 관점에서 활용할 수 있다면 보다 합당한 연구결과를 도출해 낼 수 있을 것이다.

3. 행정계량분석의 의미

이제 우리는 행정이 어떠한 현상인가를 파악하였으며, 이어서 계량분석이라는 분석 방법의 특성도 검토하였기에 행정계량분석이 무엇인지를 희미하게나마 머릿속에 그려볼 수 있게 되었다. 즉, 행정계량분석은 행정현상을 분석함에 있어서 연구자의 주관에 입각하기보다는, 누구라도 동의할 수 있는 객관적인 답을 찾아낼 수 있는 수학, 통계학과 같은 계량적인 분석방법과 기법, 절차 등을 응용하는 지적 활동이라고 이해할 수 있을 것이다. 이러한 활동을 통해서 우리는 행정현상을 살피고, 당면한 과제가 무엇인지 찾아내고, 그 문제를 해결할 수 있는 정책을 결정하고, 그것을 효율적으로 집행하고, 그 결과가 어떠한 것인지 과학적으로 평가할 수 있게 된다.

제2절 행정계량분석의 학습 필요성

행정계량분석이 어떠한 지적 활동인가를 이해했지만, 아직도 대부분의 행정학 전공자에게 제기되는 가장 큰 의문은, 계량분석 못지않게 훌륭한 분석기법인 질적 분석이 있음에도 불구하고 사회과학 전공자인 자신이 구태여 수학, 통계학을 활용하는 계량분석을 학습해야 하는 필요성은 무엇인가의 의문이다. 그 이유는 다음과 같이 요약될 수 있다.

첫째, 행정계량분석은 우리의 사고를 명확하고 분명하게 만들어주는 하나의 연습과정이며 학습과정이기 때문에 반드시 학습해야 한다. 즉, 행정현상을 연구대상으로 하여 행정문제에 대한 답을 구하는 방법으로는, 분석가들마다 주관에 따라서 답이 다 틀릴 수 있는 일종의 구름 잡는 식의 답을 구하는 방법보다는, 누구든 동일한 문제에 대하여 동일한 방식으로 접근할 때 동일한 답을 구할 수 있는 방법을 택하는 것이 바람직한 방법이 될 수 있다. 이러한 맥락에서 파악할 때, 행정계량분석은 무엇이 문제인지를 정확히 파악하고 정의하게 하며, 문제 해결을 위한 대안들의 객관적 가치가 무엇인가를 냉정하게 평가할 수 있게 하며, 이를 위한 자료나 정보들을 체계적으로 조직화하고 정리하고 제시할 수 있는 방법과 절차를 훈련시키는 지적 활동이다. 즉 행정계량분석은 우리의 사고 체계를 정비해 주고 개발시키는 지적 활동이기 때문에 반드시 학습해야 한다.

둘째, 행정계량분석은 행정전문가, 행정학도, 그리고 행정학에 관심이 있는 일반인들에게 행정현상의 분석과 이해에 필요한 소통의 언어, 혹은 도구를 제공해 주기에 반드시 학습할 필요가 있다. 즉, 행정계량분석을 학습함으로써 현상에 대한 의사소통이 보다 분명해지고 명확해질 수 있는 장점을 생각해야만 한다. 또한 이러한 의사소통수단의 획득을 통해서 학습자들은 지식과 능력을 습득해 나가며 자기발전을 이루어 나갈 수 있기에 반드시 행정계량분석을 학습해야만 하는 것이다.

셋째, 행정계량분석을 통해서 실제 행정문제의 해결이 가능하기에 반드시 학습할 필요가 있다. 첫 번째 학습 필요성에서 지적했듯이, 행정계량분석을 통해서 정확히 문제를 이해하고 대안을 평가할 수 있으며, 두 번째 학습 필요성에서 지적했듯이, 전문가집단에서의 의사소통이 활발히 이루어지는 가운데 행정현상에 관한 전문적 지식과 능력이 향상된다면, 그 자연적 결과로서 현실문제의 해결과 이를 통한 현실 개선을 이룩해 나갈 수 있을 것이다.

넷째, 행정계량분석은 다양한 행정학 연구분야들의 기초가 되는 필수불가

결의 역할을 하기 때문에 반드시 행정계량분석을 학습하여야 한다. 예로서, 행정계량분석을 학습하지 않고서는 정책평가나 정책분석 등을 제대로 학습하는 일이 불가능하게 된다. 기본적으로 행정계량분석은 수학과 통계학이라는 기본적 분석방법을 제공하기에 이러한 방법론적 기초가 구축되지 않고서는 방법론 응용분야의 연구는 불가능한 과제인 것이다.

다섯째, 행정계량분석은 컴퓨터의 활용이 보편화된 지식정보화 사회의 시대상황에 극적으로 부응하는 활동이기에 반드시 학습해야만 한다. 즉, 행정계량분석의 학습자들은 컴퓨터를 사용함으로써 정확하고 객관적인 분석을 수행할 수 있게 되고, 이는 결과적으로 과학적이고 객관적인 지식체계를 구성해 나갈 수 있게 해 준다. 따라서 행정계량분석은 지식정보화 사회에서의 행정과학화라는 열망에 접근해 가는 통로로서 간주될 수 있기에 반드시 학습할 필요성이 있다는 것이다. 덧붙여 행정계량분석이 실용적 지식체계가 되기 위해서라면, 학습된 이론적 내용들을 컴퓨터를 사용하여 실습할 필요성이 있다. 이러한 과정을 통해서 자연히 학습자들은 컴퓨터의 운용능력을 익히고 개발해 갈 수 있기에 결국 행정계량분석은 지식정보화 시대의 시대상황과도 잘 부합되는 분야임이 분명해진다.

종합해 볼 때, 이러한 행정계량분석의 학습 필요성 하나 하나를 고려한다면 행정학 연구분야의 하나로서의 행정계량분석의 중요성은 아무리 강조해도 지나치지 않을 것이다. 따라서, 사회과학도로서의 행정학 전공자들에게 행정계량분석은 반드시 학습해야만 할 분야임이 분명하다.

02 기본개념의 이해

- 제1절 변수
- 제2절 측정
- 제3절 모집단과 표본

02 기본개념의 이해

제1절 변수

1. 변수의 개념

지금까지 강의를 통해서 학생들에게 "변수(variable)가 무엇인가?" 질문했을 때, 가장 쉽게 들을 수 있었던 답변은 "예, 변수는 변하는 수입니다"였다. 이 답변은 변수(變數)라는 한자어, 혹은 영어단어(동사 vary와 관련된 variable) 그대로를 우리말로 풀어서 답한 것이다. 이러한 답변은 행정계량분석 기본개념으로서의 변수의 정의로서는 크게 부족한 것으로 평가할 수 있다. 때로는 정치인들의 대화 속에서 변수의 개념과 관련된 잘못된 인식을 발견하기도 한다. 즉, "이러 이러한 요인은 너무나도 중요하기 때문에 변수가 아니라 상수(常數)로 파악해야 한다"는 식의 정치인들의 대화내용은 변수를 상대적으로 중요하지 않은 것을 함축하고 있는 것으로 해석할 위험성을 가지고 있다. 과연 변수가 의미하고 함축하는 바가 이러한 것일까? 그렇지 않다.

간략하게 변수의 정의를 제시하자면 변수는 연구자가 연구대상의 어떠한 측면을 조사하는가, 즉 어떠한 측면을 관찰하느냐의 관찰의 관점을 나타낸다. 즉, 연구자가 연구대상이 한 달에 어느 정도의 소득을 올리고 있는지에 관심을 두어 이를 조사한다면 월소득이 바로 변수가 되는 것이며, 연구대상이 학교를 어디까지 다녔는지에 관심을 두어 이를 조사한다면 학력이 바로 변수가 되는 것이다. 따라서 각개 연구대상에 따라서 월소득과 학력과 키, 몸무게, 출신지, 대통령에 대한 지지도 등등의 변수의 측정치가 달라질 수 있기에, 즉 변화할 수 있기에, "변수는 변하는 수입니다"라는 답변도 이해할 수는 있지만 정확한 정의라고는 할 수 없겠다. 또한 연구자가 연구대상에 관심을 갖고 조사하려는 관찰의 관점이 바로 변수라면 당연히 변수는 상황에 관계없이 일정한 것으로 주어지는 상수에 비교할 수 없을 만큼 훨씬 더 중요한 것이라 할 수 있겠다.

2. 변수의 구분

변수는 크게 독립변수와 종속변수, 양적 변수와 질적 변수, 이산변수와 연속변수 등으로 구분될 수 있다. 그 각각의 내용을 살펴보기로 하자.

1) 독립변수와 종속변수

변수들을 구분하는데 있어서 가장 중요한 구분은 바로 변수들 간의 인과관계(因果關係, causality or causation)에 따라서 독립변수(independent variable)와 종속변수(dependent variable)로 구분하는 것이 될 것이다. 독립변수는 원인변수, 혹은 설명변수, 혹은 가설적 변수라고도 칭하는데, 이는 변수간에 원인과 결과의 관계가 성립될 때, 원인의 역할을 담당하는 변수를 말한다. 반면 종속변수는 결과변수, 피설명변수, 예측변수라고도 하며 독립변수의 영향을 받아 결과가 되는 변수를 말한다.

예로서, '학습시간이 많을수록 시험성적이 높다'는 진술에서 학습시간과 시험성적이라는 두 가지 변수의 인과관계를 설정할 수 있게 된다. 당연히 두 개의 변수 중에서 원인의 역할을 하는 변수는 학습시간이 되며 그 결과가 되는 변수는 시험성적이 되어야 하기에 독립변수는 학습시간, 종속변수는 시험성적이 된다.

그렇다면 어떤 기준에 의해서 변수들이 인과관계를 갖는 것으로 파악할 수 있을까? 더 나아가 그러한 인과관계에서 어떤 변수는 독립변수가 되어야 하며, 어떤 변수는 종속변수가 되어야 한다고 생각할 수 있는 이유는 어디에서 찾을 수 있을까?

위의 질문에 대한 답을 잘 제시할 수 있는 한 가지 예를 들어 보기로 하자. 잘 알고 있듯이 미국의 대통령 선거는 4년마다 11월에 실시된다. 그런데 흥미로운 사실은 11월 대통령 선거의 당선자가 어느 정당의 후보자였는지(즉, 공화당 후보였는지, 아니면 민주당 후보인지)와 대통령 선거 직전의 미국 프로야구 월드시리즈 우승팀이 어느 리그에 소속된 팀인지(즉, 내셔널 리그의 팀인지, 아니면 아메리칸 리그의 팀인지)간에는 역사적으로 묘한 관계가 존재한다. 즉, 1920년 선거부터 가장 최근의 2012년 선거에 이르기까지 총 24회의 선거 중에서, 17회나 가을야구 우승팀이 내셔널 리그 소속팀이면 민주당 후보가, 아메리칸 리그 소속팀이면 공화당 후보가 대통령으로 당선되었다. 그렇다면 월드 시리즈 우승팀이 내셔널 리그에 속한 팀이 된다면 그 해 대통령 선거에서 민주당 후보가 당선될 가능성이 약 70%이상이 될 것이라고 말할 수 있겠는가? 즉, 월드 시리즈 우승팀의 소속 리그와 대통령 선거의 당선자의 당적이 인과관계에 있는 것인가? 더 나아가, 시간적으로 월드 시리즈 우승팀이 먼저 결정되기에 전자가 독립변수이며 후자가 종속변수라고 주장하는 것이 타당한 것인가?

바로 이 질문에 대한 답이 변수간의 인과관계의 존재여부 및 독립변수, 종속변수의 선정과 직결된다. 답을 곧바로 말하자면, 분명히 이 예에 있어서는 인과관계가 존재하지 않는다. 또한, 인과관계가 존재하지 않는 상황이기에 인과관계를 전제로 하는 독립변수와 종속변수의 선정도 있을 수 없다. 즉, 기본적으로 변수간의 인과관계의 존재여부를 판별하기 위해서는 상황의 논리적 분석, 이론, 상식 등과 같은 여러 가지 기준들을 복합적으로 활용해야만 한다. 지금의 예의 경우는, 간략히 표현하자면, 그 어느 것에서도 인과관계의 근거를 확보할 수 없는 단순한 우연의 일치로 판단하여야 합당하다.

2) 양적 변수와 질적 변수

양적 변수(quantitative variable)는 연구대상을 관찰하여 얻게 되는 특성을 양적으로 표현할 수 있는 변수를 말한다. 즉, 투표해 본 횟수, 대통령에 대한 지지도, 월소득, 연령 등과 같이 변수의 측정값을 숫자로 표시할 수 있다면 양적 변수이다.

이에 대비되는 질적 변수(qualitative variable)는 변수의 측정값을 질적인 척도에 의해서만 나타낼 수 있는 변수를 말한다. 예를 들자면, 남 · 여와 같은 성별, 출신지, 선호하는 정당과 같은 변수가 바로 질적 변수가 된다. 여기서 지적하여야 할 사항은 남자는 1 여자는 0과 같은 방식으로 질적 변수도 기술적인 방법을 통해서 그 측정값을 숫자로 기재할 수 있다는 점이다. 하지만 기본적으로 이렇게 만들어진 측정값 숫자는 양적 의미로서의 숫자가 아니라 하나의 기호의 의미로서 해석해야 한다는 점이다.

3) 이산변수와 연속변수

양적 변수는 다시 이산변수와 연속변수로 나눌 수 있다. 이산변수(discrete variable)는 변수의 측정값이 명확하게 정의되어 표현되는 변수이다. 즉, 지난 주 월요일 행정계량분석 강의시간에 출석한 학생의 수, 지난 번 국회의원 선거에서의 부재자 투표 수, 내가 거주하는 지역의 총 유권자 수 등과 같이 그 측정값에 중간값이 존재하지 않고 특정한 자연수로만 표현되는 변수가 이산변수이다. 반면에 연속변수(continuous variable)란 그 측정값이 연속적인 척도에 의해서 얻어지는 경우, 예를 들자면 키, 몸무게, 시간, 부피 등과 같이 두 측정치 사이에 보다 더 정교한 제3의 값이 존재할 수 있는 경우의 변수를 말한다. 쉽게 표현하자면 측정의 척도를 얼마나 정교한 것을 사용했는가에 따라서 소수점 이하로도 얼마든지 측정값이 나올 수 있는 변수가 연속변수이다.

제2절 측정

행정계량분석에서 측정(measurement)이란 연구대상의 본성, 특성, 속성을 나타내기 위해서 숫자 혹은 기호를 부여하는 것을 말한다. 예로서, 연구대상이 한 달에 얼마의 소득을 올리는지를 나타내기 위해서 소득금액을 숫자로 표시한다면 월소득을 측정한 것이 된다. 즉, 측정은 이론적인 개념을, 실제 연구에 적용하기 위한 조작적인 개념으로 바꾸는 대표적 방법이라 할 수 있겠다.

1. 측정의 척도

측정에서 숫자 혹은 기호를 부여하는 기준 혹은 방식을 척도(scale)라고 한다. 측정의 척도는 그 측정의 정도나 수준에 따라서 일반적으로 다음과 같은 네 가지 종류로 구분된다. 여기서 중요한 점은 연구목적에 따라서 어느 척도를 활용하여 측정할 것인가를 결정하여야 한다는 사실이다.

1) 명목척도

명목척도(nominal scale)는 범주척도라고도 부르는데 단순히 변수의 특성을 명목적으로 구분하거나 분류하기 위해서 사용하는 척도를 말한다. 예를 들자면, 성별의 측정에 있어서 남자에게는 숫자 1, 여자에게는 숫자 0을 부여한다면 0, 1은 크기나 순서를 나타내는 숫자의 의미가 아니라, 단순히 구분 · 분류를 위한 기호로 해석되어야 할 것이다.

따라서 명목척도를 사용한 측정값은 더하거나 빼거나 곱하거나 나눌 수 있는 대상이 될 수 없다. 그렇다면 측정값을 수학과 통계학을 활용하여 분석하는 경우, 특정 숫자가 몇 번 등장하는지 그 빈도를 세어서 막대그래프로 나타내는 등의 분석은 타당한 것이 되지만, 산술평균을 구한다거나 하는 분석은 아무런 의미도 없는 시간낭비에 지나지 않게 된다.

2) 서열척도

서열척도(ordinal scale)는 순위척도라고도 하는데 이는 변수의 특성에 있어서 명목상의 구분 · 분류뿐만 아니라, 부여된 숫자들 간의 크고 작음을 결정해 주는 척도를 말한다. 예를 들자면, 선호하는 정당의 순위에 있어서 정당 A가 1위, 정당 B가 2위, 정당 C가 3위 등등으로 표기된다면 이 때 1, 2, 3은 구분 · 구별뿐만 아니라 1위가 2위보다 선호도가 높고, 2위는 3위보다 선호도가 높다는 서열, 즉 등수를 나타내는 서열척도를 사용한 측정값이라고 할 수 있겠다.

하지만 여기서 주의할 사항은 사용된 숫자의 간격이 동일하지 않기에 여전히 측정값은 사칙연산의 대상이 될 수 없다는 점이다. 즉, 선호정당 순위 1위의 선호도와 2위의 선호도의 차이는 2위와 3위의 차이와 동일하지 않다는 것이다. 다시 말해 서열척도에 의해서 측정된 수치는 연구대상들의 본성이나 특성을 나타내는 참된 수치를 나타낸다고는 할 수 없다. 또한, 서열척도는 앞서의 명목척도와 함께 연구대상의 단순한 분류나 구분의 기능을 수행하는 것으로 그 수치의 부여가 연속적이 아니라 일정한 범주에 따라서 특정 수치가 부여된 것이기에 범주형 척도라고 부른다.

3) 구간척도

구간척도(interval scale)는 등간척도라고도 하는데 이는 변수의 특성을 나타냄에 있어서 그 구분, 그리고 순서뿐만 아니라 부여한 숫자 간의 간격까지도 동일하게 만든 척도를 말한다. 예를 들자면 온도를 나타내는 섭씨 몇 도인가를 생각해 보기로 하자. 섭씨 30도, 섭씨 20도, 섭씨 10도의 경우에서 알 수 있듯이, (명목척도의 기능처럼) 각 숫자로 표시된 온도는 각각의 온도상태를 구분해주며, (서열척도의 기능과 같이) 섭씨 30도는 섭씨 20도보다, 섭씨

20도는 섭씨 10도보다 더 더운 온도임을 나타내 준다. 더 나아가 구간척도를 사용한 측정값으로서 그러한 온도의 차이 섭씨 10도는 같다고 할 수 있다. 왜냐하면 온도 섭씨는 물이 어는 온도를 0도로, 물이 끓는 온도를 100도로 하고 그 사이를 동일한 간격으로 나누어 온도 수치를 부여하는 체계이기에 그렇다. 따라서 당연히 섭씨 30도와 섭씨 20도의 차이인 섭씨 10도는 섭씨 20도와 섭씨 10도의 차이인 섭씨 10도와 동일한 차이를 나타내는 것임을 알 수 있다.

하지만, 섭씨 20도가 섭씨 10도보다 두 배 더 더운 온도인가? 혹은, 섭씨 40도의 온도가 섭씨 10도보다 네 배 더 더운 온도인가? 이러한 질문에는 쉽게 답하기가 어려울 것이다. 나아가, 온도 섭씨 0도는 존재하지 않는 온도인가? 이 질문은 어떠한가? 위의 모든 질문에 대한 답은 전부 '아니다'이다. 먼저, 만일 섭씨 20도를 화씨로 전환시키고(F=(9/5)°C+32=68) 또 섭씨 10도도 화씨로 전환시키자면(F=(9/5)°C+32=50), 섭씨 20도와 섭씨 10도의 숫자 간 2:1 관계가 여전히 화씨에서 2:1의 관계로 성립되지 않음(화씨에서는 68:50임)을 알 수 있다. 결국, 섭씨의 0점은 고정된 것이 아니기 때문에 섭씨 20도는 섭씨 10도보다 2배 더 덥다는 의미가 아니라, 단지 섭씨 10도 만큼 더 덥다는 의미로 해석되어야 한다. 요약하자면, 섭씨의 기준이 되는 0은 자연적으로 존재하는 0이 아니라 우리가 임의로 정한 기준으로서의 0이다. 즉, 그 0의 의미는 자연적으로 존재하지 않는다는 의미가 아니라 자연이 아닌 우리가 정한 물이 어는 온도를 의미한다. 다른 말로 설명하자면, 구간척도에 의한 측정값에 있어서는 우리가 정한 임의의 0이 곧 기준이 되는 0으로 설정되며, 이 0은 자연 0이 아니다. 그러므로 측정값들 간에 몇 배의 의미를 나타내는 곱하기와 나누기의 개념은 적용할 수 없다. 다만, 숫자 간격의 동질성을 타나내는 더하기와 빼기의 개념은 적용할 수 있다는 사실을 기억하자.

4) 비척도

비척도(ratio scale)는 비율척도라고도 하는데 비척도를 사용한 측정값은 변수의 특성을 나타냄에 있어서 구간척도가 보유하는 서열, 숫자 간격의 동질성뿐만 아니라 더 나아가 자연 0 및 몇 배의 개념까지도 나타내는 특성을 지닌다. 예를 들자면 무게가 60kg이라는 것은 40kg보다 20kg이 더 많고, 40kg은 20kg보다 20kg이 더 많은 것이다. 이 때 무게의 차이 20Kg은 똑 같은 크기의 무게 차이이다.

더 나아가 무게 0kg은 무게가 없다는 의미로서의 자연 0이며, 60kg은 40kg보다 1.5배 더 무게가 나간다는 진술이 참인 것으로 성립된다. 따라서 비척도의 기준이 되는 0은 자연 0이기에 비척도를 활용한 측정값은 더하기, 빼기, 곱하기, 나누기의 사칙연산의 대상이 되는 수치이다. 또한 이러한 비척도는 앞서의 구간척도와 함께 그 수치의 부여가 연속적인 성격을 지니기에 연속형 척도라고 부른다.

지금까지의 살펴본 네 가지 척도를 종합하자면, 비척도는 구간척도, 서열척도, 명목척도의 모든 기능을 다 보유하는 척도이다. 따라서, 비척도를 활용한 변수의 측정값은 사칙연산의 대상이 된다. 구간척도는 서열척도, 명목척도의 기능을 내포하며 덧셈, 뺄셈의 대상이 되는 측정값을 제시한다. 서열척도는 명목척도의 기능을 내포하며 여기에 측정값의 순서, 서열을 나타낸다. 이러한 네 가지 척도의 특성은 〈표 2-1〉로서 종합화된다.

〈 표 2-1 〉 척도의 특성

척도의 구분		특성				예
		분류	순위	등간격	절대영점	
범주형 척도	명목척도	○	×	×		성별, 직업, 직위 등
	서열척도	○	×	×		선호도 순위 등
연속형 척도	구간척도	○	○	×		온도, IQ, 리커르트 5점/7점 척도 등
	비척도	○	○	○		연령, 무게, 점수 등

출처: 이명천 · 김요한. 2007. 광고연구방법론. 서울: 커뮤니케이션북스. P. 98.

2. 측정 오차

아무리 측정을 잘 한다고 하더라도 변수의 측정값은 측정하려는 참된 값과 일치하기가 어렵다. 바로 측정값과 참된 값 사이에는 오차(error)가 존재하기 때문이다. 오차는 원래 '원인이 있는 오차'(assignable error), '계통오차'(systematic error), 그리고 '임의오차'(random error)의 세 가지로 구분될 수 있다. 그런데 일반적으로 '원인이 있는 오차'는 우리의 지식에 의해서 통제될 수 있는 대상으로 보기에 이것을 계통오차에 포함시킴으로써, 보통 오차를 계통오차와 임의오차의 두 가지로 구분한다.

계통오차는 보통 편의(bias)라고도 부르는데 이것은 주로 측정수단에 의해서 오차가 발생하는 경우에서와 같이, '원인이 있는 오차'이다. 예를 들자면, 1g이 더 많이 나가는 저울로 무게를 측정하는 경우를 생각해 보자. 그렇다면, 항상 측정값은 정확한 무게, 즉 참된 값보다 1g이 더 많을 것이다. 그렇기 때문에 계통오차는 저울과 같은 측정수단을 개선하고 교정하는 방법을 통해서 그 통제가 어느 정도 가능한 것으로 파악할 수 있다. 반면에 임의오차는 무작위(random) 오차라고도 부르는데, 이것은 그 원인을 규명하기가 힘든 오차를 의미한다. 때문에 임의오차는 우리가 통제하기 그만큼 어려운 오차라고 할 수 있다. 결국, 이러한 개념들을 활용한다면 아래와 같은 공식을 수립할 수 있다.

측정값=참된 값+계통오차+임의오차

여기서 우리가 추구하는 바는 측정값이 참된 값과 같아지는 것이다. 만일 이러한 추구가 정말로 불가능하거나, 최소한 곤란한 과제라고 한다면, 가능한 한 측정값을 참된 값에 가깝도록 접근시켜야 할 것이다. 이러한 우리의 노력과 관련되어서 등장하는 개념이 바로 정확도(accuracy)와 정밀도(precision)이다.

정밀도는 동일한 대상에 대하여 반복적으로 측정함으로써 주로 임의오차를 얼마나 줄일 수 있는가의 문제에 관한 개념이다. 즉, 측정값을 반복하여 측정할 때, 얼마나 재현성이 있는가의 문제에 관한 것이다. 따라서 정밀도가 높은 측정은, 반복하여 측정할 때 그 측정치들 사이에 차이가 적은 측정을 말한다. 반면에 정확도는 임의오차와 계통오차 양자 모두를 감소시키는 것에 관한 것이다. 즉, 정확도가 높은 측정은 편의가 0이고 높은 정밀도를 지니는 측정을 말한다.

제3절 모집단과 표본

행정계량분석에서 사용되는 기본개념 중에서 절대로 잊지 말아야 하는 개념의 하나가 바로 모집단과 표본의 개념이다. 실제 계량분석의 대표적 방법인 통계학의 많은 내용들이 이 두 개념간의 관계에 관한 것이다.

쉬운 하나의 예를 들어 보자. 어떤 연구자가 공무원 연금 개혁안에 관하여 전체 국민들이 어떠한 생각을 가지고 있는지 연구하려 한다고 가정해 보자. 답을 구하기 위한 한 가지 방법은 전체 국민을 대상으로 삼아서 어떠한 생각을 가지고 있는지 일일이 조사하는 방법, 즉 전수조사 방법이 될 수 있을 것이다. 하지만, 이러한 경우에 예상할 수 있는 문제점이 너무나 심각할 것이다. 시간이 너무 많이 걸리고, 조사 비용이 많이 들고, 또한 연구대상의 수가 증가될수록 자료를 정리하고 분류하고 입력하는 과정에서 오류가 발생할 가능성 역시 그만큼 증가하리라는 것을 충분히 예상할 수 있다. 결국, 조사의 정확성에도 문제가 발생될 수 있을 것이다. 따라서 전체 국민을 대상으로 조사하는 방법이 아니라, 전체 국민을 잘 대표할 수 있다는 일부의 국민을 선발하는 방법을 하나의 대안으로 삼을 수도 있을 것이다. 이들 일부 국민만을 대상으로 삼아서 이들이 어떠한 의견을 가지고 있는지 조사해 보고, 그 결과를 바탕으로 전체 국민은 어떤 의견을 가지고 있을지 추론할 수 있는 것이다.[1)]

1) 이점에 있어서 우리는 추론통계학 분야가 어떤 분야인가를 생각해 볼 수 있다. 즉,

이상의 예에서, 모집단(population)이란 바로 연구자의 관심대상 전체, 즉 전체 국민이 되겠다. 반면 표본(sample)은 모집단에 대한 어떤 추론을 하기 위해서 – 즉 전체 국민이 공무원 연금 개혁안에 어떤 생각을 하고 있는지 논리적으로 추측하기 위해서 – 모집단으로부터 선발한 모집단의 일부를 말한다. 따라서 예에서, 표본은 곧 연구자가 실제 연구대상으로 선발한 일부 국민이 되겠다.

여기서 해결해야 할 가장 중요한 문제는 과연 어떤 방법으로 모집단으로부터 표본을 추출할 것인가의 문제이다. 왜냐하면, 모집단에서 표본이 적절하게 추출되지 못한 경우라면, 표본을 분석해서 그 결과를 가지고 모집단의 특성이 어떠하리라고 추정, 추측하는 것은 크게 왜곡된 결론을 이끌 수 있기 때문이다. 예를 들자면, 조사대상자들의 직업에 따라서 공무원 연금 개혁안에 대한 의견이 큰 차이가 있다고 가정해 보자. 어떤 연구자는 공무원 연금제도에 준하는 연금제도를 적용받는 사립학교 교직원을 표본의 주요 대상으로 삼아서 의견을 조사하였다고 하자. 반면에 또 다른 연구자는 표본의 대부분을 아직 직업을 갖지 못한 청년들로 구성하여 조사를 실시하였다고 하자. 그렇다면 두 연구자가 내리게 될 두 개의 결론 모두가 전체 국민의 의견을 제대로 추론하지 못하는 문제점을 나타낼 수 있을 것이다.

결국, 표본은 모집단의 특성 · 속성을 '잘' 반영하는 방식으로 추출되어야만 한다. 따라서 문제는 과연 어떻게 표본을 구성해야 할 것인가의 방법론이 될 수밖에 없다. 그 대답으로 제시할 수 있는 것은, 학술적인 개념을 사용하자면, 우선 먼저 앞에서 설명한 바와 같이 측정값의 오차를 줄이는 방법을 사용해야 한다. 즉, 통계학적 개념을 사용하자면 '표본추출오차'를 최소화시키는 방향으로 표본이 구성되어야 한다. 여기서 '표본추출오차'란 모집단으

통계연구의 목적이 무엇이냐에 따라서 통계연구는 기술통계학과 추론통계학의 두 가지로 구분될 수 있다. 먼저, 기술통계학은 자료를 분석하여 정리 · 요약하고, 그 내용을 설명하는데 목적을 설정하는 연구분야라고 할 수 있다. 여기에 비해서 추론통계학은 지금 예에서 든 일부 국민들, 즉 표본의 분석결과를 가지고 어떻게 전체 국민들, 즉 모집단의 특성을 체계적으로 또한 논리적으로 추정할 수 있는가를 연구대상으로 설정하는 학문분야가 된다.

로부터 표본이 적합하게 추출되지 못함으로써 발생되는 표본의 분석결과와 모집단의 본질간의 오차를 말한다. 보다 구체적으로 모집단의 본질을 숫자로 표기한 것을 모수(parameter)라고 부르며 일반적으로 θ(그리스 문자 '쎄타' theta로 읽음)라고 기재한다. 이 θ를 추정하기 위한 표본의 분석결과를 $\hat{\theta}$('쎄타 햇' theta hat으로 읽는 데 hat은 추정치를 의미함)이라고 한다. 그렇다면, $\hat{\theta}-\theta=0$이 성립한다면 이것이 가장 바람직할 것이다. 하지만 현실적으로 이것은 달성하기 어렵다. 어떻게 전체에서 부분을 뽑아서 그 부분으로 100% 완벽하게 전체를 대표할 수 있을까? 불가능한 일이 아닐 수 없다. 따라서, 가능한 한 $\hat{\theta}-\theta$이 0에 가깝도록 모집단으로부터 표본을 뽑는 일이 필요하게 된다. 이러한 맥락에서 이제 '표본추출오차'를 최소화시키는 방향으로 표본이 구성되어야 한다는 말이 무엇을 의미하는지 이해할 수 있을 것이다.

또한 표본추출오차와 함께 생각해야 하는 오차가 비표본오차이다. 이는 곧 표본으로 선정된 대상자가 응답하지 않는 경우, 혹은 부정확한 의견측정수단을 사용함으로써 부정확한 응답을 얻는 경우, 그리고 자료를 입력할 때 오류가 발생되는 경우 등으로 인해서, 결국 추출된 표본으로부터 연구자가 구하려는 답을 얻지 못할 때 발생되는 오차로서 이해할 수 있다. 표본추출오차를 최소화하여야 할 필요가 있는 것과 마찬가지로 비표본오차 역시 최소화되어야 한다.

중앙경향치와 분산 및 분포

- **제1절** 중앙경향치
- **제2절** 분산 및 분포
- **제3절** 컴퓨터 프로그램을 활용한 중앙경향치 실습

03 중앙경향치와 분산 및 분포

제1절 중앙경향치

변수의 측정값들을 어떤 기준을 정하여 그 기준에 맞추어 정리했을 때, 측정값들이 전체적으로 어떠한 특성 · 성향을 가지고 있는지를 나타내기 위해서 일반적으로 평균, 중앙값, 최빈값으로 알려져 있는 측정값들의 중앙경향치를 계산한다.

1. 평균

일반적으로 평균이라 부르는 것은 산술평균(mean)을 말하며, 기호로는 $\overline{X}$ 혹은 μ(그리스 문자 '뮤' mu로 읽음)로 표기한다. 산술평균은 측정값들을 다 합한 후, 그 합한 갯수로 나누어서 얻게 되는 수치이다. 앞 장에서 설명한 모집단과 표본의 개념을 적용해서 $\overline{X}$는 표본에서의 평균을 말하며, μ는 모집단에서의 평균을 말한다. 기본적으로 공식의 구성요소는 동일하나 사용하는 기호에서 차이가 난다.

모집단의 평균 $\mu=\dfrac{X_1+X_2+\cdots+X_{N-1}+X_N}{N}=\dfrac{1}{N}\sum_{i=1}^{N}X_i$; N은 모집단의 수

표본의 평균 $\overline{X}=\dfrac{X_1+X_2+\cdots+X_{n-1}+X_n}{n}=\dfrac{1}{n}\sum_{i=1}^{n}X_i$; n은 표본의 수

산술평균은 중앙경향치 중에서 가장 많이 사용되는 개념이다. 산술평균은 계산이 쉽고, 논리적이며, 분명하며, 이해하기 쉽다는 장점을 지닌다. 하지만 그 사용에 있어서 다음과 같은 사실에 주의해야 한다.

첫째, 산술평균은 활용된 척도가 무엇이냐에 따라서 아무런 의미가 없는 통계치가 될 수 있다. 예로서, 여러 개의 정당 중에서 선호도에 따라서 가장 선호하는 순서대로 그 순위를 1, 2, 3, … 등과 같은 숫자로 기재했다면, 이 숫자들을 대상으로 산술평균을 구할 때 아무런 의미도 찾을 수 없다. 즉, 바로 앞 장에서 설명한 것과 같이, 변수의 측정값을 부여하는 기준으로서 명목척도나 서역척도를 사용한 경우라면, 측정값을 대상을 하는 산술평균의 계산 결과는 쓸모없는 시간낭비에 지나지 않는다.

둘째, 산술평균은 다른 측정치와는 지나치게 차이가 나는 극단값의 영향을 민감하게 받는다. 예로서, 네 가구로 구성된 한 동네의 평균 월소득을 계산함으로써 그 동네의 소득수준이 어떠한 경향을 나타내고 있는가를 조사하는 상황을 생각해 보자. 네 가구의 월소득을 각각 220만원, 220만원, 240만원, 260만원이라고 가정해 보자. 그런데 어느 날 이 동네에 월소득 1,500만원인 고소득 한 가정이 이사를 왔다고 한다. 그렇다면 고소득 가정이 이사를 오기 전에는 이 동네의 평균 월소득은 235만원(=[220+220+240+260]/4)이 되지만, 고소득 한 가정이 이사를 온 이후에는 평균 월소득이 이사 전의 두 배가 넘는 488만원(=[220+220+240+260+1500]/5)으로 계산된다. 그렇다면 고소득 한 가정의 이사 이후의 평균소득 488만원에 기초하여, 그 동네 가구들은 일반적으로 월소득 수준이 500만원에서 조금 미치지 못하는 정도라고 파악한다면 이것은 현상을 제대로 인식한 것인가? 만일 이러한 인식에 기초하여 정부가 어떤 정책을 결정하고 집행한다면, 그것이 과연 정당하고 효율적인 행정의 내용이 될 수 있을까? 결론적으로, 산술평균을 구함으로써 대상의 특성이 과연 어떠한가를 파악하려 한다면 극단값의 존재 여부를 검토하는 일이 필요하다. 그렇지 않고 단순히 산술평균의 값에만 의존한다면, 대상의 일반적 특성을 왜곡하여 파악하는 잘못을 저지를 수 있게 된다.

2. 중앙값

산술평균이 극단값의 영향에 민감하다는 문제점을 지니기 때문에 이러한 문제점을 회피하기 위해서 사용되는 또 다른 중앙경향치의 하나가 중앙값(median)이다. 중앙값은 그 계산에 있어서 극단값들을 제외함으로써 극단값의 영향으로부터 자유롭다는 장점을 지닌다. 즉, 측정값들을 그 크기 순서에 따라서 오름차순이나 혹은 내림차순으로 순서대로 배열하였을 때, 말 그대로 가장 중앙에 위치하는 측정값이 바로 중앙값이 된다. 만일 측정값의 수가 홀수라면 가운데 위치하는 측정값 하나가 존재하기에 바로 그 측정값이 중앙값이 된다. 산술평균의 경우에서 예로 든 다섯 가정의 월소득을 대상으로 중앙값을 구하면 220만원－220만원－240만원－260만원－1,500만원 순서의 배열 중에서 정중앙에 위치한 240만원이 중앙값이 된다는 말이다. 만일 측정값의 수가 짝수 개라면 정중앙에 가까운 두 수를 합하여 이것을 다시 2로 나눈 수를 중앙값으로 설정한다. 즉, 고소득 가구의 이사 전, 네 가정의 월소득을 대상으로 계산한 중앙값은 230만원(＝[220＋240]/2)이다.

3. 최빈값

극단값의 영향으로부터 자유로우면서 측정값들의 보편적 성향을 나타낼 수 있는 또 하나의 방법은 측정값 중에서 가장 많이, 즉 가장 빈번하게 등장하는 값을 골라서 이것으로 중앙경향치를 삼는 방법이다. 이렇게 측정값 중에서 가장 많이 관찰되는 값이 바로 최빈값(mode)이다. 위에 설정한 예에서의 월소득의 최빈값은 네 가정의 경우이든, 혹은 다섯 가정의 경우이든 220만원이 된다. 최빈값은 이와 같이 가장 많이 관찰되는 측정값으로 정의될 수 있기에, 경우에 따라서는 두 개 이상의 서로 다른 최빈값이 존재할 수도 있다. 또한, 만일 모든 측정값이 다 다른 수치를 나타내는 경우라면 최빈값이 존재하지 않는다.

4. 측정값의 분포도와 중앙경향치

측정값이 어떻게 분포되어 있는가를 보여주는 그림인 측정값의 분포도는 분포의 특징에 따라서 [그림 3-1]의 (가), (나), (다)의 세 가지 형태로 구분된다. 먼저 [그림 3-1]의 (가)의 분포도와 같이 분포도상에서 가장 높은 꼭지점이 하나이며, 그 꼭지점부터 수직선을 X축에 이르기까지 그어 내려와서, 이 수직선을 기준으로 좌우가 대칭인 분포를 생각해 볼 수 있다. 이러한 경우, 앞서 설명한 세 가지 중앙경향치—산술평균, 중앙값, 최빈값—은 하나의 점, 즉, 분포의 가장 높은 꼭지점에 대응하는 X값에서 일치한다. 이러한 분포가 이제 이 책의 제5장부터 설명할 분포 중에서 가장 기본이 되며 가장 중요한 의미를 지니는 정규분포이다.

[그림 3-1]의 (나)의 분포는 변수의 측정값이 큰 쪽으로, 즉 오른쪽으로 분포의 꼬리가 길게 늘어져 있는 형태를 하고 있다. 이러한 경우와 대비되는 분포의 형태는 [그림 3-1]의 (다)에서 찾아 볼 수 있다. 즉, (다)의 분포는 변수의 측정값이 큰 쪽의 분포가 급하게 추락하고 있으며 측정값이 작은 쪽으로, 다시 말해 왼편으로 분포의 꼬리가 길게 늘어져 있는 모양을 하고 있다.

이렇게 상반된 모양의 분포에서는 세 가지 중앙경향치의 상대적 위치가 다르게 설정된다는 점을 반드시 기억해야 한다. 여기서, 상대적 위치를 단순히 기억하기 보다는 답을 구하는 원칙을 기억하기를 바란다. 즉, 어떤 경우에 있어서도, 첫째, 분포의 가장 정점에 해당하는 꼭지점에 대응하는 X값이 최빈값이다. 둘째, 산술평균을 구하려면 극단값까지 그 계산에 포함시켜야 하기 때문에, 산술평균의 값은 최빈값으로부터 꼬리가 긴 쪽 어딘가에 위치하게 된다. 예를 들자면, (나)와 유사한 모양의 분포도에서는 최빈값의 오른쪽 어딘가에 산술평균의 값이 위치한다는 것이다. 당연히, (다)와 유사한 모양의 분포도라면 산술평균값은 최빈값보다 작은 값을 갖게 된다는 것이다. 셋째, 중앙값은 정확히 어딘지는 모르더라도, 최빈값과 산술평균 사이의 어느 곳에 위치한다는 사실이다. 따라서, 이 세 가지 원칙을 단계적으로 기억한다면, 측정값들의 일반적 성향을 나타내는 세 가지 종류의 중앙경향치의

그림 3-1 중앙경향치들의 위치 판별

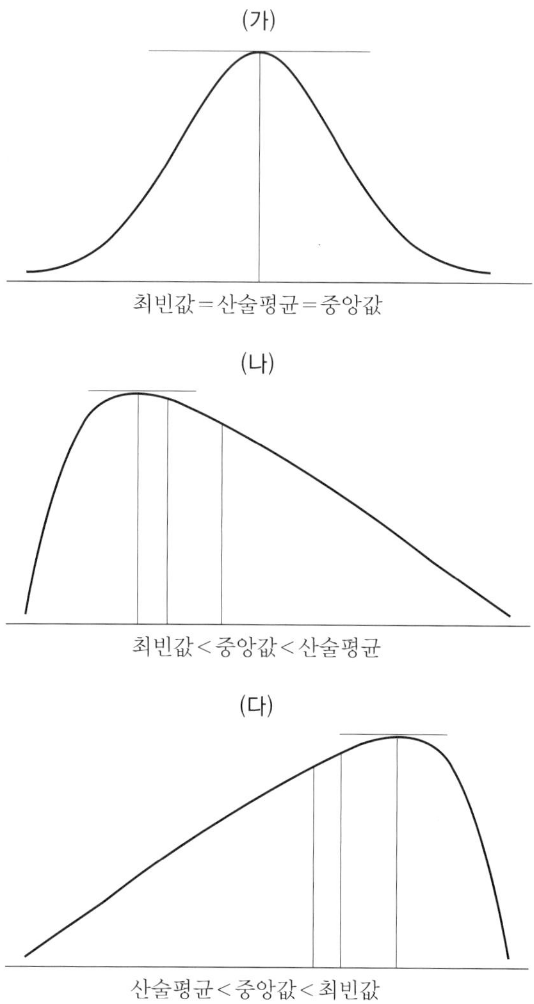

상대적 위치를 분포도만 보고도 개략적으로 판별할 수 있을 것이다.

제2절 분산 및 분포

1. 측정값의 분산

측정값들이 어떠한 일반적 특성 · 성향을 가지고 있는 것인지를 검토하는 또 하나의 방법은 측정값들이 얼마나 밀집되어 있는지 혹은 흩어져 있는지를 살펴보는 일이다. 이제부터 설명할 개념들이 바로 그러한 방법과 관련된다.

1) 범위

범위(range)는 측정값 중에서 최대값과 최소값의 차이를 계산한 값이다. 앞서의 네 가정의 월소득에 대한 예를 다시 들자면, 범위는 최대값 260만원에서 최소값 220만원을 뺀 40만원이 된다. 따라서 40만원의 범위 내에 모든 측정값들이 밀집 혹은 분산되어 있다고 말할 수 있을 것이다. 이와 같은 개념으로서의 범위는 그 개념의 이해와 계산과정이 간결하고도 쉽다는 장점을 지닌다.

하지만, 범위는 반대 방향에 위치한 두 개의 극단값을 가지고 계산되는 것이기에 당연히 극단값에 따라서 결정된다는 단점을 가진다. 따라서, 범위를 계산함으로써 측정값들의 일반적인 특성을 파악하기에는 상당한 무리가 따르게 된다. 또한, 연구 대상의 수가 많아질수록 극단값이 측정될 가능성도 그만큼 증가할 수밖에 없기에, 범위 또한 그 값이 증가하는 경향을 발견한다는 단점을 지적할 수 있다.

2) 사분편차

앞서 설명한 범위가 극단값의 영향을 받는 문제점을 지니기에 이러한 문제점을 극복하기 위해서 등장한 개념의 하나가 바로 사분편차(quartile deviation)이다. [그림 3-2]에서 나타나듯, 사분편차는 먼저 측정값들을 4등분한다. 가장 작은 측정값으로부터 25%에 해당하는 위치에 있는 측정값이 제1사분위수가 된다. 그리고 최소 측정값으로부터 50%에 해당하는 위치에 있는 측정값을 제2사분위수로 부른다. 같은 논리로 그 75%에 해당하는 위치에 있는 측정값이 제3사분위수이다. 이제 제3사분위수로부터 제1사분위수를 뺀 값을 2로 나누어서 구한 값이 바로 사분편차이다. 지금까지의 설명을 간략히 공식으로 나타내면 다음과 같다.

$$\text{사분편차} = \frac{Q_3 - Q_1}{2}$$

그림 3-2 사분위수와 사분편차

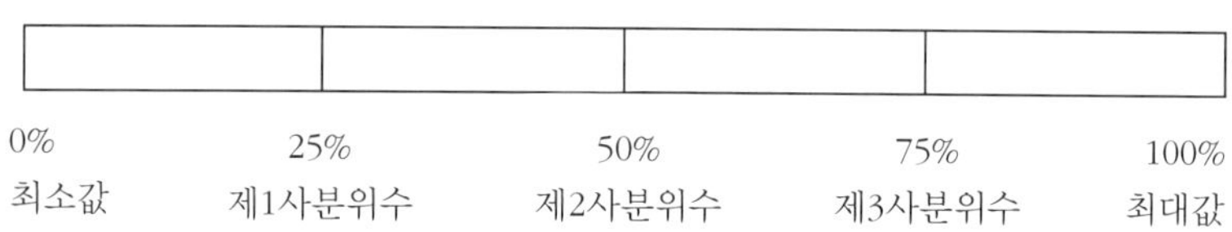

3) 표준편차와 분산

측정값들이 그 일반적 성향으로 얼마나 흩어져 있는지 혹은 밀집해 있는지의 정도를 나타내는 개념으로서 가장 일반적으로 사용되는 것이 표준편차(standard deviation)와 분산(variation)이다. 표준편차는 측정값들이 산술평균을 기준으로 얼마나 분산되어 있는지, 즉 흩어져 있는 정도를 나타낸다. 측정값들이 그들의 산술평균으로부터 멀리 흩어져 있을수록 표준편차를 계산한 값은 커지고, 그와 반대로 산술평균을 기준으로 밀집해 있을수록 표준편차는 그 값이 감소하는 특징이 있다. 따라서, 표준편차의 값이 작으면 작을수록 측정값들의 일반적 특성을 나타내는 중앙경향치로서의 산술평균의 가치는 더욱 증가하게 될 것이다. 극단적인 예를 들자면, 측정값들의 특징으로서 모든 측정치가 다 같다고 한다면, 당연히 이 때 산술평균은 측정값과 같고 이러한 경우의 표준편차는 0이 된다.

표준편차가 만일 모집단의 경우에 적용된다면, 즉 모집단의 측정값이 그 측정값들의 산술평균—앞서 설명한 μ—로부터 얼마나 흩어져 있는가를 나타내기 위한 경우라면, 표준편차는 σ(그리스 문자 '시그마' sigma로 읽음)로 표기된다. 만일 표본의 경우에 적용되어 표본의 측정값들이 산술평균 $\overline{X}$로부터 분산된 정도를 나타낸다면, 표준편차는 s(standard deviation의 약자로서 첫 알파벳 s만 기재함)로 표기된다.

표준편차와 분산의 공식은 다음과 같다.

$$\sigma=\sqrt{\frac{1}{N}\Sigma(X-\mu)^2}$$, 여기서 N은 모집단의 크기를 말한다.

$$s=\sqrt{\frac{1}{n-1}\Sigma(X_i-\overline{X})^2}=\sqrt{\frac{1}{n-1}\Sigma f(X-\overline{X})^2}=\sqrt{\frac{1}{n-1}[(\Sigma X^2-\frac{1}{N}(\Sigma X)^2]},$$

여기서 n은 표본의 크기를 말한다.

공식에서 나타나듯, 표준편차의 값을 제곱하면 곧 분산(variation)의 값이 된다. 즉, 모집단의 경우는 분산을 σ^2로, 표본의 경우에는 분산을 s^2로 표시한다. 따라서 앞의 σ와 s을 구하는 공식에서 제곱근을 제거한다면 바로 그 각각의 값이 모집단에서의 σ^2와 표본에서의 s^2이다.

4) 변이계수

만일, 대통령의 직무 수행에 대한 연구대상자의 평가 점수와 연구대상자의 월소득이 각각 산술평균을 기준으로 어느 정도 흩어져 있는지 혹은 밀집되어 있는지를 나타내는 표준편차(혹은 표준편차의 제곱인 분산)의 값을 구했다고 하자. 그래도 이것만 가지고는 어떤 변수의 측정값이 더 흩어져 있는 것인지를 판별하기는 곤란하다. 왜냐하면 평가 점수와 월소득의 측정단위가 서로 다르기 때문이다. 따라서, 측정단위가 서로 다른 변수의 측정값의 분산의 정도를 비교하기 위해서는 어떤 공통된 기준을 만들고 이 기준에 따라서 측정값들의 상대적 분산도를 측정할 수 있는 방법이 필요하다. 이러한 목적에서 도입된 개념이 바로 변이계수(coefficient of variation)이다. 변이계수의 공식은 다음과 같다.

$$\text{변이계수} = \frac{S}{\overline{X}} \times 100(\%)$$

2. 측정값의 비대칭도

이제 측정값들이 중앙경향치를 기준으로 어느 정도로 대칭을 이루고 있는지의 정도를 나타내는 개념들을 살펴보기로 하자. 측정값들이 중앙을 기준으로 정확하게 대칭을 이루고 있다면, 즉 중앙을 기준으로 좌우의 측정값들의 배열이 정확히 일치한다면 우리는 이러한 분포를 정규분포(normal distribution)라고 부른다. 즉 앞서 살펴본 바와 같이, 중앙경향치의 개념을 여기서 다시 활용하자면, 정규분포의 정중앙에서는 산술평균, 중앙값, 최빈값이 일치하게 된다. 이러한 정규분포를 기준으로 해서 어떤 변수 측정값들의 분포의 모양이 위쪽, 아래쪽, 오른쪽, 왼쪽으로 치우친 정도를 측정값의 비대칭도라고 한다. 어떤 변수의 분포가 어느 정도의 비대칭도를 나타내는가를 알려주는 대표적인 개념으로는 첨도와 왜도가 있다.

1) 첨도

첨도(kurtosis)는 측정값의 분포가 정규분포에 비해서 뾰족하게 밀집되어 있는지 아니면 평평하게 퍼져있는지의 정도를 나타낸다. 즉, [그림 3-3]에서 볼 수 있듯이, 첨도의 값이 0에 가까울수록 정규분포와 비슷한 분포이다. 첨도의 값 K(그리스 문자 '카파' Kappa로 읽음)가 양(+)의 부호를 갖고, 수치가 크면 클수록 측정값이 중앙부분에 밀집된 뾰족탑 모양의 분포가 된다. 반면에 첨도의 값이 음(−)의 부호를 갖고, 그 수치가 작으면 작을수록 변수의 값들이 다양하게 측정되었다는 의미를 나타낸다. 따라서 이러한 경우의 분포는 평평한 모양을 가진다. 구체적으로 첨도를 계산하는 공식은 다음과 같다.[1)]

$$첨도(K)=\frac{\sum_{i=1}^{n}(X_i-\overline{X})^4}{[\sum_{i=1}^{n}(X_i-\overline{X})^2]^2}-3$$

그림 3-3 분포의 첨도

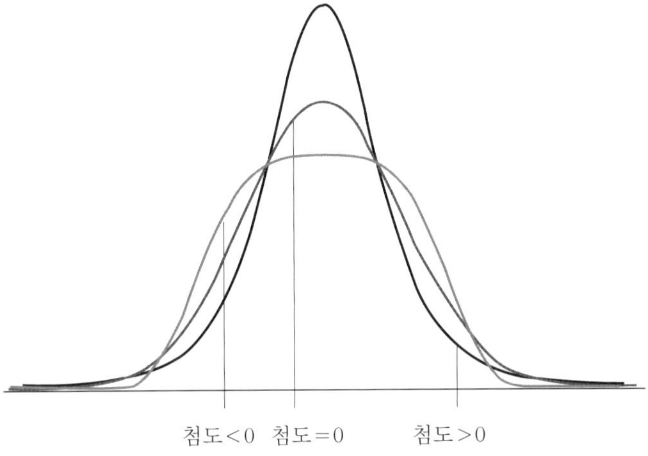

1) 실제 이렇게 복잡한 공식들을 독자들이 정확하게 암기하리라고는 기대하지 않는다. 다만 그 공식이 이 책의 어디에서 등장하는지를 기억하기 바란다. 그럼에도 불구하고 이렇게 복잡해 보이는 공식을 일부러 소개하는 이유의 하나는, 앞으로 설명할 컴퓨터 소프트웨어를 계산에 활용한다면 얼마나 신속하고 편하게 이러한 공식이 나타내는 통계량의 값을 구할 수 있는가를 체감시키고, 이로써 계량분석의 학습에 더욱 정진할 수 있는 동기를 부여하기 위해서인 것이다.

2) 왜도

왜도(skewness)는 측정값의 분포가 정규분포에 비해서 오른쪽 혹은 왼쪽으로 치우쳐 있는 정도를 나타낸다. 왜도의 값으로는 일반적으로 아래의 공

그림 3-4 분포의 왜도

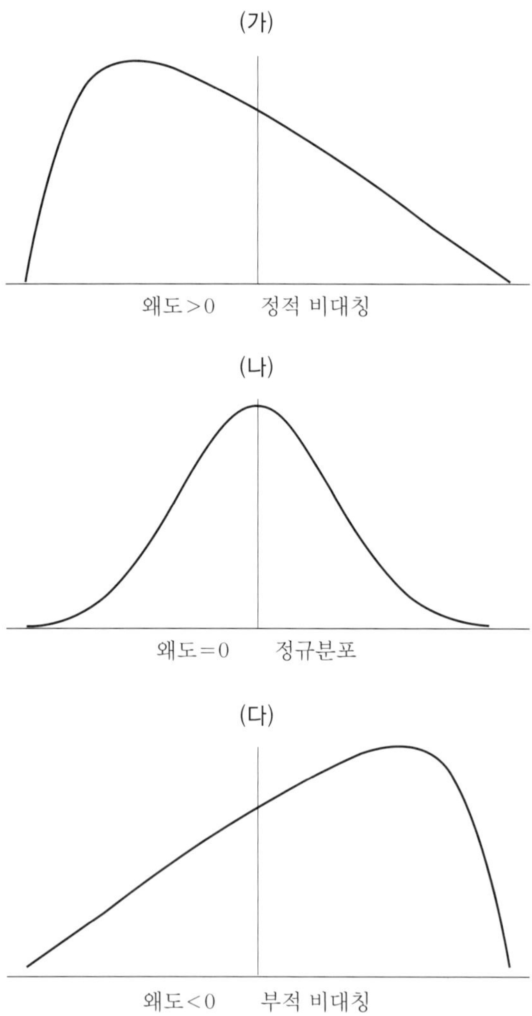

식으로 계산되는 '피어슨의 비대칭도 계수'를 이용한다.

$$S_k = \frac{\mu - M_0}{\sigma} \qquad M_o = \text{최빈값}$$

$$S_k = \frac{3(\overline{X} - M_d)}{s} \qquad M_d = \text{중앙값}$$

[그림 3-4]의 (가)와 같이, 분포의 꼬리가 우측으로 점점 더 길어질수록 왜도의 값은 양(+)의 부호를 지니는 큰 수치가 된다. 이러한 분포를 왜도가 정적 비대칭(positive skewness)을 이루는 분포라고 한다. 만일, [그림 3-4]의 (나)의 분포와 같이 분포의 모양이 정규분포에 가까울수록 왜도의 값은 0에 가까워진다. 또한, (다)와 같이 분포의 꼬리가 좌측으로 길어지면 길어질수록 왜도의 값은 음(−)의 부호를 가진 큰 수치가 된다. 이러한 경우를 부적 비대칭(negative skewness)의 분포라고 부른다.

제3절 컴퓨터 프로그램을 활용한 중앙경향치 실습

1. MS Excel을 활용한 실습

1) 중앙경향치 구하기

MS Excel은 전문적인 통계 소프트웨어가 아니더라도 프로그램의 활용법을 잘 익히면 대부분의 학부 수준이나 실생활에서 다루는 통계치들을 구하는데 큰 도움이 되는 유용한 프로그램이다. 즉, Excel은 지금까지 설명한 중앙경향치나 표준편차 등을 구하는 이른바 기술통계(記述統計, descriptive statistics)부터 이 책의 제 12장까지 설명할 자료분석들을 빠짐없이 수행할 수 있는 프로그램이다. 특별히, Excel은 그 버전에 따라서 약간의 차이는 있으나, 누구나 직관적으로 이해하고 활용할 수 있는 윈도우 기반의 인터페이스를 통해서 – 즉 해당 메뉴를 마우스로 클릭하는 방식을 통해서 – 쉽고 편하게 문제 해결에 도달할 수 있다는 장점을 지닌다. 특히 Excel은 윈도우 환경에서 작동하는 전문적 통계 소프트웨어인 SAS나 SPSS 등과 호환될 수 있는 범위가 넓기에, 그 사용법을 확실하게 숙지한다면 다른 전문 통계 프로그램을 사용할 때에도 훨씬 더 효율적인 자료 구축과 분석이 가능하다.

Excel을 실행시키면 버전에 따라서 약간씩 차이가 있으나, 기본적으로 화면 윗부분에는 각종 메뉴, 메뉴 아래의 화면 창에는 행과 열이 교차하는 바둑판 모양의 셀들이 워크시트를 구성하며 등장한다. Excel 버전 2010을 기준으로 살펴본 문자로 된 메뉴의 종류와 기능은 〈표 3-1〉과 같다.

〈 표 3-1 〉 Excel 메뉴의 종류와 기능

메뉴 항목	기능
파일	새로운 파일을 만든다. 기존 파일을 불러온다. 작업한 파일을 저장한다. 파일을 인쇄한다. 필요한 옵션을 추가시킨다.
홈	글꼴의 종류와 크기, 표와 셀의 서식, 스타일을 정의한다. 셀, 행, 열, 혹은 선택영역을 원하는 곳에 삽입하거나, 잘라내거나, 복사하거나, 지운다.
삽입	간단한 그래프들을 그린다. 교차표를 작성한다. 수식과 기호를 입력한다.
페이지 레이아웃	문서나 현재 구역의 여백을 지정한다. 용지의 가로/세로 및 크기를 설정한다.
수식	함수를 삽입하거나, 선택한 셀들의 간단한 통계치를 구한다.
데이터	외부 데이터를 가져온다. 자료를 기준을 정하여 순서대로 정렬한다. 자료분석을 위한 다양한 분석메뉴로 접근시킨다.
검토	맞춤법을 검토하고, 한글/한자를 변환시킨다.
보기	전체적인 페이지 레이아웃을 정한다.

독자들 스스로 메뉴 각각에 포함되어 있는 하위 메뉴들의 종류와 기능에 대해서도 충분히 숙지하기를 기대하며, 엑셀 메뉴에 대한 더 이상의 설명은 생략하겠다.

본격적인 자료 실습을 위해서 우리는 총 60가구로 구성된 어떤 가상국가 행복민국을 상상해 보자. 이 행복민국을 구성하는 60가구 모두를 대상으로, 한 가구도 빠짐없이 월소득과 월소비지출액을 조사한 결과가 〈표 3-2〉로 나타난다. 즉, 우리는 앞서 설명하였던 개념을 활용할 때, 표본이 아닌 모집단에 관한 자료를 구비하고 있다. 이제 이 자료를 Excel 워크시트에 기재하자.

〈 표 3-2 〉 60가구의 월소득과 월소비지출

월소득(X)	80	100	120	140	160	180	200	220	240	260
월소비 지출액 (Y)	55	65	79	80	102	110	120	135	137	150
	60	70	84	93	107	115	136	137	145	152
	65	74	90	95	110	120	140	140	155	175
	70	80	94	103	116	130	144	152	165	178
	75	85	98	108	118	135	145	157	175	180
	–	88	–	113	125	140	–	160	189	185
	–	–	–	115	–	–	–	162	–	191
합계	325	462	445	707	678	750	685	1043	966	1211

출처: Gujarati. 1988. Basic Econometrics. P. 27.

표에서 몇몇 셀의 내용으로 입력된 '–'은 자료가 존재하지 않음을 나타내기에 Excel 화면에는 [그림 3-5]와 같이 자료가 입력될 것이다. A열의 'ID'는 각각의 가구에 붙인 고유 식별번호인 ID 번호를 나타낸다. 셀 'A2'부터 셀 'A61'까지에 입력된 숫자 1부터 60은 이미 잘 알고 있을 것으로 여겨지는 Excel 기본 기능인 '끌어 채우기' 기법을 사용하여 입력한 것이다. 입력을 마

그림 3-5 월소득과 월소비지출의 자료입력

	A	B	C
1	ID	월소득	월소비지출
2	1	80	55
3	2	80	60
4	3	80	65
5	4	80	70
6	5	80	75
7	6	100	65
8	7	100	70
9	8	100	74
10	9	100	80
⋮	⋮	⋮	⋮
54	53	240	189
55	54	260	150
56	55	260	152
57	56	260	175
58	57	260	178
59	58	260	180
60	59	260	185
61	60	260	191
62			

친 자료화면은 다음 번 실습 기회에 불러와 이용하기 위해서, 각자 적절한 경로를 지정하고 파일 이름을 주어 저장하기로 하자.

자료입력을 완료한 후, [그림 3-6]에서 볼 수 있듯이, 문자 메뉴 중에서 '데이터' → '데이터 분석' → '기술통계' 순서로 클릭하며 이동한다.

만일, '데이터'의 하위 메뉴 중에서 가장 오른쪽 끝부분에 나타나야 할 '데이터 분석'이 화면에 등장하지 않을 수 있다. 사실 컴퓨터에서 MS Excel을 처음 실행시킬 때 거의 대부분의 경우에 있어서 '데이터 분석'이 나타나지 않는다. 따라서, 이러한 경우가 발생하더라도 당황하지 말고 [그림 3-7]에서

그림 3-6 기술통계를 위한 메뉴 이동

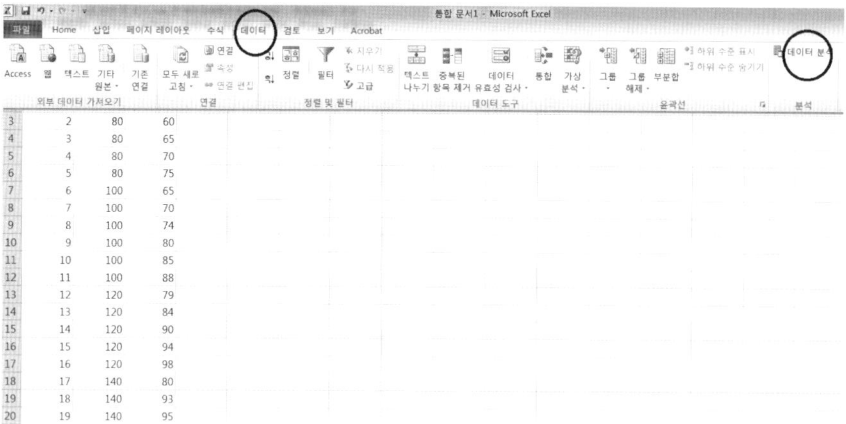

그림 3-7 데이터 분석 추가하기

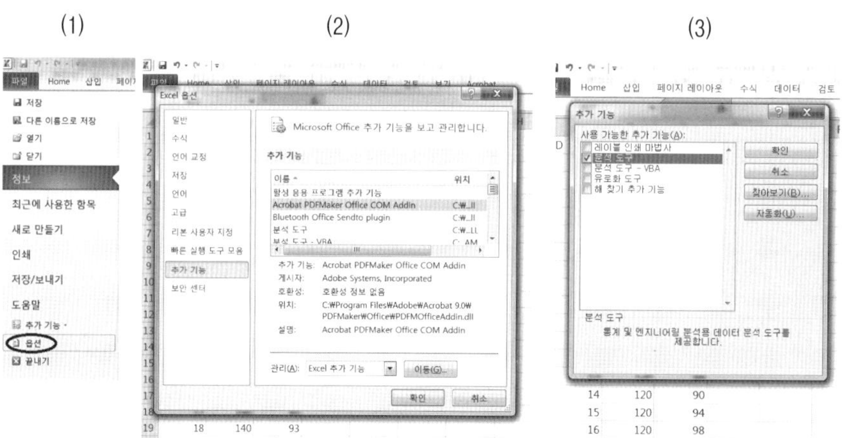

와 같이, (1) 프로그램 상단의 문자 메뉴 '파일'의 가장 아랫부분 '끝내기' 바로 위의 '옵션'으로 이동한다. (2) 화면에 등장하는 'Excel 옵션' 대화상자에

그림 3-8 통계 데이터 분석 기술통계 선택

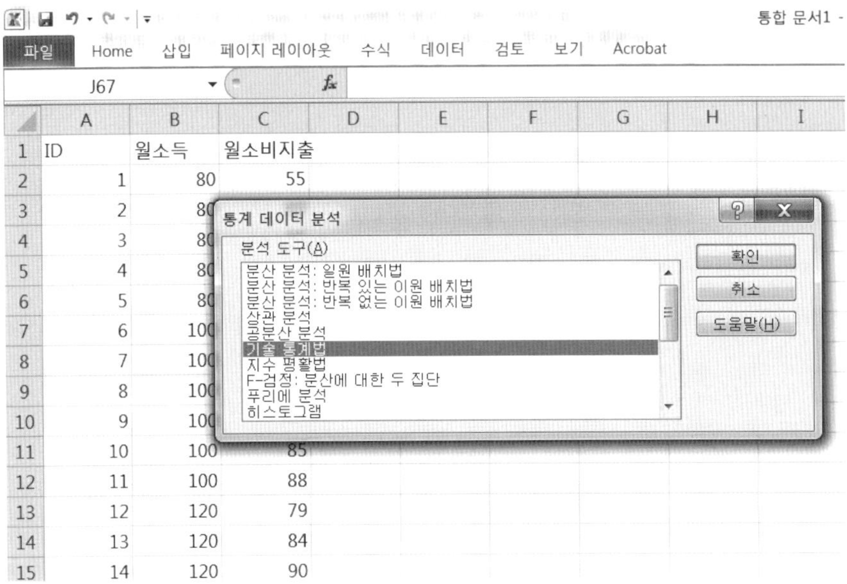

서 왼쪽 아랫부분의 '추가기능'을 선택하고, 오른쪽 아랫부분의 '이동' 버튼을 선택한 후, 가장 아래에 있는 '확인' 버튼을 클릭한다. (3) 등장하는 '추가기능' 대화상자에서 '분석 도구'의 체크 박스에 표시한 후 '확인'을 클릭한다. 이제 문자 메뉴 '데이터'의 하위 메뉴로서의 '데이터 분석'이 화면에 등장할 것이다.

데이터 분석에의 접근이 가능해지면, [그림 3-8]과 같이 '기술 통계법'이 음영화된 것을 보고 확인 버튼을 클릭하자. 그러면, '기술 통계법' 대화상자가 등장한다.

기술통계법 대화상자의 내용은 [그림 3-9]와 같이 입력과 출력의 두 부분으로 구성되어 있다. 먼저, 입력 부분에서 '입력 범위'로서는 열 A, B, C를 지정한다. '데이터 방향'은 각 변수의 값이 열, 즉 위 아래로 배열되어 있기에 '열'을 선택하여야 한다. 그리고 첫째 행에 ID, 월소득, 월소비지출이 기재되

그림 3-9 기술 통계법 대화상자 채우기

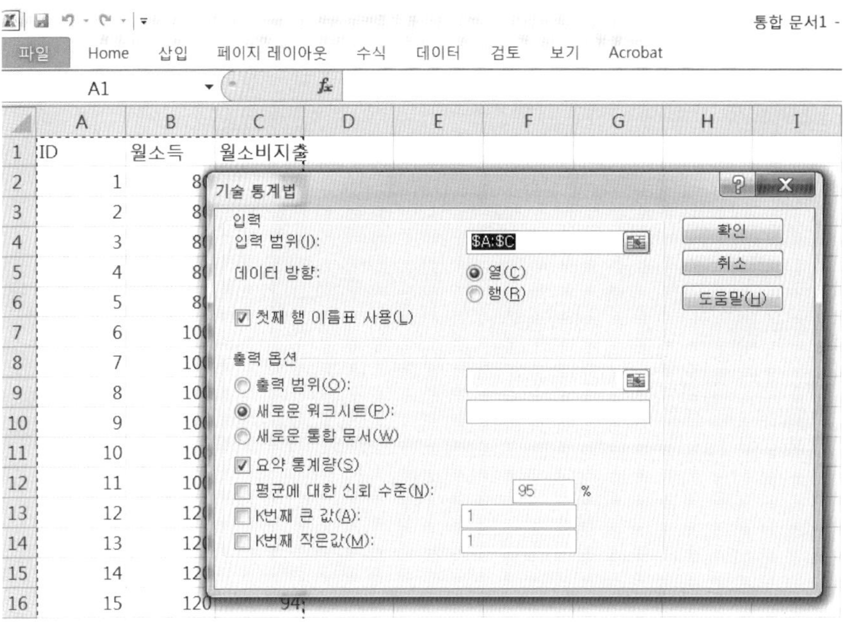

어 있기에 '이름표 사용'난의 체크 박스에 표시해야 한다. 즉, 변수 이름을 기재한 것을 변수의 이름표 사용으로 이해할 수 있겠다. 이어서, 출력 부분에서는 '요약 통계량'을 구해줄 것과, 그 결과를 '새로운 워크시트'에 나타낼 것을 요청하고, '확인' 버튼을 클릭한다.

이제 화면에는 [그림 3-10]과 같이, 앞의 이론 부분에서 설명한 (산술)평균, 중앙값, 최빈값, 표준 편차, 분산, 첨도, 왜도, 범위, 최소값, 최대값의 수치가 변수마다 일목요연하게 나타난다.

그림 3-10 기술통계 분석결과

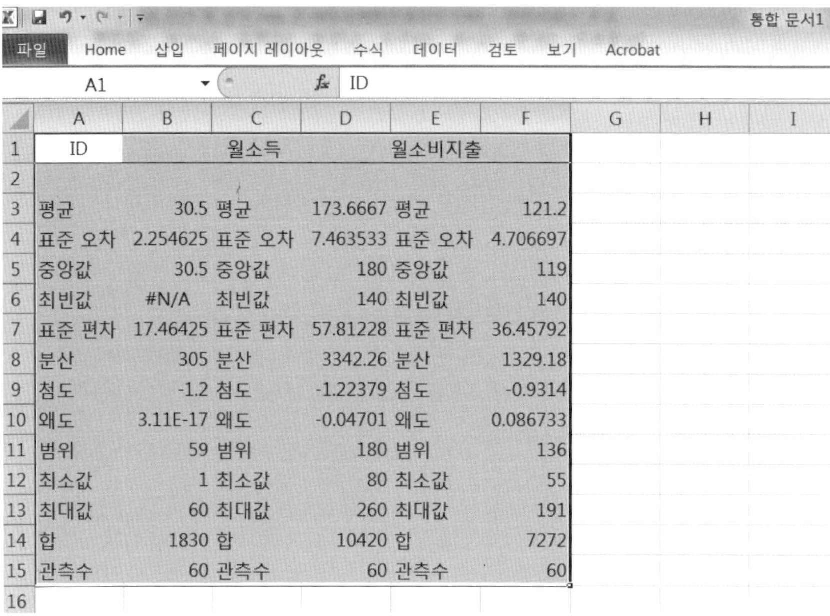

	A	B	C	D	E	F
1	ID		월소득		월소비지출	
2						
3	평균	30.5	평균	173.6667	평균	121.2
4	표준 오차	2.254625	표준 오차	7.463533	표준 오차	4.706697
5	중앙값	30.5	중앙값	180	중앙값	119
6	최빈값	#N/A	최빈값	140	최빈값	140
7	표준 편차	17.46425	표준 편차	57.81228	표준 편차	36.45792
8	분산	305	분산	3342.26	분산	1329.18
9	첨도	-1.2	첨도	-1.22379	첨도	-0.9314
10	왜도	3.11E-17	왜도	-0.04701	왜도	0.086733
11	범위	59	범위	180	범위	136
12	최소값	1	최소값	80	최소값	55
13	최대값	60	최대값	260	최대값	191
14	합	1830	합	10420	합	7272
15	관측수	60	관측수	60	관측수	60

2. SAS를 활용한 실습

SAS(Statistical Analysis Software) 프로그램은 미국에서 개발된 통계분석 프로그램으로서 특히 이른바 Big Data의 처리에 막강한 능력을 발휘하는 프로그램이다. "자료분석에는 SAS 프로그램이 필수적이다"라는 말이 나올 정도로 전세계적으로 광범위하게 사용되고 있는 가장 대표적인 전문 통계 소프트웨어로 평가받는 프로그램이 바로 SAS라고 하여도 과언이 아니다.

SAS 프로그램을 실행시키면, 실행되는 프로그램의 버전에 따라서 조금씩 다르기는 하여도 기본적으로 [그림 3-11]과 같은 3개의 창이 등장한다.[2] 그

2) 이 책에서 SAS 프로그램의 실습을 위해서 사용한 버전은 9.1 service pack 4 버전이다.

그림 3-11 SAS 프로그램의 창

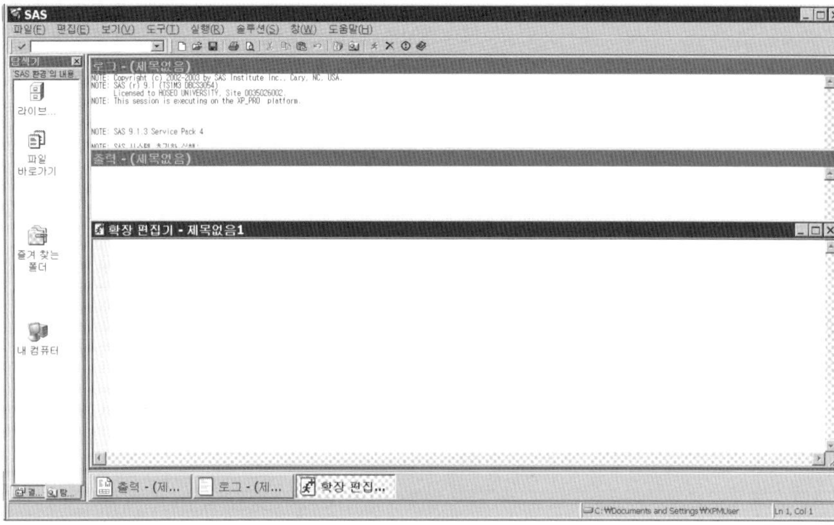

창들은 상하방향으로 나뉘어져 화면에 등장하는데, 각각의 이름은 '확장 편집기' 창, '출력' 창, 그리고 '로그' 창이다. 이 세 개의 창 중에서 확장 편집기 창에 프로그램을 작성하게 되고, 이 창에서 작성한 프로그램을 실행시킬 수 있다. 프로그램에 아무런 오류가 없어서 잘 실행된다면, 그 실행 결과로서의 출력물이 출력 창에 나타나게 된다. 프로그램 실행의 과정이나 경과 상황, 경고 사항, 그리고 특히 프로그램에서 오류가 발생한 경우에 관한 내용은 로그 창에 보고된다. 따라서 확장 편집기의 프로그램을 실행시켰음에도 불구하고 출력 창에 아무런 결과가 나타나지 않는 경우라면, 로그 창으로 이동하여 어떤 실행상의 오류가 있었는지를 확인하고, 다시 확장 편집기 창으로 이동하여 오류를 수정하는 것이 필요하다. 물론 출력 창에 프로그램 실행의 결과가 나타나는 경우라 할지라도, 어떤 경고 사항이 있었는지 등의 실행상의 전개 과정을 확인하기 위해서는 프로그램을 실행시킨 후 로그 창으로 이동하는 습관을 들이는 것이 바람직하다.

세 개 창의 위치나 크기는 SAS 프로그램에 접근한 후에 사용자 각자가 사용의 편의를 위하여 자신이 의도하는 대로 조정할 수 있음은 물론이다.

자료 실습을 위해 구체적으로 프로그램을 작성하고 실행시키기 전에 기본적으로 알아두어야 할 몇 가지 중요 사항은 다음과 같다. 첫째, 다른 윈도우 프로그램과 마찬가지로 SAS 프로그램을 사용할 때, 먼저 화면 윗부분의 문자 메뉴와 그림 메뉴 하나 하나를 확인하고, 각각의 하위 메뉴는 어떠한 기능을 수행하도록 되어 있는지 인지하여야 한다. 〈표 3-3〉은 문자 메뉴의 대표적 기능을 요약해서 보여준다. 문자 메뉴의 바로 아랫줄에 위치한 그림 메뉴 중에서는 곧 설명할 오른쪽 끝에서 세 번째에 위치한, 달리는 사람의 모습이 담긴 실행 메뉴 ''를 기억해 두어야 한다.

〈 표 3-3 〉 SAS 문자 메뉴의 종류와 기능

메뉴 항목	기능
파일	새로운 파일을 만든다. 기존 파일을 불러온다. 작업한 파일을 저장한다. 파일을 인쇄한다. 데이터를 불러오거나 내보낸다.
편집	복사한 내용을 붙여 넣거나 지운다. 지정한 내용을 찾아 주고, 바꾸기 기능을 수행한다.
보기	어느 창으로 이동할 것인지를 지정한다. 즉, 확장 편집기 창, 로그 창, 출력 창으로 이동시킨다.
도구	각종 편집 기능을 수행한다. 테이블, 그래프, 리포트, 이미지 등을 편집할 수 있다.
실행	이전에 실행했던 내용을 불러오거나, 첫 행을 실행시킨다.
솔루션	다른 윈도우 기반 통계 프로그램과 같이 메뉴 기반의 분석을 실행할 수 있다. 일반적인 데이터 분석뿐만이 아니라 특별히 기업의 경영 및 관리를 위한 투자 분석, 시장 조사, 통계적 품질 관리 등을 편리하게 수행할 수 있도록 한다.
창	새 창을 추가하거나, 창의 배열, 크기 등을 변경할 수 있다.
도움말	도움말에 관한 항목을 제공한다.

둘째, SAS 프로그램을 작성함에 있어서 일반적 문장의 마침표 역할을 하는 것은 ';' 기호이다. 예로서 변수의 평균을 계산하려면 'proc means ;'라는 문장을 사용하는데, 이 문장의 끝에 ';' 기호가 들어가 있는 것을 확인할 수 있다. 즉, SAS 프로그램에서는 문장이 완료되었음을 알리는 문장부호로서의 마침표 역할을 담당하는 기호가 ';' 이다. 따라서, 'proc means' 문장이 완료되었음을 알리기 위해서는 반드시 ';' 기호가 입력되어야만 한다. 만일 이 ';' 부호가 입력되지 않는다면, 한 줄 이상에 걸쳐서도 프로그램 내용이 계속해서 작성되고 있다는 것을 의미한다. 즉, ';' 부호를 의도적으로 입력하지 않는다면, 여러 줄에 걸쳐서도 하나의 문장을 작성할 수 있다는 의미로 바꿔 해석할 수 있다. 실제로 SAS 프로그램을 한 줄에 길게 작성하기 보다는 키보드의 '엔터'키를 사용해서 문장 중간 중간 부위를 다음 줄들로 이동시킬 수 있다. 이것은 문장의 내용을 시각적인 면에서 체계적으로 편리하게 파악하려는 일반적인 프로그램의 작성법임을 알아둘 필요가 있겠다. 또한, 하나의 줄에 두 개 이상의 짧은 SAS 프로그램 문장들이 작성되어도, 각 문장이 마침표 기능을 하는 ';' 으로 구분되어 있다면 아무런 문제가 없다.

셋째, SAS 프로그램을 작성함에 있어서는 대문자로 작성해도 좋고, 소문자로 작성해도 좋고, 띄어쓰기는 한 칸만 하거나 두 칸을 하거나 이러한 문제에는 신경을 쓸 필요가 없다. 우선 이 정도의 가장 핵심적인 기본사항만을 확실히 기억하고, 실제 실습을 통해 그 때 그 때 필요한 핵심 정보를 제공하기로 하겠다.

한 가지만 덧붙이자면, SAS 프로그램을 잘 사용하는 가장 효율적인 방법은 SAS 프로그램에 관해서 잘 아는 사람에게 직접 가르침을 받는 것임이 분명하다. 하지만, 수학이나 통계학의 학습 배경, 그리고 컴퓨터 소프트웨어의 활용 정도가 타 학문 전공자보다 상대적으로 부족한 행정학 전공자에게는 실제 이러한 학습 방법이 쉽지 않은 경우가 대부분일 것이다. 따라서, 가장 효율적인 학습 방법으로서 프로그램의 '도움말'을 사용하는 것을 적극 권장한다. 이에 덧붙여 정보화 시대의 각종 포탈 사이트에서는 다양하고 풍부한 SAS 관련 자료들을 제공하고 있다는 사실을 초보 학습자는 잊지 말아야 할

그림 3-12 Excel 자료 '복사하여 붙이기'

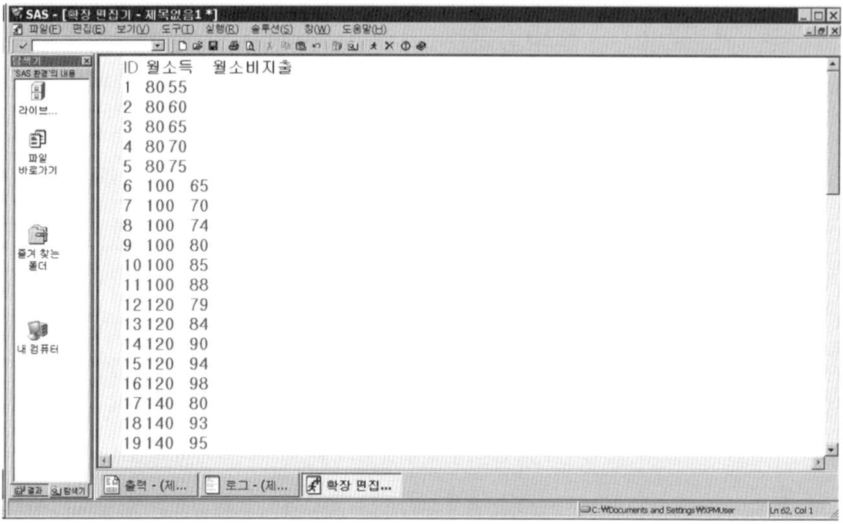

것이다.

이제 SAS를 사용하여 실제 분석을 시작해 보기로 하자. 분석의 대상으로 삼을 자료는 앞서 Excel 프로그램을 활용해서 분석한 행복민국의 자료이다. 이 자료를 활용하기 위한 방법으로는 행복민국의 자료를 프로그램 밖의 자료 화일로 저장해서 이것을 불러내서 사용하는 방법과, Excel 화면의 자료를 '복사하여 붙이기'하는 방법과 같은 여러 가지 방법이 있다. 이 중에서 외부 파일을 활용하는 방법은 이 책의 다음 순서인 제4장에서 다루기로 하고, 여기서는 Excel의 '복사하여 붙이기'(copy and paste) 방법을 사용해 보기로 하자.

Excel 파일에서 A, B, C 열을 모두 선택하여 복사한 후, [그림 3-12]와 같이 SAS 확장 편집기 창에 붙여 놓는다.

[그림 3-13]과 같이 확장 편집기 창 가장 위로 이동하여, 첫 문장(data try1 ;)에 이렇게 복사된 자료들로 구성된 데이터 셋의 이름을 'try1'이라고 정의

그림 3-13 SAS 데이터 단계의 작성

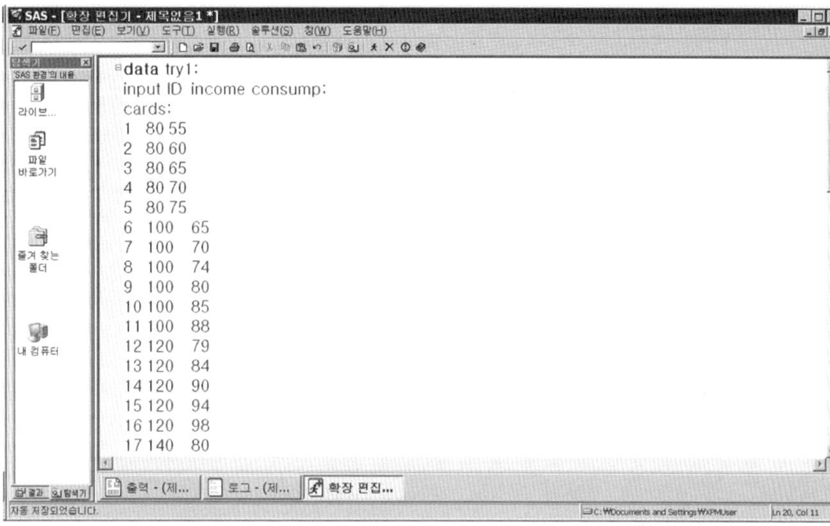

하자. 데이터 셋의 이름으로는 32글자 이내의 임의의 영문자나 숫자를 사용할 수 있다. 단, @, #, $ 등과 같은 특수문자는 사용할 수 없다. 그 다음 줄(input ID income comsump;)에는 'try1' 데이터 셋에 관한 설명으로, 데이터 셋에는 세 개 변수 'ID'와 'income'(즉, 월소득)과 'consump'(즉, 월소비지출)이 입력되어 있음을 지정한다. 여기서 데이터 셋을 구성하는 변수 이름 역시 32글자 내에서 자신이 임의로 정하면 된다. 단, 중간에 공백이 없어야 하며, 첫 글자로 숫자를 사용할 수 없고, 하이픈(−)도 사용할 수 없다. 그 다음 줄에는 직접 창에 자료가 입력되는 경우라면 'cards'라는 단어를 기재하고 마치는 부호 ';'로 'cards' 문장을 종결한다. 'cards;'가 입력되면 복사해 온 자료 수치들이 노란 음영 안에 위치하게 되는 것을 확인할 수 있다.

이제 확장 편집기 창의 가장 아래로 이동하여, 자료의 맨 끝 줄 다음, 새로운 줄에 자료의 입력이 끝났다는 의미로 ;를 입력한다. 그리고 이어서 데이터 셋 'try1'을 자료분석하라는 명령어 구문, 즉 proc 구문들을 입력하게 된다.

그림 3-14 PROC 단계의 작성

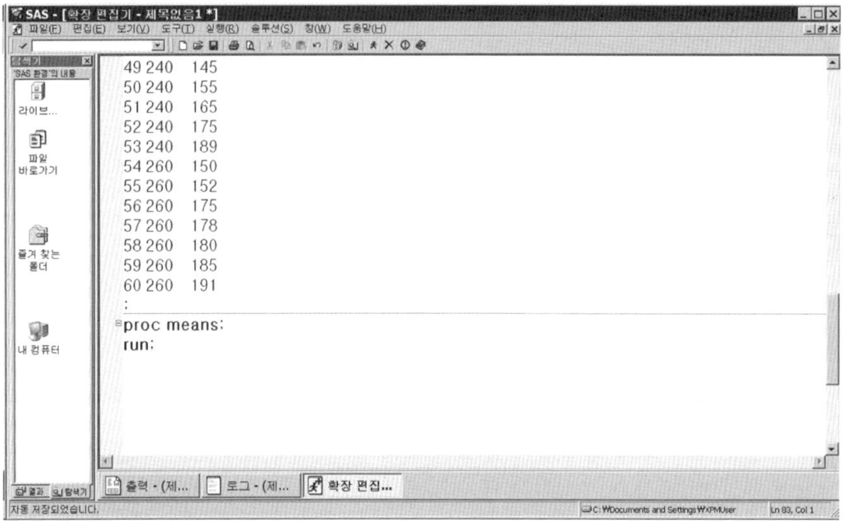

[그림 3-14]에서와 같이 명령어를 실행하라는 구문은 'PROC'으로 시작한다. 'PROC'은 절차의 의미를 지니는 영어단어 procedure에서 온 SAS 명령어로, 프로그램이 수행할 절차를 정의하는 것으로 이해하면 된다. 따라서, 다음 줄 'proc means;'는 'proc' 다음 단어인 'means' 절차를 수행하라는 의미이다. 'proc means;' 절차를 실행시키면 변수의 (산술)평균, 표준편차, 최소값, 최대값 등을 SAS 프로그램이 계산해 준다. 마지막으로 'run;'은 이제 명령을 실행할 준비가 다 완료되었다는 의미이다.

지금까지 SAS 프로그램이 작성된 확장 편집기 창을 잘 살펴보면 창 내부 화면을 상하 두 부분으로 구분하는 선을 볼 수 있을 것이다. 또한 그 선의 위쪽은 'data' 단어로 시작하고, 그 선의 아래는 'proc' 단어로 시작하는 것을 알 수 있다. 이러한 맥락에서 흔히들 SAS 프로그램은 data 단계와 proc 단계로 이루어져 있다고 이야기하는 것을 이해할 수 있겠다. 쉽게 구분하자면 이 부분 중 data 단계는 분석할 자료를 정의하고 만들어 나가는 부분으로서의

그림 3-15 프로그램의 실행

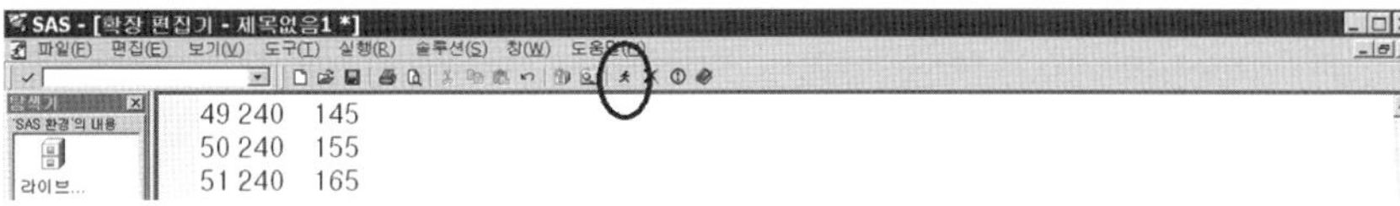

그림 3-16 출력 창의 분석 결과

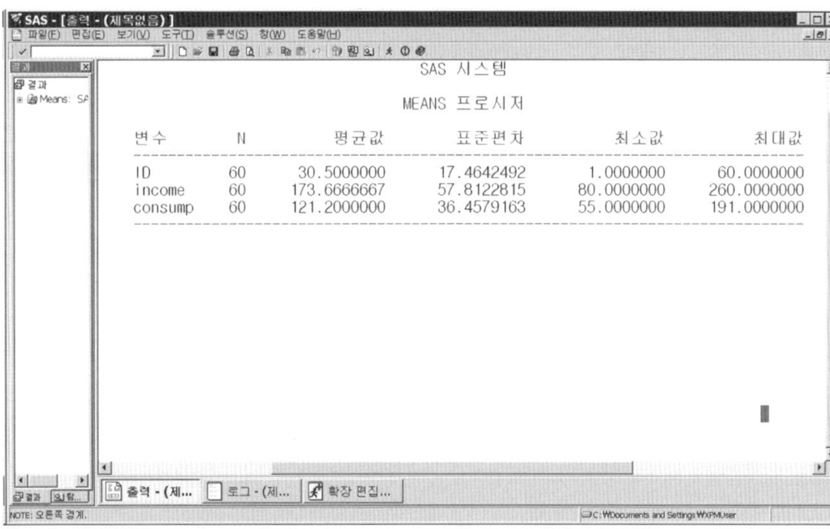

역할을 담당한다. 그리고 proc 단계에서는 앞서 정의되고 작성된 data를 분석하기 위한 실행 명령어들을 지정하고 실행시키는 역할을 담당한다고 이해하면 큰 무리가 없을 것이다.

프로그램 작성을 완료하였다면, 최종적으로는 확장 편집기 창에서 마우스 오른쪽 버튼을 클릭하여 나타나는 메뉴 중에서 가장 아래에 위치한 '전체 실행'을 선택하여 프로그램을 실행시키면 된다. 혹은 [그림 3-15]와 같은 그림 메뉴에서 달리는(run) 사람의 모습이 담긴 실행 메뉴를 클릭하면 그 결과로

[그림 3-16]과 같이, 출력 창에 분석 결과가 나타난다.

만일, 변수에 대한 보다 자세한 분석결과를 구하기 원한다면, [그림 3-17]과 같이 'proc means;' 대신에 'proc univariate;' 구문을 사용해서 프로그램을 실행할 수 있다. 하지만, 'proc univariate;' 절차의 실행 결과는 출력 창이 모든 변수 하나 하나를 대상으로 하는 너무나 자세한 분석 결과들로 채워지게 된다. 결과적으로 출력물의 분량이 너무나 많아져서 분석결과를 정리하고 해석하는데 있어서 오히려 비효율적일 수 있다. 따라서 이러한 방법보다는 직접적으로 관심이 있는 특정 변수만을 대상으로 하는 자세하고 세밀한 분석결과를 도출하고, 이것을 정리하고 해석하는 것이 더 효율적인 방식이 될 수 있다. 그 방법으로는 'proc univariate;' 다음에 변수(variable)를 의미하는 'var' 단어를 기재한다. 그리고, 한 칸 이상의 여백을 스페이스로 정한 후, 관심을 갖고 있는 특정 변수 이름(들)을 기재하고 그 뒤에 ';' 을 붙이면 된다. 예로서, 'proc univariate; var consump;' 혹은 'proc univariate;

그림 3-17 PROC UNIVARIATE

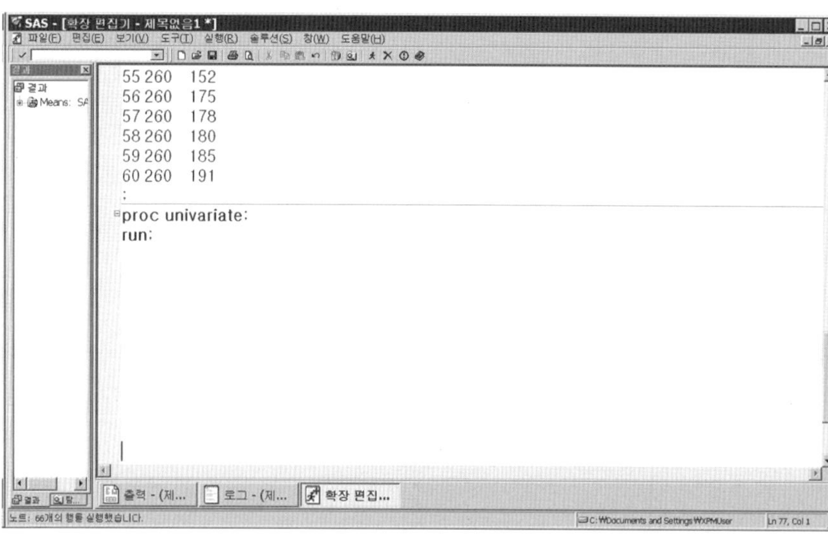

그림 3-18 PROC UNIVARIATE 실행 결과

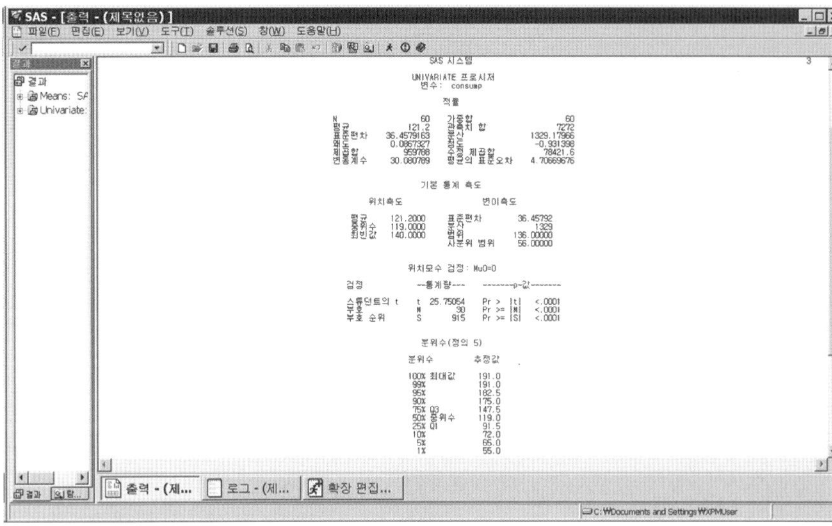

var income consump;' 같은 방식으로 proc 구문을 작성하면, 전자의 경우에는 'consump' 변수에 관해서만 'univariate' 절차를 실행하여 [그림 3-18]과 같은 자세한 분석결과를 얻을 수 있으며, 후자의 경우에는 'income'과 'consump' 두 개 변수에 대한 결과를 도출할 수 있다.

04

도수분포와 교차표

- 제1절 도수분포
- 제2절 교차표
- 제3절 컴퓨터 프로그램을 활용한 도수분포 · 교차표 실습

04 도수분포와 교차표

수집된 측정치들을 효율적으로 분석하기 위한 전단계로서 측정치들을 정리하고 배열하는 것이 필요하다. 도수분포와 교차표가 바로 이와 같이 자료를 체계적으로 정리하고 배열한 결과라고 할 수 있다.

제 1 절 도수분포

1. 도수분포의 의미

초등학교 때 담임 선생님께서 학급 학생들을 대상으로 사과를 좋아하는 사람, 배를 좋아하는 사람, 바나나를 좋아하는 사람을 손을 들게 하여 각각의 인원수(즉, 빈도 혹은 도수)를 세고, 그 결과를 막대그래프로 나타내신 기억이 있다. 이것은 학급 구성원들이 가지고 있는 특성, 즉 좋아하는 과일이 무엇인가의 성향을 나타내기 위한 방법이다. 이 통계학적 방법을 우리는 도수분포를 구한다고 부른다. 도수분포는 이와 같이 연구 대상의 특성이 어떠한지를 빈도·도수를 세어서 파악한다는 점에서 무엇보다도 현실을 쉽고 효율적으로 이해할 수 있는 장점을 가진다.

2. 계급

도수분포에서는 계급(class)의 개념이 중요하다. 위의 예에서 사과, 배, 바나나가 바로 각각의 계급이 된다. 계급은 각각 구분되어 겹쳐지지 않는 상호배타성을 지녀야 한다. 또한, 모든 측정값들이 어느 하나의 계급에는 반드시 포함되는 망라성(exhaustiveness)을 지녀야 한다.

실제 도수분포를 작성함에 있어서는 상호간 반비례 관계에 있는 계급의 수와 계급의 범위, 즉 계급의 폭을 어떻게 결정할 것인지 고민해야 한다. 예를 들자면 어느 지역의 시민들을 조사하여 대통령의 직무 수행에 대한 평가 점수로 백점 만점에 몇 점을 줄 수 있는지를 측정한다고 가정하자. 연구자가 이 측정값들을 도수분포로 제시해 본다고 하자. 이때 계급을 50점 미만과 50점 이상으로 한다면 계급의 수는 2개가 되고 그 폭은 굉장히 큰 수인 50점이 된다. 반면에 계급을 25점 이하, 25점에서 50점 이하, 50점에서 75점 이하, 75점 이상으로 한다면, 계급의 수는 4개가 되고 그 폭은 25점 단위로 줄어든다. 따라서, 연구의 목적을 고려해서 합리적으로 계급의 수와 폭을 결정해야 하는데, 일반적으로 계급의 수가 20개를 넘는 것은 너무 복잡하고 산만한 결과를 가져올 수 있기에 바람직하지 않다.

제2절 교차표

1. 두 변수간의 교차표

변수와 변수와의 관계를 살펴보기 위해서 주로 사용되는 계량분석의 기법이 바로 교차표(cross-tabulation)를 작성하고 해석해 보는 것이다. 〈표 4-1〉

〈 표 4-1 〉 두 변수를 사용한 교차표

소득 \ 성별	남성	여성
저소득[2]	221 (44.56%)	261 (50.48%)
고소득	275 (55.44%)	256 (49.52%)
계	495	517

은 과거 여론조사기관이 발표한 실제 자료[1]를 대상으로 작성한 교차표이다. 이 표에서 두 개 변수, 즉 남성인지 혹은 여성인지를 나타내는 변수 '성별'과 또 다른 변수 '월소득'과의 관계가 표로서 제시되고 있다.

특별한 계량분석 학습의 배경을 갖고 있지 않더라도, 집중하여 표의 내용을 관찰한다면 두 개 변수를 사용한 표가 나타내는 핵심적 내용을 발견하기가 그다지 곤란하지 않을 것이다. 즉, 교차표가 변수와 변수와의 관계를 나타내는데 주로 사용된다면, 이 표에서는 성별과 월소득이 어떠한 관계를 지니는지가 중요한 의미를 가지게 될 것이다. 따라서 각 셀의 숫자를 이리 저리 비교해 본다면, 변수간의 관계에서 눈에 띄는 사항을 발견할 수 있겠다.

누구라도 발견할 수 있는 내용은 남성인 경우 저소득이 고소득에 비해 약 10%정도(44.56% : 55.44%) 더 적은 것으로 나타나며, 여성의 경우에는 저소득과 고소득이 거의 비슷한 비율(50.48% : 49.52%)이라는 점이다. 따라서 표에 의하면, 성별이 남성인 경우 여성에 비해 저소득보다는 고소득에 해당하는 비율이 높은 것을 파악할 수 있다. 결국 성별이 남성인지 혹은 여성인지가 월소득이 낮은지 높은지와 관계가 있는 것으로 해석할 수 있겠다. 쉬운 말로 표현하자면, 임금수준에 있어서 남녀 차이가 존재하는 것으로 파악할 수 있겠다.

1) 이 자료는 과거 대통령 선거를 앞두고 우리나라의 한 여론조사 기관이 전국의 20세 이상의 성인남녀 1,013명을 대상으로 변수 26개를 설정하여 조사한 자료이다.

2) 본 교차표 작성에 사용된 원 자료를 대상으로 할 때 저소득과 고소득의 기준은 가구당 월평균소득 150만원으로 설정되었다. 물론 현재 시점에서 가구당 월평균소득

2. 세 변수간의 교차표

이제 두 변수간의 교차표를 만들 때 사용했던 자료 그대로를 사용하여, 앞의 두 변수—성별 및 월소득—에 세 번째 변수인 교육수준을 첨가한 세 개의 변수로 구성된 교차표를 만들었다. 그 결과가 〈표 4-2〉이다.

〈 표 4-2 〉 세 변수를 사용한 교차표

소득 \ 성별·학력	남성			여성		
	중졸이하	고졸	대재이상	중졸이하	고졸	대재이상
저소득	68 (78.16%)	97 (49.24%)	56 (26.42%)	134 (81.71%)	101 (47.64%)	26 (18.44%)
고소득	19 (21.84%)	100 (50.76%)	156 (73.58%)	30 (18.29%)	111 (52.36%)	115 (81.56%)
계	87	197	212	164	212	141

앞서 두 개 변수를 사용한 교차표를 해석하는 경우와는 다르게 이제 세 개 변수를 사용한 표의 해석은 외관상으로 보기보다도 훨씬 더 복잡하다. 보통의 집중력을 가지고는 변수간의 관계를 파악하기가 쉽지 않은 것이 사실이다. 그러므로 보통 세 개 변수를 활용한 표를 해석함에 있어서는 '통제'(control) 기법이라고 부르는 방법을 사용하는 것이 일반적이다. 즉, 통제 기법을 사용하면, '다른 조건이 일정하다는 전제하에, 통제하지 않은 변수간의 관계를 파악할 수 있다.' 다른 말로 표현하자면 세 개 변수 중 한 변수를 통제함으로써, 통제하지 않은 두 개 변수간의 관계를 집중적으로 분석할 수 있다. 또한, '다른 조건이 일정하다'는 전제는 곧 '통제하는 변수의 상태가 일정하다'는 의미로 해석할 수 있다. 즉, 한 변수를 통제한다는 것은 곧 그 변수

150만원을 저소득과 고소득의 분류기준으로 삼는 것은 부적절한 것이나, 교차표의 의미를 이해시킨다는 교시적 측면에서 표의 구성 기준을 설정한 것임을 밝힌다.

가 특정한 상태로 주어진 것으로, 혹은 그 값이 고정된 것으로 간주하는 것이다.

말로써만 통제의 의미나 절차를 설명하는 것보다는 실제 표를 대상으로 해서 설명하는 것이 보다 효율적인 설명 방식이 될 것이다. 표에서 먼저 성별을 통제해 보기로 하자. 이는 통제되지 않은 변수, 즉 학력과 소득과의 관계를 집중적으로 분석할 수 있기 위한 것이다. 성별이 일정한 경우를 들어보자.[3] 우선, 성별이 남성으로 일정하다면, 즉 성별이 남성인 경우라면, 학력과 소득의 관계는 표의 첫 번째, 두 번째, 세 번째, 네 번째 열의 경우만 분석대상으로 설정된다. 왜냐하면 다섯 번째부터의 열은 성별이 여성인 경우에 해당하기 때문이다. 따라서 이렇게 성별을 통제함으로써 학력과 소득의 관계는 두 변수간의 관계로 그 차원이 축소되기에 변수간의 관계의 분석이 훨씬 더 쉬워진다.

구체적으로, 성별이 통제되어 남성인 경우라면, 중졸이하의 경우 고소득이 약 22%, 고졸의 경우 약 51%, 대재이상의 경우에는 약 74% 정도를 나타낸다. 따라서, 학력이 상승되면 소득도 증가한다는 사실을 발견할 수 있다. 즉 남성의 경우, 고졸과 대재이상과는 고소득자의 비율이 약 23% 정도 차이가 나고, 그 차이보다도 중졸이하와 고졸간의 고소득자 비율은 더 심해져 약 30% 정도의 격차가 생기고, 중졸이하와 대재이상 간에는 약 50%이상의 고소득자 비율에서의 차이를 발견할 수 있다. 따라서 성별이 통제되어 남성인 경우라면, 학력의 차이에 따라서 고소득자의 비율, 즉 월소득의 변화가 적게는 23%에서 크게는 약 50% 이상까지 발생하는 것을 알 수 있다.

이제 성별을 통제하여 성별이 여성인 경우도 살펴보아야 한다. 여성인 경우라면 표의 다섯 번째 열 이후의 숫자를 검토하여야 한다. 중졸이하의 여성이라면 고소득이 전체 여성의 약 18%이며, 고졸 여성의 고소득 비율은 약 52%, 대재이상의 여성의 고소득 비율은 전체의 약 82%에 해당하는 것으로 파악된다. 따라서 성별을 통제한다면, 성별이 여성인 경우라면, 학력과 월소

3) 실제로는 성별뿐만이 아니라 표에서 나타나지 않은 여타의 다른 조건들도 일정하게 주어진 경우라고 파악하여야 한다.

득간의 관계를 파악할 때, 학력에 따라서 고소득자의 비율, 즉 월소득의 변화가 최소 30% 정도(고졸여성과 대재이상여성의 차이)에서 최고 64%(중졸이하여성과 대재이상여성의 차이)에 이르는 것을 알 수 있다.

종합하자면, 성별이 통제되어 남성의 경우라면, 학력의 차이가 23%에서 50% 정도의 고소득자 비율의 차이와 관계되는 것을 알 수 있다. 반면 여성으로 성별이 통제된다면, 학력 차이는 30%에서 64%에 이르는 고소득자 비율의 차이와 관련되는 것을 알 수 있다. 분명 남성보다는 여성의 경우에서, 학력의 차이는 고소득자 비율의 차이와 더욱 더 관련이 있다는 것을 발견할 수 있다.

마찬가지 논리로 이제 학력을 통제하면, 두 개 변수 성별과 월소득간의 관계를 보다 효율적으로 파악하는 것이 가능해진다. 학력이 중졸이하인 경우, 두 번째 열과 다섯 번째 열에 기재된 숫자를 검토하는 것이 요구된다. 즉 다른 조건이 동일하다면, 학력이 중졸이하라면, 남성은 고소득 비율이 약 22%, 여성은 18%이다. 따라서, 이때 남성이 여성에 비하여 고소득자 비율이 4% 정도 높은 것으로 나타난다. 동일한 방식으로 학력이 고졸로 통제되는 경우에 있어서의 성별과 월소득간의 관계도 파악될 수 있다. 이때에는 여성이 남성보다 약 2% 정도 고소득자 비율이 높은 것으로 나타나고 있다. 마지막으로 학력이 대재이상의 경우, 여성 고소득자 비율이 남성에 비하여 약 8% 정도 높은 것으로 해석된다. 결국, 학력이 통제된다면, 즉, 학력이 동일한 조건이라면, 남성이냐 혹은 여성이냐의 문제가 월소득 변화의 약 2%에서 8% 정도와 관련되고 있음을 알 수 있다.

이제 성별과 학력을 통제한 결과를 종합함으로써 세 개 변수간의 관계를 검토해 볼 수 있다. 성별을 통제해서 학력과 월소득간의 관계를 파악했을 때, 학력변화에 따라서 남성의 경우는 약 23%에서 50%, 여성의 경우라면 약 30%에서 64%의 변화가 발생하는 것이 발견된다. 반면, 학력을 통제하여 성별과 월소득간의 관계를 검토하면, 성별에 따라서 약 2%에서 8% 정도의 월소득 차이가 발견된다. 따라서 세 개 변수간의 관계에 있어서, 통제 기법을 사용함으로써, 단순히 남성인지 여성인지의 문제보다는 학력이 무엇인가의 문제가 보다 더 큰 월소득 변화와 관련됨을 발견할 수 있었다.

지금까지의 논의를 통해 우리는 교차표의 의미를 분석하는 방식, 즉 변수간의 관계를 파악하는 방식을 이해할 수 있었다. 하지만 궁극적으로 이러한 논의가 함축하고 있는 바가 무엇인가를 생각하지 않을 수 없다. 즉, 동일한 자료를 사용하여 만든 교차표임에도 불구하고, 두 개 변수로 구성된 교차표에서의 변수간의 관계와 세 개 변수로 구성된 교차표에서의 변수간의 관계에서는 차이가 있다는 것이다. 두 개 변수를 활용한 표에서는 성별이 월소득의 변화와 관련이 있는 것으로 이해될 수 있었다. 하지만, 이어서 제시한 세 개 변수를 활용한 표에서는 성별의 영향은 줄어든 반면에 그 보다는 학력이 어느 정도인가가 더 큰 월소득의 변화와 관련되어 있음을 알 수 있었다.

그렇다면, 경력과 같은 네 번째 변수를 표의 구성 변수로서 첨가한다면 또 어떤 발견을 할 수 있을까? 더 나아가 직종이나 조사대상자의 출신학교 등을 첨가하면 또 어떤 결론에 도달할 수 있을까? 결국, 우리가 구성한 교차표로부터 도출한 발견은 최종적인 것이 아니라 임시적인 것, 잠정적인 것이라 평가해야 하지 않을까? 그렇다면, 교차표를 구성함에 있어서 과연 어느 정도 수의 변수를 활용해야 할까? 상상할 수 있는 모든 변수를 구성요소로 삼아야만 할까? 아니면 적정 수의 구성요소로 한정시키는 것이 바람직한 방법일까? 또 그렇다면 그 수는 얼마인가? 궁극적인 고려사항으로서 분석결과의 정확성과 분석방법의 효율성을 어떻게 조화롭게 균형지울 수 있을까? 이러한 문제는 행정학도의 경우 사회과학방법론이나 조사방법론 등의 과목을 수강할 때 기본적으로 고려해야 하는 질문임은 물론 계량분석을 수행함에 있어서도 현실적인 문제로 대두하는 것임을 결코 잊지 말아야 한다.

제3절 컴퓨터 프로그램을 활용한 도수분포 · 교차표 실습

1. MS Excel을 활용한 실습

여기서는 앞서 사용한 대통령 선거에 관한 실제 여론조사 자료를 사용하여 교차표를 만들기로 한다. 교차표를 작성하는 과정에서 도수분포를 구하게 되는데, 그 기본 절차를 익힌다면 다른 자료의 경우에도 어려움 없이 활용할 수 있으리라 기대해 본다.

[그림 4-1]에 나타나듯, 전체자료에서 성별, 학력, 그리고 월소득에 해당하는 열만을 추려내어, 실제 작업을 수행할 Excel 워크시트에 복사해서 사용하는 경우를 설정해 보자. 그리고 교차표를 작성하기 위한 기초 절차로서 학

그림 4-1 도수분포의 절차

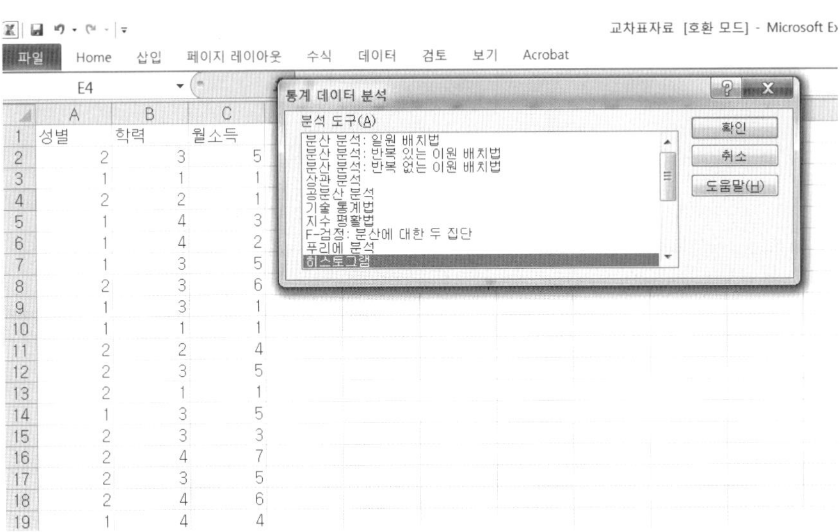

력과 월소득이 어떻게 분포하고 있는지 도수분포를 통해서 검토해 보기로 한다. Excel 문자 메뉴의 '데이터' → '데이터 분석'을 클릭한다. 등장하는 '통계 데이터 분석'대화상자 중에서 '히스토그램'을 선택해야 한다.

하지만, 막대그래프 모양의 도수분포를 의미하는 단어인 히스토그램을 선택하여 실행시키기 전에 반드시 해야 할 일이 있다. 즉, 히스토그램을 실행시키려면 [그림 4-2]의 '히스토그램' 대화상자의 입력 부분에서 '계급 구간'을 지정해 주어야만 한다. 이 단계를 위해서는 워크시트에 미리 도수분포에서의 계급값들을 기재해 놓아야만 한다. 다시 설명하자면, 문자 메뉴 '데이터'를 클릭하기 전에 워크시트에 성별, 학력, 월소득의 측정값들을 복사해 놓고, 이에 덧붙여 각각의 변수들의 측정값들이 취하는 값들을 변수의 계급구간으로서 입력시켜 놓아야 한다는 것이다. 따라서, 이를 위해서는 제3장에서 살펴본 바와 같이 미리 기술통계 분석을 시행해서 각각의 변수가 취하는 값이 무엇인지, 즉 계급이 어떻게 구분되었는지를 점검할 필요가 있다.

그림 4-2 변수 학력의 히스토그램 대화상자

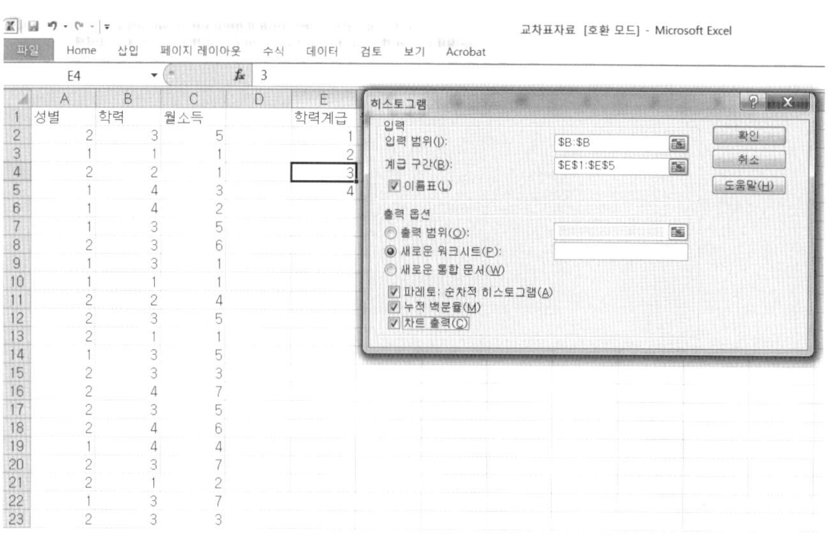

학력을 대상으로 도수분포를 구하는 방법을 살펴보기로 하자. [그림 4-2]의 '히스토그램' 대화상자의 입력 부분에서 '입력 범위'로는 변수 '학력'이 입력된 열을 선택한다. 그 방법으로는 화면 가장 위의 열 구분 알파벳(현재의 경우 B)을 클릭해도 무방하다. 그리고 '계급 구간'에서는 미리 워크시트에 입력시킨 변수 '학력'이 취하는 계급값, 즉 최소값 1부터 최대값 4까지가 순서대로 입력된 구간범위를 정확하게 선택하여 지정해 준다. 그 지정의 결과로서 계급구간에 '$E$1:$E$5'가 표시된 것을 확인하기로 하자. 화면에서 나타나듯 셀 B1과 셀 E1에 변수 이름인 '학력'및 '학력계급'이 입력되어 있다면 이것을 변수 '이름표'로 보아 '이름표' 앞의 체크 박스를 선택한다는 것은 앞서 설명한 바 있다. 출력 옵션 부분에서 '새로운 워크시트'를 선택하고, 모든 출력 옵션을 체크 박스에서 선택한 후 확인을 클릭해 보자.

[그림 4-3]에서 도수분포의 결과를 확인할 수 있다. 학력이 1(=국졸이하)로 기재된 조사대상자가 143명이며, 이 숫자는 전체조사대상자 1,013명의

그림 4-3 변수 학력의 히스토그램 결과

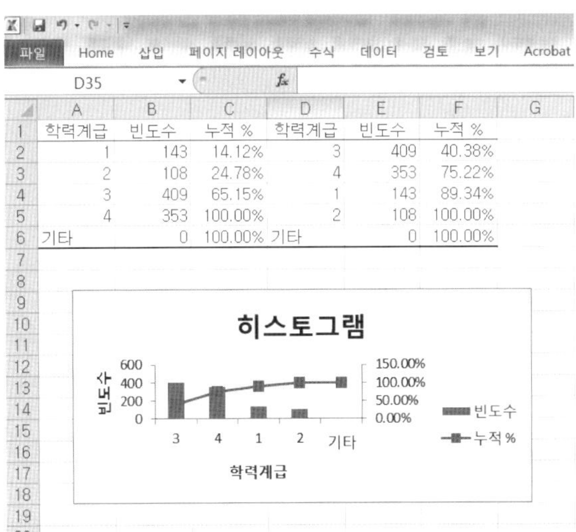

학력계급	빈도수	누적 %	학력계급	빈도수	누적 %
1	143	14.12%	3	409	40.38%
2	108	24.78%	4	353	75.22%
3	409	65.15%	1	143	89.34%
4	353	100.00%	2	108	100.00%
기타	0	100.00%	기타	0	100.00%

그림 4-4 변수 월소득의 히스토그램 대화상자

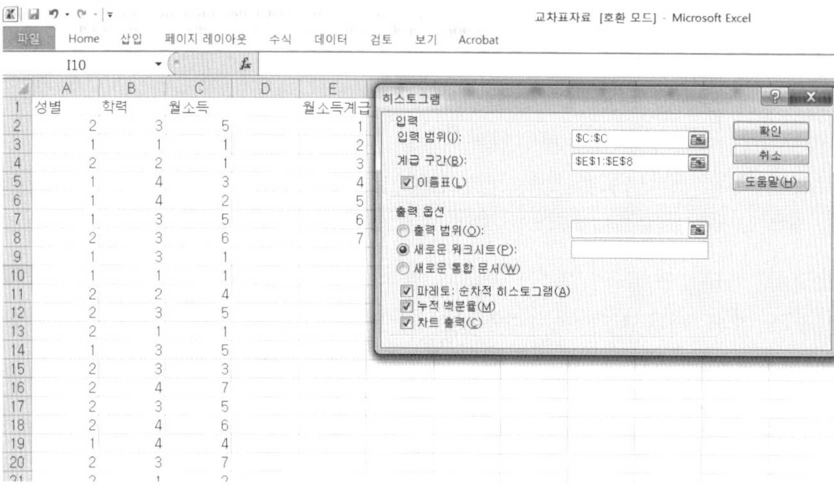

14.12%에 해당한다. 학력 2(=중졸)은 108명으로 학력 1과 학력 2를 합하면 C열 아래의 '누적 %'(누적 백분율) 난에서 나타나듯 전체의 24.78%에 해당하는 수치가 된다. 학력 3(=고졸)은 409명으로 고졸이하가 전체의 65.15%이다. 학력 4(=대재이상)은 353명으로 전체의 35% 정도를 차지함을 알 수 있다. 따라서 고졸, 대재이상, 국졸이하, 중졸의 순으로 조사대상자의 학력이 분포되어 있음을 파악할 수 있다. 또한 아래의 '히스토그램' 제목의 그래프는 도수분포도 및 누적 백분율을 나타내 준다. 이러한 히스토그램, 도수분포를 근거로 하여 교차표에서 학력을 어떻게 구분할 것인가를 결정할 수 있다. 교차표 분석의 정확성과 효율성을 조화시키기 위해서 학력을 세 가지 계급 – 즉, 중졸이하, 고졸, 대재이상 – 으로 재구분[4]하기로 하겠다.

4) 이렇게 변수의 계급을 재구분하는 필요성은 재구분을 하지 않고 교차표를 작성할 때 발생할 수 있는 문제점을 고려하면 쉽게 이해할 수 있다. 즉, 변수의 계급이 무척 많은 경우를 생각해 보자. 지금과 같이 학력을 원 자료 값과 같이 4개 계급으로, 소득을 7개 계급으로, 성별을 2개 계급으로 놓고 교차표를 만든다면, 모두 4×7×2 =56개의 셀에 수치가 기재되는 교차표가 작성될 것이다. 그렇다면 표가 너무나 길

그림 4-5 변수 월소득의 히스토그램 대화상자

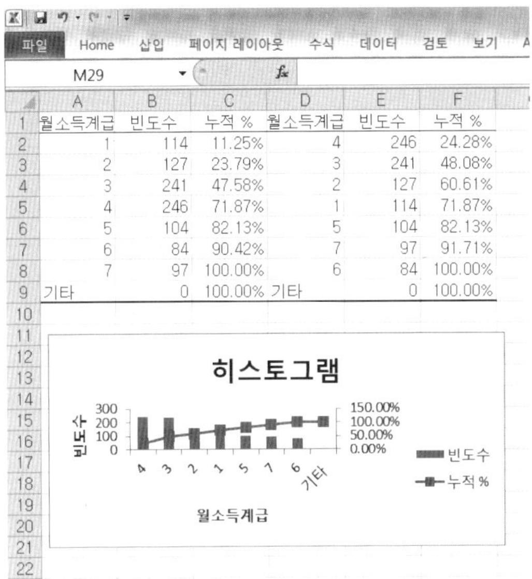

월소득계급	빈도수	누적 %	월소득계급	빈도수	누적 %
1	114	11.25%	4	246	24.28%
2	127	23.79%	3	241	48.08%
3	241	47.58%	2	127	60.61%
4	246	71.87%	1	114	71.87%
5	104	82.13%	5	104	82.13%
6	84	90.42%	7	97	91.71%
7	97	100.00%	6	84	100.00%
기타	0	100.00%	기타	0	100.00%

학력과 마찬가지 방식으로 변수 '월소득'에 대해서도 [그림 4-4]의 히스토그램 대화상자를 작성함으로써 [그림 4-5]의 결과를 도출할 수 있다. 이 결과를 근거로 월소득을 저소득계급 - 월소득 계급 1, 2, 3에 해당하는 계급으로 전체의 47.58%에 해당하는 482명 - 과 고소득 계급 - 월소득 계급 4, 5, 6, 7에 해당하며 전체의 52.42%인 531명 -으로 재구분하기로 하겠다.

이제 원래의 계급을 재구분하기 위해서는 원 자료를 리코딩(recoding)[5]해

어지고 복잡하게 됨으로써, 표의 내용을 시각적으로 도저히 이해할 수 없게 된다. 따라서 이러한 문제를 방지하기 위해서 원 자료의 계급을 재구분할 필요가 있다.

5) 리코딩은 원 자료의 값을 다시(re) 코딩한다는 의미이다. 즉, 계급을 재구분하기 위해서는 원 자료에서 계급의 값을 나타내는 수치 대신에 다시(re) 다른 수치를 부여해야 한다. 즉, 예로서 학력을 4계급에서 3계급으로 재구분하려면, 학력의 원 자료 값 1, 2를 1로, 3을 2로, 4를 3으로 수정하는 방식으로 리코딩 과정이 수행되어야 한다.

그림 4-6 원 자료 리코딩 방식

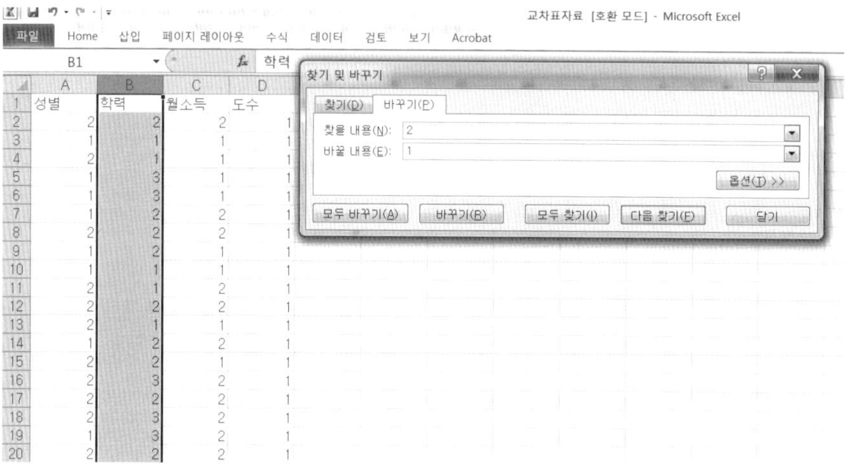

야 한다. Excel 프로그램은 전문 통계프로그램이 아니기에 원 자료의 리코딩이 상당히 번거롭다. [그림 4-6]과 같이 먼저 리코딩하려는 변수가 차지하는 열을 지정해 준 후, 문자 메뉴 'Home' → '찾기 및 선택' → '바꾸기'로 이동한다. 화면의 '찾기 및 바꾸기' 대화상자에서 '찾을 내용'과 '바꿀 내용'을 기재한 후 모두 바꾸기를 선택한다.[6]

6) 상황에 따라서 Excel에서 리코딩 과정이 복잡한 경우라면 원 자료 값을 먼저 알파벳으로 전환시키고 다시금 알파벳을 숫자로 최종적으로 리코딩시키는 2단계 과정을 거치는 것이 필요할 수 있다. 예를 들어 실제 여론조사에서 사용하듯, 출신지역을 조사한 원 자료 값이 1부터 18로 기재되어 있는 경우(1: 서울, 2: 부산, 3: 인천, 4: 대구, 5: 광주, 6: 대전, 7: 울산, 8: 경기, 9: 강원, 10: 충북, 11: 충남, 12: 전북, 13: 전남, 14: 경북, 15: 경남, 16: 제주, 17: 이북, 18: 기타) 이를 4대 지역(1: 경인지역, 2: 충청강원지역, 3: 호남제주지역, 4: 영남지역)으로 리코딩하는 과정을 생각해 보자. 이 때 경인지역에 해당하는 지역을 먼저 A로, 충청강원지역은 B로, 호남제주는 C로, 영남은 D로 전환시킨 후, A, B, C, D를 다시 1, 2, 3, 4로 전환시키는 것이 특히 초보자의 경우에 있어서의 리코딩 과정의 혼란을 크게 감소시킬 수 있다. 하지만 여기서 만일 1 서울을 A로 고칠 것을 명령할 때, '옵션'난을 클릭하여 '전체 셀 일치'난의 체크 박스에 표시해야 한다. 그렇지 않으면 10 충북의

그림 4-7 교차표 작성을 위한 메뉴 이동

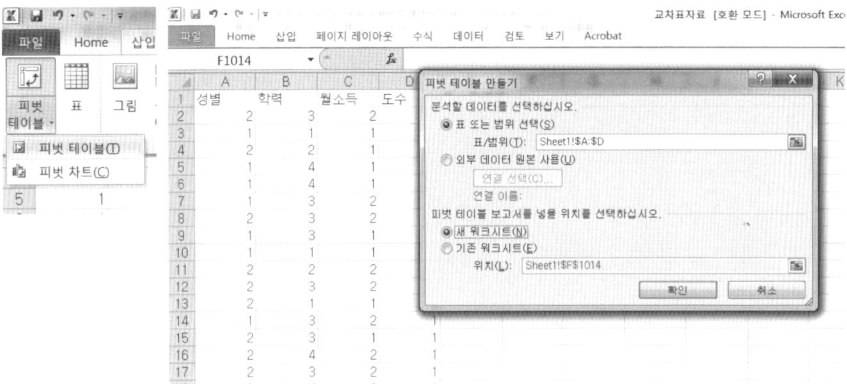

리코딩이 완료된 자료에 하나의 열이 부가되어야 최종적으로 Excel을 활용한 교차표 작성이 가능하다. 즉, 도수에 해당하는 열이 바로 그것으로 도수 값으로는 1이 주어져야 한다. (그 이유는 더 이상 설명이 필요하지 않을 것이다.) 도수 값 1을 주는 방법으로는 '끌어 채우기' 방식을 사용할 수 있겠다.

이제 교차표 작성에 필요한 최종 자료가 마련되었다. [그림 4-7]과 같이 문자 메뉴 '삽입' → '피벗 테이블' → '피벗 테이블'로 이동한다. 이어서 등장하는 '피벗 테이블 만들기' 대화상자에서, 분석할 데이터의 범위로서는 도수 값까지 포함시킨 워크시트의 모든 자료들을 포함시키고, 분석 결과가 나타날 위치로 '새 워크시트'를 지정한 후 '확인' 버튼을 클릭한다.

이제 최종적으로 등장하는 화면의 구성요소는 [그림 4-8]과 같다. 화면 오른편의 '피벗 테이블 필드 목록' 위쪽에 있는 '보고서에 추가할 필드 선택:' 아래에 나타나는 변수를 하나 하나씩 하단의 '열 레이블', '행 레이블', 'Σ 값' 아래에 '클릭 앤 드랙' 형식으로 끌어내려 놓는다. 우리가 앞서 살펴본 '〈표 4-1〉 두 변수를 활용한 임금차이'의 경우라면, '열 레이블' 아래에 '성별'을, '행 레이블' 아래에 '월소득'을, 'Σ 값' 아래에 '도수'를 끌어 놓는다. '〈표 4-2〉

경우 등은 A0과 같이 변경되기 때문이다.

그림 4-8 교차표 구성

(1) 두 변수를 사용하는 교차표 구성

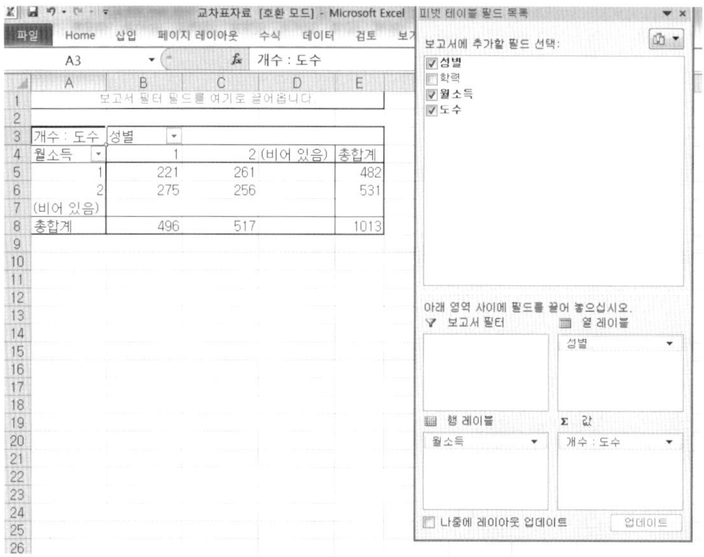

(2) 세 변수를 사용하는 교차표 구성

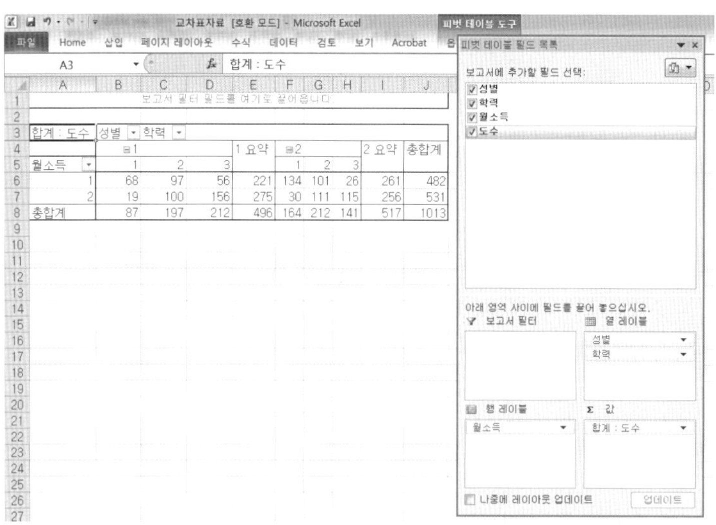

세 변수를 활용한 임금차이'의 경우라면, '열 레이블' 아래에 '성별'과 '학력'을, '행 레이블' 아래에 '월소득'을, 'Σ 값' 아래에 '도수'를 배열한다.

2. SAS를 활용한 실습

SAS 프로그램을 작성하는 창은 확장 편집기 창이다. 이 창은 크게 data 부분과 proc 부분으로 나눌 수 있다. data 부분은 분석에 사용할 자료를 만들어 나가는 역할을 하는 부분이며, proc 부분은 만들어진 data를 활용해서 원하는 분석 기능을 실행시키는 부분이라는 점은 앞에서 설명한 바 있다.

[그림 4-9]는 'ch4'로 이름을 붙인 파일을 확장 편집기 창에 불러온 것을 보여 준다. 역시 이 화면에서도 data 부분과 proc 부분으로 확장 편집기 창이 구성되어 있음을 살펴볼 수 있다. 먼저 첫째 줄, 'data freq;'는 이번에 사용할 데이터 셋의 이름을 'freq'으로 붙인다는 의미이다. 둘째 줄(infile 'c:/data/ch4.datt' ;)을 주목해 보자. SAS 프로그램은 USB나 CD 혹은 DVD 등에 저장된 외부 자료를 이용해서 분석 결과를 도출할 수 있다. 이렇게 외부 자료를 불러 오는 경우에는 명령어로서 infile 구문을 사용하는 것을 알아야 한다.[7] 즉, 화면과 같이 'infile' 단어 다음에 자료의 저장위치와 자료 파일 이름

---

7) 현재는 PC의 보급이 보편화되었으며, PC의 기능도 이전과는 비교할 수 없을 만큼 향상되었기 때문에 전형적인 SAS 명령 구문들 중에서 몇몇은 그 효용성이 이전만큼 크게 부각되지 않고 있는 것이 사실이다. 그 중 하나가 바로 자료를 그 때 그때 입력하거나 외부로부터 불러오는 것이 아니라 영구 데이터로 만들어 놓고 필요할 때마다 직접 불러 와서 사용하는 libname 구문이다. 하지만 이러한 libname 구문은 이 책에서와 같이 1,000개 정도의 사례에서 몇 몇 변수를 분석하는 경우가 아니라 이른바 Big Data를 취급하는 경우에는 그 어느 명령구분보다도 쓰임새가 크다는 것을 기억해 둘 필요가 있겠다. 간략하게 그 사용법을 요약하기로 한다. 우선, libname 단어는 library name의 약자로 영구 데이터가 저장된 디렉토리의 이름이다. 만일 libname try 'c:/permad'라고 한다면, 이 문장은 영구 데이터가 c:/permad/try 경로에 위치함을 의미한다. 따라서 libname try 'c:/permad' data analy; set try.data1; 의 문장들이 있다고 가정해 보자. 이 때 이 문장들의 의미는 데이터 셋 analy는 지정해 준 경로의 영구 데이터에 있는 data1을 그대로 가져다

이 속한 완전한 경로를 ' '안에 지정해야 한다. 구체적으로, 화면에서 볼 때 'freq'라는 이름을 붙인 데이터 셋은 'ch4.datt' 자료 파일을 불러와 사용하는데, 이 화일은 컴퓨터 'C:/' 드라이브의 'data'라는 이름의 폴더 안에 'ch4.datt'라는 파일 이름으로 저장되어 있음을 나타낸다. 따라서, 논리적으로도 infile 구문은 당연히 data 구문 바로 다음에 뒤따라야 할 것이다. 그런 후에 이렇게 불려 들여서 사용하게 될 파일의 성격이 어떠한가를 설명하는 것이 필요할 것이다.

불러들인 파일을 설명하는 문장이 바로 'input a b c;' 문장이다. 이 문장이 의미하는 것은 'freq' 데이터 셋이 사용할 'ch4.datt' 파일은 변수 'a,' 변수 'b,' 변수 'c'의 세 개 변수로 구성되어 있음을 알려준다. 만일 변수가 숫자가 아니라 문자로 기입되어 있는 경우라면, 해당되는 변수 이름 바로 다음에 빈 칸으로 구분한 '$' 기호를 붙여서 구별해 준다. 예로서, input a b $ c; 문장이 의미하는 것은 데이터를 구성하기 위해서 변수 a, 변수 b, 변수 c가 차례로 들어가 있으며, 이 중에서 변수 b는 숫자로 그 측정값이 기재되어 있는 것이 아니라 문자 – 예를 들면 m 이나 f 등 – 로 처리되어 있음을 나타낸다.

데이터 셋 'freq'의 입력이 완료되었음을 나타내는 'run;'이 입력되고 나서, 새로운 데이터 셋이 정의되고 있다. 여기서 우리는 앞에서 정의한 바 있는 데이터 셋을 다시 가져다가 사용하는 방법을 살펴볼 수 있다. 즉, 데이터 셋 'tables'는 이미 앞에서 정의되었던 'freq' 데이터 셋을 그대로 가져와서 재사용한다는 의미로서 'set freq ;' 문장이 입력되어 있다. set 문장이 입력되면, 재사용되는 데이터 셋에 대한 설명을 이미 다 프로그램이 기억하고 있기에 input 문장이나 cards; 문장을 중복해서 입력할 필요가 없다. 'freq' 데이터 셋을 재사용하는 'tables' 데이터 셋을 분석 대상으로 분석 절차를 수행하라는 proc 문장이 set 문장 다음에 곧 바로 뒤따르고 있음을 볼 수 있다. 'proc freq ;' 문장은 도수분포를 구하는 절차를 실행하라는 의미를 지닌다. 'tables' 단어 다음에 도수분포의 대상이 될 변수를 지정하면 된다. 'tables a ;' 문장은 변수 'a'의 도수분포를 구해준다. 이제 입력이 다 완료되었기에 가

사용한다는 의미이다.

그림 4-9 SAS 도수분포 프로그램

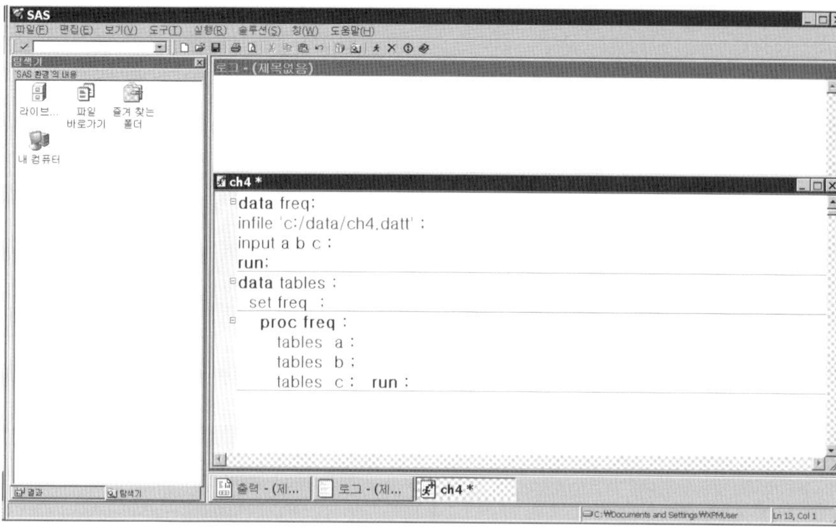

그림 4-10 SAS 도수분포 결과

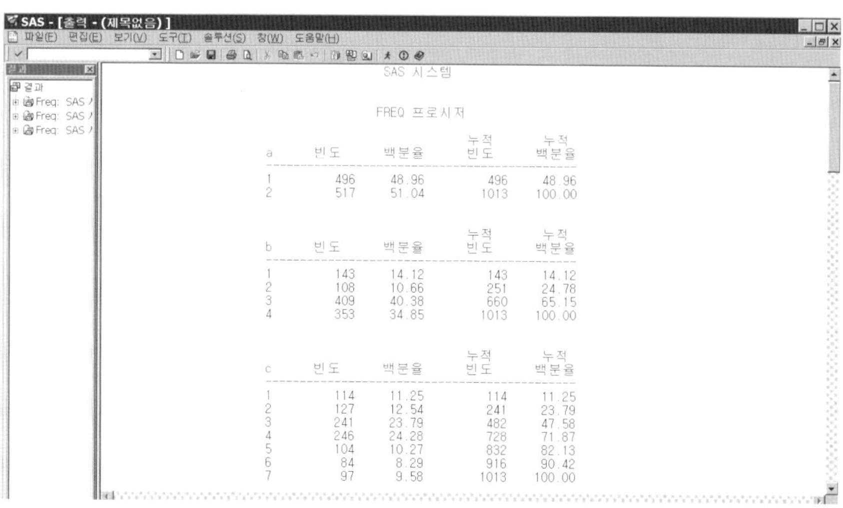

그림 4-11 SAS 변수 리코딩 구문

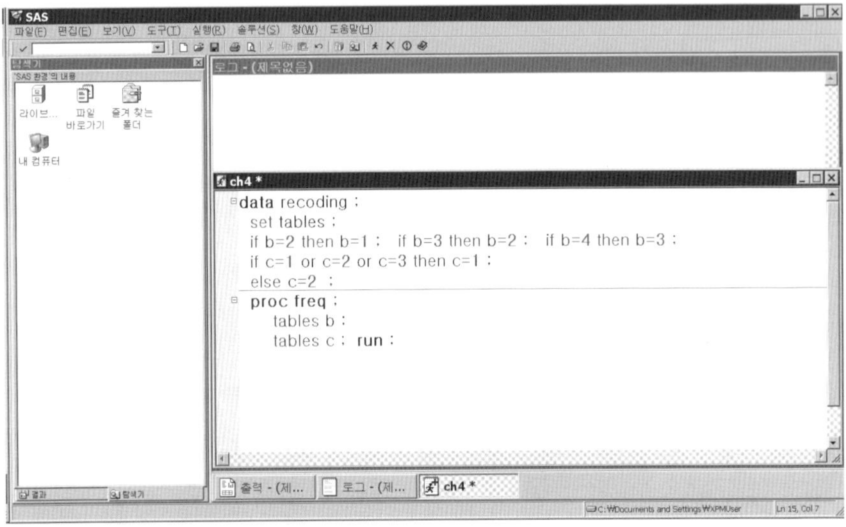

장 끝줄에 'run ;'을 기재한다.

이 프로그램을 실행시키기 위해서는 앞서 설명한 바와 같이 그림 메뉴의 달리는 사람의 모습을 클릭하거나, 확장 편집기 창에서 마우스 오른쪽 버튼을 클릭하여 등장하는 메뉴 중에서 가장 아래에 위치한 '전체 실행'을 선택한다.

프로그램 실행 결과는 [그림 4-10]의 출력 화면에 제시된다. 화면상 변수 a값의 도수분포는 빈도(frequency)로 제시되는 바, 값 1(남성)이 496명으로 전체 1,013명의 48.96%, 값 2(여성)은 517명으로 전체의 51.04%임이 보고되었다. 또한 누적빈도도 계산되었다. 마찬가지로 변수 b값 및 변수c 값의 도수분포도 출력 화면상에 한 번에 제시된다.

이제 이러한 변수값의 도수분포를 근거로 교차표를 작성할 수 있다. 이를 위해서는 앞서 설명한 바와 같이 먼저 리코딩 과정을 거쳐야 한다. [그림 4-11]은 앞의 데이터 셋 'tables'을 활용한 새로운 데이터 셋 'recoding'을 만

그림 4-12 SAS 변수 리코딩 결과

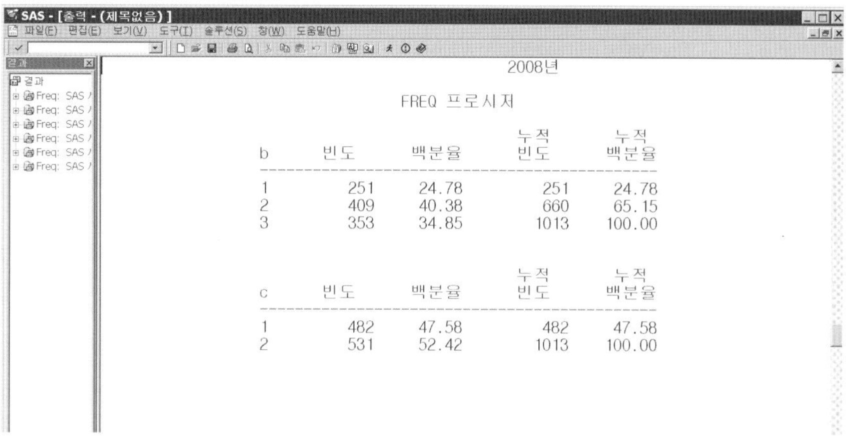

들어 리코딩을 수행하는 과정이다. 새로운 데이터 셋 이름은 'recoding'이며 기존 자료의 변수 'b'값이 만일 2라면 이것을 1로, 만일 3이라면 2로, 만일 4라면 3으로 덧씌워서 변경하라는 내용이 'if b=2 then b=1; if b=3 then b =2; if b=4 then b=3'이라는 영어 if ~, then ~ 구문으로 표시되었다. 변수 'c'의 경우, 그 값이 1, 2, 3인 경우는 c를 1로 리코딩하고, 그 외의 경우, 즉 c값이 4, 5, 6, 7인 경우는 c를 2로 리코딩하라는 내용은 'if c=1 or c=2 or c=3 then c=1; else c=2;'라는 영어 if ~, then ~, else 구문으로 표시되었다. 리코딩의 결과를 확인하기 위해서 이렇게 그 값이 덧씌워져 변경된 변수 'b'와 변수 'c'의 도수분포를 구하는 proc 구문도 추가하였다.

그림 메뉴의 실행 버튼을 클릭한 결과로서 [그림 4-12]와 같이 출력 화면에 FREQ 프로시저의 결과물을 확인할 수 있겠다.

이러한 순서를 다 마친 후, 이제 리코딩시킨 변수 'a', 변수 'b', 변수 'c'를 사용하여 교차표를 만드는 최종적인 프로그램을 작성할 수 있다. [그림 4-13]에서는 리코딩한 변수값들이 들어 있는 데이터 셋 'recoding'을 재사용하는 'finaltables'라는 이름의 데이터 셋을 정의하였다. 'data finaltables ;

그림 4-13 SAS 교차표 작성 프로그램

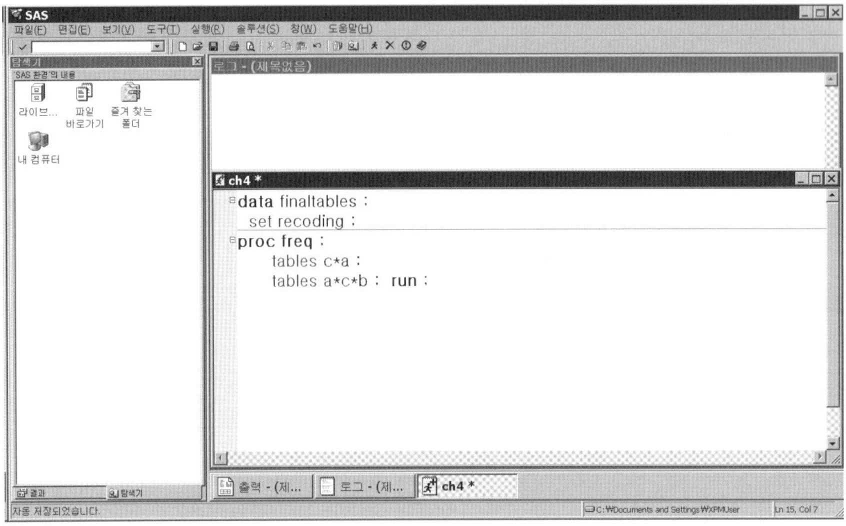

set recoding ;' 그리고, 교차표를 작성하기 위한 구문인 'proc freq; tables * ;'를 사용하였다. 즉, 예로서 proc freq ; tables *x***y*;는 *x*값을 행으로 설정하고, *y*값을 열로 설정하는 교차표를 만들라는 명령어이다. 변수 세 개를 사용하는 교차표도 명령문 한 줄로 작성할 수 있다. 즉, proc freq ; *x***y***z*;의 경우라면 먼저 *x*값을 가장 위의 열에 위치시키고 그 밑의 열에 *z*값, 그리고 *y*값을 행에 위치시키라는 명령어임을 기억하자. 독자들은 이러한 명령어를 활용하여 여러 가지 포맷의 교차표들을 구성해 보기를 권한다.

실행의 결과는 [그림 4-14]와 같이 출력 화면에 제시된다. 세 개 변수를 활용한 proc freq ; tables a*b*c의 결과는 변수 'a'의 값에 따라서 두 부분으로 교차표가 분할되어 표시됨을 확인하자.

그림 4-14 SAS 교차표 작성 결과

(1) 두 변수를 사용하는 교차표

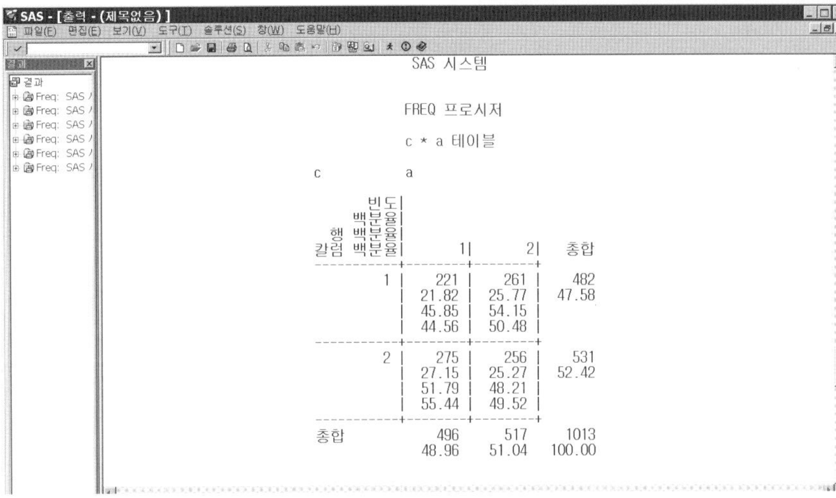

SAS 시스템

FREQ 프로시저

c * a 테이블

c \ a (빈도 / 백분율 / 행 백분율 / 칼럼 백분율)	1	2	총합
1	221 21.82 45.85 44.56	261 25.77 54.15 50.48	482 47.58
2	275 27.15 51.79 55.44	256 25.27 48.21 49.52	531 52.42
총합	496 48.96	517 51.04	1013 100.00

(2) 세 변수를 사용하는 교차표 : 통제변수 성별 =남성

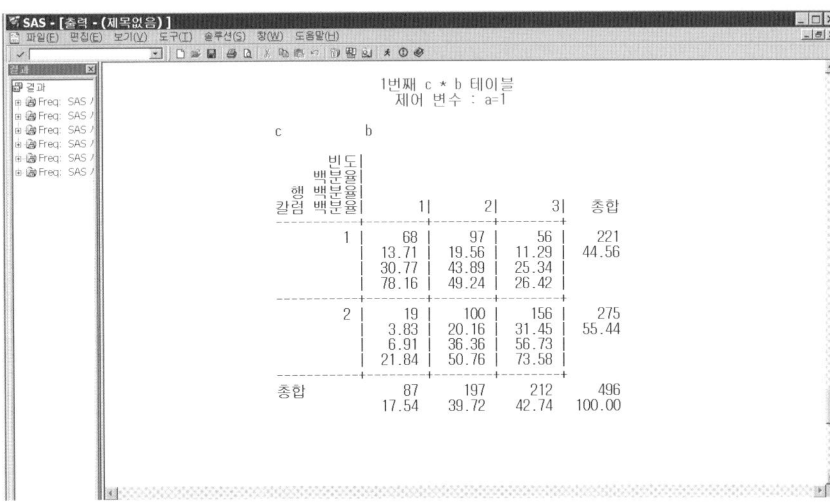

1번째 c * b 테이블
제어 변수 : a=1

c \ b (빈도 / 백분율 / 행 백분율 / 칼럼 백분율)	1	2	3	총합
1	68 13.71 30.77 78.16	97 19.56 43.89 49.24	56 11.29 25.34 26.42	221 44.56
2	19 3.83 6.91 21.84	100 20.16 36.36 50.76	156 31.45 56.73 73.58	275 55.44
총합	87 17.54	197 39.72	212 42.74	496 100.00

(3) 세 변수를 사용하는 교차표 : 통제변수 성별 = 여성

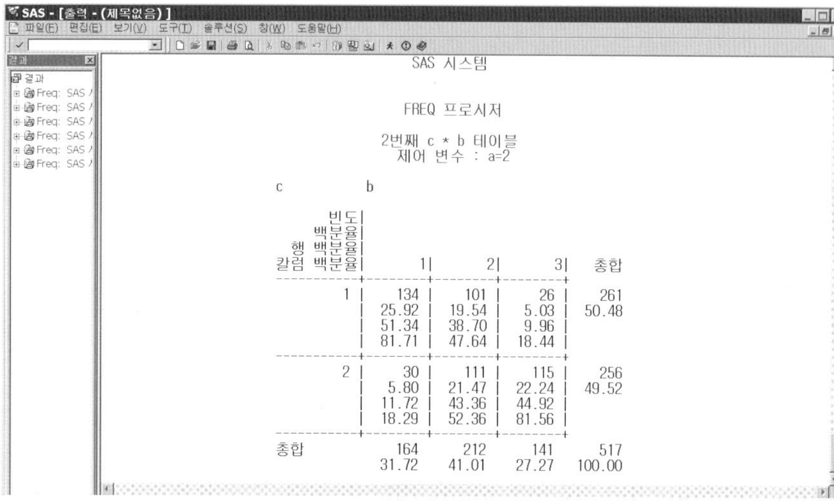

SAS 시스템

FREQ 프로시저

2번째 c * b 테이블
제어 변수 : a=2

c / b (빈도, 백분율, 행 백분율, 칼럼 백분율)	1	2	3	총합
1	134 25.92 51.34 81.71	101 19.54 38.70 47.64	26 5.03 9.96 18.44	261 50.48
2	30 5.80 11.72 18.29	111 21.47 43.36 52.36	115 22.24 44.92 81.56	256 49.52
총합	164 31.72	212 41.01	141 27.27	517 100.00

05

확률과 확률분포

- 제1절 확률의 의미
- 제2절 확률의 기본개념들
- 제3절 확률이론의 주요 공리 및 기본 법칙
- 제4절 확률분포
- 제5절 컴퓨터 프로그램을 활용한 확률 계산 실습

05 확률과 확률분포

확률은 불확실성의 세계에서 살아가는 우리들이 어떤 판단이나 결정을 할 때 활용의 가치가 큰 개념이다. 예로서, 과거 여러 번 동일하거나 유사한 상황에서 어떤 판단이나 결정을 했을 때, 어떤 특정한 결과가 발생한 회수가 몇 번 중에 몇 번인가를 확실하게 알고 있다고 하자. 그러한 경우라면 그렇지 않은 경우에 비해서, 현재에 내리는 판단이나 결정의 결과가 어떻게 될 것인가를 미리 예측하기가 훨씬 쉬울 것이다. 또한 그러한 예측은 가장 합리적인 판단을 내리고 행동하는데 큰 도움이 될 수 있을 것이다.

이러한 맥락에서, 확률 이론은 불확실성에 대비하는 이론이다. 즉, 확률 이론은 우리가 불확실성의 세계에서 수학적 · 통계학적으로 예측하여 합리적으로 행동하기 위하여 꼭 알아두어야 할 이론이라 할 수 있다. 이제부터 확률은 과연 어떤 의미를 지니고 있는 개념인지, 확률변수라던가 표본공간과 같은 개념들은 또한 어떤 뜻인지, 나아가 이전에 학습한 경험이 있는 기본적인 확률의 이론은 어떻게 구성되어 있는지, 그 내용은 무엇인지, 그리고 실제 확률을 어떤 방법으로 어떻게 구하는지의 문제들을 차례로 살펴보기로 한다.

제1절 확률의 의미

1. 객관적 의미의 확률

가장 잘 알려진 확률의 의미는 객관적 의미의 확률이다. 객관적 의미의 확률이란 어떤 사건이 장기적인 관점에서 발생할 상대적 빈도를 비율이나 분수로 표현한 것이다. 예를 들자면 정상적인 주사위를 오랜 시간 동안 여러 번 던져서 특정한 눈의 수가 나올 경우를 생각해 보면, 객관적 의미의 확률의 정의가 무엇인지 어렴풋이나마 이해할 수 있겠다. 또한, 지난 10년 동안 비가 온 날이 평균 매년 100일이었다면 내일 비가 올 것인가의 경우도 역시 객관적 의미의 확률의 정의와 관련되는 것임을 짐작할 수 있을 것이다.

이와 같이 기본적으로 확률이 무엇인지, 어떻게 확률을 정의할 것인지에 관해서는 일반적인 경험에 기반하는 방법과 우리 마음속에 존재하는 어떤 힘—이성(理性, reason)—에 기반하는 방법이 관련되어 있음을 알 수 있다. 즉, 장기적 관점에서 수많은 시행을 겪으며 반복적으로 어떤 사건이 일어날 것인지 알아낸다면, 그것은 경험적인 관점에서 특정 사건이 일어난 횟수를 총 시행횟수로 나누어 구하는 이른바 '상대적 빈도(relative frequency)'에 의해서 확률을 구하는 것이다. 이러한 방식으로 확률을 이해하고 확률을 구하는 경우라면, 무엇보다도 총 시행횟수가 커질수록 그 확률의 신뢰도가 증가할 것임을 알 수 있다. 그렇다면 어느 정도로 총 시행횟수가 커져야만 그 확률을 충분히 신뢰할 수 있을까? 문제는 신뢰도가 어느 정도 높다고 하여도 그 확률이 언제나 신뢰할 수 있다는 의미는 아니라는 것이다. 또한, 현실적으로 무한히 총 시행횟수를 증가시킬 수가 없지 않은가? 그렇다면 신뢰도가 100%에 달하는 경우도 분명히 없을 것이다.

그럼에도 불구하고, 이렇게 경험적인 관점에서 확률의 정의를 파악하려고 할 때 우리에게 떠오르는 생각은 총 시행횟수가 증가할수록 우리가 구하게 되는 확률값은 우리 머리에 떠오르는 어떤 값에 가까워지리라는 것이다. 바로 여기서 이성에 입각한 확률의 정의가 등장한다. 즉, 어떤 사건이 발생할 가능성은 현실에서의 지속적인 관찰이나 수많은 실험을 통하지 않더라도 연역적으로 추론함으로써 구할 수 있다는 것이 이성에 입각한 확률 정의의 핵심이다. 예를 들어서 정상적인 주사위를 한 번 던져서 나오는 눈의 수를 관찰하는 경우를 들어 보자. 정상적인 주사위이기에 모든 눈이 나올 가능성은 동등하다고 간주할 수 있을 것이다. 그렇다면 정상적인 주사위를 던져서 눈의 수 1이 나올 경우는 모든 눈의 수가 나오는 경우의 수 중에서 눈의 수 1이 나오는 경우이다. 따라서 그 확률은 1/6이라고 추론할 수 있는 것이다. 이와 같이 이성에 근거한 확률은 연역적 사고 작용에 따라서 모든 경우가 발생할 가능성이 동일하다고 가정할 수 있을 때, 발생할 수 있는 모든 경우를 빠짐없이 다 식별 · 분류하고 그 중에서 특정한 경우가 발생할 비율이 어느 정도인가를 계산하여 구할 수 있다. 이 비율의 수치를 그 특정한 경우가 발생할 확률로 파악하는 것이다. 요약하자면, 이처럼 일반적인 경험과 이성에 입각한 확률의 의미를 통상 객관적 의미의 확률이라 이해할 수 있다.

2. 주관적 의미의 확률

객관적 확률의 의미와 대비되는 개념으로서의 주관적 의미의 확률도 생각해 볼 수 있겠다. 이것은 특정한 사건이 발생할 가능성을 일반적인 경험이나 이성이 아니라 특정한 개인의 믿음, 직관, 추상적 사고, 개인적 경험 등에 입각하여 말 그대로 주관적으로 결정한 것을 의미한다. 다시 말하자면 특정한 명제에 대한 개인적 믿음이나 판단을 분수나 비율로 표현한 것을 주관적 의미의 확률로서 이해할 수 있겠다. 그러면 이러한 주관적 의미의 확률은 그 가치를 어떻게 평가해야 할까? 일반적으로 객관적 의미의 확률보다는 신뢰성이 크게 떨어지는 것은 아닐까? 과학의 가장 큰 핵심 요소가 객관성이라고 한다면 주관적 의미의 확률은 비과학적인 것이 아닌가? 비과학적인 주관적 의미의 확률은 무가치한 것이 아닌가?

분명한 사실은 주관적 의미의 확률이 언제나 무가치하고 비효율적이라고는 판단할 수 없다는 점이다. 만일 객관적 의미의 확률을 구할 수 없는 상황이거나 객관적 의미의 확률을 추구하는 것이 비현실적인 상황—예를 들자면 전례가 없거나 상상해 볼 수도 없는 상황—이라면 주관적 의미의 확률의 중요성이 부각될 수밖에 없다. 더욱이 정책의 결정이 소수의 개인 집단 내에서 이루어지는 경우를 가정해 본다면, 정책결정자로서의 개인의 주관적 특성이 반영되는 주관적 의미의 확률의 중요성은 앞으로 더욱 강조될 수 있을 것이다.

제2절 확률의 기본개념들

1. 확률적 실험

주사위를 던져서 특정한 눈의 수, 예를 들자면 눈의 수 1이 나오는 경우를 생각해 보자. 주사위를 던져서 나올 수 있는 눈의 수의 경우는 1, 2, 3, 4, 5, 6이다. 이 중에서 어떤 눈의 수가 주사위를 던진 결과로서 나올지는 주사위가 그 결과를 보여주기까지는 알 수가 없다. 하지만 분명한 것은 어떤 수가 되던 하나의 눈의 수가 나온다는 것이다. 바로 여기서 우리는 확률적 실험의 개념을 이해할 수 있다. 즉, 확률적 실험(random experiment)이란 '그 결과를 확실하게 예견할 수는 없으나, 최종 결과로서 가능한 한 셋(set)의 서로 분리된 결과들 가운데에서 어떤 하나의 결과에 이르게 하는 과정'을 의미한다. 그러므로 이러한 개념을 적용시키자면 어느 연구자가 행정학 전공 대학생들의 평균 주당 학습시간을 측정하기 위해서 전국의 행정학과 대학생 중에서 100명을 표본으로 추출하는 것은 확률적 실험이라 이해할 수 있게 된다. 마찬가지로, 대통령의 직무 수행에 대한 일반 국민들의 평가 점수를 추정하기 위해서 무작위 추출방식으로 1,000명의 표본을 구성하는 것 역시 확률적 실험이라 이해할 수 있을 것이다.

2. 기본결과

기본결과(basic outcome)는 확률적 실험의 결과로서 발생할 수 있는 가능한 모든 결과 하나 하나를 말한다. 즉, 확률적 실험으로서 주사위를 던져서 어떤 눈의 수가 나올 확률을 구하는 경우를 생각한다면, 나올 수 있는 눈의 수는 1, 2, 3, 4, 5, 6이다. 따라서 눈의 수 1, 2, 3, 4, 5, 6 각각이 바로 기본결과가 된다.

기본결과의 개념이 중요한 이유는 기본결과의 수가 결국 특정 눈의 수가 나오는 확률을 계산하는 근거가 되기 때문이다. 또한 앞서 설명하였던 변수의 개념을 적용해 보자면, 기본결과는 연구자가 관찰의 관점을 적용한 변수의 측정값이라고 파악할 수 있다. 즉, 연구자가 관심을 지니고 관찰하는 관점이 변수라면 그 측정값의 개념으로서의 기본결과는 연구자의 관심일 수밖에 없게 된다.

3. 표본공간

표본공간(sample space)은 확률적 실험의 가능한 결과 하나 하나인 기본결과들의 전체집합이라고 이해할 수 있다. 바꾸어 말하자면 확률적 실험의 결과는 바로 이 표본공간 상의 어떤 하나로 귀결되는 것으로 파악할 수 있다. 우리들이 익히 알고 있는 집합의 개념을 사용하여 주사위를 던져서 나오는 눈의 수를 관찰하는 확률적 실험에서의 표본공간을 표기한다면, 표본공간

={1, 2, 3, 4, 5, 6}이다.

표본공간은 일반적으로 기본결과가 단일한 특성, 즉 한 가지 특성을 나타내는가, 혹은 2개 이상의 특성을 나타내는가에 따라서 단일변량 표본공간과 다원변량 표본공간으로 구분된다. 예로서, 연구자의 관심이 남성인가 혹은 여성인가에 있어서 남성과 여성이 기본결과가 되는 경우라면 이때의 표본공간은 남성과 여성으로 이루어지기에 단일변량 표본공간이 된다. 반면에 연구자의 관심이 남성인지 여성인지, 그리고 대학생인지 사회인인지의 두 개 특성을 나타냄에 있다면 이때의 표본공간은 남자 대학생, 남자 사회인, 여자 대학생, 여자 사회인으로 구성되는 다원변량 표본공간, 즉 이원변량 표본공간이 되는 것이다.

4. 사건

사건(event)이란 표본공간상의 하나 혹은 둘 이상의 기본결과로 구성되는 기본결과의 일부 집합을 말한다. 예로서 주사위를 던져서 특정한 눈의 수가 나오는가를 관찰하는 확률적 실험에서 하나의 사건을 들자면 눈의 수가 1이 나오는 경우이다. 이때 사건은 눈의 수 1이라는 기본결과 하나로 구성되는 기본결과의 일부집합이다. 또 다른 사건의 예를 들자면 눈의 수가 5이상이 나오는 경우이다. 이 사건은 눈의 수 5와 눈의 수 6의 두 개의 기본결과로 구성되는 기본결과의 일부집합이 되는 것이다.

제3절 확률이론의 주요 공리 및 기본 법칙

1. 주요 공리

확률적 실험의 기본결과를 O_1, O_2, O_3, ⋯, O_n으로 표시할 때, 이 중 어떤 하나의 결과 O_i가 발생할 확률을 $P(O_i)$라 하자.

공리 1: $0 \leq P(O_i) \leq 1$

공리 1이 의미하는 바는 하나의 기본결과가 발생할 확률, 혹은 하나의 기본결과로 구성된 하나의 사건이 발생할 확률은 0보다 크거나 같고 1보다 작거나 같다는 것이다.

공리 2: $P(O_1)+P(O_2)+\cdots+P(O_n)=1$

두 번째 공리의 내용은 어떤 확률적 실험에서 가능한 모든 기본 결과들이 발생할 확률을 합하면 1이 된다는 것이다.

공리 3: $P(O_i+O_j)=P(O_i)+P(O_j)$

세 번째 공리가 의미하는 바는 확률적 실험의 정의상 기본결과는 서로 분리된 결과들이기에 주어진 표본공간의 구성요소로서의 두 개의 기본결과 O_i 혹은 O_j가 발생할 확률은 각각의 기본결과가 발생할 확률을 합한 것이라는 내용이다.

이들 세 가지 기본 공리로부터 어느 사건 E에 포함되지 않은 모든 기본적 결과들로 구성된 사건을 보완적 사건(complementary event)라고 하며 $\overline{E}$로 표기한다면, 다음과 같은 마지막 공리를 나타낼 수 있다.

공리 4: $P(\overline{E})=1-P(E)$

사건 E가 발생하지 않을 확률은 1에서 사건 E가 발생할 확률을 제하면 된다는 것이다. 일반적으로 공리 4를 여사건 확률이라 부른다.

2. 기본 법칙

① 덧셈 법칙

우리가 익히 알고 있는 집합의 개념에서 집합 A와 집합 B가 합해진 경우를 집합 A와 집합 B의 합집합이라고 정의하는 것과 마찬가지로 어떤 두 개의 사건 E_1과 E_2를 합한 것을 합사건이라 하며 기호로는 $E_1 \cup E_2$으로 표기한다. 여기서 다음과 같은 확률의 덧셈 법칙이 성립된다.

$$P(E_1 \cup E_2) = P(E_1) + P(E_2) - P(E_1 \cap E_2)$$

이 때, 만일 사건 E_1과 사건 E_2가 동시에 발생하는 교사건의 확률이 0이라면, 즉 $P(E_1 \cap \mathrm{E}_2) = 0$이라면, 사건 E_1과 사건 E_2는 상호배타적인 사건이라고 한다.

② 곱셈 법칙

사건 E_1과 사건 E_2가 동시에 발생할 확률은 확률의 곱셈 법칙으로 나타난다. 확률의 곱셈 법칙을 이해하기 위해서는 먼저 조건부 확률(conditional probability)의 개념을 파악할 필요가 있다. 즉 조건부 확률은 어떤 사건 E_2가 발생한다는 조건하에서 다른 어떤 사건 E_1이 발생할 확률, 즉 $P(E_1 | E_2)$을 말한다. 이러한 조건부 확률은 다음과 같이 공식화시킬 수 있다.

$$P(E_1 | E_2) = \frac{P(E_1 \cap E_2)}{P(E_2)}$$

이 공식으로부터 만일 어떤 사건 E_1이 발생한다는 조건하에서 다른 어떤 사건 E_2가 발생할 조건부 확률, 즉 $P(E_2 | E_1)$도 공식화시킬 수 있다.

$$P(E_2|E_1)=\frac{P(E_1 \cap E_2)}{P(E_1)}$$

이제 이렇게 공식화된 조건부 확률 $P(E_1|E_2)$, 즉 어떤 사건 E_2가 발생한다는 조건하에 다른 어떤 사건 E_1이 발생할 확률을 구하는 공식 양변에 $P(E_2)$를 곱하면, 다음 등식이 성립한다.

$$P(E_1 \cap E_2)=P(E_2) \cdot P(E_1|E_2)$$

마찬가지로 조건부 확률 $P(E_2|E_1)$, 즉 어떤 사건 E_1이 발생한다는 조건하에 다른 어떤 사건 E_2가 발생할 확률을 구하는 공식 양변에 $P(E_1)$을 곱하면, 도출되는 등식은 다음과 같다.

$$P(E_1 \cap E_2)=P(E_1) \cdot P(E_2|E_1)$$

따라서, 두 개의 등식을 정리하면 최종적으로 다음과 같은 결과를 얻게 된다.

$$P(E_1 \cap E_2)=P(E_1) \cdot P(E_2|E_1)=P(E_2) \cdot P(E_1|E_2)$$

이것은 두 개의 사건, 사건 E_1과 사건 E_2가 동시에 발생할 확률은 사건 E_1이 발생할 확률에 조건부 확률 $P(E_2|E_1)$을 곱하던지, 혹은 사건 E_2이 발생할 확률에 조건부 확률 $P(E_1|E_2)$을 곱함으로써 구할 수 있다는 의미이다. 이것이 확률의 곱셈 법칙의 내용을 구성한다.

제4절 확률분포

1. 확률변수

확률변수(random variable)는 확률적 실험에서 결정되는 값을 가진 계량적으로 표시되는 함수로서 정의될 수 있다. 즉, 우리가 행정계량분석 수강생들의 직전학기 평균 평점을 조사해보기 위해서 수강생들 중에서 표본으로 세 학생을 무작위 추출했다고 가정해 보자. 세 학생의 평균 평점은 0.00으로부터 4.50 사이에서 가능한 어떤 특정한 값을 나타내게 될 것이며 이들의 평균 평점이 바로 확률변수가 된다. 즉, 그 평균 평점은 양적인 숫자로 나타나고, 앞서 설명한 확률적 실험의 결과라고 할 수 있기 때문이다. 또한, 비록 세 학생 중 같은 평균 평점을 나타내는 학생이 있다고 하여도 세 학생의 점수 각각은 평균 평점으로서 가능한 수치들 중 하나와 일대일 대응 관계에 있기에 평균 평점과 가능한 숫자들 간에는 하나의 함수 관계가 성립한다고 할 수 있다.

쉬운 예를 들면서, 확률변수와 함수관계의 개념을 설명해 보기로 하자. 500원짜리 동전과 100원짜리 동전 하나씩을 던져서 이들 두 개의 동전 중에서 앞면이 나오는 경우의 수를 생각해 보자. 즉 두 개 동전 모두가 앞면이 나오면 우리가 생각하는 경우의 수는 2이며, 동전 하나만 앞면이 나오면 그 경우의 수는 1이다. 그렇다면 그 경우의 수를 X라고 한다면 바로 X가 확률변수가 됨은 이제 모든 독자가 이해할 수 있을 것이다. 즉, 동전 던지기는 대표적인 확률적 실험이고, 어느 면이 나오는가의 결과에 양적 숫자를 부여한 것이 X이기에 X가 확률변수임은 어떤 독자도 이해할 수 있을 것이다. 이 경우 확률변수 X의 값은 다음과 같은 〈표 5-1〉로 정리될 수 있겠다.

〈 표 5-1 〉 확률변수 X값 정리

기본결과 (Basic Outcome)	기본결과의 내용		확률변수 X값
	500원짜리 동전	100원짜리 동전	
O_1	앞면	앞면	2
O_2	앞면	뒷면	1
O_3	뒷면	앞면	1
O_4	뒷면	뒷면	0

여기서 특별히 주의할 사항은 확률변수 X는 함수[1]라는 사실이다. 즉, 표에서 나타나듯, 기본결과 하나 하나와 확률변수값 X 하나 하나는 일대일 대응관계에 있다. 또한, 확률변수 X값들은 하나 혹은 그 이상의 기본결과(들)과 대응할 수 있다는 것이다. 예로서, 확률변수 X값 1은 기본결과 O_2와 O_3와 대응한다. 하지만 기본결과 O_2가 대응하는 확률변수 X값은 1 하나이며, 기본결과 O_3 역시 하나의 확률변수 X값, 즉 1에 대응한다. 결국, 확률변수 X값은 기본결과의 함수인 것이다.

또한, 확률변수는 그 종류를 불연속 확률변수와 연속확률변수의 두 가지로 구분할 수 있다. 불연속 확률변수란 확률변수의 값으로 주어지는 숫자가 0과 1, 2, 3,⋯ 과 같은 무한대에 이르기까지의 양(+)의 정수인 경우이다. 예를 들자면, 동전을 던져서 앞면이 나오는 경우의 수나 주사위를 던져서 짝수의 눈의 수가 나오는 경우의 수 등이 여기에 해당한다. 반면에 연속확률변수란 어떤 특정한 수보다는 크고 어떤 특정한 수보다는 작은, 즉 어떤 구간에 있는 값을 가지는 것으로 가정하는 확률변수이다. 예를 들자면 어떤 사람의 몸무게가 70KG이라고 하자. 그렇다면 이 70이라는 숫자의 정확성을 어떻게 평가할 수 있을까? 여기서의 70이 과연 틀림이 없이 정확한 70인가? 오히려

1) 함수의 의미를 가장 쉽게 설명하자면, X값에 따라서 Y값이 정해진다면, Y는 X의 함수라고 한다. 즉, Y는 X의 함수라는 의미는 X와 Y는 일대일 대응관계에 있어야 하며, 하나 이상의 X값이 하나의 Y값과 대응할 수 있으나, 그 반대의 경우, 즉 하나의 X값이 두 개 이상의 Y값과 대응할 수는 없는 관계를 말한다.

그보다 여기서의 70은 어떤 수, 예로서 69보다는 크고, 또한 어떤 수, 예로서 71보다는 작은 그런 개념의 숫자로 가정할 수 있다. 따라서 사람의 몸무게나 키와 같은 경우가 연속확률변수의 전형적인 예를 구성하게 된다.

2. 확률변수의 분포

앞서 확률변수가 어떠한 의미를 지니고 있는가를 살펴보았던 바, 이러한 확률변수 X값이 발생되는 확률을 계산하여 정리한 것이 확률변수의 분포, 즉 간단히 확률분포(random distribution)가 된다. 앞서 확률변수 X값을 정리한 〈표 5-1〉에 확률변수 X값이 발생할 확률을 부가하여 정리한 것이 〈표 5-2〉이다.

〈 표 5-2 〉 확률변수 X의 확률분포

기본결과 (Basic Outcome)	기본결과의 내용		확률변수 X값	발생 확률 P(X)
	500원짜리 동전	100원짜리 동전		
O_1	앞면	앞면	2	0.25
O_2	앞면	뒷면	1	0.25
O_3	뒷면	앞면	1	0.25
O_4	뒷면	뒷면	0	0.25

표의 내용을 좀 더 공식적으로 표현하자면, 확률분포는 표본공간을 구성하는 확률적 실험에서 가능한 각각의 기본결과들에 따라서 결정되는 확률변수 X값 각각이 발생할 확률 $P(X)$을 부여한 것이다. 이것을 요약하여 간단히 말하자면 확률분포는 확률변수와 그 확률과의 관계라고 할 수 있겠다.

또한 확률분포 역시 만일 기본결과의 특성이 몇 개인가에 따라 구분된다. 만일 기본결과의 특성이 하나인 경우, 즉 일원변량 기본결과에 따라서 확률변수값을 결정하고 그들이 발생할 확률을 계산하여 부여하면 일원변량 확률분포라 한다. 반면에 기본결과의 특성이 두 개 이상인 경우, 즉 다원변량 기본결과들에 따라서 확률변수값을 결정하고 그 값들이 발생할 확률을 계산하여 부여한 것이면 다원변량 확률분포가 된다.

결국, 〈표 5-2〉는 일원변량 확률분포를 나타낸다. 각각의 확률변수 X값이 발생할 확률은 다 동일한 0.25임은 설명이 필요하지 않을 것이다.

3. 확률변수의 기대값과 분산

어떤 확률적 실험을 두고 생각해 볼 때, 확률변수가 가질 것으로 예상되는 값을 확률변수의 기대값(expected value)라고 한다. 확률변수 X의 기대값은 $E(X)$로 표기하며 다음과 같이 공식화된다.

$$E(X) = \sum X_i \cdot P(X_i)$$

예로서, 500원짜리 동전 하나와 100원짜리 동전 하나를 같이 던져서, 이때 나오는 아라비아 숫자의 액면가의 숫자를 합한 값을 확률변수 X라 하자. 이 확률변수 X의 기대값을 구해보자. 이 확률적 실험의 기본결과와 확률변수 X값, 그리고 확률변수 X값의 발생 확률을 정리하면 〈표 5-3〉과 같다.

| 표 5-3 | 확률변수 X의 기대값

기본결과	기본결과의 내용		확률변수 X값	발생 확률 P(X)
	500원짜리 동전	100원짜리 동전		
O_1	앞면 (아라비아 숫자 500)	앞면 (아라비아 숫자 100)	600	0.25
O_2	앞면 (아라비아 숫자 500)	뒷면 (한글 백 원)	500	0.25
O_3	뒷면 (한글 오백 원)	앞면 (아라비아 숫자 100)	100	0.25
O_4	뒷면 (한글 오백 원)	뒷면 (한글 백 원)	0	0.25

따라서 구하는 값은 다음과 같다.

$$E(X) = 600 \times 0.25 + 500 \times 0.25 + 100 \times 0.25 + 0 \times 0.25$$
$$= 150 + 125 + 25 + 0$$
$$= 300$$

이 책의 제3장에서 살펴본 바와 같이 분산(variance)은 측정한 자료들이 표준편차를 중심으로 얼마나 밀집되어 있는지 혹은 분산되어 있는지를 나타내는 통계량이다. 분산을 구하는 공식을 보면, 각각의 자료가 평균, 즉 기대값으로부터 얼마나 떨어져 있는지의 제곱을 구하고 이를 다 합해서 총 자료의 수로 나눈 값이 된다. 따라서, 확률변수 X의 분산 $V(X)$와 표준편차 σ는 다음과 같이 공식화된다.

$$V(X) = \sum [X_i - E(X_i)]^2 \cdot P(X_i)$$

$$\sigma = \sqrt{\sum [X_i - E(X_i)]^2 \cdot P(X_i)}$$

500원짜리와 100원짜리 동전을 던지는 앞서의 예에서 분산과 표준편차를 구해보자. 앞의 표에 계산 항목을 더 넣어서 〈표 5-4〉를 만들어 보자.

〈 표 5-4 〉 확률변수의 분산과 표준편차

기본결과 (O_i)	확률변수값 (X_i)	$P(X_i)$	$X_i \cdot P(X_i)$	$X_i - E(X)$	$[X_i - E(X)]^2$	$[X_i - E(X)]^2 \cdot P(X_i)$
O_1	600	0.25	150	−150	22500	5625
O_2	500	0.25	125	−175	30625	7656.25
O_3	100	0.25	25	−275	75625	18906.25
O_4	0	0.25	0	−300	90000	22500
			$E(X) = 300$			$V(X) = 54687.5$ $\sigma = 233.85$

만일 〈표 5-4〉에서 확률은 같게 하고, 확률변수의 값을 10배로 증가시키

면 그 때의 기대값과 분산 및 표준편차는 어떻게 변화할까? 이 값은 원래의 값과 어떤 관계에 있을까? 이 질문에 대한 답 역시 표를 만들어 구할 수 있겠지만, 그 중간과정은 독자 각자에게 맡기고 그 결과만을 설명하기로 한다. 확률변수값에 일정한 상수 k를 곱하는 경우, 그 기대값은 원래의 기대값에 상수 k를 곱한 값이 된다. 또한 그 때의 분산은 원래의 분산에 상수 k^2을 곱한 값이며, 표준편차는 원래 표준편차 곱하기 상수 k가 된다.

4. 불연속 확률분포

불연속 확률분포에는 이항분포, 포아송분포 등 여러 가지 분포가 있으나 가장 대표적인 분포로 간주되는 것이 이항분포이다. 이 책에서는 이항분포를 중점적으로 살펴보고 이항분포를 이용한 확률문제의 답을 구해보기로 한다.

1) 이항 확률변수의 분포

확률적 실험의 모든 기본 결과가 오로지 두 가지로 구분되는 경우가 있다. 동전을 던져서 나오는 면이 어느 면인가를 관찰하는 경우가 바로 그러한 경우이다. 동전을 던지면 그 결과는 앞면이 나오든가 아니면 뒷면이 나오든가 하는 두 가지 경우 외에는 상상할 수 없기 때문이다. 다른 경우로 행정계량분석과목의 수강생 60명 중에서 무작위로 한 명을 표본추출하는 경우 남학생이 뽑힐지 아니면 여학생이 뽑힐지를 관찰한다면 그 결과는 남학생 아니면 여학생 두 가지 경우 이외에는 생각할 수 없을 것이다. 바로 이와 같이 몇 번의 확률적 실험의 결과로서 두 가지 가능한 결과 중에서 어느 한 가지 결과가 나오는 수를 변수값으로 갖는 변수를 이항 확률변수(binomial random variable)이라고 정의할 수 있다. 그리고 이 이항 확률변수의 분포가 이것 아니면 저것으로 분산된다는 의미로서의 이산형 확률분포의 대표적 분포인 이항확률분포 혹은 간단히 이항분포(二項分布, binomial distribution)이라고 한다.

이항분포는 앞에서 예로 든 동전을 던져서 어느 면이 나오는가를 관찰하는 확률적 실험 혹은 남학생이 표본으로 추출되는가 아니면 여학생이 추출되는가를 관찰하는 확률적 실험처럼, 연구자가 관심을 갖는 결과의 특성이 주로 질적(質的, qualitative)인 두 가지로 구분되는 경우에 해당된다. 물론 결과가 '앞면인가 뒷면인가' 혹은 '남학생인가 여학생인가'와 같이 두 가지로 한정되는 경우뿐만 아니라, 3개 이상의 여러 가지 질적 특성의 결과들을 개념적인 측면에서 두 개로 구분해서 생각할 수도 있을 것이다. 예를 든다면, 정상적인 주사위를 던져서 눈의 수가 얼마가 나오는가를 관찰하려는 확률적 실험의 경우, 가능한 기본결과가 여섯 개임은 누구나 알고 있는 사실이다. 하지만 여기서도 기본결과를 두 가지로 개념화 시키는 것이 가능할 수 있다. 즉, 눈의 수가 1이 나오는 경우와 그렇지 않은 경우가 바로 그러한 개념화의 결과가 될 수 있을 것이다. 바로 이러한 경우라면, 여러 개의 기본결과를 가지고 있는 변수를 개념화 작용을 통하여 두 개의 결과를 가지게 되는 이항 확률변수로 만들어 이항분포의 개념을 적용하는 것이 가능하다는 것이다.

이론적인 측면에서 볼 때, 지금까지 설명한 이항분포는 베르누이(Bernoulli) 과정에 의해서 발생되는 것으로 알려져 있다. 즉, 베르누이 과정이란 우선 첫째, 하나의 확률적 실험이 여러 번 반복해서 시행되는 것을 전제로 한다. 둘째로는, 매 번의 확률적 실험의 결과는 상호 배타적인 두 개의 기본결과로서 분류될 수 있다. 셋째, 두 개의 기본결과 중 하나를 성공을 본다면 다른 하나는 실패로 개념화시킬 수 있다. 넷째, 각각의 확률적 실험의 결과가 다른 확률적 실험의 결과에 의해서 영향을 받지도 않고 또한 영향을 주지도 않는 독립적 성격을 지니기에 그 결과로서 매 번의 확률적 실험에서 성공의 확률과 실패의 확률이 동일한 특성을 가진다.

정리하자면, 베르누이 과정의 특성을 지니는 확률적 실험이 여러 번 즉 n번 이루어지고, 이와 같은 n번의 베르누이 과정의 시도에서 성공의 회수가 X번 발생했다면, 바로 이 X가 이항 확률변수가 되고, n번 중 X번 성공할 확률 $P(X)$는 이항 확률변수의 분포, 즉 이항분포를 활용하여 구할 수 있게 된다.

2) 이항분포의 확률 계산

베르누이 과정의 특성을 지니는 n번의 시도에서 한 번의 시도의 결과로서 성공의 결과가 나올 확률을 p라 하고 실패할 확률을 q라 하면, n번의 시도에서 X번 성공할 확률은 다음의 공식을 사용하여 구할 수 있다.

$$P(X=x) = {}_nC_x \cdot p^x \cdot q^{n-x}$$

$$= \frac{n!}{x!(n-x)!} p^x \cdot q^{n-x}$$

여기서, 베르누이 과정의 특성에서 설명하였듯이 $p+q=1$이며 $n=x+(n-x)$이다. 즉, 확률적 실험의 결과는 성공 아니면 실패로 개념화시킬 수 있기에 성공할 확률과 실패할 확률을 합하면 1이 된다. 또한 총 실험의 횟수는 성공한 횟수와 실패한 횟수의 합과 같다.

공식의 요소를 살펴볼 때, ${}_nC_x$는 서로 다른 n개의 원소 중에서 순서를 생각하지 않고 x개를 선택하여 만드는 조합(combination)의 가짓수를 의미한다. 실제 공식을 활용한 계산에서는 $p^0=1$로 정의된다는 사실을 기억해야 한다. 또한, 부호 !(factorial)의 개념을 이해하고 활용할 수 있어야 한다. 즉 $x! = 1\times2\times3\times \cdots \times(x-1)\times x$이다.

문제를 예로 들어서 그 확률 계산을 해 보기로 하자. 주사위를 4번 던져서 눈의 수 5가 3번 나올 확률은 얼마인가? 4번 중에서 눈의 수 5 이상이 3번 이상 나올 확률은 얼마인가? 두 문제 모두 주사위를 던져서 나올 수 있는 기본결과를 성공과 실패의 배타적인 두 가지 경우로 이분할 수 있겠다. 또한, 주사위를 던지는 각각의 시행 결과가 서로 독립적 성격을 지니기에 이항변수의 분포, 즉 이항분포의 공식을 활용하여 문제를 풀 수 있게 된다. 첫 번째 문제를 구하기 위해서는 앞서의 공식이 다음과 같이 활용되어, 그 결과 답은 0.015432가 된다.

$$P(X=3) = {}_4C_3 \cdot (\frac{1}{6})^3 \cdot (\frac{5}{6})^{4-3}$$

$$= \frac{4!}{3!(4-3)!}(\frac{1}{6})^3 \cdot (\frac{5}{6})^{4-3}$$

$$= \frac{4\times3\times2\times1}{(3\times2\times1)\times1}(\frac{1}{6})^3 \cdot (\frac{5}{6})$$

$$= 4\times\frac{5}{6^4}$$

$$= \frac{5}{324}(=0.015432)$$

두 번째 문제의 답을 구하려면, '이상', '이하', '미만' 등의 개념에 유의하여야 한다. 즉, 눈의 수 5 이상이 나오는 경우는 곧 눈의 수 5나 6이 나올 경우를 말한다. 또한 4번 중 3번 이상 나올 경우는 3번이나 4번이 나오는 경우이다. 따라서 이 문제의 답을 구하기 위해서는 한 번의 시도에서 성공할 확률 p는 주사위를 한 번 던져서 눈의 수가 5나 6이 나오는 경우이기에 그 확률은 $1/6+1/6=1/3$로 계산된다. 또한, 문제의 답을 구하려면 4번 중 3번 성공하는 경우와 4번 모두 성공하는 경우는 서로 독립적이기에, 4번 중 3번 성공하는 경우의 확률과 4번 다 성공하는 경우의 확률을 구하여 합하여야 한다. 결국, 다음과 같이 공식의 활용을 통해서 최종 답은 0.111이 된다.

$$P(X=3) = {}_4C_3 \cdot (\frac{1}{3})^3 \cdot (\frac{2}{3})^{4-3}$$

$$= \frac{4!}{3!(4-3)!}(\frac{1}{3})^3 \cdot (\frac{2}{3})^{4-3}$$

$$= \frac{4\times3\times2\times1}{(3\times2\times1)\times1}(\frac{1}{3})^3 \cdot (\frac{2}{3})$$

$$= 4\times\frac{2}{3^4}$$

$$= \frac{8}{81}(=0.098765)$$

$$P(X=4) = {}_4C_4 \cdot (\frac{1}{3})^4 \cdot (\frac{2}{3})^{4-4}$$

$$= \frac{4!}{4!(4-3)!}(\frac{1}{3})^4 \cdot (\frac{2}{3})^{4-4}$$

$$= \frac{4\times3\times2\times1}{(4\times3\times2\times1)\times1}(\frac{1}{3})^4 \cdot (\frac{2}{3})^0$$

$$= \frac{1}{3^4} \quad [0!=1,\ (\frac{2}{3})^0=1]$$

$$= \frac{1}{81}(=0.012346)$$

$$\therefore P(X=3 \text{ or } X=4)=P(X=3)+P(X=4)=\frac{8}{81}+\frac{1}{81}=\frac{9}{81}=0.111111$$

하지만, 실제 이항분포의 확률을 계산할 때 당면하는 문제는—만일 컴퓨터를 활용하지 않고 수작업에 의해서 계산을 한다면—확률적 실험의 총 시행 횟수인 n의 숫자가 5정도 이상이 되고 p가 소수점 2자리 수 이상의 복잡한 숫자를 지니게 되면 답을 구하는 것을 포기할 정도로 계산과정이 번잡스럽고 복잡해진다는 사실이다. 그러므로 이러한 문제점을 해결할 수 있는 현실적인 대안의 한 가지는 [부록]에 나와 있는 이항분포표[2)]를 가지고 n, x, p값에 해당하는 셀의 수치를 읽는다면 이것으로 확률 문제의 답을 구할 수 있다.

3) 이항분포의 평균과 분산

이항분포의 평균 $E(X)$는 다음 공식을 활용함으로써 구할 수 있다.

$$\begin{aligned} E(X) &= \sum x \cdot P(x) \\ &= \sum x \cdot {}_nC_x \cdot p^x \cdot q^{n-x} \end{aligned}$$

이보다 더 간단한 방법으로 구하자면, 평균 $E(X)$는 총 시행 회수와 1회 시행에서의 성공할 확률 p를 곱한 값이다. 따라서 다음의 공식도 성립한다.

$$E(X)=n \cdot p$$

이항분포의 분산은 다음 공식을 활용한다.

$$\begin{aligned} V(X) &= \sum [x-E(X)]^2 \cdot P(X) \\ &= \sum [x-E(X)]^2 \cdot {}_nC_x \cdot p^x \cdot q^{n-x} \end{aligned}$$

또한, 총 시행 횟수와 1회 시행에서의 성공할 확률과 실패할 확률을 모두 곱한다면 그 값은 분산이 되기에 간단한 방식으로 제시되는 분산은 다음과

2) 이 책의 [부록]에 나와 있는 이항분포표는 예시적 목적을 지니고 있기에 n, x, p의 값이 보다 더 풍부하게 제시되는 이항분포표의 일부분으로 이해될 수 있겠다.

같다.

$$V(X) = npq^{3)}$$

5. 연속 확률분포

연속 확률분포 중에서 현실적으로나 이론적으로나 가장 중요한 확률분포는 근대 수학의 아버지라고도 부르는 독일의 가우스(K. Gauss)에 의해서 사용되기 시작한 정규분포(normal distribution)이다. 정규분포는 행정, 정책에 관련된 많은 변수들의 특성을 나타내는 분포라고 할 수 있다. 예를 들자면, 대통령의 직무 수행에 대한 일반 국민들의 평가 점수의 분포, 지자체의 특정 행정업무수행을 위해 편성된 예산액 분포, 농가에서 사육하는 비육우의 체중 분포 등이 정규분포의 특성을 나타내거나, 혹은 최소한 정규분포의 특성을 이해한 기반 위에서 더 잘 이해할 수 있는 분포라고 할 수 있겠다. 따라서 정규분포는 실제 여론조사 자료나 표본조사 자료를 분석하고 해석하는데 있어서의 기본 바탕이 되기에 그 학습의 중요성은 아무리 강조해도 지나치지 않다.

1) 정규분포의 형태와 특징

정규분포의 특성을 이해하기 위해서는 확률밀도함수의 개념을 이해해야 한다. 즉, 확률분포를 함수로 표현한 것을 확률밀도함수(probability density function)라고 한다. 정규분포를 이루는 정규확률변수(normal random variable) X의 확률 $P(X)$를 확률변수 X의 함수라는 의미에서 확률밀도함수 $f(X)$로 나타낸다. 이 때 $f(X)$는 다음과 같이 공식화된다. 또한 $f(X)$를 그래프로 그리면 [그림 5-1]과 같이 부드러운 곡선이 되고 우리는 이 곡선을 통상 정규분

3) 이 값으로부터 이항분포의 표준편차도 구할 수 있는 데, 곧 $\sqrt{npq}$ 이다.

그림 5-1 정규분포의 확률밀도함수와 그 형태

$$f(X) = \frac{1}{\sqrt{2\pi}\sigma} e^{-\frac{(X-\mu)^2}{2\sigma^2}}$$

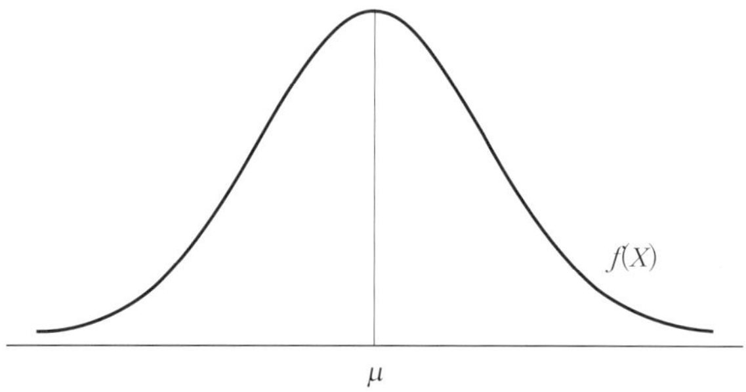

포(곡)선이라고 부른다.

정규분포곡선에서 볼 수 있듯이 우선 정규분포는 평균 μ를 중심으로 해서 정확하게 좌우대칭을 이루는 종 모양(bell shape)의 곡선이다. 따라서 우리가 제3장에서 학습한 바와 같이 산술평균, 중앙값, 최빈값이 모두 하나의 값에서 일치한다.

둘째로, 정규분포의 확률밀도함수 공식을 보면 공식 구성요소로서의 π와 e는 일정한 값을 나타내는 상수이기에, (즉, 그 값은 각각 3.14159… 및 2.71828…) $f(X)$의 위치와 모양은 모수 μ(평균)과 σ(표준편차)에 따라서 결정된다. 따라서 [그림 5-2]에서 볼 수 있듯이, 만일, 두 개의 정규분포곡선이 동일한 평균을 가지고 있고 다른 표준편차값을 지닌다면 두 정규분포곡선은 그 높이에서 차이가 있는 형태를 지니게 된다. 이와는 대조적으로 동일한 표준편차값을 지니지만 그 평균값이 다른 경우라면 정규분포의 형태는 동일하나 그 위치가 평균값의 차이만큼 달라지게 된다.

셋째, 정규분포곡선은 아무리 그 극단이 연장된다고 하여도 X축에 접하지 않는다. 또한, 정규확률변수 X가 취할 수 있는 범위는 모든 실수값, 즉 $-\infty < X < +\infty$이다. 물론 이론적으로는 이와 같이 확률변수 X가 취할 수 있는

그림 5-2 평균과 표준편차에 따른 정규분포의 형태

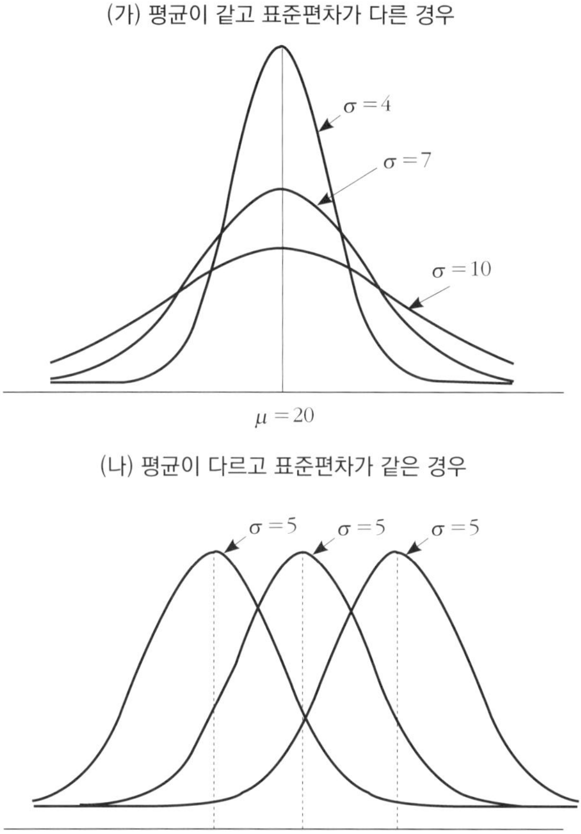

범위가 $-\infty < X < +\infty$이지만 실제 현실적으로는 거의 대부분의 자료에서 X 값의 범위는 $\mu \pm 3\sigma$ 내에 다 포함된다.

넷째, 정규분포곡선의 μ값과 σ값에 관계없이 $-\infty < X < +\infty$에 이르기까지 $f(X)$를 적분하는 경우, 즉 $f(X)$와 X축 사이의 면적을 구하는 경우 그 값은 항상 정확하게 1이 된다. 이는 곧 확률변수 X가 $-\infty < X < +\infty$에 이르기까지의 모든 값을 가질 때마다의 각각의 확률을 다 합하면 1이 된다는 의미

이다.[4] 이 네 번째 특성이 정규분포를 활용한 확률계산의 근거가 되는데, 확률변수 X가 a에서 b까지의 값을 가질 확률은 $P(a \le X \le b)$로서 표현되며 그 값은 $f(X)$를 a에서 b까지 적분한 값, 즉 확률변수 X가 a에서 b에 이르기까지의 $f(X)$와 X축 사이의 면적을 구하면 된다.

2) 정규분포를 활용한 확률 계산

앞서의 네 번째 정규분포의 특성에 기초하여 정규분포를 활용해서 확률을 계산할 수 있다. 즉, 정규분포를 이루고 있는 확률변수 X가 a에서 b까지 값을 가질 확률은 $P(a \le X \le b)$이다. 이 확률은 $f(X)$를 a에서 b까지 적분한 값, 즉 확률변수 X가 a에서 b에 이르기까지의 $f(X)$와 X축 사이의 면적과 같다.

가장 일반적으로 많이 사용되는 정규분포의 면적관계는 〈그림 5-3〉에서 잘 나타난다. 여기서 μ를 0으로 놓는다면 $\mu \pm 1\sigma$에 해당하는 면적은 전체

그림 5-3 정규분포의 면적

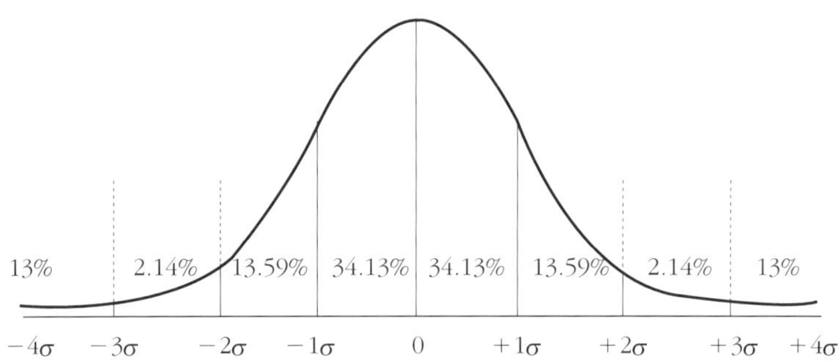

4) 이 내용을 예를 들어 설명하자면 대통령의 직무 수행에 대한 국민들의 지지도가 정규분포를 이루고 있다고 가정하면, 0점부터 100점에 이르기까지의 모든 지지도 점수가 나오는 각각의 확률들을 다 합하면 1, 즉 100%가 된다는 의미이다. 더 쉬운 예를 들자면 조사대상자들의 키가 정규분포를 이루고 있다고 가정한다면 제일 작은 사람의 키부터 제일 큰 사람의 키까지를 관측할 확률을 다 합하면 1이 될 것이라는 의미이다.

면적의 약 68.3%; $\mu \pm 2\sigma$를 차지하는 면적은 전체의 약 95.4%; 그리고 $\mu \pm 3\sigma$의 면적은 전체의 약 99.7%에 해당하는 것임을 알 수 있다.

보다 구체적으로 정규분포를 활용하여 확률계산을 함에 있어서는 이 책 [부록]의 정규분포표를 사용하게 된다. 이 표는 실제 확률변수를 표준화시켜서 표준화된 정규분포에 대하여 평균과 어떤 특정한 값 사이의 면적을 구한, 즉 확률을 구한 값을 정리한 표이다. [그림 5-4]는 정규분포표의 일부를 보

그림 5-4 정규분포표의 활용

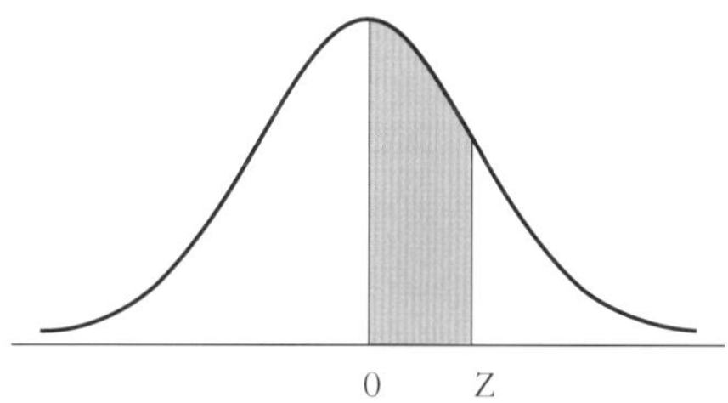

Z	.00	.01	.02	.03	.04	.05	.06	.07	.08	.09
0.0	.0000	.0040	.0080	.0120	.0160	.0199	.0239	.0279	.0319	.0359
0.1	.0398	.0438	.0478	.0517	.0557	.0596	.0636	.0675	.0714	.0753
⋮	⋮	⋮	⋮	⋮	⋮	⋮	⋮	⋮	⋮	⋮
⋮	⋮	⋮	⋮	⋮	⋮	⋮	⋮	⋮	⋮	⋮
1.5	.4332	.4345	.4357	.4370	.4382	.4394	.4406	.4418	.4429	.4441
1.6	.4452	.4463	.4474	.4484	.4495	.4505	.4515	.4525	.4635	.4545
1.7	.4554	.4564	.4573	.4582	.4591	.4599	.4608	.4616	.4625	.4633
1.8	.4641	.4649	.4656	.4664	.4671	.4678	.4686	.4693	.4699	.4706
1.9	.4713	.4719	.4726	.4732	.4738	.4744	.4750	.4756	.4761	.4767
2.0	.4772	.4778	.4783	.4788	.4793	.4798	.4803	.4808	.4812	.4817
⋮	⋮	⋮	⋮	⋮	⋮	⋮	⋮	⋮	⋮	⋮
4.0	.499968	⋮	⋮	⋮	⋮	⋮	⋮	⋮	⋮	⋮

여준다. 이 표를 이용해서 표준화된 확률변수 0부터 1.96까지의 면적을 구해 보면, 표의 첫째 열 Z값 1.9와 첫째 행 Z값 0.06이 교차되는 셀의 값 0.4750이 된다.

따라서 부록의 표를 사용하기 위해서는 먼저 확률변수 X를 다음 공식에 의거하여 표준화된 확률변수 Z로 변환시키는 것이 요구된다.

$$Z=\frac{X-\mu}{\sigma}$$ [5)]

그리고 정규분포곡선에 구하는 면적을 시각화시키고 그 수치를 계산함으로써 확률을 구할 수 있다. 예로서, [그림 5-5]와 같이 표준화된 정규분포에서 Z의 값이 1.64부터 1.96까지 될 확률을 구한다면, Z의 값이 0부터 1.96에 해당할 확률이 0.4750이며 Z의 값이 0부터 1.64까지의 확률은 0.4484이기에 결국 구하는 확률은 $0.4750-0.4484=0.0276$, 즉 2.76%가 된다.

그림 5-5 정규분포를 활용한 확률 계산

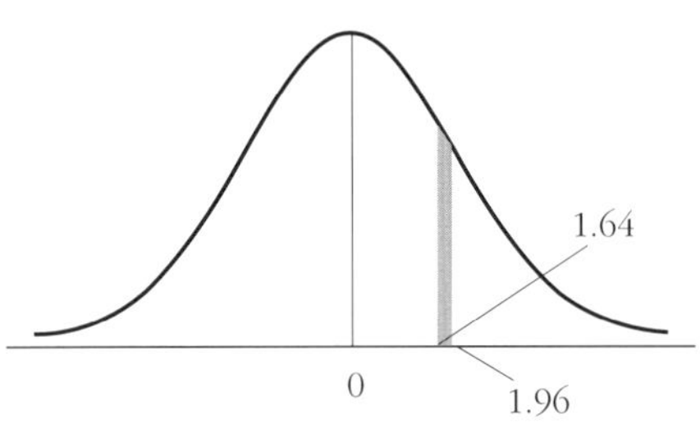

요약하자면, 부록의 표를 이용하여 정규분포의 확률을 구하기 위해서는 일반적으로 다음과 같은 4단계의 과정을 거치는 것이 효율적일 수 있다.

---

5) 여기서 Z는 원래의 확률변수 X의 평균 μ로부터의 차이를 나타낸다. 이 때 표준화된 정규분포의 평균 $\mu_z=0$이며, $\sigma_z=1$이 된다. 결국 Z는 평균이 0이고 표준편차가 1인 새로운 확률변수이다.

첫째, 정규분포곡선을 개괄적으로 그린다.

둘째, 문제에서 제시된 표준화되지 않은 정규분포에 관한 수치들을 그래프 상에 기재한다.

셋째, 구하는 확률을 면적으로 표시한다.

넷째, 표준화된 확률변수 변환의 공식을 사용하여 표준화되지 않은 정규분포의 수치들을 표준화 수치로 변환시키고 표의 해당 셀 값을 읽어서 면적에 해당하는 확률을 구한다.

예로서, 대통령의 직무 수행에 관한 국민의 평가 점수가 평균 70점, 표준편차 8점의 정규분포를 이루고 있다고 가정하고 다음 문제에 대한 답을 구해 보기로 하자. 평가 점수를 70점에서 84점까지 부여한 국민은 전체의 몇 %인가? 평가 점수 64점에서 84점까지를 전체 국민의 몇 %가 부여했는가? 조사 대상자인 홍길동 씨가 평가 점수를 78점에서 84점까지 부여할 확률은 얼마인가? 84점 이상의 평가 점수를 준 국민은 몇 %나 되는가? 평가점수 상위 5%에 해당하려면 최소한의 점수는 몇 점인가?

첫 문제 평가 점수를 70점에서 84점까지 부여한 국민은 전체의 몇 %인가의 답을 구하기 위해서는 앞서의 4단계를 밟으면 된다. 첫째, 정규분포곡선을 개략적이나마 그린다. 둘째, 문제에서 제시된 수치를 곡선에 표기한다. 셋째, 문제에서 구하는 확률을 면적으로 표시한다. 이 세 단계의 결과는 다음 그림으로 나타난다.

그림 5-6 문제 1의 풀이 단계 1~3

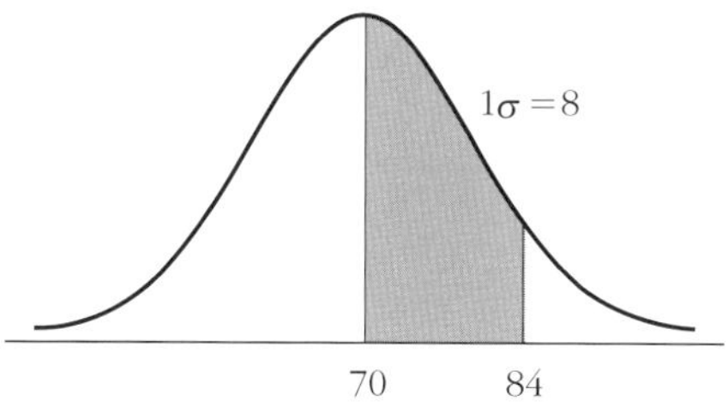

이제 마지막 네 번째 단계로서 표준화 공식을 사용한 수치 전환을 하고, Z값 0부터 2.0에 이르기까지의 음영으로 잡힌 면적을 구해야 하기에 부록 표의 Z값 2.0에 해당하는 셀의 수치(=0.4772)를 찾아 읽으면 이것이 구하는 답으로서의 확률(=0.4772=47.72%)이다.

그림 5-7 문제 1의 풀이 단계 4

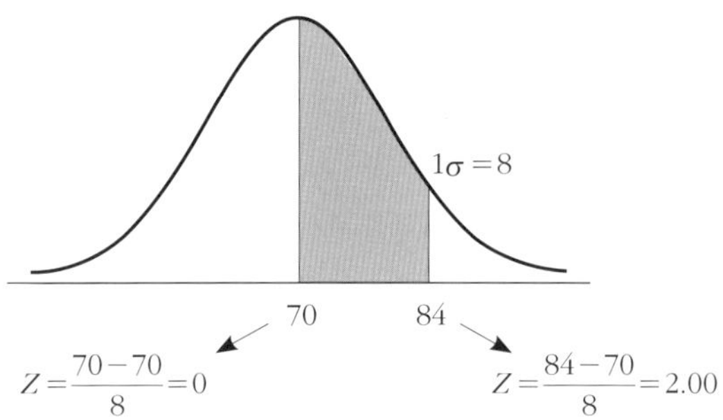

다음 문제인 평가 점수 64점에서 84점까지를 전체 국민의 몇 %가 부여했는가의 답도 같은 단계를 밟아 구할 수 있다. 첫 세 단계의 결과는 다음 그림으로 나타난다. 즉 구하는 확률은 X값 64부터 70에 이르기까지의 음영화된 면적과 X값 70부터 84까지의 음영화된 면적을 각각 구하여 합한 값임을 알 수 있겠다.

그림 5-8 문제 2의 풀이 단계 1~3

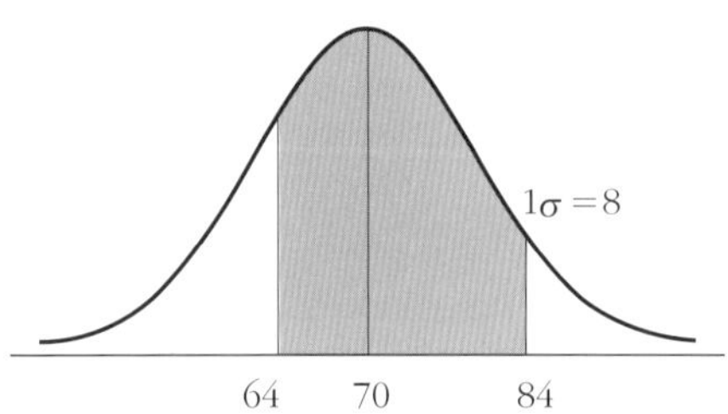

이제, 마지막 단계로 표준화 공식을 사용하면 X값을 Z값으로 변환시킬 수 있다. 여기서 X값 64에 해당하는 Z값은 음수가 나오게 된다. 이 때 정규분포곡선의 특성이 평균을 중심으로 좌우대칭이라는 사실을 착안하면 Z값 -0.75로부터 0까지의 음영화된 면적은 Z값 0부터 0.75에 해당하는 음영화 면적과 같을 것이다. 따라서 부록의 표에서 Z값 0.75에 해당하는 수치(=0.2734)를 읽고, 이것을 Z값 2.00에 해당하는 수치(=0.4772)와 합하면 최종적으로 답(=0.2734+0.4772=0.7506=75.06%)을 구할 수 있다.

그림 5-9 문제 2의 풀이 단계 4

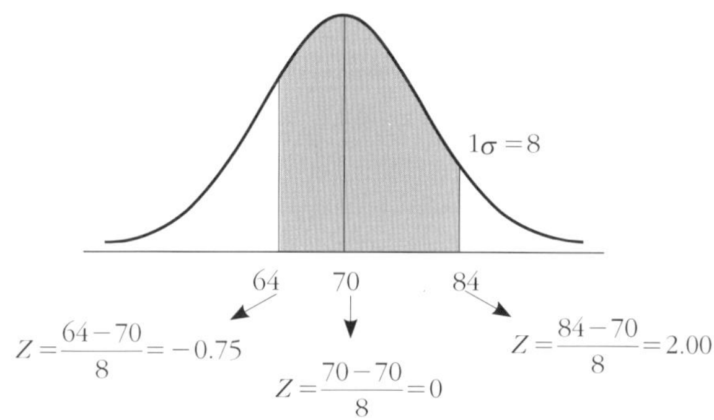

다음 문제로 조사 대상자인 홍길동 씨가 평가 점수를 78점에서 84점까지 부여할 확률은 얼마인가의 답도 네 단계를 거치면서 구해보기로 하자. 첫 세 단계까지의 과정은 다음 그림으로 요약할 수 있겠다. 답을 구하려면 X값 78부터 84까지의 음영화된 면적을 구하면 되는데 이 면적은 X값 70부터 84까지의 정규분포곡선의 적분값으로부터 X값 70부터 78까지의 적분값을 제한 것과 같다.

따라서 마지막 단계에서 필요한 Z값들을 구하여, Z값 2.00에 해당하는 표의 수치(=0.4772)로부터 Z값 1.00에 해당하는 표 수치(=0.3413)을 제하면 구하는 답은 0.1359 혹은 13.59%이다.

그림 5-10 문제 3의 풀이 단계 1~3

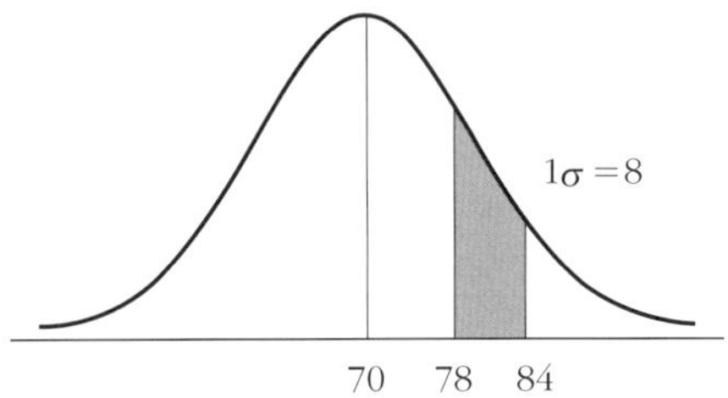

그림 5-11 문제 3의 풀이 단계 4

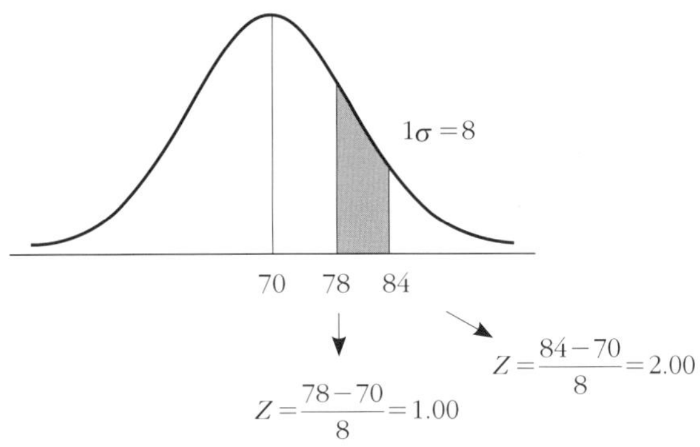

84점 이상의 평가 점수를 준 국민은 몇 %나 되는가에 대한 답은 정규분포가 평균을 중심으로 좌우대칭의 형태이기에 평균을 기준으로 해서 정규분포 곡선을 적분하여 얻는 좌우의 면적은 0.5가 되는 것을 이용하면 쉽게 구할 수 있다. 문제풀이 4단계 과정은 다음 [그림 5-12]로 요약된다.

따라서, 구하는 답은 Z값 2.00에 해당하는 부록 표의 셀 수치$(=0.4772)$를 0.5로부터 제하면 얻을 수 있다.$(0.5-0.4772=0.0228)$

이제 평가 점수 상위 5%에 해당하려면 최소 평가 점수가 몇 점이 되어야 하는가의 마지막 문제가 남았는데 이 문제 역시 풀이과정 4단계를 적용하면

그림 5-12 문제 4의 풀이 단계 1~4

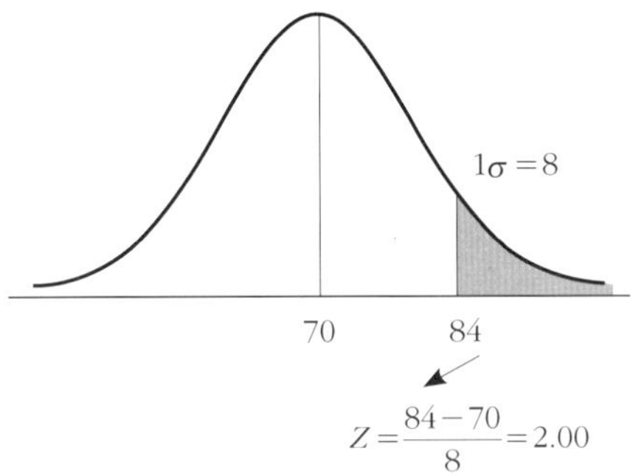

어렵지 않게 풀 수 있다. 문제풀이 3단계까지를 다음 그림으로 요약할 수 있다. 문제에서 상위 5%에 해당하는 최소한의 점수를 구하라는 것은 X값부터 양의 무한대에 이르기까지, 즉 현실적으로는 평가 점수 X점부터 100점에 이르기까지의 점수를 준 국민이 전체의 5%일 때의 X값을 구하라는 것이다. 따라서 그림에서 음영화된 면적이 전체 정규분포곡선의 적분값의 0.05가 되는 X값을 구하면 된다. 이를 위해서는 부록 표에서 X값이 70부터 X에 이르기까지의 면적이 0.4500(=0.5−0.05)에 가까운 Z값을 구하여야 한다. 표에서 정확히 0.4500에 해당하는 Z값은 발견할 수 없으나 분명 그 Z값은 1.64와 1.65 사이에 위치하고 있음을 알 수 있겠다. 그러므로 Z값으로서 1.645 정도

그림 5-13 문제 5의 풀이 단계 1~3

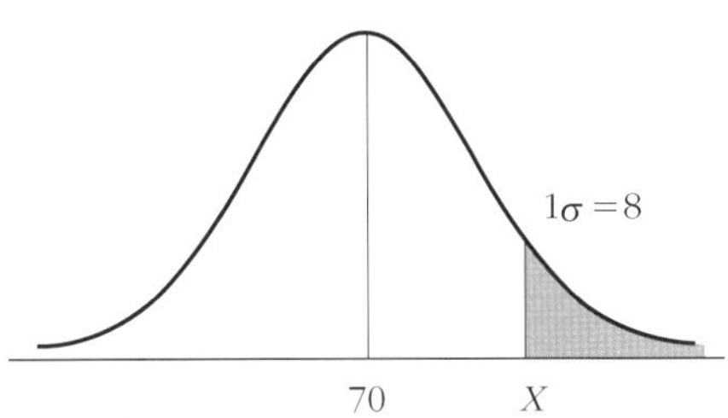

그림 5-14 문제 5의 풀이 단계 4

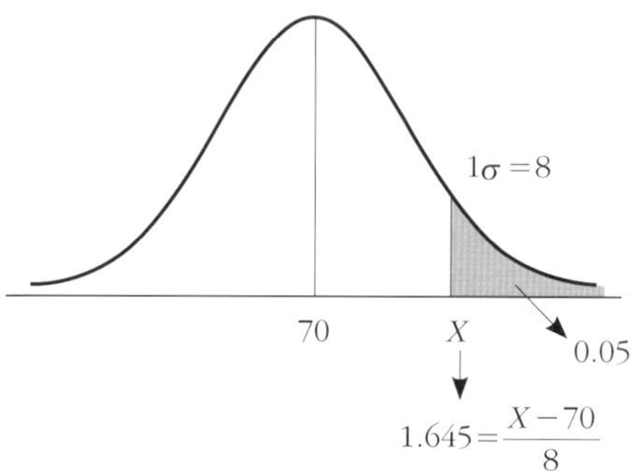

를 대입한다면 어느 정도의 근사값이 될 수 있을 것이다.

이제, 마지막 단계의 과정으로 표준화 공식의 Z값에 근사값 1.645를 대입하고, 정규분포의 평균 70과 표준편차 8을 대입하면 확률변수 X값을 구할 수 있다. 즉, 최소 X값으로 83.16점($X=70+1.645\times8$) 이상이 되면 평가점수 상위 5%에 해당하는 것으로 판단할 수 있겠다.

제5절 컴퓨터 프로그램을 활용한 확률 계산 실습

1. MS Excel을 활용한 실습

이항분포 확률문제의 답을 구하려면, [그림 5-15] 화면과 같이 문자 메뉴 아래의 함수 삽입 표식(fx)을 클릭한다.

[그림 5-16]과 같이 화면에 등장하는 '함수 마법사' 대화상자에서 '함수 검색' 난에 이항분포를 의미하는 'binomdist' 단어를 기재한다. '검색' 버튼을

그림 5-15 함수 삽입 표식

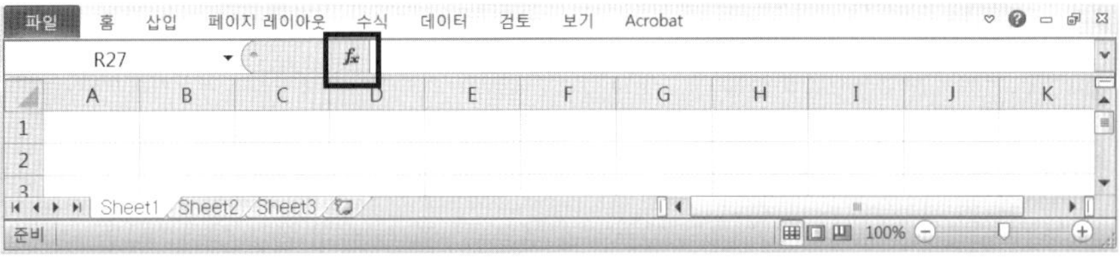

그림 5-16 함수 마법사 대화상자 - 이항분포

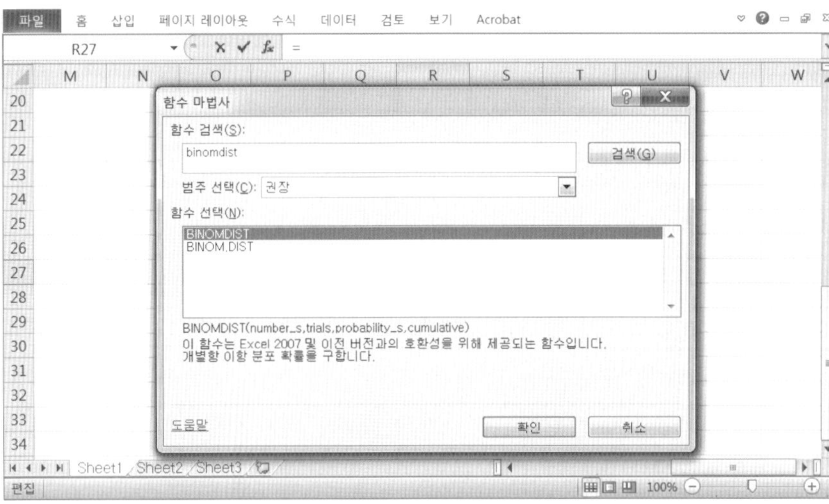

클릭하면 대화상자의 '함수 선택' 난에서 'BINOMDIST'가 음영으로 잡힌다. 이제 대화상자 하단의 확인 버튼을 클릭한다.

등장하는 '함수 인수' 대화상자를 채워 놓으면 이항분포 확률을 구할 수 있다. 주사위를 세 번 던져서 그 중 눈의 수 5가 1회 나올 경우의 확률을 구하는 경우를 생각해 보자. [그림 5-17]에서와 같이, 총 시행 회수는 3회이기에 'Trials' 난에는 3, 성공한 회수는 1회이기에 'Number_s' 난에는 1, 1회 시

그림 5-17 함수 인수 대화상자 - 이항분포

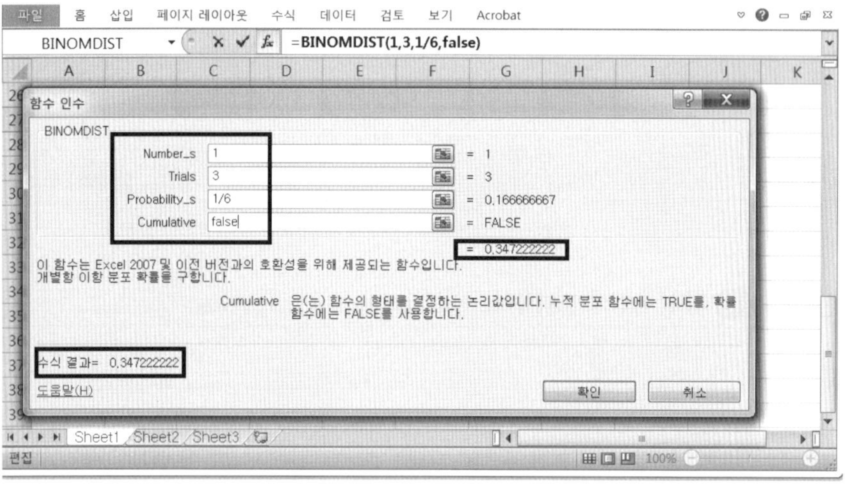

행에서 성공할 확률이 1/6이기에 'Probability_s' 난에는 1/6, 'Cumulative' 난에는 확률함수를 의미하는 false 단어를 입력하고 '확인' 버튼을 누른다. 혹은 '확인' 버튼을 누르기 않더라도 대화 하단의 수식결과에서 구하는 확률값(=0.34722222)을 알 수 있다.

정규분포를 활용하는 확률 계산 역시 Excel 프로그램으로 실행할 수 있다. 이항분포의 경우에서와 같이 문자 메뉴 아래의 함수 삽입 표식(fx)을 클릭하고 이어서 등장하는 '함수 마법사' 대화상자를 채운다. [그림 5-18] '함수 검색' 난에 정규분포를 의미하는 'normdist' 단어를 기재한 후 검색 버튼을 클릭하면 대화상자의 '함수 선택' 난에서 'NORMDIST'가 음영으로 잡히며 이 때 대화상자 하단 확인 버튼을 클릭한다.

등장하는 [그림 5-19] '함수 인수' 대화상자에서 문제로 주어진 정규분포의 수치들을 기재한다. 만일 문제가 대통령 직무 수행에 관한 국민의 평가 점수가 평균 70점, 표준편차 8점의 정규분포를 이룰 때 평가 점수 90점까지의 국민은 전체 몇 %인가를 구하는 것이라 상정해 보자. 'X' 난에는 $-\infty$부터

그림 5-18 함수 마법사 대화상자 - 정규분포

그림 5-19 함수 인수 대화상자 - 정규분포

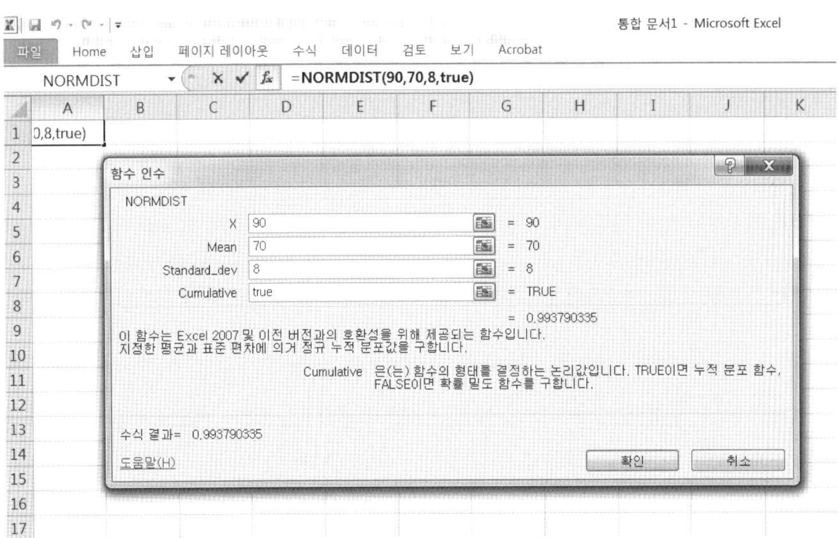

확률변수 X값에 이르기까지의 누적확률을 구할 때의 X값을 입력하게 된다. 따라서 지금 문제라면 'X' 난에 90을 입력한다. 'Mean' 난에는 정규분포의 평균, 지금 문제라면 70을 입력한다. 이어서 'Standard_dev' 난에는 정규분포의 표준편차값, 지금의 경우 8을 입력한다. 'Cumulative' 난에는 활용하는 함수 형태로서 true 단어를 입력한다. 입력이 완료되면 확인 버튼을 클릭하거나 혹은 클릭하지 않더라도 수식 결과의 계산값(=0.993799335)을 알 수 있다.

요약하자면, 정규분포를 활용하는 확률계산의 경우, Excel 프로그램을 사용하더라도 앞서 제시한 문제풀이 4단계 과정에서의 정규분포의 형태를 그려놓은 후 구하는 확률의 면적을 시각화시키는 과정이 필요함을 알 수 있겠다.

2. SAS를 활용한 실습

먼저 지적할 사항은 Excel 프로그램의 경우와 마찬가지로 SAS 프로그램을 사용해서 확률을 구하는 경우에 있어서도, 문제풀이 4단계 과정을 적용하면서 풀이 과정을 시각화시키는 것이 효율적인 방식이라는 점이다. 아무튼, 우리는 SAS 프로그램을 활용해서도 확률 문제의 답을 정확하고도 신속하게 구할 수 있다.

SAS 프로그램은 $-\infty$부터 임의의 확률변수 X값에 이르기까지의 누적확률을 구하는 누적확률밀도함수의 값을 계산해 준다. 즉, SAS 프로그램은 누적확률밀도함수를 적분하는 경우를 CDF(Cumulative Density Function)으로 프로그램에 내장시켜서 간편하게 확률값을 구해 준다. 따라서, 이러한 CDF 내장함수를 활성화시키는 프로그램을 작성함으로써 정규분포의 확률 문제에 대한 답을 구할 수 있다.

[그림 5-20]에서 보듯, 첫째 줄의 'data prob1;'은 데이터 셋의 이름을 'prob1'로 정의한다는 내용임은 이제 다 알고 있는 내용일 것이다. 즉, 'prob1'이라는 데이터 셋은 CDF 내장함수를 이용하여 평균이 70이고 표준편차가 8인 정규분포에서 확률변수값 $-\infty$부터 78에 이르기까지의 면적, 즉

그림 5-20 CDF를 활용한 X값 계산 프로그램

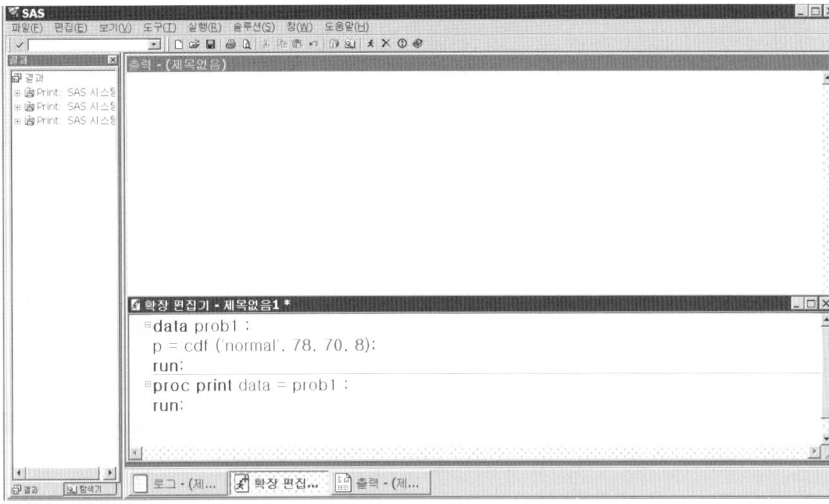

확률이 얼마인가를 구하기 위한 것이다. 이 내용이 바로 두 번째 줄의 'p= cdf('normal', 78, 70, 8);'로 프로그램화 되었다. 여기서 'p'는 확률을 구하라는 의미이며, 이 때 활용할 내장함수가 누적밀도함수 'CDF'로서, 평균 '70' 표준편차 '8'인 정규분포를 이용하여 $-\infty$부터 확률변수값 '78'까지의 확률을 구하라는 의미를 지니고 있다. 실행하라는 의미의 'run;' 다음에 'proc print

그림 5-21 CDF를 활용한 X값 계산 결과

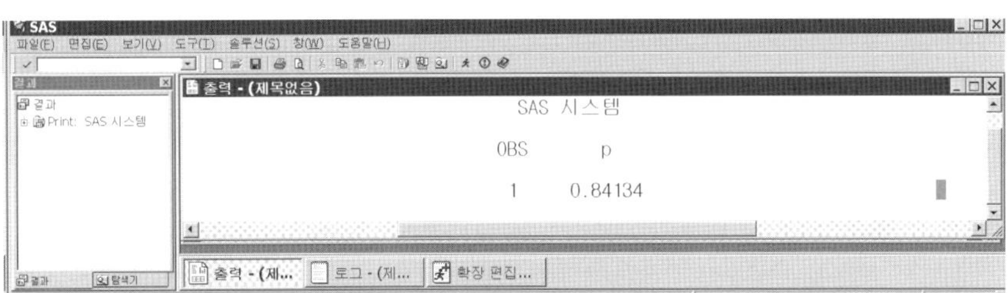

data=prob1 ;'의 구문은 'prob1' 데이터 셋을 대상으로 프린트 절차를 수행하라는 proc 구문이다.

확장 편집기 상의 프로그램을 실행시킨 결과는 [그림 5-21]과 같이 출력창에 나타난다. 창의 내용을 확인하면 그 확률이 0.84134이다.

이와 함께 SAS 프로그램은 $-\infty$부터 임의의 확률변수 X값에 이르기까지의 누적확률을 알고 있을 때, 그 확률변수 X값을 표준화된 Z값으로 변환시키면 그 값은 얼마인지도 구할 수 있게 해 준다. [그림 5-22]는 (probit 함수를 사용하라는 의미에서 'probit'이란 단어를 사용함으로써) 정규분포에서 누적확률이 0.84134가 되는 표준화된 Z값을 구하는 경우의 프로그램을 보여준다. 즉, 첫째 줄 'data prob2;'는 데이터 셋 이름을 'prob2'로 준다는 내용이며, 두 번째 줄 'p=cdf ('normal', 78, 70, 8);'은 내장함수 'CDF'를 활성화시킬 때 평균 '70,' 표준편차 '8'인 정규분포를 사용하여 확률변수 X값 $-\infty$로부터 '78'에 이르기까지의 확률을 구하며, 세 번째 줄에서 'X=probit (0.84134);'는 그렇게 구한 확률이 '0.84134'가 되는 표준화된 확률변수 X값, 즉 Z값은

그림 5-22 CDF를 활용한 Z값 계산 프로그램

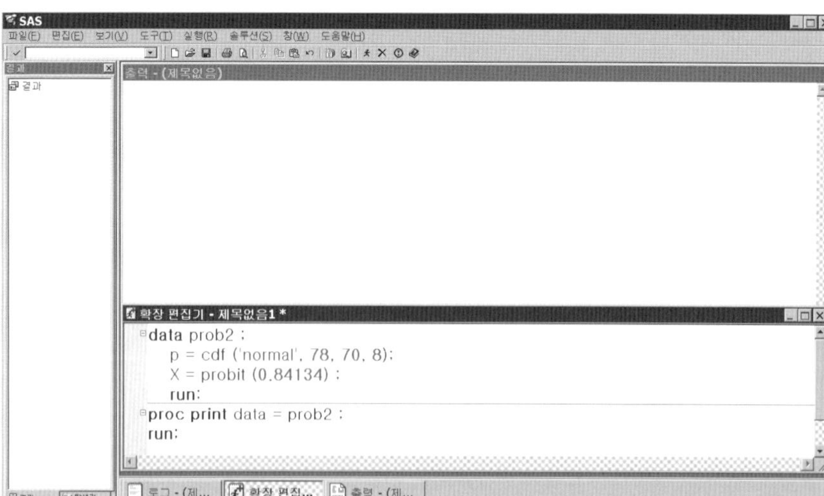

그림 5-23 CDF를 활용한 Z값 계산 결과

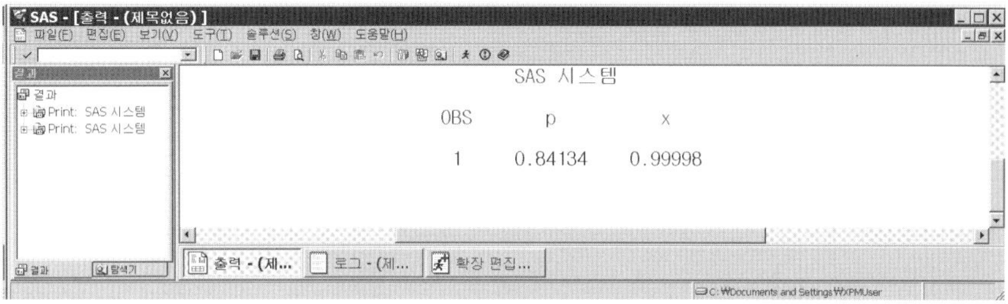

얼마인가를 구하라는 내용이다.

이 확장 편집기 창을 실행시켜서 얻는 결과 창은 [그림 5-23]과 같이 나타난다. Z값은 0.99998이다.

06 모집단과 표본

- 제1절 표본추출
- 제2절 표본 분포
- 제3절 컴퓨터 프로그램을 활용한 표본추출 실습

06 모집단과 표본

제1절 표본추출

앞서 제2장 기본개념의 이해 중에서 제3절 모집단의 순서를 통해서 설명한 내용을 다시 기억해 보기로 하자. 모집단은 연구자가 관심을 갖게 되는 조사대상의 전체 집단이지만 행정현상에 관한 연구에서 모집단의 구성요소 전체를 대상으로 하는 전수조사 방식의 분석은 찾아보기 힘들다. 설명한 바와 같이 대부분의 연구는 모집단의 일부 구성요소인 표본을 추출하여 분석하고 그 결과를 가지고 모집단의 특성을 추정한다. 이를 위해서는 모집단을 '잘' 대표하는 표본을 선택하는 과정이 중요할 수밖에 없다. 따라서 먼저 이번 절에서는 어떻게 표본추출을 하는 것이 모집단을 잘 대표하는 표본선택이 될 것인지, 즉 설명한 바와 같은 표본추출오차 $(\hat{\theta}-\theta)$를 최소화시키면서 표본을 추출하는 방법이 무엇인지, 현실적으로 활용되는 표본추출 방법에는 어떤 것이 있는지의 문제를 살펴보기로 하자.

1. 무작위 표본추출

가상국가 행복민국의 대통령 선거에서는 지역적 기반을 가진 두 정당의 후보자가 치열하게 경쟁하다가 그 중 한 후보가 지금까지 대통령으로 당선되어 왔다고 가정해 보자. 대통령의 직무 수행에 대하여 행복민국의 국민들이 어떻게 평가하는가를 조사하는 연구자가 있다고 생각해 보자. 만일 연구자가 대통령의 지지 기반이 되는 특정 지역에서만 표본을 추출하여 직무 수행에 대한 여론조사를 수행하고, 그 결과로서 전체 국민의 직무 수행 평가를 추정한다면 이것이 객관적이고 타당한 연구가 될 수 있을까? 혹은 경쟁 후보자의 지역적 기반이었던 곳에서만 표본을 추출하여 분석하고 이로써 모집단의 특성을 추정한다면 합리적일까? 두 가지 방식 모두 표본분석의 결과($\hat{\theta}$)는 모집단으로서의 전체 국민의 대통령에 대한 직무 수행 평가 결과(θ)와 적지 않은 차이를 나타낼 것으로 예상할 수 있다. 바로 이점에서 우리는 표본추출오차를 최소화시키는 표본추출 방식으로서의 무작위 (표본)추출의 필요성 혹은 논리를 찾아 볼 수 있다.

무작위 표본추출(random sampling)은 표본을 구성할 때 모집단의 특성, 본성, 속성을 잘 대표하는 방식으로 모집단의 구성요소들의 일부를 추출하는 방식이다. 이를 위해서는 모집단의 일부 특성만을 왜곡되게 반영하는 구성요소들로서만 표본을 구성해서는 안 될 것이다. 이렇게 표본이 구성된다면 그 분석결과는 모집단의 일부 특성만을 과대하게 반영하게 되기 때문이다. 따라서, 가능한 한 모집단의 특성을 있는 그대로 반영하는 표본을 구성하기 위해서는 모집단을 구성하는 모든 구성요소 하나 하나가 표본으로 추출될 확률을 동일하게 하여 표본을 구성하는 것이 필요하다. 즉, 표본은 모집단을 가장 잘 대표할 수 있는 대표성을 지녀야 하고 이를 확보하기 위한 수단은 모집단의 일정 특성을 과도하게 반영하는 특정 구성요소로만 표본을 구성하는 것이 아니라, 모집단의 모든 구성요소들이 표본으로 추출될 확률을 같게 하여 표본을 구성해야 한다.

그렇다면 현실적으로는 어떻게 무작위 표본추출을 할 수 있을까? 가장 기본적인 방법은 난수표를 이용하는 방식이다. 쉽게 설명하자면 난수표는 이 책 [부록]에서 볼 수 있듯이 숫자들이 어떤 유형이나 특성을 가지지 않은 채 겉보기에는 아무렇게나 배열된 것처럼 보이는 표이다. 그런데 이 모든 숫자들은 0부터 9 중에서 모든 숫자들이 추출될 확률을 동일하게 해서 추출된 숫자를 순서대로 배열한 것이다. 이 난수표를 사용하여 표본추출을 하는 경우를 예를 들어 설명하자면, 100명 중 10명을 표본으로 추출한다면 모집단 100명에게 0부터 99까지의 숫자를 각각 부여하고, 무작위로 (예를 들자면 난수표 위에서 눈을 감고 연필로) 한 숫자를 지적하여 그 글자 바로 오른 편 옆의 숫자와 함께 두 자리 숫자를 만들어 여기에 해당하는 모집단 구성원을 표본으로 추출하고, 그 바로 옆에 배열된 두 개 숫자로 두 번째 두 자리 숫자를 만들어 표본으로 추출하고, 다음 두 숫자로 세 번째 숫자를 만들어 표본을 뽑는 방법을 계속해 나가게 된다.[1)]

지금까지 설명한 무작위 표본추출을 단순 무작위 표본추출이라고 하는데, 실제 무작위 추출로 표본을 구성함에 있어서는 난수표를 사용하거나 모집단 구성요소에 순번을 부여한다거나 하는 절차의 현실적인 번거로움이나 곤란함을 고려하지 않을 수 없다. 따라서 표본추출방식의 현실적 편의성 혹은 효율성을 고려하여 몇 가지 추출 방식이 개발되었는데 그 대표적인 몇 가지 방식을 살펴보기로 한다.

2. 층화표본추출

층화표본추출(stratified sampling)은 모집단의 성격이 어떤 측면에서는 동질적이라도 또 다른 면에서는 이질적인 경우가 있을 경우, 각 이질적인 특성을 지니는 하위 집단들이 골고루 표본에 포함될 수 있도록, 모집단을 그 특성에 따른 몇 개의 하위 집단으로 나누고 이 각 하위 집단으로부터 표본을 추출해 내는 방식이다. 예를 들자면, 어느 대학교 행정학과 재학생들을 대상으로 주당 학습시간이 얼마인가를 조사하기 위하여 표본을 구성하는 경우를 생각해 보자. 일반적으로 취업을 앞둔 고학년 학생이 저학년 학생보다 학습시간이 많을 것이라 예상할 수 있겠다. 그렇다면 단순 무작위 추출로 고학년

1) 이 과정에서 앞서 나왔던 숫자와 동일한 숫자가 선택되면 이를 폐기하고 계속 과정을 진행하며 01과 같이 0이 두 자리 숫자의 첫 숫자가 되면 1번이 배정된 구성원을 표본으로 선출하게 된다.

과 저학년이 1:9 정도로 표본으로 추출된다면 표본의 분석결과가 모수를 추정하는데 적절하지 않을 것임이 분명하다. 따라서 이러한 경우라면 학년별로 몇 명씩 표본으로 추출한다던지, 혹은 각 학년에서도 남학생과 여학생의 비율을 정하여 남학생 몇 명 여학생 몇 명의 방식으로 표본을 추출하는 경우를 층화표본추출의 예로서 생각해 볼 수 있다.

이러한 층화표본추출은 표본추출의 기준이 하나—예에서, 학년이나 성별—일 수도 있고, 둘 이상일 수도 있겠다. 또한 그 종류도 하위 집단의 크기에 비례해서 각 하위 집단으로부터 표본을 추출하는 비례층화추출과 하위 집단의 크기에 비례하지 않고 각 하위 집단에서 동일한 크기의 표본을 추출하는 비비례층화표출로 세분화될 수도 있다.[2] 무엇보다 층화표본추출의 장점은 모집단의 특성을 표본구성에 잘 반영시킬 수 있으나 이러한 특성에 맞추어 각 하위 집단을 구성하거나 정렬시키는데 시간과 비용이 많이 들 수도 있다는 문제점을 동시에 보유한다.

3. 군집표본추출

군집표본추출(cluster sampling)은 집락표본추출이라고도 하는데 이는 모집단의 구성요소 하나 하나를 표본으로 추출하는 것이 아니라 그들이 속한 하위 집단 전체를 표본으로 추출하는 방식을 말한다. 즉, 표본의 최종 단위가 집단이 되는 것이다. 예를 들자면 기숙사 입주 대학생들의 주당 학습시간을 조사하기 위해서 표본을 추출할 때 기숙사가 총 10동이라면 이 중에서 1개 동을 표본으로 추출할 수 있다는 것이다. 군집표본추출은 앞서의 층화표본추출과 혼동하기 쉬우나, 개념적으로 층화표본추출이 모집단을 그 특성이 구별되는 이질적인 하위 집단으로 구분함에 반하여 군집표본추출은 가능한

2) 즉 고학년과 저학년의 학생 수가 3:2라면 표본의 수도 3:2를 지키면 비례층화추출이 되고, 1:1로 표본을 구성한다면 비비례층화표출이 된다. 후자의 경우는 두 하위 집단의 특성을 비교하는 경우에 일반적으로 사용될 수 있다.

한 서로 동질적인 하위 집단으로 구분하는 특성을 지닌다.

4. 층화군집표본추출

층화군집표본추출(stratified cluster sampling)은 층화표본추출과 군집표본추출을 합해 놓은 표본추출 방식으로 이해할 수 있겠다. 즉 표본추출의 방식으로서 먼저 모집단을 이질적인 하위 집단으로 구분하고 이 하위 집단으로부터 다시금 하위 집단 내부적으로는 동질적인 차하위 집단을 구성하여 이를 표본단위로 설정하는 방식이다. 예를 들자면 기숙사 입주 대학생들의 주당 학습시간을 조사하기 위해서 표본을 추출할 때 먼저 남녀 기숙사동을 구분하여 무작위로 각각 몇 개의 남학생 기숙사동과 여학생 기숙사동을 선정한 후, 이 중에서 동에 속한 방 단위를 최종적인 표본단위로서 추출하는 경우를 들 수 있겠다.

5. 체계적 표본추출

체계적 표본추출(systematic sampling)은 단순 무작위 표본추출의 실행 곤란성과 비용문제를 극복하기 위하여 순서대로 정리된 모집단으로부터 매번 K 번째에 위치하고 있는 구성요소를 표본으로 추출하는 방식이다. 예를 들자면 식당문에 들어서는 고객 중에서 10 번째 고객마다 조사를 한다든지, 제조 컨베이어 벨트 위에서 이동하고 있는 제품 중에서 100 번째 제품마다 꺼내어 조사를 한다든지 하는 것이 바로 체계적 표본추출이라 할 수 있다.

만일 모집단이 순서대로 정리되었다는 의미가 체계적 표본추출이 이루어지는 K 번째와 부합되는 주기적이거나 순환적인 순서대로의 정리가 아니라 임의로 정리되었다는 의미라면, 적어도 이론적으로는 모집단의 각 구성요소들이 표본으로 추출될 확률은 거의 비슷하다고도 볼 수 있다. 하지만 만일 모집단의 자료가 지난 10년간의 월별 실업률의 자료를 순서대로 모아 놓은 것이라면, 추출의 주기 K를 12로 정하면 매년 동일한 달의 실업률 자료만 표본으로 추출되기에 이와 같은 방식으로 구성되는 표본의 장점과 단점을 충분히 고려할 필요가 있다.

제2절 표본분포

현실적으로 연구자가 관심을 지니고 있는 조사대상의 전체 집단을 일일이 조사할 수 없다면, 앞서 설명한 여러 가지 표본추출방법에 따라서 모집단의 일부 구성요소를 추출하여 실제 분석의 대상으로서의 표본을 구성하게 된다. 문제는 어떠한 방법을 사용하더라도 표본이 모집단을 정확하게 대표하지 않는 경우가 대부분이라는 사실이다. 여기서 우리는 표본분포가 어떠한 특성을 갖고 있는가를 검토함으로써 우리가 실제 획득하게 되는 표본분석결과가 모집단의 특성을 추정하는데 과연 얼마나 도움이 될 수 있는가를 살펴보기로 한다.

1. 평균의 표본분포

모집단을 4마리의 애완견으로 상정해 보자. 이때 모집단의 크기는 $N=4$로 표기된다. 이 모집단을 구성하는 각 애완견의 나이가 한 살, 두 살, 세 살, 네 살이라고 하자.[3] 이 때, 모집단에서 표본의 크기를 $n=2$로, 즉 애완견 두 마리를 표본으로 추출한다고 하자. 만일 복원추출법으로 표본을 추출한다면 표본으로 추출될 수 있는 가능한 경우의 수는 다음과 같이 계산한다. N^n

3) 이러한 모집단 개체의 특성치, 즉, 여기서의 애완견의 나이는 다음과 같이 표기될 수 있다.
$x_1=1,\ x_2=2,\ x_3=3,\ x_4=4$

$=4^2=16$ 즉, 첫 번째로 표본의 구성요소가 될 수 있는 애완견의 나이는 4종류—한 살, 두 살, 세 살, 네 살—이며, 두 번째 구성요소도 복원추출법[4)]이기 때문에 4 종류이므로 모든 가능한 경우의 수는 $4\times4=16$가지가 된다.[5)]

보다 자세하게, 모든 가능한 표본이 어떤 것인지를 애완견의 나이를 괄호 안에 넣어 표기하면 (1,1), (1,2), (1,3), (1,4), (2,1), (2,2), (2,3), (2,4), (3,1), (3,2), (3,3), (3,4), (4,1), (4,2), (4,3), (4,4)의 16개 표본을 생각할 수 있다. 만일, 표본크기를 3으로 하면 그 가능한 수는 $4^3=64$가 되며, 표본크기가 4가 되면 경우의 수는 $4^4=256$이 된다. 곧, 표본의 크기 n이 증가함에 따라서 16, 64, 256과 같이 표본으로 가능한 경우의 수가 기하급수적으로 증가하게 된다. 그런데 한 표본에서 하나씩 표본평균과 표본 분산을 계산할 수 있기에 표본의 크기 n이 2라면 표본평균을 16개를 얻을 수 있고, n이 3이라면 64개, 표본의 크기 n이 4라면 256개의 표본평균을 계산할 수 있다.

그렇다면, 표본의 크기 n이 2일 때의 표본평균 16개를 다 더한 후 16으로 나눠서 그 평균값을 구하면 얼마나 될까? 즉, '표본평균들의 평균값'은 얼마나 될까? 이 표본평균의 평균은 모집단의 평균과 얼마나 가까울까? 마찬가지로 표본의 크기n이 3일 때의 표본평균의 평균은 얼마나 될까? 이때의 표본평균의 평균은 모집단 평균에 얼마나 접근해 있는가? n이 4인 경우는 또 어떨까? 누구나 n의 크기가 달라짐에 따라서 구체적인 평균값 수치를 구하는 과정을 머릿속에 그려볼 수 있을 것이다. 이 책에서는 그러한 계산 과정을 독자 각자의 몫으로 남기고 단지 그 결과를 간략히 요약해 보기로 하겠다.

직관적으로, 애완견 두 마리로 표본이 구성되는 경우의 표본평균의 평균보다는 애완견 세 마리로 표본이 구성되는 경우의 표본평균의 평균이 더 모

4) 예를 들자면, 각각 1, 2, 3이 적혀진 공 3개 중에서 하나씩 두 개를 추출하는 경우, 공 한 개를 추출한 다음 두 번째 공을 추출할 때 첫 번째 추출되었던 공을 다시 그 대상에 포함시켜서 중복추출이 가능하게 되는 경우가 복원추출방법이다. 반면에 첫 번째 추출된 대상을 두 번째 추출대상에 포함시키지 않는다면 비복원추출법이 된다.

5) 만일 비복원추출법으로 $n=2$인 경우의 수를 계산하면 12가지$(=4\times3)$의 경우가 된다.

집단 평균과 가깝지 않을까 생각할 것이다. 또 애완견 네 마리로 구성되는 경우의 표본평균의 평균이 애완견 세 마리로 구성되는 경우의 수치보다 더 모집단 평균에 근접하리라는 것도 추측할 수 있을 것이다. 바로 그렇다. 만일 표본의 크기가 무수하게 증가하여 모집단과 거의 비슷한 수가 된다면 표본의 평균은 모집단의 평균과 거의 비슷하게 될 것이다. 또한, 이 때 표본평균의 평균을 구하면 그 과정에서 각각의 표본평균이 갖게 될 수 있는 모집단 평균과의 차이가 상쇄될 수 있기 때문에 표본평균의 평균은 모집단 평균에 접근하게 될 것이다. 마찬가지로 표본평균의 분산 역시 표본의 크기가 증가함에 따라서 감소할 것이라 생각할 수 있겠다.

이제 이상의 논의를 일반화시키기로 하자. 모집단으로부터 일정 크기의 표본을 수없이 추출하면 이 표본 하나 하나는 각각의 평균, 즉 표본평균을 갖게 된다. 우리는 이 표본평균들의 분포를 평균의 표본분포라 부른다. 물론 실제 행정현상에 관한 조사연구에 있어서 활용되는 표본은 하나이기에 모집단에서 무수히 많은 표본들을 추출하고 이들의 분포를 만드는 일은 없다고 단언할 수 있다. 하지만 이론적으로는 평균의 표본분포가 충분히 존재하며 이것은 다음과 같은 특성을 보유한다.

첫째, 표본평균의 표본분포는 모집단에 상관없이 정규분포를 이룬다.

둘째, 표본평균의 표본분포의 전체평균은 모집단의 평균과 같다.

셋째, 표본평균의 표본분포에서 나타내는 표준편차를 표준오차(standard error)라고 한다. 이 표준오차는 모집단 표준편차를 $\sqrt{n}$ 으로 나눈 값이다.

2. 중심극한정리

지금까지의 내용을 증명하고 공식화시킨 것을 통계학에서는 중심극한정리(central limit theorem)라 한다. 그 구체적인 내용은 다음과 같은 두 가지로 요약될 수 있다. 첫째, 만일 정규분포를 이루고 있는 모집단으로부터 추출된 표본의 평균들의 분포, 즉 표본평균들의 분포는 표본의 크기에 관계없이 정확하게 정규분포를 이룬다. 둘째, 정규분포를 이루고 있지 않은 모집단으로부터 추출된 표본평균들의 분포는 표본의 크기 n이 점차로 증가함에 따라서 정규분포에 접근해 간다.

결국, 두 개의 구성 내용을 종합하면, 표본이 추출되어지는 모집단이 정규분포인가의 여부에 상관없이 무작위로 추출되는 표본의 크기 n이 증가함에 따라서 표본평균의 분포는 평균이 $\mu_{\bar{X}}$, 표준편차 $\sigma_{\bar{X}}$의 정규분포에 접근한다. 이 때 평균의 표본분포의 평균은 모집단의 평균과 동일하다. 이점에 있어서 표본분포의 평균을 모집단 평균을 편차없이 추정하는 모집단 평균의 불편추정량(unbiased estimator)이라고 부른다. 표준편차는 모집단의 표준편차를 $\sqrt{n}$ 으로 나눈 값이다. 이 중심극한정리의 내용을 바탕으로 앞으로 살펴보게 될 모수에 대한 구간추정이나 가설검정이 이루어지게 된다.

3. 비율의 표본분포

비율(proportion) 의 개념은 사실상 평균(mean)의 개념과 같다고 할 수 있다. 앞서 제3장에서 살펴본 바와 같이, 일반적인 계량화가 가능한 자료의 대표적인 중앙경향치가 바로 평균임에 비하여 계수집단의 경우의 대표치를 비율이라 부르게 된다. 즉, 예를 들자면, 행정계량분석과목의 수강생 5인의 평균 평점을 조사하는 경우 각각의 관찰치는 X_i로 표현할 수 있겠다. 또한 그 대표값으로서의 산술평균은 $\sum X_i/5$로 나타낸다. 그런데 만일, 이들 조사대상자에 대해서 평균 평점이 아니라 남녀 성별을 관찰하게 된다면 그 관찰치 X_i는 양적 크기를 표현하는 것이 아니라 남녀의 속성을 표현하는 것이기에 그 관찰치는 0 또는 1의 값을 갖게 된다. 이 때 평균을 구하기 위해서 계산한 $\sum X_i/5$는 5명 조사대상자 중에서의 남학생의 수 혹은 여학생의 수가 되며 또한 비율이 되는 것이다. 바로 이러한 사실로부터 우리는 비율은 평균과 같은 의미라고 간주할 수 있게 되는 것이다.

다른 예로서, 이번 학기 행정계량분석의 수강생들은 남학생 50명과 여학생 50명으로 구성되어 있다고 상정해 보자. 이 경우, 100명 수강생들의 성별을 관찰한 결과로 얻어진 집합을 이항 모집단이라 한다. 앞서 제5장 확률과 확률분포에서의 이항분포의 내용을 떠올리면 이항 모집단의 개념화가 가능할 것으로 기대된다. 이제 이러한 이항 모집단에서 관찰된 관측값은 0 또는 1로 기재될 것이다. 구체적으로 그 평균 π와 분산 σ^2은 다음과 같이 공식화된다.

$$\pi = \frac{\sum X_i}{N}$$
$$= \mu$$

즉, 모집단을 대상으로 한다면 남학생의 비율은 0.5이다.

$$\sigma^2 = \frac{\sum (X_i - \mu)^2}{N}$$
$$= \frac{\sum X_i^2}{N} - [\frac{\sum X_i}{N}]^2$$
$$= \pi - \pi^2$$
$$= \pi(1-\pi)$$

따라서, 지금의 예에서 모집단의 분산은 0.25로 계산된다.

이제 100명의 수강생 중에서 5명을 표본을 추출하자. 이 때 남학생이 추출될 모든 가능한 명수는 0, 1, 2, 3, 4, 5이다. 즉, 표본의 크기 $n=5$일 때 표본에 포함될 남학생의 수는 이 6개 중에 하나가 된다. 표본 5개 가운데 남학생의 명수(X)에 따른 표본에서의 남학생의 비율 P는 $X=0$일 때 $P=0$; $X=1$일 때 $P=0.2$; $X=2$일 때 $P=0.4$; $X=3$일 때 $P=0.6$; $X=4$일 때 P}= 0.8; $X=5$일 때 $P=1.0$이다. 여기서 주목할 사항은 모집단을 대상으로 할 때의 남학생의 비율 즉 π가 0.5임에도 불구하고, 표본의 크기 n이 5라면 각각의 표본비율이 실현될 확률은 얼마인가의 문제이다. 그 확률은 이항분포에 따라서 다음과 같이 구할 수 있다.

$$f(x) = {}_nC_x\pi_x \cdot (1-\pi)^{n-x}$$
$$= {}_nC_x\pi^n \quad (\because \pi = 1-\pi)$$

따라서 지금까지의 내용은 〈표 6-1〉로 정리된다.

〈 표 6-1 〉 표본비율 분포

표본에서의 남학생 수	표본에서의 남학생의 비율	실현 가능성 $= {}_nC_x 0.5^n$
0	0.00	0.03125
1	0.20	0.15625
2	0.40	0.31250
3	0.60	0.31250
4	0.80	0.15625
5	1.00	0.03125

이 표에 따라서 표본비율, 즉 표본에서의 남학생의 비율의 평균과 분산을 구하는 방법은 다음과 같은 공식을 사용하게 된다.

$$\bar{p} = \Sigma p_i \cdot f(p_i)$$
$$= 0.0 \times 0.03125 + 0.2 \times 0.15625 \times \cdots \times 0.03125$$
$$= 0.50$$

$$\sigma_p^2 = \Sigma(p_i - \pi)^2 f(p_i)$$
$$= (0.0 - 0.50)^2 \times 0.03125 + (0.1 - 0.5)^2 \times \cdots \times 0.03125$$
$$= 0.05$$

결국, 남학생들의 표본에서의 비율의 평균, 즉 표본비율의 평균은 모집단에서의 비율과 동일하다. 또한 모집단에서의 분산을 표본비율의 분산으로 나누면 표본의 크기 $n = 5$를 얻게 된다. 덧붙여 다음의 관계도 성립한다.

$$\frac{\sigma^2}{\sigma_p^2} = n$$

$$\sigma_p^2 = \frac{\sigma^2}{n}$$

$$= \frac{\pi(1-\pi)}{n}$$

종합하자면, 표본의 관찰치가 두 속성—남학생 혹은 여학생—으로 이루어진 이항 모집단에서 평균과 분산은 각각 π와 $\pi(1-\pi)$이다. 이 모집단에서 표본의 크기 n으로 표본을 추출할 때 가능한 모든 표본비율의 분포를 비율의 표본분포(sampling distribution of proportion)라고 한다. 이 분포의 평균은 모수 비율 π와 같고 그 분산은 모집단의 분산을 표본의 크기 n으로 나눈 값이다.

제3절 컴퓨터 프로그램을 활용한 표본추출 실습

1. MS Excel을 활용한 실습

먼저, [그림 6-1]과 같이 문자메뉴에서 '데이터' → '데이터 분석' → '통계 데이터 분석' 대화창의 순서로 이동하여 '표본 추출'을 '분석 도구'로 선택한다. (만일, 데이터 분석 메뉴가 등장하지 않는 경우라면 문자메뉴 '파일' → '추가기능'으로 이동하여 분석도구를 첨가하는 절차가 필요함은 이미 설명한 바 있다.)

이어서 등장하는 화면은 [그림 6-2]와 같다. 화면에 등장하는 '표본 추출' 대화상자의 내용을 채워야 한다. 먼저 '입력 범위'에는 표본을 추출할 대상, 즉 모집단의 범위를 입력한다. 여기서는 1부터 60으로 주어진 60가구의 ID를 모집단으로 지정하였다. 첫 번째 행에 'ID'가 기재되어 있기에 '이름표' 난을 체크해 준다.

그리고, '표본 추출 방법'으로는 '주기적 추출'과 '무작위 추출'의 두 가지

그림 6-1 Excel을 활용한 표본추출 화면 1

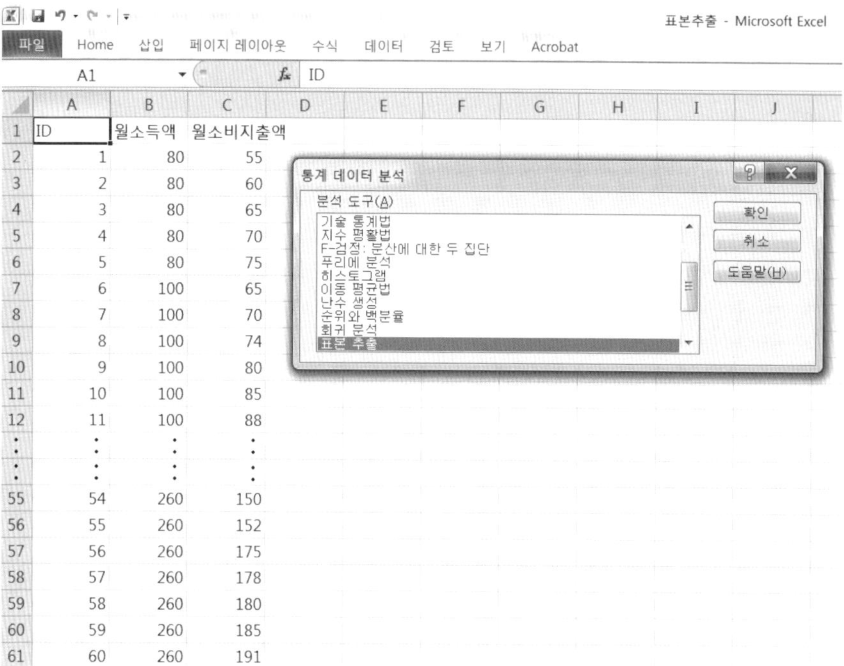

그림 6-2 Excel '표본 추출' 대화상자

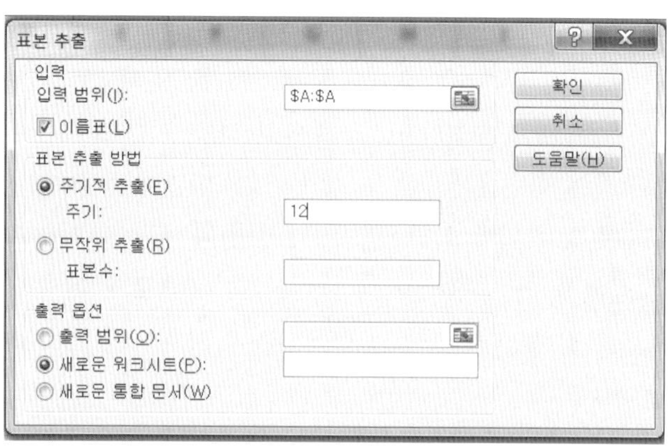

그림 6-3 Excel 무작위 표본추출의 결과 화면

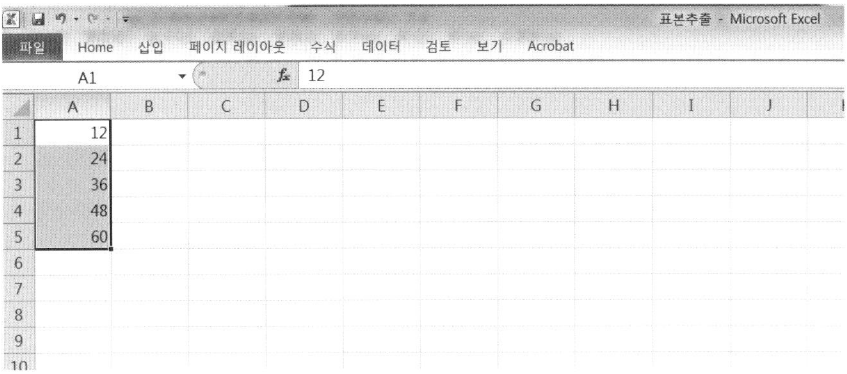

방법 중에서 하나를 선택할 수 있다. 주기적 추출은 체계적 추출을 말하며 체계적 추출에서의 k 번째의 k를 '주기' 난에 기재하면 된다. 무작위 추출은 단순 무작위 추출방법으로 표본수를 기재하게 된다. '출력 옵션'을 지정한 후 '확인'을 클릭하면 [그림 6-3]과 같은 결과를 얻게 된다. 이 때 얻는 결과는 ID가 중복되어 추출될 수 있는 앞서 설명한 바 있는 복원추출법을 사용한 것임을 기억해야 한다.

2. SAS를 활용한 실습

[그림 6-4]와 같이 SAS의 확장 편집기에 data 단계와 proc 단계를 정의해 줌으로써 표본을 추출할 수 있다. data 단계가 완료되고 proc 단계에 있어서 가장 핵심이 되는 구문으로서 'proc surveyselect' 구문을 기억할 필요가 있다. 이는 표본추출을 수행하라는 명령어이다.

화면에서 보듯 이때 표본추출의 대상이 되는 모집단 데이터 셋을 'data =' 다음에 지정해 주면 된다. 보다 구체적으로 [그림 6-4] 화면을 보면서 설명하자면, 첫째 줄 'data sampling ;'은 'sampling'이라는 이름의 데이터 셋

그림 6-4 SAS를 활용한 무작위 표본추출

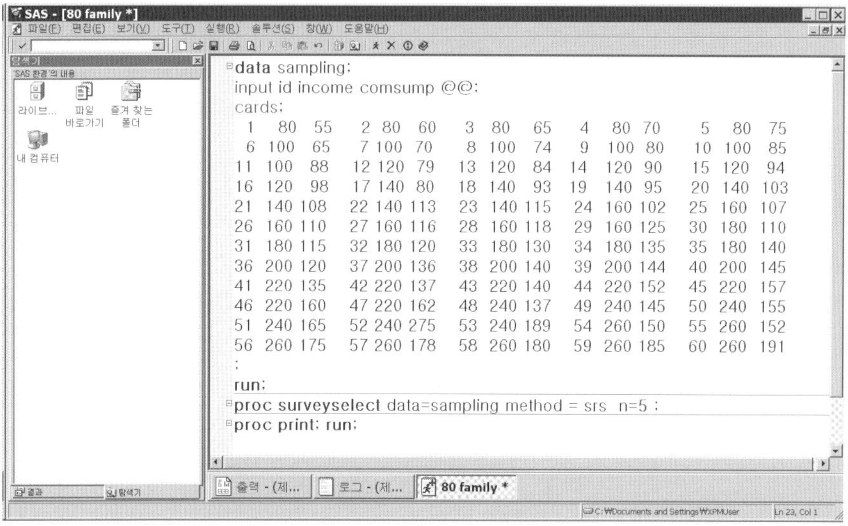

을 만든다는 의미임은 이제 더 이상의 설명이 필요 없을 것이다. 두 번째 줄 'input ID income consump @@ ;'는 'sampling'이라는 이름의 데이터 셋은 세 개 변수 'ID,' 'income,' 'consump'으로 이루어져 있음을 나타낸다. 'cards ;' 아래 줄부터 그 변수값들이 차례로 계속 입력된다. 이렇게 변수값들의 입력이 완료되면 ';' 표시를 해 준다. 이어서 실행의 준비가 되었다는 의미로 'run;' 문장을 입력한다.

실제 자료분석을 수행하기 위해서 proc 구문이 등장한다. 'proc surveyselect data=sampling method = srs n=5;'의 문장에 주목할 필요가 있다. 이 proc 구문의 의미는 'sampling' 데이터 셋을 대상으로 표본추출을 수행하라(surveyselect)는 내용으로 표본추출의 방법은 'method =' 다음에 지정되는데 'srs'는 '비복원방식 무작위 추출'을 의미한다. 'n=' 다음에 입력되는 숫자는 표본의 수를 지정한다.

이러한 내용의 확장 편집기 창을 실행시키면 그 결과로 [그림 6-5]와 같

그림 6-5 무작위 표본추출의 결과

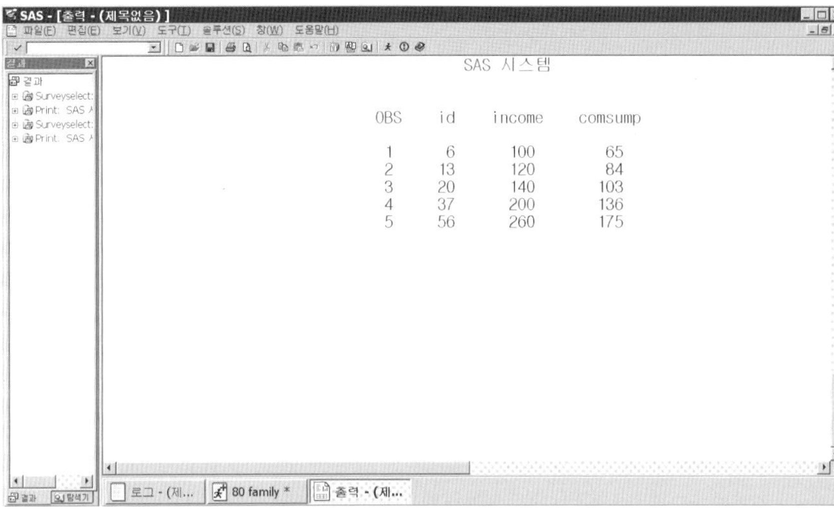

이 ID 6, 13, 20, 37, 56의 가구가 표본으로 추출되었음을 알 수 있다. 만일 '복원방식 무작위 추출'을 수행하기 원한다면 'method=urs'로 정의하여 입력하여 실행시키면 된다.

모수의 추정과 신뢰구간

제1절 모수 추정의 의의
제2절 신뢰구간 추정
제3절 컴퓨터 프로그램을 활용한 신뢰구간 설정 실습

07 모수의 추정과 신뢰구간

통계를 공부하고 수학을 학습하는 가장 큰 이유의 한 가지는 우리가 모집단을 일일이 다 조사할 수 없기 때문임은 여러 번 강조한 바 있다. 모집단의 구성요소를 전부 조사하는 전수조사를 할 수 없기에 그 대안으로 제시되는 것이 바로 모집단을 구성하고 있는 일부구성인 표본을 추출하여, 이 표본을 분석하고 그 분석결과로 모집단의 특성이 어떨 것이라 추정하고 예측하는 것이다. 이러한 맥락에서 이 책의 앞 순서에서 표본과 표본추출에 관하여 설명한 것을 이해할 수 있을 것이다. 이제 이번 7장에서는 모집단의 특성을 숫자로 표시한 모수(parameter)의 값을 추정한다는 것이 어떤 의미인지, 어떤 방식으로 추정을 할 수 있는지의 문제를 다루기로 한다. 특히 우리는 신뢰구간을 구성하고 이 신뢰구간을 기본으로 삼아서 모수값을 추정하는 논리와 방법에 분석의 중점을 설정하기로 한다.

제 1 절 모수 추정의 의의

1. 통계적 추정의 의미

대부분의 경우에 있어서 연구자가 관심을 지니고 있는 모수는 미지의 대상이다. 주어진 자원을 활용하여 현재의 공간 내에서 연구를 수행해야 하는 연구자의 입장에서는 연구 이전은 물론이고 연구 이후에도 사실상 그 정체가 희미할 수밖에 없는 모수를 가장 정확하고 가장 효율적인 방법을 활용함으로써 추정하는 것이 기본 과제가 아닐 수 없다. 이 과제를 해결하기 위해서 앞 장에서 살펴본 바와 같이 연구자는 모집단을 가장 잘 대표할 수 있는 방법으로 표본을 추출하고, 그 추출된 표본을 분석한 결과를 가지고 모집단의 특성을 통계적으로 추론해 나간다. 따라서 통계적 추론이란 어떤 모집단의 모수에 대해서 추론을 하려고 표본을 추출하고, 그 표본을 분석해서 얻은 표본의 통계량을 활용하는 과정과 절차로 이해할 수 있다. 다른 말로 표현하자면, 결국 통계적 추론이란 우리가 알 수 없는 모집단의 모수를 대표할 수 있는 표본의 통계량을 구해서 활용하는 과정과 절차라고 할 수 있겠다.

모집단의 모수를 일반적으로 θ(그리스 문자 '쎄타' theta로 읽음)로 놓고, 이 θ가 얼마일지를 추론함에 있어서는 기본적으로 두 가지의 방식이 있다. 그 한 가지 방식은 말 그대로 모수의 값이 얼마인지 추정하는 것이며, 또 다른 한 가지 방식은 모수값에 대한 가설을 세우고 그 가설이 맞는지 틀린지를 통계학적으로 판단하는 방식이다. 앞서의 방식을 모수 추정 방식, 뒤의 방식을 가설 검정 방식이라고 부른다. 모수를 통계적으로 추론하기 위한 이러한 두 가지 방식 모두가 표본분석을 통해 도출한 결과와 모수와의 관계에서 성립되는 동일한 이론을 바탕으로 전개된다. 이러한 면에서 두 가지 방식—모수 추정과 가설 검정—을 동전의 양면으로 비유하는 학자들도 있다. 즉, 동전의 본질적 기능이 교환에 있고 동전의 주성분이 비철금속 구리라면, 통계적 추론을 위한 두 개의 방식 역시 그 본질적 기능은 모수를 추정함에 있고, 두 개의 방식 모두 그 주성분이 되는 기본 이론이 통계량 이론이라는 점에서 유사성을 찾을 수 있다는 것이다. 다만 그 기본 이론을 활용하는 방법에 있어서 두 가지 모수 추정 방식이 차이를 보인다. 간단히 설명하자면, 모수 추정 방식은 표본을 분석함으로써 얻은 정보를 사용하여 θ값을 추정한다. 이와는 대조적으로 가설 검정 방식은 θ에 대한 특정한 수치 혹은 범위를 먼저 가정한 다음, 표본을 분석함으로써 얻은 정보가 이 가정을 기각할 것인지 아니면 수용할 것인지를 결정하는 순서를 밟는다. 하지만 두 방식 모두가 기본 이론으로서 표본에 관한 정보, 표본 통계량 이론을 근간으로 삼는다는 점에서 차이가 없다.

2. 추정량과 추정치

표본에 관한 정보를 이해하기 위한 전제로서 우선 추정량과 추정치의 개념이 무엇인가를 검토하기로 하자. 추정량(estimator)은 어떤 숫자로 표기되는 값이 아니라, 그 값을 구하기 위한 일종의 방법이나 수단, 혹은 공식의 의미를 지니는 것으로 이해할 수 있다. 즉 추정량은 모집단의 모수 θ값이 구체적으로 얼마인지, 즉 추정치(estimate)를 구하기 위해서 사용되는 공식으로 이해할 수 있다. 이렇게 추정량의 개념을 설명하면서 드러나듯, 추정치는 공식으로서의 추정량을 실제 표본 자료에 적용시킨 결과로서 얻게 되는 구체적인 수치를 말한다. 그 구체적인 수치는 θ값을 추정하기 위한 것이기에, 즉 가능한 한 θ값에 가까운 추정한 값이라는 의미를 지니기에 $\hat{\theta}$(θ hat이라고 읽음)으로 표기한다.

이제 추정량과 추정치의 의미를 얼마나 이해했는지 검토해 보기로 하자. 일반적으로 연구자가 관심을 지니는 문제의 하나는 모집단의 평균값이다. 예를 들자면, 대통령 직무 수행에 대해서 전체 국민들의 평가 점수는 어떠한가? 특정 지역의 가구들은 평균 월소득이 얼마나 되는가? 다른 지역 가구들의 평균 월소득과 어떤 차이가 있는가? 행정계량분석과목의 수강생들은 평균적으로 주당 몇 시간 정도를 예습과 복습을 위해서 학습하는가? 바로 이러한 질문의 답은 모집단의 평균값과 관련된다. 문제는 우리가 모집단을 일일이 조사하지 못하거나 혹은 조사하지 않기 때문에 모집단의 평균 μ값을 정확히 알 수 없다. 따라서 μ를 추정하기 위한 방법으로서 활용하는 것은 표본의 평균 $\overline{X}$이다. 그렇다면, 표본의 평균 $\overline{X}$는 모집단의 평균 μ값을 추정하기 위한 추정량인가 아니면 추정치인가?

$$\overline{X}=\frac{\sum X_i}{n}$$

이제 $\overline{X}$는 누구에게나 추정량임이 확실해졌을 것이다. 전체 국민 중 1,000명을 표본으로 추출하여 대통령 직무 수행에 관한 평가 점수를 조사해 그 1,000명 각각의 점수를 다 합한 후 1,000으로 나누니 70.50점이 나왔다. 70.50은 누구에게나 추정치임이 분명해졌을 것이다.

μ와 $\overline{X}$의 개념 관계가 그렇듯, 모집단의 표준편차 σ와 이것을 추정하기 위한 표본의 표준편차 s의 관계도 마찬가지이다. 즉, s는 추정량이고 특정한 표본 자료에 이 s의 공식을 사용하여 실제로 구한 수치는 추정치가 된다.

3. 점추정과 구간추정

모수 θ을 추정하는 방식에는 크게 점추정과 구간추정의 두 가지 방식이 있다. 점추정은 모수값을 말 그대로 점, 즉 특정 숫자로 추정하는 것이다. 구간추정은 그 점의 개수를 확장시켜서 모수값을 어느 숫자부터 어느 숫자까지의 구간으로 추정하는 것이다. 앞서 살펴본 $\overline{X}$와 s는 자료에 대입했을 때, 어떤 특정한 하나의 숫자를 나타내기에 점추정량(point estimator)이 된다.

그렇다면 어떤 추정 방식이 모수를 추정하는데 있어서 우수한 추정 방식이 될까? 점추정 방식일까? 구간추정방식일까? 이 질문에 대한 답에 도달하기 위해서 다음 순서로 좋은 추정량의 기준이 무엇인가를 살펴보기로 한다.

4. 좋은 추정량의 기준

좋은 추정량의 기준으로는 일반적으로 불편성(不偏性, unbiasedness), 능률성(能率性, efficiency), 그리고 일관성(一貫性, consistency)을 든다.

1) 불편성

이 책 제6장에서 표본평균의 평균이 모집단 평균과 동일하다는 것을 설명한 바 있다. 즉 표본평균들의 값을 다 합한 후, 합한 표본평균의 개수로 나누면 그 값이 모집단의 평균과 같다는 것이다. 표본평균의 평균에서 모집단 평균을 빼면 그 값이 0이 된다는 말이다. 편의(偏倚, bias)가 없다는 의미이다. 따라서, 표본평균들의 평균과 같은 추정량은 정확하게 모집단의 평균을 추정할 수 있기에 편의가 없는 훌륭한 추정량이고 이러한 경우를 불편추정량이라 부른다.

2) 효율성

만일 여러 개의 추정량들이 모수에 대한 불편추정량인 경우라면 어떤 추정량을 활용하여 모수를 추정하는 것이 바람직할까? 이 질문에 대한 답이 두 번째 기준인 효율성과 관련된다. 즉, 특정한 추정량을 사용한 추정치들의 분포가 모수에 가깝다면 이것이 그렇지 않은 추정량보다 더 바람직한 추정량이라 할 수 있을 것이다. 따라서 좋은 추정량의 두 번째 기준으로, 하나의 추정량이 다른 추정량보다 더 모수 주위에 밀집되어 있는가를 의미하는 효율성을 설정한다.

3) 일관성

마지막 기준은 일관성이다. 표본의 크기가 증가함에 따라서 표본을 분석해서 얻는 수치가 모수에 접근해 간다면 이때 그 추정량은 일관성을 지닌 추정량이라고 한다.

제2절 신뢰구간 추정

1. 신뢰구간의 의미

이 책 제2장에서 몇 가지 기본개념을 설명하면서 측정오차에 관련된 정확도와 정밀도의 의미를 검토한 바 있다. 정밀도는 측정값을 반복하여 측정할 때 얼마나 재현성이 있는가의 문제에 관한 것이고, 정확도는 편의의 크기와 정밀도를 결합시킨 개념임을 다시 환기해 보기로 하자. 그렇다면, 앞서의 논의를 계속할 때, 모든 추정량이 갖는 문제점이 드러나게 된다. 즉, 모든 추정량들은 불편성, 효율성, 그리고 일관성을 가지고 있더라도 이 추정량을 활용하여 특정 표본을 대상으로 계산한 추정치의 정밀도가 어떤지를 알려 주지 않는다는 점이다. 바로 이러한 정밀도를 알 수 없다는 문제점이 점추정의 약점이 되며 여기서 구간추정의 보편적 활용의 논거를 찾아볼 수 있게 된다.

따라서 점추정이 그 정밀도를 알 수 없는 하나의 특정 숫자로 모수를 추정하지만, 구간추정은 하나의 특정 숫자가 아니라 여러 개의 숫자들, 즉 여러 개의 점추정치들을 모아 놓은 일정 구간을 설정해 모수를 추정한다. 즉, 구간추정은 바로 이 구간을 통해서 모수값을 추정함으로써 정밀도에 관한 문제점을 해결하려는 시도로 평가할 수 있다. 여기서 추정하는 구간의 폭이 좁아질수록 구간추정의 정밀도는 상승하는 것으로 파악한다.

바로 이처럼 표본자료를 사용하여 계산한 점추정치를 중심으로 하여 모수가 포함될 것으로 예상되는 일정한 구간을 설정한 것을 신뢰구간(confidence interval)이라 한다. 특히 많은 연구들이 모집단의 평균이 얼마인가에 관심을 지니기에 표본평균 $\overline{X}$를 중심으로 해서 모집단 평균 μ가 포함되어 있으리라고 예상되는 구간인 평균의 신뢰구간이 대부분 계량분석 서적에서의 신뢰구간에 관한 논의의 중점을 이루고 있다.

2. 신뢰수준과 신뢰구간

대통령의 직무 수행에 대한 국민들의 평가 점수 분석에 있어서 1,000명을 추출하여 구성된 표본의 평균이 50점이었다고 가정해 보자. 연구자는 모집단 즉 모든 국민을 대상으로 할 때의 모집단의 평균을 이 표본평균에 근거하여 추정하려 할 것이다. 하지만 당면하게 되는 문제가 있다. 그것은 정확하게 표본추출오차가 과연 얼마나 될 것인지 알 수 없다는 문제이다. 즉, 모집단의 모수 μ는 문제의 본질상 과연 얼마나 되는지 알 수 없기에, 당연히 $\hat{\theta}-\theta$ 또는 $50-\mu$가 얼마인지 알 수 없다. 이러한 상황에서 연구자는 모집단의 평균이 50일 것이라 단정적으로 추정하기 보다는 50을 중심으로 어느 정도의 오차를 감안한 상하한선을 설정하여 모집단의 평균을 추정할 수 있을 것이다. 만일 표본추출오차를 5점으로 잡으면 하한선으로는 $50-5=45$점이 잡힐 것이고, 상한선으로는 $50+5=55$점이 설정될 것이다. 바로 그렇기에 45점부터 55점 사이의 구간 범위가 구간추정 방법을 사용하여 일반 국민의 평가 점수를 추정하는 신뢰구간의 범위가 된다.

그렇다면, 위의 예에서 중요한 사실을 도출해 낼 수 있게 된다. 만일 신뢰구간을 45점에서 55점으로 설정하는 대신 50.1점에서 50.3점으로 설정하면 모집단 평균이 이 범위에 포함될 가능성은 변경 전에 비해서 증가할까 혹은 감소할까? 아니면 상하한선을 20점에서 70점으로 설정하면 모집단의 평균 μ가 이 범위에 포함될 가능성은 어떻게 변할까? 만일 신뢰구간의 범위를 0점에서 100점으로 확장시키면 또 어떨까? 당연히 신뢰구간의 범위가 축소되면 모집단 평균이 신뢰구간 속에 포함될 가능성이 저하될 것이고 이와 반대로 그 범위가 확장되면 확장될수록 그 가능성은 증가할 것이다. 요약하자면, 신뢰구간의 범위가 축소되면 추정의 신뢰성 역시 축소되고 신뢰구간의 범위가 확장되면 그 신뢰성 역시 확대될 것이다. 여기서 모수가 신뢰구간 속에 포함될 가능성, 즉 신뢰성의 정도를 신뢰수준(confidence level)이라 부른다. 신뢰수준으로는 일반적으로 95% 신뢰수준이 가장 많이 사용되나 그 외에도 이론적으로는 0부터 100에 이르기까지의 신뢰수준을 정의할 수 있다. 95%

신뢰수준에서와 같이 수치 95%는 신뢰계수라고 부른다. 요약하자면, 신뢰구간의 범위가 좁으면, 즉 신뢰수준 혹은 신뢰계수의 값이 적으면 모수가 이 안에 포함될 가능성이 작아지며 이에 따라 추정의 신뢰성, 신뢰수준이 낮아지게 된다. 반면, 신뢰구간의 폭이 넓으면, 즉 신뢰수준 혹은 신뢰계수의 값이 크면 클수록 모수가 이 구간 안에 들어갈 가능성 또한 증가하며, 추정의 신뢰성, 신뢰수준 역시 증가하게 되는 것이다.

그렇다면, 지금의 예에서 모집단 평균이 0점보다는 같거나 크고 100점보다 작거나 같다는 추정은 과연 어떻게 평가되어야 할까? 비록 신뢰구간의 범위가 넓어질수록 신뢰구간에 모수가 포함될 가능성은 높아지고 신뢰수준도 높아지겠지만, 과연 모집단에서의 점수가 100점 만점 중 0점부터 100점 사이에 있을 것이라는 신뢰도 100%의 추정이 과연 가치있는 추정인가? 누군가에게 다음 번 대통령 선거에서 특정 후보자 A가 대통령으로 당선될 확률이 몇 %에서 몇 % 사이로 계산되는지 말해달라고 했을 때, 그 확률은 0%에서 100% 사이라는 답을 들었다면 우리의 반응은 어떠할 것인가? 바로 이 점에서 우리는 모수가 신뢰구간 속에 포함될 가능성을 어느 정도로 설정할 것인지, 또한 가능하면 신뢰구간을 축소시켜서 신뢰구간을 설정하는 방법이 무엇일까를 고민해야만 할 필요성을 발견하게 되는 것이다.

3. 모집단 평균에 대한 신뢰구간 설정

연구자가 관심을 지니는 문제가 모집단의 평균일 경우가 많기에 이제 모집단 평균 μ를 신뢰구간을 설정하여 추정하는 방법을 살펴보겠다. 신뢰구간을 설정하여 μ를 추정하는 방법은 활용되는 모집단과 표본의 성격에 따라서 정규분포를 사용하는 방법과 t-분포를 사용하는 방법으로 다시 구분된다.

먼저, 가장 기본적인 전체는 우리가 모집단이 정규분포를 한다는 가정을 할 수 있다는 것이다. 만일 모집단이 정규분포가 아닌 것이 확실시 되거나 정규분포를 하리라는 기대를 하기 어려운 경우라면 지금부터 논의하는 신뢰구간의 설정방법은 적용될 수 없다. 이러한 기본전제 하에 먼저 모집단의 표준편차가 알려져 있는 경우라면, 표본의 크기 n이 충분히 큰 대표본의 경우나 아니면 표본의 크기 n이 작은 소표본의 경우나 정규분포를 활용하여 신뢰구간을 설정하게 된다. 즉, 우리에게 알려진 표본편차의 값을 그대로 활용하여 정규분포에 기반한 신뢰구간을 특별한 계산상의 복잡함이나 까다로움 없이 설정할 수 있다.

만일 모집단의 표준편차가 알려져 있지 않은 경우라면 이때에는 다시금 두 가지 경우로 구분하여 신뢰구간을 설정하게 된다. 첫째, 표본이 대규모 무작위 표본추출방법으로 구성된 경우라면 앞서 모집단의 표준편차가 알려져 있는 경우와 마찬가지로 정규분포를 활용한 신뢰구간의 설정이 이루어진다. 단지 이러한 경우에는 모집단의 표준편차가 알려져 있지 않기에 표본의 표준편차를 근거로 모집단 표준편차를 추정하여 정규분포를 활용한 신뢰구간을 계산하게 된다. 문제는 두 번째 경우이다. 즉, 모집단의 표준편차가 알려져 있지 않고 표본 역시 소규모 무작위 표본추출방법에 의하여 구성된 소표본의 경우에 있어서는 t-분포를 활용한다. 모집단의 표준편차가 알려져 있지 않기에 표본의 표준편차를 근거로 이를 추정하여 사용하는데, 그 구체적인 계산 방법에 있어서는 이 책의 이후 순서에서 살펴볼 바와 같이, 계산의 정확성을 중시하느냐 아니면 계산의 편의성을 중시하느냐에 따라서 약간의 차이점을 발견할 수 있다.

결국, 이러한 신뢰구간 추정에 관한 원칙들은 〈표 7-1〉로 요약된다. 이 표의 내용은 이번 제7장뿐만 아니라 이후의 제8장, 제9장에 이르기까지, 이

〈 표 7-1 〉 μ에 관한 신뢰구간 추정의 기본 원칙

	모집단의 표준편차 $\sigma_{\overline{X}}$	
무작위 추출로 구성한 표본의 크기 n	$\sigma_{\overline{X}}$ 를 알 때	$\sigma_{\overline{X}}$ 를 모를 때
대규모 표본	정규분포 활용	정규분포 활용
소규모 표본	정규분포 활용	t-분포 활용

이른바 표본의 분석결과를 가지고 모집단의 특성을 추정하려는 추론통계학의 기본원칙이 되기에 독자들은 확실하게 기억할 필요가 있다.

1) 정규분포의 사용

제6장. '모집단과 표본'의 내용 중에서 중심극한정리의 내용이 무엇인지를 설명한 바 있다. 모집단의 분포에 관계없이 무작위로 추출되는 표본의 크기 n이 증가함에 따라서 표본평균의 분포는 평균이 $\mu_{\overline{X}}$, 표준편차 $\sigma_{\overline{X}}$의 정규분포에 접근한다는 것이 그 핵심 내용이었다. 즉, 대규모 표본의 경우라면 표본평균의 분포는 아래 [그림 7-1]과 같이 분포한다.

다시 말하자면, 충분히 그 크기가 큰 표본을 수많은 연구자가 각각 한 개씩 추출한다면, 표본평균 $\overline{X}$들의 분포는 [그림 7-1]의 분포를 이루게 된다. 이때 수많은 표본 평균들의 약 68.3%는 $\mu_{\overline{X}}$를 기준으로 $\pm 1\sigma_{\overline{X}}$ 범위 내에 위치한다. 또한 95%에 해당하는 표본들의 평균은 $\mu_{\overline{X}}$를 기준으로 $\pm 1.96\sigma_{\overline{X}}$의 구간 범위 내에 위치한다. 이때의 68.3%, 95% 범위에 해당하는 $\sigma_{\overline{X}}$ 앞의 수치는 정규분포의 특성에서 도출된 것임은 더 이상의 설명이 필요하지 않을 것이다.

이제 모집단의 평균을 신뢰구간을 설정하여 추정하는 경우라면, 신뢰구간

그림 7-1 표본평균의 분포

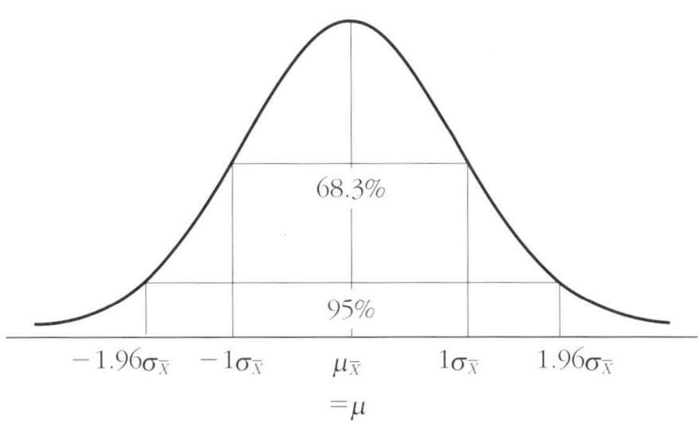

은 표본평균을 기준으로 해서 양쪽으로 표본추출오차를 가감해서 설정한다. 예로서, 대통령 직무 수행에 관한 국민들의 평가 점수의 평균이 모집단에 있어서 50점이고 표준오차가 3점이라고 가정해 보자. 즉, $\mu=50$이며 $\sigma_{\bar{X}}=3$으로 가정하자. 이 때 앞서의 [그림 7-1] '표본평균의 분포'에서의 $\mu_{\bar{X}} \pm 1\sigma_{\bar{X}}$, $\pm 1.96\sigma_{\bar{X}}$에 해당하는 평가 점수를 나타낸 [그림 7-2]를 생각할 수 있을 것이다. [그림 7-2]에서 나타나듯, 모든 상상할 수 있는 표본 중에서 약 68.3%는 그 평균들이 47점부터 53점 사이에 놓일 것이라는 것을 독자들은 알 수 있다. 또한, 표본 중 약 95%는 44.12점과 53.88점 사이에 그 평균이 계산될 것이다. 바로 여기서 95%의 신뢰구간은 평균을 기준으로 $\pm 1.96\sigma_{\bar{X}}$에 해당하는, 즉 44.12점과 53.88점의 구간이 된다. 이렇게 이 책 제5장에서 살펴본 정규분포의 특성을 응용함으로써, 우리는 정규분포를 사용하는 경우에 있어서의 95% 신뢰구간뿐만 아니라 90%, 99%, 그리고 그 외에도 다양한 수준의 신뢰구간을 설정할 수 있을 것이다.

이제, 어떤 연구자 A가 크기가 충분히 큰 표본, 예로서 1,000명의 일반 국민을 무작위로 추출하여 구성한 표본을 가지고 있다고 가정해 보자. 표본을 분석한 결과로서 그 표본의 평균은 52점, 표준편차는 3으로 계산되었다고

그림 7-2 평가 점수의 표본분포

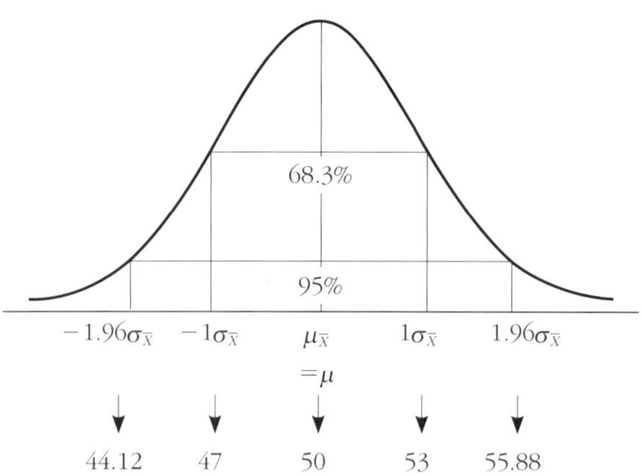

그림 7-3 95% 신뢰구간과 표본분포

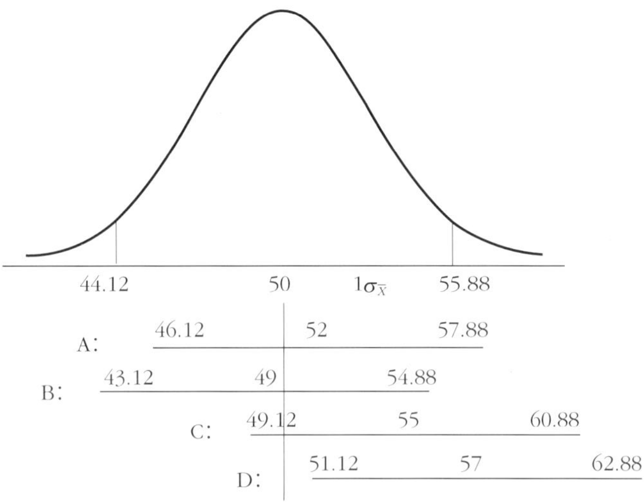

하자. 이 때 연구자 A가 설정한 95% 신뢰구간은 표본평균 52점을 기준으로 $\pm 1.96\sigma_{\bar{X}}$의 범위, 46.12점부터 57.88점이 될 것이다.[1] 연구자 B 역시 동일한 크기의 표본을 추출하여 평균을 계산하니 49점이 나왔다. 그렇다면, 연구자 B의 95% 신뢰구간은 43.12점에서 54.88에 이르는 범위가 된다. 연구자 C도 1,000명의 표본을 대상으로 55점의 평균을 계산해 49.12점부터 60.88점의 95% 신뢰구간을 설정하였다. 연구자 D는 1,000명의 표본에서 57점의 평균이 나와서 95%의 신뢰구간의 범위는 51.12점에서 62.88점까지가 되었다. 이러한 가상적 상황이 아래와 같이 [그림 7-3]으로 시각화되어 있다.

그림에서 시각적으로 쉽게 확인할 수 있듯이, 연구자 A가 설정한 95% 신뢰구간은 모집단 평균 50점을 포함한다. 연구자 B의 95% 신뢰구간 역시 그

---

1) 사실 표본분포의 표준오차 $\sigma_{\bar{X}}$ 역시 우리가 알 수는 없다. 하지만 표본을 추출해서 표본의 표준편차를 계산함으로써 $\sigma_{\bar{X}}$ 역시 추정할 수 있는 것으로 가정한다. 따라서 다음과 같이 표준오차의 추정치를 공식화시킨다.

$$\hat{\sigma}_{X} = \frac{s}{\sqrt{n-1}}$$

구간 안에 모집단 평균을 포함한다. 연구자 C의 경우에도 모집단의 평균은 95% 신뢰구간 내에 위치한다. 따라서 이 세 명의 연구자가 자신들이 설정한 95% 신뢰구간 내에 모집단 평균 50점이 들어가 있다고 주장하면 그 주장을 틀리다고 할 수 없을 것이다. 그런데, 연구자 D의 경우에는 다른 상황이 발생한다. 즉, 연구자 D의 95% 신뢰구간 안에는 모집단의 평균이 포함되지 않는다. 그러므로 연구자 D가 자신의 95% 신뢰구간이 모집단 평균을 포함할 것이라 주장하면 그 주장은 정규분포를 이용하는 통계학적인 기준에 의할 때 거짓 주장이 된다. 따라서 연구자 D의 주장은 기각할 수 있게 된다.

이상의 사실로부터 우리는 다음과 같은 신뢰구간의 설정에 관한 중요한 이론적 내용을 요약할 수 있게 된다. 첫째, 모집단으로부터 충분히 큰 크기의 표본을 추출하는 경우, 중심극한정리의 내용에 따라서 정규분포의 특성을 이용하여 다양한 신뢰수준의 신뢰구간을 설정할 수 있다. 둘째, 신뢰구간은 표본으로부터 계산할 수 있는 표본평균을 중심으로 ±표본추출오차만큼의 범위를 취하게 된다. 셋째, 신뢰구간 안에 모수가 포함될 것이라 주장하는 것은 모수의 값을 정확하게 점추정하는 것이 아니라, 그 모수가 포함될 구간을 어느 정도 신뢰할 수 있는가의 신뢰수준을 제공하면서 이른바 점추정에 대비되는 개념으로서의 '구간추정'을 하는 것이다.

이러한 이론적 기반을 이해하고 그 이해를 공식화시킴으로써, 이제 모집단 평균에 대한 신뢰구간 문제의 답을 구해보기로 하자.

공식 : $\bar{X}-1.96\sigma_{\bar{X}} \le \mu \le \bar{X}+1.96\sigma_{\bar{X}}$, 신뢰계수=95%

공식′ : $\bar{X}-Z_{\frac{\alpha}{2}} \cdot \frac{\sigma}{\sqrt{n}} \le \mu \le \bar{X}+Z_{\frac{\alpha}{2}} \cdot \frac{\sigma}{\sqrt{n}}$

위 공식은 신뢰계수가 95%인 경우에 있어서 모집단의 평균에 대한 신뢰구간이라는 것을 모든 독자들이 충분히 이해하리라 생각된다. 만일 신뢰계수가 90%가 된다면 1.96 대신 들어가야 할 수치는 얼마인가? 이 책의 뒷부분 [부록]에 나와 있는 정규분포표를 이용하면 1.645정도가 될 것임을 알 수 있을 것이다. 따라서 [부록]에서 찾게 될 수치를 $Z_{\frac{\alpha}{2}}$로 표기하고 $\sigma_{\bar{X}}$를 $\frac{\sigma}{\sqrt{n}}$

으로 표기한 일반화된 공식'이 활용될 수 있다.

만일 $\sigma_{\bar{X}}$가 문제에서 주어져 있지 않는 경우라면 주석1)의 공식을 사용하여 $\sigma_{\bar{X}}$을 추정한 바탕위에서 신뢰구간을 설정하게 된다. 하지만, 만일 표본의 크기 n이 충분히 크다면 $\sigma_{\bar{X}}$를 추정한 $\hat{\sigma}_{\bar{X}}$를 사용하여도 실질적인 차이를 찾을 수 없다. 따라서 표본의 크기가 충분히 크다면, 모집단의 표준편차를 알지 못할 때 모집단 평균에 대한 신뢰구간은 모집단의 표준편차를 추정하기보다는 다음의 공식을 활용해서 설정하는 것이 계산의 편의성을 고려할 때 보다 효율적일 수 있다. 또한 [부록]에서 찾게 될 수치를 $Z_{\frac{\alpha}{2}}$로 표기한다면 보다 일반화된 공식'이 사용될 수 있다.

공식 : $\bar{X}-1.96\frac{s}{\sqrt{n}}\le\mu\le\bar{X}+1.96\frac{s}{\sqrt{n}}$, 신뢰계수$=95\%$

공식' : $\bar{X}-Z_{\frac{\alpha}{2}}\cdot\frac{s}{\sqrt{n}}\le\mu\le\bar{X}+Z_{\frac{\alpha}{2}}\cdot\frac{s}{\sqrt{n}}$

이제 문제를 하나 예로 들어서 그 답을 구해보기로 하자. 전국 농가에서 사육하는 비육돈들의 출하시 평균 무게가 얼마나 되는가를 조사하려 한다. 출하되는 비육돈 중에서 무작위 추출로 401마리의 돼지들을 표본으로 추출하여 그 무게를 측정하니 평균이 117KG, 표준편차는 28KG이었다. 전국 농가에서 사육하는 비육돈들의 출하시 평균무게에 관한 95% 신뢰구간을 설정해 보기로 하자.

원래의 공식을 활용하면, $117-1.96\sigma_{\bar{X}}\le\mu\le117+1.96\sigma_{\bar{X}}$

그리고 문제에서 $\sigma_{\bar{X}}$에 관한 어떤 정보도 얻을 수 없기에 $\sigma_{\bar{X}}$를 추정하여야 한다.

$$\hat{\sigma}_{\bar{X}}=\frac{s}{\sqrt{n-1}}=\frac{28}{\sqrt{401-1}}=1.4$$

따라서, 구하는 95% 신뢰구간은 다음과 같다.

$$117 - 1.96 \times 1.4 \leq \mu \leq 117 + 1.96 \times 1.4$$
$$114.256 \leq \mu \leq 119.744$$

이와 대비되어, 계산의 편이성을 고려한 현실적인 공식을 사용한다면 구하는 신뢰구간은 다음과 같다.

$$117 - 1.96 \times \frac{28}{\sqrt{401}} \leq \mu \leq 117 + 1.96 \times \frac{28}{\sqrt{401}}$$
$$117 - 1.96 \times 1.398 \leq \mu \leq 117 + 1.96 \times 1.398$$
$$114.259 \leq \mu \leq 119.741$$

따라서, 두 가지 공식을 각각 적용하여 도출한 신뢰구간은 실질적 차이가 없는 것으로 드러난다.

2) t-분포의 사용

앞서 살펴본 정규분포를 활용한 신뢰구간의 설정은 표본의 크기 n이 충분히 큰 경우라고 하였다. 그렇다면 과연 어느 정도의 표본의 크기가 '충분히' 큰 표본의 크기일까? 일반적으로는 n이 120 이상의 경우를 '충분히'에 해당하는 크기로 파악하여 왔다. 이 정도의 표본 크기라면 중심극한정리에 따라서 표본평균 $\overline{X}$들의 분포가 정규분포를 이루는 것으로 파악하여 표준화된 정규분포의 특성을 활용하여 신뢰계수를 정한 신뢰구간을 설정할 수 있었던 것이다.

그렇다면, 만일 n이 충분히 크지 않다면 n이 충분히 큰 경우처럼 표준화된 정규분포에서의 Z값 -1.96, 1.645, 2.575 등을 아무 주저 없이 그대로 신뢰계수로 사용할 수 있을까? 즉, 표본평균의 분포가 정규분포의 형태를 지니고 있다고 계속 간주할 수 있을 것인가? 간단히 답부터 말하자면 반드시 그렇지는 않다. 먼저, n이 충분히 크지 않은 경우에 모집단의 표준편차를 알고 있다면 정규분포를 그대로 활용하고, 모집단의 표준편차를 알지 못한다면 정규분포 대신에 다른 모양을 하고 있는 t-분포를 사용하게 된다. 정규분포를 활용하는 방법은 앞서 검토하였기에 이제 t-분포를 사용하는 방법에 관해서 살펴보기로 하겠다. 우선 먼저, t-분포는 어떠한 분포인지, 그 모양은 정규분포와 어떻게 차이가 나는지, 그 특성은 어떠한지를 점검하기로 한다.

t-분포는 영국의 통계학자 고셋(William S. Gosset)이 이전에 다른 학자들에 의해서 발표되었던 분포를 다시 자신에 연구에 도입하여 본격적으로 학계에 알려지게 된 분포이다. 이후 통계학자 피셔(R. Fisher)에 의해서 이 분포가 스튜던트 분포(Student's distribution)라 불리워지게 되었으며 't'라는 기호가 사용되었다. 이후 이 분포는 스튜던트 t-분포(Student's t-distribution)로 알려져 왔다.

t−분포의 특성을 알아보기 위해서 다음 [그림 7−4]와 같이 정규분포와 t-분포를 시각적으로 비교해 보기로 하자. 그림에는 정규분포와 함께 표본의 크기 n이 각각 40, 10, 4인 경우의 표본평균들의 t-분포가 나타나 있다.

[그림 7−4]에서 볼 때, 첫째, 정규분포나 t-분포의 경우나 다 마찬가지로 표본평균의 평균은 모집단의 평균 μ와 일치한다. 즉, t-분포의 경우도 평균을 중심으로 좌우대칭이다. 둘째, 정규분포에 비해서 t-분포의 높이가 더 낮고

그림 7−4 정규분포와 t-분포의 비교

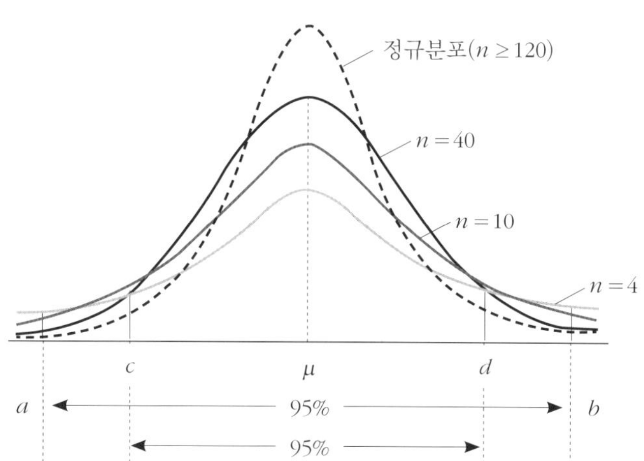

꼬리부분이 더 두꺼운 평평한 모양을 하는데, 표본의 크기 n이 더 작을수록 더 평평한 모양을 한다. 반대로 n이 무한히 커지면 어떻게 될까? 직관적으로 예상하듯이 n이 무한히 커진다면 t-분포는 정규분포와 일치하게 될 것이다. 즉, 분포의 모양을 평균과 표준편차로 나타낸다면, 정규분포나 t-분포나 평균은 μ와 같을 것이다 그런데 정규분포에서의 표준편차 $\sigma_{\bar{X}}$와 t-분포에서 사용하는 표준편차[2] $\hat{\sigma}_{\bar{X}}$의 공식을 환기하면 다음과 같다.

$$\sigma_{\bar{X}} = \frac{\sigma}{\sqrt{n}}$$

$$\hat{\sigma}_{\bar{X}} = \frac{s}{\sqrt{n-1}}$$

여기서, n의 값이 작다면 $\sqrt{n}$과 $\sqrt{n-1}$의 계산치의 차이가 n의 값이 충분히 큰 경우보다 큰 것을 알 수 있다. n의 값이 커질수록 $\sqrt{n}$과 $\sqrt{n-1}$의 계산치의 차이는 작아지게 된다. 따라서, 앞서 표본의 크기 n이 충분히 큰 경우가 n이 약 120개 정도라고 했던 바, n이 120이라면 $\sqrt{120} = 10.954$, $\sqrt{120-1} = 10.909$이기에 t-분포 대신에 정규분포를 활용해서 신뢰구간을 설정하더라도 구한 수치의 외관상 작은 차이는 있을지라도 실질적인 큰 차이를 찾을 수 없다는 것이다. 하지만, 표본의 크기 n이 충분히 크지 않은 경우라면, 특히 n이 4 혹은 5 정도로 작은 경우라면 반드시 t-분포를 사용할 근거를 찾을 수 있게 된다.

종합하면, 표본의 크기 n이 증가함에 따라서 t-분포의 모양은 정규분포에 접근한다. 또한, 앞서 지적한 바와 같이 표본의 크기 n이 작아짐에 따라서 분포의 높이가 낮아지고 꼬리부분이 두꺼워지는 평평한 모양이 된다. 이것은 표본의 크기 n이 작아짐에 따라서 95%의 확률분포의 범위가 더 확장된다는 사실로 연결된다. 즉, [그림 7−4]에서 확인하자면, 표본의 크기 n이 10인 경우, c에서 d의 범위 내에 표본의 95%가 포함되어지는데 비하여, 표본

2) t-분포는 소규모 무작위 표본추출의 경우에서 모집단의 표준편차를 알지 못하는 경우에 사용한다는 점을 생각할 때, 추정치로서의 표준편차 $\hat{\sigma}_{X}$를 사용하게 된다.

의 크기 n이 4로 작아진다면 동일한 95%의 범위는 a에서 b의 범위로 확대된다. 다른 말로 표현하자면, 일정한 신뢰계수를 지닌 신뢰구간을 설정한다면, 신뢰구간의 기준 μ로부터 신뢰구간의 한 쪽 끝까지의 거리는 표본의 크기 n이 증가함에 따라서 감소한다. 예를 들자면 95% 신뢰구간을 설정할 때 μ로부터 a까지의 거리보다 μ로부터 c까지의 거리가 짧은 것이다. 이러한 경우, 이 거리는 다음과 같은 공식을 사용하여 구할 수 있다.

$$\text{거리} = t\text{값} \times \hat{\sigma}_{\bar{X}}$$

그러므로 신뢰구간의 기준 μ로부터 신뢰구간의 한 쪽 끝까지의 거리가 표본의 크기 n이 증가함에 따라서 감소한다면, 자연히 n과 t값은 반비례 관계에 있게 된다. 따라서, 표본의 크기 n이 크면 t값이 작고, 표본의 크기 n이 작으면 t값은 큰 값이 되리라는 것을 알 수 있다.[3)]

지금까지의 논의를 종합하자면, t-분포를 사용해서 모집단의 평균에 대한 신뢰구간을 설정하는 공식은 다음과 같이 구성된다.

$$\text{공식}: \bar{X} - t\text{값} \cdot \hat{\sigma}_{\bar{X}} \leq \mu \leq \bar{X} + t\text{값} \cdot \hat{\sigma}_{\bar{X}}$$

여기서, t값은 이 책의 [부록] 중에서 〈표 3〉에 나오는 'student-t 분포표'를 사용해서 구할 수 있다. t값을 구하는 방법으로는 표에서 자유도(自由度, degree of freedom: $d.f = n-1$)와 유의수준 α가 서로 교차하는 셀에 기재된 수치를 읽어서 사용하게 된다. 또한 앞에서도 활용한 바와 같이 다음과 같은 표준오차의 추정치 공식도 사용한다.

$$\hat{\sigma}_{\bar{X}} = \frac{s}{\sqrt{n-1}}$$

따라서 소개한 공식은 다음과 같은 공식′으로 일반화되어 사용되고 있다.

---

3) 이와 같은 표본의 크기 n과 t값과의 관계를 [부록] 표 3. Student's t-분포에서 살펴볼 수 있다.

$$\text{공식}' : \overline{X} - t_{\frac{\alpha}{2}, n-1} \cdot \frac{s}{\sqrt{n-1}} \leq \mu \leq \overline{X} + t_{\frac{\alpha}{2}, n-1} \cdot \frac{s}{\sqrt{n-1}}$$

이제, 실제로 t-분포를 사용한 모집단 평균에 대한 신뢰구간을 설정해 보기로 하자. 지역내 가구들의 월소득이 어느 정도인가를 알아보기 위해서 20가구를 조사해보니 평균 250만원 표준편차가 45만원이었다. 모집단 평균에 관한 95% 신뢰구간을 설정하려면, 표본의 크기 n이 충분히 크지 않은 소규모 무작위 표본추출의 경우이기에 t-분포를 사용하여야 한다.

신뢰구간 설정에 필요한 통계치는 다음과 같이 표현될 수 있다.

$$n = 20$$
$$\overline{X} = 250$$
$$s = 45$$
$$d.f = n - 1$$
$$\alpha = 0.025 (= \frac{1 - 0.95}{2})$$

이때 t값은 자유도 $20-1=19$와 유의수준 $\alpha=0.025$이 교차하게 되는 셀의 수치 2.093이 된다. 또한 표준오차의 추정치는 다음과 같다.

$$\hat{\sigma}_{\overline{X}} = \frac{45}{\sqrt{20-1}} = \frac{45}{\sqrt{19}} = 10.3237$$

따라서, 신뢰구간은 다음과 같이 설정된다.

$$250 - 2.093 \cdot 10.323 \leq \mu \leq 250 + 2.093 \cdot 10.3237$$
$$228.3925 \leq \mu \leq 271.6754$$

제3절 컴퓨터 프로그램을 활용한 신뢰구간 설정 실습

1. MS Excel을 활용한 실습

1) 모집단의 표준편차를 알 때

모집단의 표준편차를 알고 있는 경우, 모집단의 평균은 Excel 함수 CONFIDENCE.NORM을 활용하여 구할 수 있다. 먼저, [그림 7-5]와 같이 등장하는 화면에서 문자 메뉴 아래의 함수 삽입 표식(fx)을 클릭한다.

이어서 등장하는 화면은 [그림 7-6]과 같다. 화면의 '함수 마법사' 대화상자에서 '함수 검색' 난에 신뢰구간을 의미하는 confidence 단어를 기재한 후 '검색' 버튼을 클릭하면 대화상자의 '함수 선택' 난에서 해당되는 함수를 선택할 수 있다. 모집단의 표준편차를 알고 있는 경우, CONFIDENCE.NORM을 선택한다. '함수 마법사' 대화상자에서의 아래 부분 CONFIDENCE.NORM 함수에 대한 설명에서도 지적되어 있듯이 이 함수를 선택함으로써 정규분포를 사용하는 모집단 평균의 신뢰구간을 구할 수 있게 된다.

[그림 7-6] 함수 마법사 대화 상자에서 '확인' 버튼을 누르면 [그림 7-7]의 화면이 나타난다. 이 '함수 인수' 대화상자를 채워 놓으면 신뢰구간 설정

그림 7-5 함수 삽입 표식(fx)의 선택

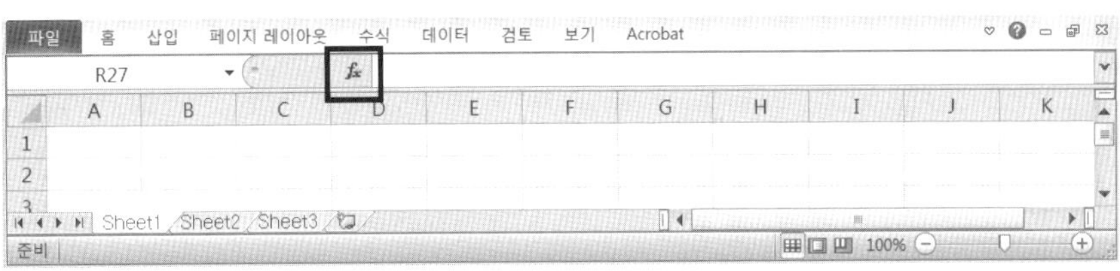

그림 7-6 함수 마법사 대화 상자

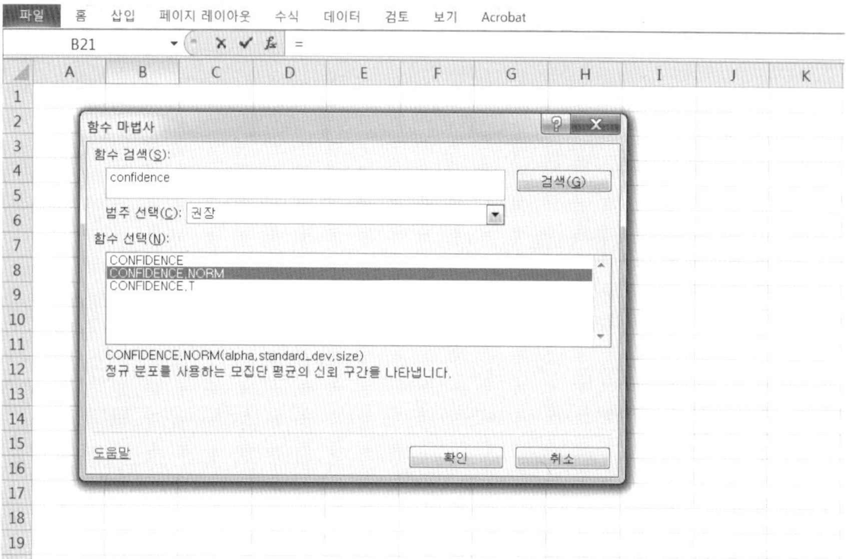

을 위한 신뢰구간의 기준이 되는 표본평균으로부터 상한선 혹은 하한선에 이르는 거리의 값을 구할 수 있다. 즉 대통령 직무 수행에 대한 국민들의 평가 점수 조사에서 만일 모분산 $\sigma_{\bar{X}}$값이 3점인 것을 알고 있다고 가정해 보자. 이때 모집단 평균에 관한 95% 신뢰구간을 설정한다면 'α' 난에는 (1−신뢰계수)의 값[4]인 0.05, 'Standard_dev' 난에는 모집단의 표준편차 3, 'Size' 난에는 표본의 크기 1,000을 입력하고 '확인' 버튼을 누른다. 혹은 '확인' 버튼을 누르지 않더라도 대화 하단의 수식결과에서 표본평균으로부터 상한선 혹은 하한선에 이르는 거리의 값(=0.18593851)을 알 수 있다.

따라서, [그림 7-8]의 화면 그림과 같이 표본평균(여기서는 50)을 특정 셀(여기서는 A2)에 입력하고, '함수 인수' 대화상자에서 '확인'을 클릭하여 얻게 되는 수치의 값을 제하고(여기서는 A2−A1) 합하면(여기서는 A2+A1) 그 값으

4) 이 값을 유의수준(significance level)이라 한다.

그림 7-7 함수 인수 대화 상자

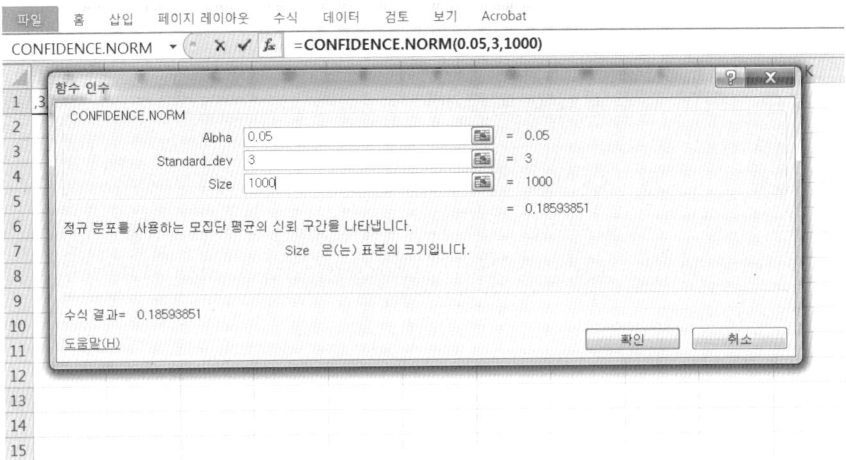

그림 7-8 신뢰구간의 상하한값

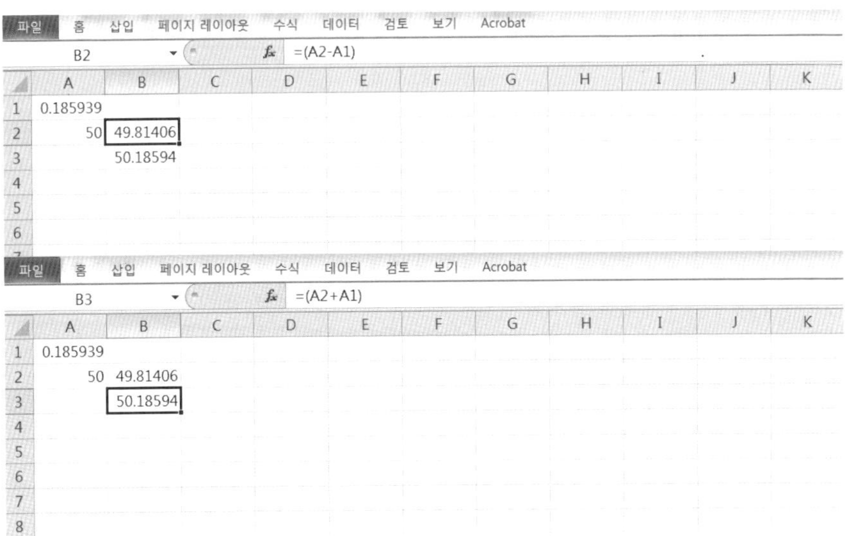

로서 다음과 같은 범위의 신뢰구간을 설정할 수 있게 된다.

$$49.81406 \leq \mu \leq 50.18594$$

2) 모집단의 표준편차를 모를 때

모집단의 표준편차를 알고 있지 않은 경우는 다시 두 가지 경우로 구분하여 신뢰구간을 설정할 수 있다. 하나의 경우는 표본의 크기가 충분히 큰 경우이며 다른 경우는 표본의 크기가 작은 경우라는 것을 이제 모든 독자들이 알 수 있을 것이다.

① 표본의 크기 n이 충분히 클 때

이 경우 중심극한정리에 따라서 표본평균의 분포는 n의 크기가 증가함에 따라서 정규분포에 접근하게 된다. 따라서 이미 살펴본 바와 같이 n의 크기가 충분히 크다면 표본의 표준편차와 모집단의 표준편차와의 차이가 거의 없어지기에 앞서의 Excel CONFIDENCE.NORM 함수를 사용해서 신뢰구간을 구하는 것이 일반적인 신뢰구간 설정 방식이 된다. 만일 이 방법을 사용하기를 원하지 않는다면 다른 방법으로 Excel 프로그램을 활용하여 신뢰구간을 설정할 수도 있다. 그러한 방법으로는 첫째, $\sigma_{\bar{X}}$대신에 $\hat{\sigma}_{\bar{X}}$를 사용하기 위하여 필요한 수작업 계산을 Excel 워크시트를 사용해서 효율적으로 계산하고 이것을 신뢰구간의 설정에 이용하는 방법을 생각해 볼 수 있겠다. 둘째로는, Excel NORMSINV 함수를 활용하여 신뢰구간을 설정하는 방법을 생각해 볼 수 있다. 간략히 설명하자면 Excel NORMSINV 함수는 표준정규분포에서 누적확률값에 해당하는 Z값을 구하는 함수이다.[5] 따라서 NORMSINV

5) 엑셀 셀에 '=NORMSINV(p)'를 입력시키면, 표준정규분포에서의 누적확률값에 해당하는 Z값을 구할 수 있다. 즉, $P(-\infty \leq Z\text{값})=p$인 Z값을 구할 수 있다. 예로서, '=NORMSINV(0.025)'를 입력하고 그 값을 구하면 표준정규분포에서 왼쪽꼬리부분에서 시작하는 누적확률값이 0.025가 되는 Z값$(=-1.959963985)$을 구하게 된다. 또한 표준정규분포의 대칭성을 이용해서 오른쪽 꼬리부분에 해당하는 Z값도 '=NORMSINV(1−0.025)'로 계산해서 구할 수 있다. 이렇게 구한 Z값을 이용해

함수를 사용하거나 CONFIDENCE.NORM 함수를 사용한 경우나 양자 모두 정규분포를 기반으로 하고 있으며 결과로 도출할 수 있는 신뢰구간들의 수치상의 차이는 극히 미미하다. 이번 순서에서는 CONFIDENCE.NORM 함수를 사용하는 경우로 설명의 범위를 한정하기로 하며, 다음 제8장의 가설검정 순서에서 NORMSINV 함수를 사용하는 방법을 소개하기로 한다.

② 표본의 크기 *n*이 작을 때

표본의 크기가 작을 때 신뢰구간을 설정하는 핵심은 *t*-분포를 사용한다는 점이다. Excel에서는 여러 가지 방법을 통하여 *t*-분포를 활용한 신뢰구간의 설정이 가능한 바, 그 대표적 방법을 검토해 보기로 하자.

먼저, Excel 워크시트에 무작위로 추출된 조사대상자 10인의 대통령 직무

그림 7-9 t-분포를 활용한 신뢰구간 설정 과정

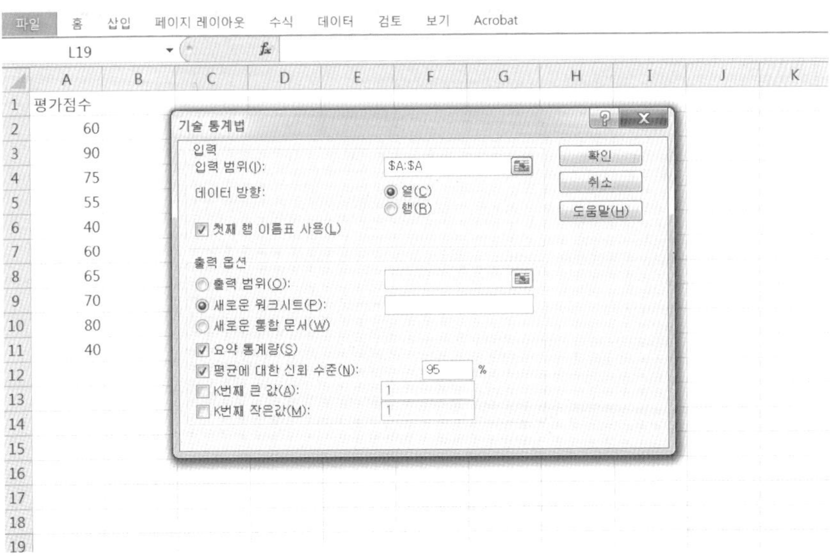

서 신뢰구간의 상하한선을 계산함으로써 효율적으로 신뢰구간을 설정할 수 있게 된다.

수행에 대한 평가 점수를 입력시킨다. 입력이 완료된 후, 화면 위쪽의 문자 메뉴 중에서 '데이터'를 선택하고 하위 메뉴 '데이터 분석'으로 이동한다. '데이터 분석'의 화면이 등장하지 않는 경우에 취하여야 할 단계는 독자들이 익히 알고 있는 것과 같이 문자 메뉴 '파일'에서 '옵션,' '추가기능,' '이동,' '분석 도구' 선택, '확인'의 순서이다. '데이터 분석' 메뉴에서 '기술 통계법'을 선택하고 대화상자가 등장하면 그 세부 내용을 [그림 7-9]와 같이 기재해 넣어야 한다.

기술통계법 대화상자의 '입력' 부분에서 자료가 입력된 위치를 지정해주고, 변수의 이름이 입력되었는가의 여부를 '첫째 행 이름표 사용' 앞의 상자에 표기하는 것은 별도의 설명이 필요 없을 것이다. 중요한 사항은 '출력 옵션'에서 '평균에 대한 신뢰 수준' 앞의 상자에 반드시 체크 표시를 하고 신뢰 수준 $(1-\alpha)$를 정의해 주는 일이다.

대화상자의 내용에 대한 기재를 완료한 후, '확인' 버튼을 누르면 [그림 7-10]의 결과를 얻게 된다.

그림 7-10 t-분포를 활용한 신뢰구간 설정 결과

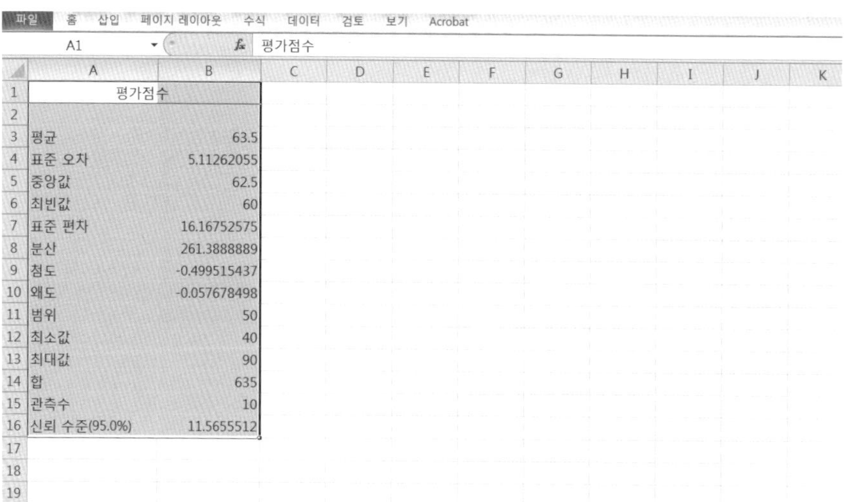

	A	B
1	평가점수	
2		
3	평균	63.5
4	표준 오차	5.11262055
5	중앙값	62.5
6	최빈값	60
7	표준 편차	16.16752575
8	분산	261.3888889
9	첨도	-0.499515437
10	왜도	-0.057678498
11	범위	50
12	최소값	40
13	최대값	90
14	합	635
15	관측수	10
16	신뢰 수준(95.0%)	11.5655512
17		
18		
19		

신뢰구간 설정을 위해서 [그림 7-10]에서 주목할 부분은 변수 평가 점수의 평균 및 가장 아래에 보고되는 신뢰수준(여기서는 11.56555로 계산됨)이다. 바로 이 신뢰수준에 해당하는 수치가 t-분포를 사용한 신뢰구간의 설정에서 t값 $\cdot\ \hat{\sigma}_{\overline{X}}$ 에 해당된다.

즉, 앞 절에서 살펴본 t-분포를 활용한 신뢰구간 설정의 공식은 다음과 같았다.

$$\text{공식: } \overline{X} - t\text{값} \cdot \hat{\sigma}_{\overline{X}} \le \mu \le \overline{X} + t\text{값} \cdot \hat{\sigma}_{\overline{X}}$$

$$\text{공식}' : \overline{X} - t_{\frac{\alpha}{2},\, n-1} \cdot \frac{s}{\sqrt{n-1}} \le \mu \le \overline{X} + t_{\frac{\alpha}{2},\, n-1} \cdot \frac{s}{\sqrt{n-1}}$$

이 공식에 지금 [그림 7-10]에서 보고된 평균과 신뢰수준 해당값을 적용하면 신뢰수준 95%에서 신뢰구간은 다음과 같이 설정된다.

$$63.5 - 11.56555 \le \mu \le 63.5 + 11.56555$$
$$51.93 \le \mu \le 75.07$$

만일, 신뢰수준을 99%로 증가시키면 이때의 신뢰구간은 다음과 같이 설정된다.

$$63.5 - 16.61518 \le \mu \le 63.5 + 16.615185$$
$$46.88 \le \mu \le 80.12$$

또 다른 방법은 [그림 7-5]에서와 같이 '함수 삽입 표식' *fx*를 선택한 후, [그림 7-6]의 '함수 마법사' 대화상자가 등장하면 신뢰구간을 의미하는 'confidence'를 입력하고 CONFIDENCE.T 함수를 선택하는 방식이 있다. 하지만, CONFIDENCE.T 함수를 선택하여 활용하려면 [그림 7-7]의 경우와 비교될 수 있도록 '함수 인수' 대화상자에서 모집단의 'standard-dev' 즉, 표준편차값을 입력시켜야 한다.[6] 따라서 이 방법은 이론적으로는 모집단의 표

6) 다시 말해서 CONFIDENCE.T 함수는 모집단의 표준편차를 알고 있는 경우에 사용할 수 있다. 만일 'standard_dev' 항에 [그림 7-10]에서 보고된 표본의 표준편차를

준편차를 알지 못하는 경우가 일반적이며, 절차적으로는 'standard-dev'을 추정해야하는 단계를 거쳐야하기 때문에 앞서의 데이터 분석에서 기술통계법을 활용하는 방법에 비하여 추천하고 싶은 방법이 아니다.

2. SAS를 활용한 실습

Excel을 활용한 신뢰구간의 설정 경우에서와 마찬가지로 SAS를 활용한 신뢰구간의 설정 역시 [그림 7-1]에서 지적한 μ에 대한 신뢰구간 추정의 기본원칙에 따라서 실습하기로 한다. 모집단의 표준편차를 알 때나 혹은 모집단의 표준편차를 모르더라도 표본의 크기가 충분히 큰 경우에 정규분포를 활용하는 방법과, 모집단의 표준편차를 모르고 표본의 크기도 충분히 크지 않은 경우에는 t-분포를 활용하는 방법을 검토해 보기로 하겠다.

1) 모집단의 표준편차를 알 때

앞서 Excel 프로그램을 활용하는 경우, 모집단의 표준편차를 알고 있을 때에는 [그림 7-5] 이하에서 검토한 함수 삽입 표식을 선택한 후 CONFIDENCE.NORM 함수에 기반해서 신뢰구간을 설정하는 방법을 살펴본 바 있다. SAS 프로그램을 사용하는 경우라면, 이번 장 제2절에서 설명하였던 신뢰구간을 설정하는 공식에 표본으로부터 계산한 표본평균과 신뢰계수, 알고 있는 모집단의 표준편차, 표본의 크기를 입력하고 답을 구하는 것이 보다 효율적인 신뢰구간의 설정방법이 될 수 있겠다.

[그림 7-11]과 같이 SAS 확장 편집기 창에 신뢰구간을 설정하기 위한 프로그램을 입력해 보기로 하자. 'data ci ;'가 의미하듯, 신뢰구간을 설정하기 위해서 구성한 데이터 셋의 이름은 'ci'로 주어져 있다. 문장 종료를 표시하는 ';' 에 주의하여야 함은 이제 더 이상 설명이 필요 없을 것이다. 두 번째 문장

입력시킨다면 어떤 결과가 도출될까? 이 방법을 통해서 최종적으로 설정되는 신뢰구간은 데이터 분석 기술통계법을 통해서 설정되는 신뢰구간과 동일하다.

그림 7-11 SAS를 활용한 신뢰구간 설정 - 모집단 표준편차를 알 때

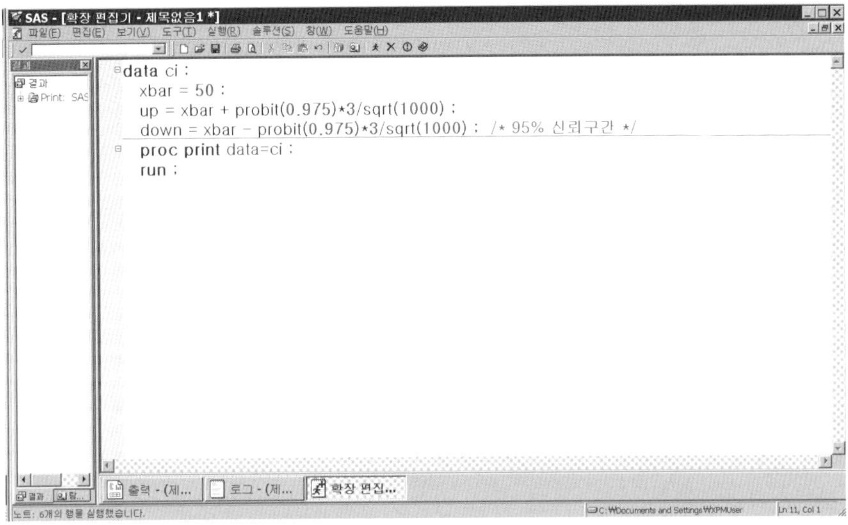

부터는 개별적인 관측값 자료들을 입력하여 표본의 평균을 구하는 절차가 포함될 수 있겠으나 그러한 과정은 이 책 제3장에서 이미 취급한 부분이기에 여기서는 생략하기로 한다.

그 대신 여기서는 앞서 Excel 프로그램을 활용했던 경우에서와 같이 다만 대통령 직무 수행에 대한 국민들의 평가 점수가 표본 1,000명의 경우를 조사하니 그 표본평균이 50점이 나왔고, 표준편차는 3점으로 알고 있다는 가정을 그대로 사용해서 95% 신뢰구간을 설정해 보기로 한다. 따라서 확장 편집기 창의 두 번째 문장부터는 input 문장이나, infile 문장이나, 혹은 set 문장이 등장하는 것이 아니라, 우리가 구하는 신뢰구간의 설정에 필요한 통계량들을 정의하고 공식을 입력하는 구문들이 된다.

두 번째 문장 'xbar = 50 ;'은 신뢰구간 설정의 공식에서 $\overline{X}$의 값이 '50'(점)임을 작성자가 임의의 변수 'xbar'를 정의함으로써 나타낸 것이다. 그렇다면, 세 번째와 네 번째 문장의 의미 역시 독자들은 충분히 이해할 수 있

으리라 기대한다. 세 번째 문장에서 정의한 변수 'up'은 신뢰구간의 상한값을 나타내는 변수 이름이 된다. 이 변수 'up'은 신뢰계수 95%의 경우에 $\bar{X}+1.96\sigma_{\bar{X}}$임을 기억할 것이다. 모집단의 표준편차가 '3'으로 주어져 있기에 $\sigma_{\bar{X}}$는 앞서 소개했던 다음 공식에 의해서 구할 수 있다.

$$\sigma_{\bar{X}}=\frac{\sigma}{\sqrt{n}}$$

$$=\frac{s}{\sqrt{1000}}$$

따라서, 이제 95% 신뢰계수에 해당하는 Z값을 구하는 것이 관건이 되겠다. 이 문제는 앞의 제5장에서 설명한 probit 내장함수를 사용해서 해결하게 된다. 설명했듯이 SAS 프로그램은 $-\infty$부터 임의의 확률변수 X값에 이르기까지의 누적확률을 알고 있을 때, 그 확률변수 X값을 표준화된 Z값으로 변환시키는 내장 함수 probit을 사용할 수 있다. 다른 말로 설명하자면, probit(0.95)라고 하면 정규분포의 왼쪽 꼬리 끝 $-\infty$부터 시작하여 오른쪽으로 계속 그 값을 증가시켜 나가서 결국 전체 면적의 95%에 해당하는 Z값(=1.96)을 계산해서 표시해 준다는 것이다.

그렇다면 좌우대칭인 정규분포에서 신뢰계수가 95%의 경우라면 신뢰구간의 양쪽 끝의 면적이 5%가 되고 한 쪽 끝의 면적은 그 반에 해당하는 2.5%(=0.05)이다. 따라서, 신뢰구간의 상하한값은 각각 표본평균을 기준으로 ±probit(1−0.025)*$\sigma_{\bar{X}}$의 값이 된다.

이제 변수 'up'의 정의에서 설명할 부분은 '*' '/' 그리고 'sqrt(1000)' 부분이 될 것이다. 독자들이 대략 인지하고 있듯이 연산부호 '*' 는 곱셈의 의미이며 '/' 는 나눗셈, 'sqrt(1000)'은 괄호 안 수치 '1000'의 제곱근을 구하라는 의미이다.[7] 그리고 네 번째 문장의 마지막 부분 '/* 95% 신뢰구간 */'은 '/*

7) SAS 연산자는 다른 컴퓨터 언어에서와 거의 같은 형태를 지니는 바, 대표적인 연산자를 간단히 소개하면 다음과 같다.
산술연산자 + : 덧셈 − : 뺄셈 * : 곱셈 / : 나눗셈 ** : 지수

그림 7-12 SAS를 활용하여 설정한 신뢰구간 - 모집단 표준편차를 알 때

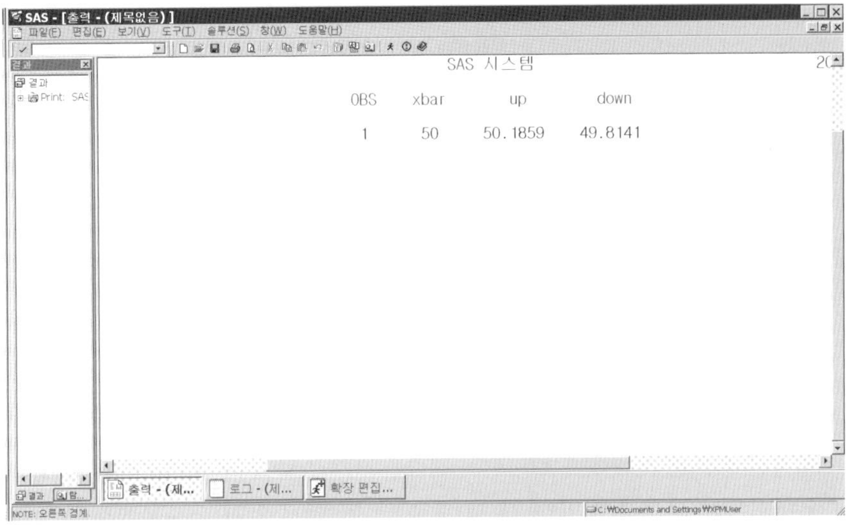

/*' 의 공간 안에 프로그램 작성자가 필요한 메모를 기재할 수 있다.

proc 구문 'proc print data=ci ;'의 'proc print'는 프린트 절차를 실행하라는 의미이며, 이 때 프린트할 대상은 데이터 셋 'ci'이라고 지정한 것이다. 'run ;' 문장으로 proc 단계를 완료하고 이제 프로그램을 실행시키면 [그림 7-12]의 출력 창 화면에 접근할 수 있다.

[그림 7-12]에서 나타나듯, 신뢰구간은 그 상한값이 50.1859, 하한값은 49.8141로 계산된다. 따라서 대통령 직무 수행에 관한 일반 국민들 전체의 평

예) $Y=X**2+2*X+3-Z/4$;
비교연산자 EQ : 같다. NE : 같지 않다. GT : 크다. LT : 작다. LE : 작거나 같다. GE : 크거나 같다. NG : 크지 않다. NL : 작지 않다.
예) IF X<Y THEN C=1 ; ELSE C=2 ;
논리연산자 & : and | : or ^ : not
기타 연산자 abs : 절대값 >< : 최소값 ◇ : 최대값 || : Concatenation
이러한 연산자들의 활용법에 관해서 독자들은 스스로 자료를 찾아보고 익히기를 기대한다.

가 점수의 평균 μ에 대한 95% 신뢰구간은 모집단 표준편차가 3점으로 알려져 있고, 표본평균이 50점, 표본의 크기가 1,000이라면 다음과 같이 설정된다.

$$9.8141 \leq \mu \leq 50.1859$$

이제 각자 신뢰계수를 99%와 90%로 변경하여 신뢰구간을 설정해 보기로 하자. 그 답은 다음과 같다.

99% 신뢰구간: $49.7556 \leq \mu \leq 50.2444$
90% 신뢰구간: $49.8440 \leq \mu \leq 50.1560$

2) 모집단의 표준편차를 모를 때

모집단의 표준편차를 모르지만, 표본의 크기가 충분히 크다면 정규분포를 활용해서 신뢰구간을 설정할 수 있다. 이 방법 역시 앞서의 프로그램에 필요한 통계량을 입력하는 방식으로 수행되기에 더 이상의 설명이 필요 없을 것으로 판단하여 생략하기로 한다. 따라서 지금부터 모집단의 표준편차를 모르고 표본의 크기도 작은 경우에 신뢰구간을 설정하는 방법을 검토해 보기로 한다.

앞서 Excel 프로그램을 활용할 때, [그림 7-9]에서 t-분포에 기반하여 신뢰구간을 설정하던 자료를 복사하여 SAS의 확장 편집기 창에 붙여 놓는다. [그림 7-13]의 화면에서 볼 수 있듯이, Excel 워크시트로부터 복사하여 붙여 놓은 자료를 활용하여 새로운 데이터 셋을 구성하도록 하자. 첫 문장 'data clm;'이 의미하듯 데이터 셋의 이름은 'clm'으로 주어졌다. input 문에서는 입력된 변수가 대통령 직무 수행에 대한 평가 점수인 'score' 하나이며, 'cards;' 문장 다음에 변수 'score'의 관측값들이 입력되어 있음을 관찰할 수 있다.

data 단계 다음의 proc 단계에 있어서는 'proc means' 구문이 활용되고 있다. 옵션으로 평균을 구해줄 것을 의미하는 'mean'이 뒤따르고 있으며, 'clm'은 신뢰구간을 설정하는 절차를 수행하라는 의미로 해석하면 된다. 그리고

그림 7-13 SAS를 활용한 신뢰구간 설정 모집단 표준편차를 모를 때

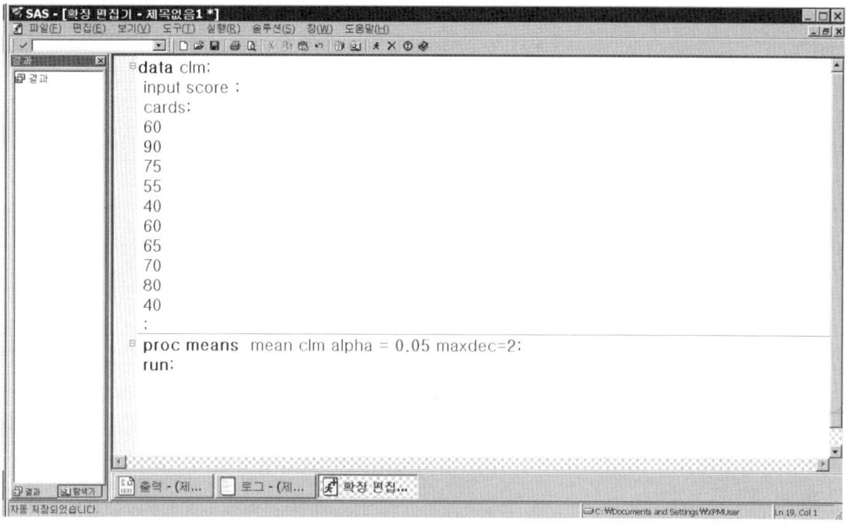

그림 7-14 SAS를 활용하여 설정한 신뢰구간

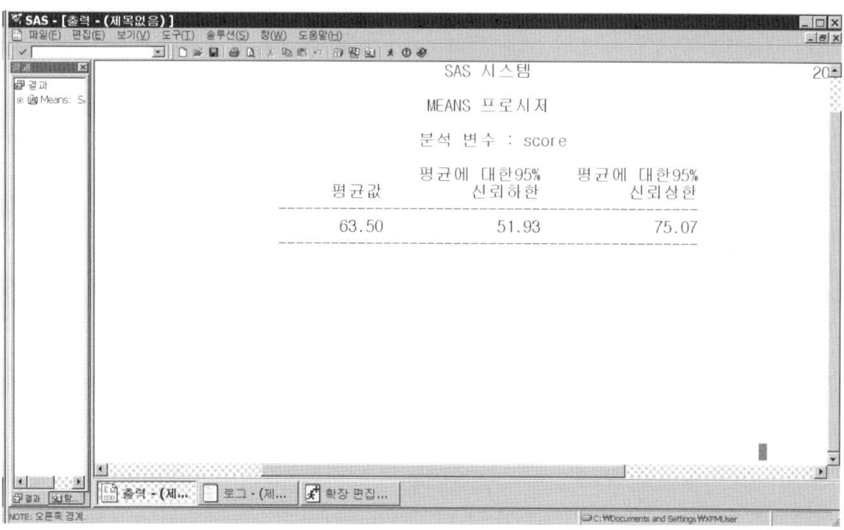

그림 7-15 신뢰계수 99%의 신뢰구간

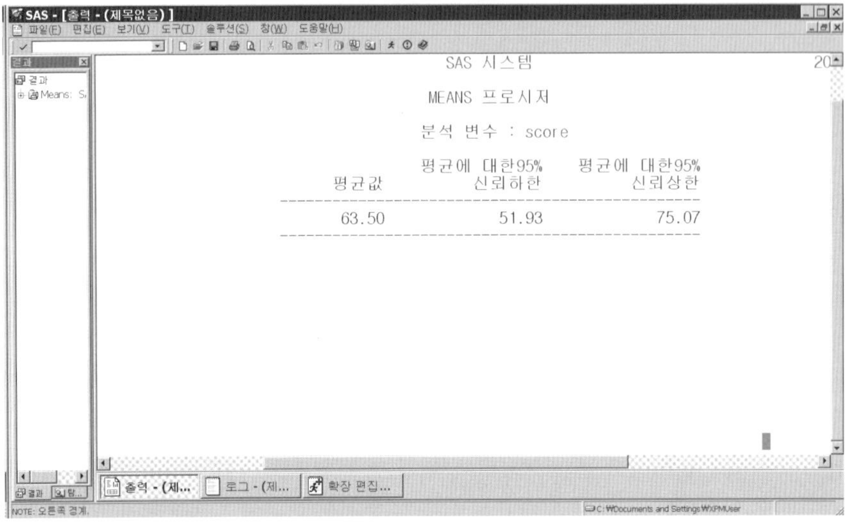

유의수준에 해당하는 그리스 문자의 영어 철자 'alpha=0.05'는 신뢰수준(=1−α)를 지정해 준다. 'maxdec=2'는 영어 단어 maximum decimal의 의미로서 계산한 수치를 소수 셋째 자리에서 반올림하여 소수 둘째 자리까지 표기하라는 구문이다. proc means 구문의 모든 입력이 완료되었기에 ';' 을 입력하는 것을 반드시 기억하여야 한다. proc 단계의 완료를 알리는 'run;'을 입력하고 이제 확장 편집기 창의 프로그램을 실행시키면 그 결과가 [그림 7-14]와 같은 화면으로 나타난다.

화면에서 나타나는 설정된 신뢰구간은 앞서 Excel 을 활용하였던 결과와 정확히 일치하는 것을 확인할 수 있다. 신뢰계수를 99%로 설정하는 경우라면 그 출력물은 [그림 7-15]와 같이 나타난다.

마지막으로 모집단의 표준편차를 모르고, 표본의 수도 충분히 크지 않고, 기본적으로 모집단이 정규분포를 하고 있지 않는 것으로 판단된다면 어떻게 신뢰구간을 설정할 수 있을까? 답을 말하자면, 이러한 경우라면 정규분포를 가정하는 통계적 추정의 근거가 존재하지 않기에 추정 자체가 불가능한 것으로 생각될 수 있겠다. 하지만, 이렇게 추정 자체가 불가능한 것으로 여겨지는 경우에 관해서도 많은 학자들이 모수 추정을 위한 연구 결과를 제시하고 있는 바, 그 대표적인 방법의 한 가지를 이후 제 10장에서 소개해 보기로 하겠다.

08 가설검정

- **제1절** 가설검정의 기본개념
- **제2절** 가설검정의 실행
- **제3절** 컴퓨터 프로그램을 활용한 가설검정 실습

08 가설검정

제1절 가설검정의 기본개념

1. 가설검정의 의미

앞서 제7장에서는 표본을 분석하여 모집단의 특성을 규명하는 통계적 추론의 방법 중에서 신뢰구간을 설정하여 모수를 추정하는 방법을 살펴보았다. 이제 이번 장에서는 모수의 값에 관해서 어떤 가설을 설정하고, 그 가설을 받아들일 것 있는지 아니면 거부할 것인지를 표본을 분석함으로써 확인하는 가설검정에 관해서 살펴보기로 한다.

독자들은 앞서 이 책에서 모수 추정을 위한 두 가지 방법—모수 추정과 가설 검정—을 동전의 양면으로 비유한 것을 기억할 것이다. 여기서 다시 두 방법의 관계를 중심으로 가설검정의 방법을 설명하면, 가설검정은 먼저 모수의 값이 어떤 특정한 값을 지닌다고 가정한다. 그리고 모수의 값을 중심으로 일종의 신뢰구간을 설정한다. 만일 표본조사를 통해 얻어진 모수의 추정치가 이 신뢰구간 내에 속하면 가정된 값, 즉 가설을 수락하고, 아니면 그 가설을 기각하는 논리에 입각한다. 따라서 가설검정에 있어서도 기본적으로 신뢰구간의 개념이 활용되는 것을 파악할 수 있겠다. 또한, 가설검정과 신뢰구간이 그만큼 밀접한 관계를 맺고 있기에 두 가지의 모수 추정 방법이 동전의 양면으로 비유될 수 있는 것이다.

2. 귀무가설과 대립가설

가설검정을 위해서는 먼저 모수의 값이 어떤 특정한 값을 지닌다고 가정한다. 예를 들어서 대통령의 직무 수행에 대한 평가 점수에 있어서 남성과 여성간에 점수 차이가 있는지 없는지를 검정한다고 생각해 보자. 이때, 두 가지 유형의 가설이 수립된다. 그 하나인 귀무가설(null hypothesis) 혹은 영(0)가설은 남성과 여성 두 집단 사이의 모수값의 차이가 0, 즉 차이가 존재하지 않는다는 진술을 말한다. 보통 이러한 귀무가설은 H_0로 표시한다. 또 다른 하나인 대립가설(alternative hypothesis) 혹은 연구가설은 연구자가 검정하려고 하는 가설로서 남성과 여성 두 모집단 사이에 차이가 있다는 진술을 말한다. 이 대립가설은 흔히 H_1 또는 H_a로 표기한다. 이 두 가설의 내용을 살펴보면, 남성과 여성 두 모집단 사이에 평가 점수의 차이, 즉 '특성의 차이가 존재하지 않는다'와 '특성의 차이가 존재한다'에서 볼 수 있듯이, 집합 개념을 사용하자면 서로 '여집합' 관계가 되도록 설정하여야 한다.

두 가설이 서로 여집합 관계에 있다면, 귀무가설이 받아들여지면 대립가설은 받아들여지지 않게 된다. 또한 역의 경우도 마찬가지가 될 것이다. 따라서, 통계적으로 검정하기 곤란하거나 검정할 수 없는 가설은 귀무가설로 설정하지 말고 대립가설로 설정하는 것이 바람직할 것이다. 결국, 연구자의 입장에서 볼 때, 당면한 문제의 답을 구하는데 활용할 수 있는 상황을 고려해서 실제로 검정이 가능한 명제를 귀무가설로 정하는 것이 필요하다.

3. I종 오류와 II종 오류

가설검정에서는 두 가지의 오류(error)가 발생할 수 있다. 첫 번째 오류는 귀무가설이 맞는데도 불구하고 귀무가설이 틀렸다고 이를 거부하는, 즉 통계학적 용어로 '기각'하는 오류이다. 이 오류를 I종 오류(type I error)라고 한다. 두 번째 오류는 귀무가설이 틀렸는데도 불구하고 귀무가설이 맞는 것으로 채택하는 오류이다. 이것을 II종 오류(type II error)라고 부른다.

이러한 내용을 쉬운 예를 들어서 설명해 보기로 하자. 행복대학교 행정학과 남학생들과 여학생들의 대통령의 직무 수행에 대한 평가 점수는 정규분포를 하고 있는 것으로 알려져 있으며, 남학생들의 평균 평가 점수는 75점, 여학생들은 65점이라고 하자. 그렇다면 커튼 뒤에 가려진 어느 학생의 평가 점수가 70점이라고 한다면, 이 점수만 가지고서 이 학생이 남학생인지 혹은 여학생인지를 구분할 수 있겠는가? 또한 만일 이 학생의 평가 점수가 66점이라면 남학생인지 여학생인지 더욱 자신있게 분별할 수 있겠는가? 어느 경우가 우리가 예상한 답이 정답일 가능성이 더 클까? 직관적으로 생각하자면 커튼 뒤의 학생의 점수가 70점인 경우보다는 66점인 경우에 우리의 예상이 사실과 일치할 확률이 크리라는 것은 분명해 보인다. 하지만, 그 어떤 경우라도, 즉 커튼 뒤의 학생의 평가 점수가 60점인 경우라도, 우리가 제시하는 예상이 틀릴 가능성이 존재하는 것을 부정할 수 없을 것이다.

우리가 가설검정 방식에 따라서 답을 제시하기 위해서 만든 귀무가설이 H_0 : 평가 점수가 70점인 학생은 남학생이다'라고 하자. 당연히 대립가설은 H_1 : 평가 점수가 70점인 학생은 남학생이 아니다'로 구성될 것이다. 그렇다면 귀무가설이 맞는지 틀린지를 검정하기 위해서 우리는 남학생 평가 점수에 대한 일종의 신뢰구간을 설정하고 이 신뢰구간 내에 70점이 포함되면 이 학생은 남학생이라는 귀무가설을 받아들이고 반대로 이 신뢰구간 내에 70점이 포함되지 않는 경우라면 귀무가설을 기각하게 된다. 여기서 실제로는 이 학생이 남학생인데 우리가 만든 신뢰구간에는 어떤 이유에서건 —아마도 불충분한 자료를 근거로 해서 신뢰구간이 설정되었기 때문에— 70점이 이 구간 안에 포함되지 않을 가능성을 부정할 수 없다. 따라서 이 학생이 사실은 남학생임에도 불구하고, '평가 점수가 70점인 학생은 남학생이다'이라는 귀무가설을 기각하게 된다면 이때 우리는 오류를 범하는 것이다. 바로 이것인 귀무가설이 맞음에도 불구하고 기각하는 경우의 I종 오류가 되는 것이다. 이와 같은 I종 오류(type I−error)는 α(그리스 문자 '알파' alpha로 읽음) 오류라고도 부른다.

반면에 실제로는 이 학생이 여학생임에도 불구하고 우리가 설정한 신뢰구간 안에 70점이 포함되어서 이 학생이 남학생이라는 귀무가설을 채택하게 될 수도 있을 것이다. 바로 이때 우리는 II종 오류(type II-error)를 범하게 되는 것이다. 즉 II종 오류는 귀무가설이 실제로는 틀린데도 불구하고 옳은 것이라고 잘못 받아들이는 오류를 말한다. II종 오류는 β(그리스 문자 '베타' beta로 읽음) 오류라고도 부른다. 지금까지 설명한 내용을 다음의 〈표 8-1〉로 요약할 수 있겠다.

| 표 8-1 | 가설검정의 오류

의사결정 \ H_0의 진위		모집단의 본성	
		H_0가 옳음	H_0가 틀림
표본분석의 결과로서	H_0 기각	I종 오류, α오류	올바른 결정
	H_0 채택	올바른 결정	II종 오류, β오류

4. 유의도(유의수준)

가설검정은 기본적으로 귀무가설이 옳다는 전제를 한다. 이 전제하에서 가설검정을 위한 통계량의 분포를 구하고 실제 표본을 분석함으로써 검정 통계량의 값을 계산한다. 검정 통계량의 값이 가설검정을 위한 분포에 나타날 가능성을 기준으로 결국 귀무가설을 채택할 것인지 아닌지를 결정한다. 바로 이것이 가설검정의 기본적 절차가 되는 것이다. 이 과정에서 우리가 범할 수 있는 오류에는 두 가지 종류가 있음을 앞에서 설명하였다. 이 두 가지 종류의 오류 중에서 I종 오류, α 오류를 범할 확률을 유의도 혹은 통계적 유의수준(significance level)이라고 한다.

다시 설명하자면, 가설검정은 표본분석의 결과로 도출하는 검정 통계량의 값 (앞의 예에서 70점)이 나타날 가능성에 의해서 귀무가설의 채택 여부를 결정하는 과정이다. 검정 통계량이 나타날 가능성이 크다면 귀무가설을 채택하고, 그 가능성이 적다면 귀무가설을 기각한다. 그런데 여기서 가능성이 크다 적다의 판단 기준이 바로 유의수준이 되는 것이다. 이 유의수준은 바로 α이며, 혹은 p(확률, probability)로도 표기한다. 이 α 혹은 p가 적으면 적을수록 귀무가설을 부정할 수 있는 표본의 신뢰도가 더 커진다고 해석할 수 있다. 즉 $1-\alpha$를 신뢰수준이라고 하며, 신뢰수준이 높을수록 그만큼 표본의 신뢰도가 더 커진다고 생각할 수 있겠다. 다시 말하자면, p가 아주 작은 값을 취한다는 것은 모집단의 본성에 비추어 귀무가설이 옳음에도 불구하고 이 귀무가설을 기각할 오류를 범할 가능성, 즉 I종 오류를 범할 가능성이 그만큼 적다는 것을 의미한다.

이러한 논의를 다시 정리하기로 하자. 조사연구는 대체로 귀무가설이 맞지 않다는 것을 통계적으로 입증하기 위한 것이라고 할 수 있다. 그런데 어떤 가설이 맞는가에 대한 결정은 어디까지나 수집된 통계자료의 분석에 의하여 내려지는 것이다. 그렇기 때문에 어느 쪽으로 결정을 내리든 거기에는 잘못을 저지를 가능성이 항상 존재하는 것이다. 즉, 귀무가설을 받아들이면 대립가설을 기각한다는 것과 같고, 귀무가설을 기각하면 대립가설을 받아들인다는 말이다. 따라서, 사실인 귀무가설을 기각한다는 것은 사실이 아닌 대립가설을 사실로 오인하여 받아들이는 오류를 범하는 것과 같은 것이다.

여기서 우리는 일반적인 연구의 근본 목적이 무엇인가를 다시 기억할 필요가 있다. 연구자는 귀무가설이 틀리다는 것을 입증하여 대립가설이 옳다는 것을 증명하는 것에 기본적인 연구 목적을 설정한다고 하였다. 그렇다면, 귀무가설이 받아들여지는 구간의 범위를 넓게 잡았는데도 불구하고 귀무가설이 기각된다면 (즉, 대립가설이 받아들여진다면), 그 만큼 대립가설을 믿을 수 있는 정도는 높아질 것이다. 바로 이러한 점에서 유의수준 α 혹은 p가 적을수록 귀무가설을 부정할 수 있는 표본의 신뢰도가 더 커진다는 내용을 이해할 수 있을 것이다.

현실적으로는 유의수준의 값을 얼마로 정하는 것이 좋을까? 일반적으로는 0.05로 정한다. 물론, 대립가설의 수락을 보다 용이하게 만들기 위해서 유의수준을 10%로 낮출 수도 있을 것이다. 하지만, 그러한 경우 방금 설명한 바와 같이 대립가설이 사실이라고 믿을 수 있는 정도는 낮아질 수밖에 없게 된다.

5. 임계치

앞서 가설검정은 가설을 설정하고, 일종의 신뢰구간을 설정하고, 표본조사를 통해 획득한 검정 통계량이 이 구간 내에 속하는가의 여부에 따라서 가설을 채택하거나 기각하는 과정이라고 설명하였다. 임계치란 이렇게 설정된 구간의 끝 점, 즉 검정 통계량을 근거로 가설의 채택과 기각을 결정하는 경계가 되는 수치를 말한다. 만일 구간 내부에, 즉 임계치 안쪽에 검정 통계량이 위치하면 가설을 채택하고 임계치 밖에 위치한다면 가설을 기각하게 된다. 따라서 가설채택이냐 기각이냐를 판단하는 기준으로서의 역할을 담당하는 결정적 수치라는 의미에서 임계치(critical value)의 의미를 이해할 수 있겠다. 또한 임계치 안쪽의 영역을 가설의 채택구역 혹은 간단히 채택역이라고 부르고, 임계치 바깥쪽의 영역을 기각구역 혹은 기각역이라고 부른다.

그림 8-1 채택역과 기각역의 구분

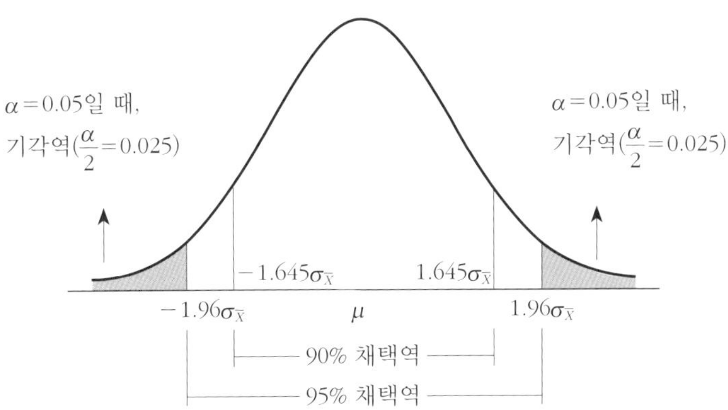

임계치는 먼저 유의수준이 결정되어야 계산이 가능하다. 유의수준, 즉 α 혹은 p의 값이 적을수록 임계치내의 채택역의 범위가 커짐은 앞서 설명한 바와 같다. 앞 장에서 설명한 바와 같은 중심극한정리의 내용을 활용해서 유의수준에 따른 채택역과 기각역의 관계를 표본의 크기 n이 충분히 큰 경우를 가정하여 시각화시키면 [그림 8-1]과 같다.

이러한 경우라면 임계치는 그림에서 볼 수 있듯이 유의수준, $\alpha=0.05$일 때 $\pm 1.96\sigma_{\bar{X}}$로 계산된다.

6. 단측검정과 양측검정

임계치를 계산해서 채택역과 기각역을 정하는데, 기각역이 채택역의 어느 한 쪽 끝에만 설정되는 경우를 단측검정(one-tailed test) 혹은 일방검정이라고 한다. 이와는 대조적으로, 채택역의 양쪽 끝에 두 개의 기각역이 설정되는 경우를 양측검정(two-tailed test) 혹은 양방검정이라고 한다. 이 두 가지 검정 중 어느 것을 택할 것인가는 대립가설이 어떠한 형태를 가지느냐에 따라서 결정된다.

예로서 '대통령 직무 수행에 대한 국민들의 평가 점수의 평균이 50점이다'라는 가설을 검정하는 경우를 생각해 보자. 먼저 생각할 수 있는 한 쌍의 귀무가설-대립가설은 다음과 같을 것이다.

H_0 : $\mu=50$점
H_1 : $\mu\neq 50$점

동일한 연구 가설을 검정하기 위해서 설정할 수 있는 다른 한 쌍의 귀무가설-대립가설은 다음과 같다.

H_0 : $\mu \leq 50$점
H_1 : $\mu > 50$점

또한, 다음과 같은 한 쌍의 귀무가설-대립가설 역시 상정할 수 있을 것이다.

$H_0 : \mu \geq 50$점
$H_1 : \mu < 50$점

이 세 쌍의 귀무가설-대립가설에서 귀무가설과 대립가설은 집합의 개념으로 파악해 볼 때 여집합의 관계에 있음을 확인할 수 있다. 그리고, 세 개의 대립가설의 내용이 전부 다 다른 것에 주목할 필요가 있다. 왜냐하면 대립가설의 내용에 따라서 단측검정인지 양측검정인지를 결정해야 하는 것이기 때문이다. 보다 구체적으로, 첫 번째 쌍의 귀무가설-대립가설에서와 같이 연구하는 주제가 어떤 값이 어떤 값과 같다 혹은 다르다와 같은 경우라면 검정 통계량, 즉 표본의 분석을 통해서 도출한 표본평균값이 50점보다 작아도 귀무가설을 기각하고 50점보다 커도 귀무가설을 기각하게 된다. 결국 이러한 경우라면 50점보다 크거나 혹은 50점보다 작은 양쪽의 방향을 모두 다 고려하는 양측검정을 해야 한다. 바로 이러한 양측검정의 경우를 앞서의 [그림 8-1]이 나타내고 있는 것을 이해할 수 있겠다.

첫 번째 쌍의 귀무가설-대립가설과 두 번째와 세 번째 쌍의 귀무가설-대립가설은 그 내용에서 차이를 발견할 수 있다. 즉, 두 번째와 세 번째 쌍의 내용은 무엇이 무엇보다 크다 혹은 작다의 내용으로 되어 있다. 따라서, 검정하려는 가설의 내용이 이와 같은 형태라면 검정 통계량의 한 쪽 방향만 고려하는 단측검정을 활용한다.

7. 가설검정의 순서

일반적으로 가설검정은 다음과 같은 절차에 따라서 실행될 수 있다.

① 가설을 설정한다.
② 유의수준 α를 결정한다.
③ 유의수준 α에 해당하는 임계치를 계산한다.

④ 표본으로부터 검정 통계량을 계산한다.
⑤ 검정통계량과 임계치를 비교한다.
⑥ 가설의 채택 혹은 기각을 결정한다.

제2절 가설검정의 실행

1. 정규분포를 활용한 가설검정

바로 앞 장에서 우리는 신뢰구간의 설정에 있어서 모집단에서의 표준편차가 알려져 있거나, 혹은 그렇지 않더라도 표본의 크기 n이 충분히 큰 대표본인 경우라면 정규분포를 활용한다는 것을 알게 되었다. 반면에, 모집단에서의 표준편차를 알 수 없을 뿐만 아니라 표본 역시 소표본인 경우라면 t-분포를 활용한다는 것도 학습하였다. 가설검정에 있어서도 일종의 신뢰구간을 설정하여 검정 통계량이 이 신뢰구간 내에 포함되는지의 여부로 가설을 받아들일 것인지 거부할 것인지의 의사결정을 하게 된다. 따라서 가설검정에 있어서도 앞 장의 신뢰구간의 기본 논리가 적용되리라는 것을 충분히 추론할 수 있겠다. 즉, 가설검정에서 유의수준에 해당하는 임계치를 구하고, 그 임계치 안쪽의 가설 채택역과 임계치 바깥쪽의 가설 기각역을 설정하는 것은 바로 신뢰구간의 이론에 근거를 두는 것이다.

신뢰구간을 설정할 때, 모집단의 표준편차를 알고 있는 경우는 물론이고, 비록 모집단의 표준편차가 얼마인지 알려져 있지 않은 경우라 할지라도 표본의 크기가 큰 경우에는 그동안 누누이 지적하였듯이 중심극한정리에 따라서 정규분포를 사용할 수 있다는 것을 기억할 것이다. 이제부터 정규분포를 활용한 가설검정의 경우를 설명하기로 한다.

앞서 신뢰구간을 설정할 때 상정하였던 동일한 문제를 여기서도 상정해 보기로 하자. 대통령 직무 수행에 관한 국민들의 평가 점수의 평균점수를 가설검정 방법을 통해서 추정하려는 연구자가 있다. 일반적인 가설검정 순서를 그대로 적용하기로 한다면, 제일 먼저 가설을 설정해야 할 것이다.

① H_0 : $\mu=50$점
H_1 : $\mu \neq 50$점

② $\alpha=0.05$

③ $\alpha=0.05$이며, 대립가설의 내용을 살펴보면 50점보다 큰 경우와 50점보다 작은 경우 두 가지를 고려하는 양측검정을 해야 한다. 따라서 이러한 경우 임계치는 $\pm 1.96\sigma_{\bar{X}}$로 계산된다. 그러므로 채택역은 하한선 $\bar{X}-1.96\sigma_{\bar{X}}$, 상한선 $\bar{X}+1.96\sigma_{\bar{X}}$이다. 이러한 임계치의 상하한선을 표준화된 정규분포의 개념을 활용하여 표준화시키자면 하한선은 1.96, 상한선은 +1.96이 된다.[1] 이제 다음 절차 ④에서 구할 검정 통계량이 그 구간에 들어가면 채택역에 들어간다는 의미이며, 이 구간 밖에 위치한다면 기각역에 위치하는 것이 된다.

④ 표본평균 $\bar{X}$가 52점이고, 만일 표준편차가 $\sigma_{\bar{X}}$가 3점으로 알려진다면, 검정 통계량도 다음과 같이 표준화시킬 수 있다.

$$\text{표준화된 통계량 } Z=\frac{\bar{X}-\mu}{\sigma_{\bar{X}}}=\frac{52-50}{3}=0.6667$$

한 가지 덧붙이자면 앞서 제7장에서 설명하였듯이, 사실 우리가 모집단에 관한 정확한 정보를 갖고 있지 않기에 $\sigma_{\bar{X}}$의 값을 알지 못하는 경우가 일반적이다. 하지만 표본을 추출해서 표본의 표준편차를 계산함으로써 $\sigma_{\bar{X}}$ 역시 추정할 수 있는 것으로 가정한다는 것을 이 책에서 지금까지 여러 번 지적한 바 있다. 따라서 다시금 지적하는 바, 다음과 같은 표준오차 및 표준오차의

1) 이 값 1.96은 표준화된 정규분포의 Z값을 의미하는 것임을 독자들은 충분히 이해하고 있을 것으로 기대된다.

추정치를 구하는 공식을 기억할 필요가 있다. 최소한 이 공식을 이 책의 어느 부분에서 찾을 수 있는가는 확실히 기억하고 있어야만 한다.

$$\sigma_{\bar{X}}=\frac{\sigma}{\sqrt{n}}$$

$$\hat{\sigma}_{\bar{X}}=\frac{s}{\sqrt{n-1}}$$

⑤ 검정 통계량은 임계치 안의 채택역에 포함된다.

⑥ 귀무가설 H_0 : $\mu=50$을 채택한다.

또 다른 하나의 문제에 대해서 의사결정을 해 보기로 하자. 대통령의 직무수행에 대한 국민의 평가 점수를 주제로 하는 조사연구가 있다. 이 연구에서는 일반 국민 1,000명을 무작위 표본추출하였다. 표본의 분석 결과로 표본평균은 73점이 나오고, 표본의 표준편차는 18점으로 계산되었다. 이때 전체 국민에 있어서의 평가 점수가 70점 이상이라는 가설을 I종 오류의 확률 0.05 수준에서 검정해 보자.

역시, 가설검정의 일반적 절차를 밟아보기로 하자.

① H_0 : $\mu\leq 70$점
H_1 : $\mu>70$점

② $\alpha=0.05$

③ $\alpha=0.05$이며, 대립가설의 내용을 보면 단측검정이 되어야 한다. 이러한 경우라면 임계치는 $1.645\sigma_{\bar{X}}$로 계산된다. 그러므로 이러한 임계치를 표준화된 정규분포의 개념을 활용하여 표준화시키면 하한선 1.645가 된다.

④ 표본평균 $\bar{X}$는 71점이다. 그런데 정확한 $\sigma_{\bar{X}}$ 값에 대해서는 아무런 정보도 주어지지 않았다. 그 대신 표본의 표준편차가 17점으로 주어졌다. 따라서 이 표본의 표준편차를 근거로 표준오차의 추정치 $\hat{\sigma}_{\bar{X}}$를 계산하여야 한다. 추

정치 $\hat{\sigma}_{\bar{X}}$를 계산하는 공식에 관해서는 이미 제7장 신뢰구간을 설정하는 경우에 있어서 설명한 내용을 다시 기억할 필요가 있다. 즉, 표본의 크기 n이 충분히 큰 것으로 판단할 수 있는 경우라면, 많은 계량분석의 전문자료들에서 $\hat{\sigma}_{\bar{X}}$를 구하는 공식의 분모 부문을 $\sqrt{n-1}$ 대신에 $\sqrt{n}$ 으로 놓고 계산하는 경우가 일반적이다. 왜냐하면, n의 값이 충분히 크다면 $\sqrt{n-1}$을 사용하느냐 혹은 $\sqrt{n}$ 을 사용하느냐에 따른 계산결과의 실제적 차이는 극히 미미하거나 거의 차이가 나지 않는 것으로 볼 수 있기 때문이다. 그렇기에 계산의 정확성과 편의성에 고려한 효율의 측면에서 $\sqrt{n}$ 을 사용하는 것이 바람직한 것으로 평가할 수 있겠다. 하지만, 지금 여기서는 가설검정에 관련된 개념들을 분명히 이해하고 정확하게 적용하는 것을 강조하기로 한다. 이러한 측면에서 다소 계산이 복잡하고 번거롭겠지만, 가능한 한 공식의 분모에 $\sqrt{n-1}$을 그대로 사용하고, 필요한 경우 $\sqrt{n}$ 을 활용해서 구한 수치를 비교의 대상으로 제시하기로 한다. 이제 예 문제에서의 $\hat{\sigma}_{\bar{X}}$는 다음과 같이 계산된다.

$$\hat{\sigma}_{\bar{X}}=\frac{s}{\sqrt{n-1}}=\frac{17}{\sqrt{1000-1}}=0.53786$$

따라서, 표준화된 검정 통계량은 다음과 같다.

$$Z=\frac{\bar{X}-\mu}{\sigma_{\bar{X}}}=\frac{71-80}{0.53786}=1.85922$$[2)]

⑤ 검정 통계량은 임계치 안의 채택역에 포함되지 않고 기각역에 위치한다.

⑥ 대립가설을 채택한다.

이제, 마지막 문제의 답을 구해 보기로 하자. 대통령의 직무 수행에 대한 국민의 평가 점수를 조사하기 위해서 일반 국민 1,000명을 무작위 표본추출한 결과, 표본평균은 57점이 나오고, 표본의 표준편차는 25점으로 계산되었

2) 만일 $\sqrt{1000-1}$ 대신에 $\sqrt{1000}$ 으로 계산한다면 그 값은 1.86016이 되어 실제 차이는 극히 미미한 것임이 드러난다.

다. 이때 전체 국민에 있어서의 평가 점수가 58점 이하라는 가설을 I종 오류의 확률 0.01 수준에서 검정해 보기로 한다.

가설검정의 일반적 절차는 적용한다면 다음과 같은 검정 순서가 뒤따른다.

① H_0 : $\mu \geq 58$점
H_1 : $\mu < 58$점

② $\alpha = 0.01$

③ $\alpha = 0.01$이며 대립가설의 내용을 보면 단측검정이 되어야 한다. 따라서 이러한 경우에 있어서 임계치는 $-2.33\sigma_{\overline{X}}$로 계산된다. 이 임계치를 표준화된 정규분포의 개념을 활용하여 표준화시키면 상한선은 -2.33이 된다.

④ 표본평균 $\overline{X}$가 55점이다. $\sigma_{\overline{X}}$에 대한 아무런 정보도 주어지지 않았으며 대신 표본의 표준편차가 15점으로 주어졌기에 표준오차의 추정치 $\hat{\sigma}_{\overline{X}}$를 계산[3]하여야 한다.

$$\hat{\sigma}_{\overline{X}} = \frac{s}{\sqrt{n-1}} = \frac{25}{\sqrt{1000-1}} = = 0.79096$$

따라서, 표준화된 검정 통계량은 다음과 같다.

$$Z = \frac{\overline{X} - \mu}{\sigma_{\overline{X}}} = \frac{57-58}{0.79096} = -1.25$$ [4]

⑤ 검정 통계량은 임계치 안의 채택역에 포함된다.

⑥ 귀무가설을 채택한다.

3) 역시 여기서도 앞서 설명하였던 이유를 들어 공식의 분모에 $\sqrt{n-1}$을 사용하기로 한다.

4) $\hat{\sigma}_{\overline{X}}$의 분모를 $\sqrt{1000}$으로 계산할 때, 검정 통계량의 값은 1.26으로 계산된다.

2. t-분포를 활용한 가설검정

앞 장 신뢰구간의 설정에 관한 내용을 기억한다면 모집단의 표준편차를 알지 못하고 표본의 크기가 충분히 크지 않은 경우라면 표준화된 정규분포를 활용하는 대신에 t-분포를 이용한다. 모수추정 방식으로서의 가설검정 방식 역시 신뢰구간의 설정 방식이 기반하고 있는 논리 위에 수립된 것이기에 표본의 크기가 작다면 t-분포를 사용해야 한다.

t-분포를 사용한 가설검정의 일반적 절차 역시 정규분포를 사용하는 경우와 기본적으로 차이가 없다. 하지만, 정규분포 대신에 t-분포를 사용하기 때문에 임계치의 계산에서 표본의 자유도가 큰 영향을 미친다는 점에 주목하여야 할 것이다. 또한 검정 통계량의 계산에 있어서 모집단의 표준편차를 표본의 표준편차를 근거로 추정해야 한다. 여기서 추정치 계산의 공식에서 $\sqrt{n}$ 대신에 $\sqrt{n-1}$을 사용하는 것을 주의해야 할 것이다. 하지만, 이러한 차이에도 불구하고 가설검정에 관한 의사결정의 기본논리는 정규분포를 사용하거나 t-분포를 사용하거나 동일하다. 이를 요약하자면, 양측검정의 경우라면 임계치의 상하한선 안에 검정 통계량이 포함되면 귀무가설을 채택하고, 임계치의 상하한선 밖에 검정 통계량이 포함되면 대립가설을 채택하게 된다. 단측검정인 경우라면 대립가설의 내용이 임계치 상한선이나 하한선 안에 포함되는가 혹은 밖에 포함되는가를 근거로 의사결정이 이루어지게 된다.

실제 예 문제를 들어서 가설검정의 절차를 검토해 보기로 하겠다. 일반 국민 25명을 무작위추출하여 표본을 구성하였다. 이 표본을 대상으로 대통령 직무 수행에 대한 평가 점수를 조사하니, 그 결과 평균점수가 70이 나오고 표준편차는 15점이 나왔다. 이때 전체 국민의 평가 점수의 평균은 77점이라는 가설을 유의수준 $\alpha=0.05$ 수준에서 검정해 보자.

모집단 표준편차에 관한 값을 찾아볼 수 없으며, 표본의 크기 n이 충분히 크지 않다고 할 수 있다. 따라서, 모집단 표준편차를 추정하고, t-분포를 활용하여 신뢰구간을 설정하여야 한다. 이 경우에도 가설검정의 일반적 절차를 적용하게 된다.

① H_0 : $\mu=77$점
H_1 : $\mu\neq77$점

② $\alpha=0.05$

③ $\alpha=0.05$이며 대립가설의 내용을 보면 양측검정을 수행하여야 한다. 따라서 이러한 경우에 있어서 임계치를 구하려면 자유도를 계산하고 [부록] t-분포표를 활용해야 한다. 먼저, 표본의 크기가 25이기에 자유도 d.f는 $25-1=24$이다. [부록] t-분포표는 단측검정에 해당하는 수치를 제시하고 있기에 지금 예와 같은 양측검정인 경우라면 [그림 8-2]과 같이 $\alpha/2$에 해당하는 $\alpha=0.025$와 자유도 24가 교차하는 T값을 찾아야 한다. 그 값은 2.064로 나타난다. 따라서, 임계치는 2.064이다.

④ 표본평균 $\overline{X}$가 70점이다. $\sigma_{\overline{X}}$ 에 대한 아무런 정보도 알지 못하는 상황에서 표본표준편차가 15점이기에 표준오차의 추정치 $\hat{\sigma}_{\overline{X}}$ 를 계산한다.

$$\hat{\sigma}_{\overline{X}}=\frac{s}{\sqrt{n-1}}=\frac{15}{\sqrt{25-1}}=3.0619$$

따라서, 검정 통계량은 다음과 같다.

$$T=\frac{\overline{X}-\mu}{\sigma_{\overline{X}}}=\frac{70-77}{3.0619}=-2.2861$$[5)]

⑤ 검정 통계량은 임계치 밖의 기각역에 위치한다.

⑥ 귀무가설을 기각한다.

---

5) 만일 $\hat{\sigma}_{\overline{X}}$의 분모를 $\sqrt{25}$ 으로 계산한다면, 검정 통계량의 값은 2.33331으로 계산된다. 따라서 표본의 크기가 작아서 t-분포를 활용하는 경우에는 표본의 크기가 작아짐에 따라서 $\hat{\sigma}_{\overline{X}}$의 분모로서 $\sqrt{n-1}$ 혹은 $\sqrt{n}$ 을 사용하는가가 차이를 가져온다.

그림 8-2 t-분포표의 검정 통계량 T값

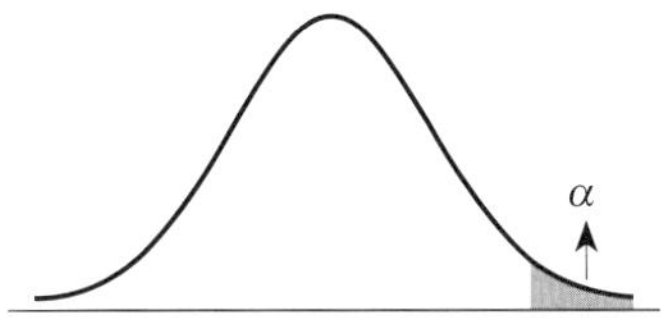

df	α							
	0.1	0.05	0.025	0.01	0.005	0.0025	0.001	0.0005
1	3.078	6.314	12.706	31.821	63.657	127.32	318.31	636.62
2	1.886	2.920	4.303	6.965	9.925	14.089	22.327	31.598
⋮								
23	1.319	1.714	2.069	2.500	2.807	3.104	3.485	3.767
24	1.318	1.711	2.064	2.492	2.797	3.091	3.467	3.745
25	1.316	1.708	2.060	2.485	2.787	3.078	3.450	3.725

위의 가설검정에 관한 의사결정은 대립가설의 내용에 비추어 볼 때 양측 검정을 시행함으로써 도출된 것이다. 이제 독자들은 예 문제를 통해서 양측 검정의 기존절차와 논리를 충분히 이해했을 것으로 기대한다. 나아가, t-분포를 활용하여 임계치를 계산하고, 모집단의 표준편차를 추정하고, 검정 통계량을 구한다면 단측검정—우측검정과 좌측검정—도 충분히 할 수 있다는 자신감도 생겼으리라 사료된다. 여기서 기술적인 측면에서의 작은 지적사항을 언급할 필요가 있을 것이다. 즉, 단측검정과 양측검정과의 차이점은 [부록] t-분포표에서 임계치 T값을 읽어 들일 때, 양측검정에서는 $\alpha/2$에 해당하는 열과 자유도의 행이 교차하는 셀의 수치를 읽어 들이는데 반하여, 단측검정에서는 α값 그대로에 해당하는 열과 자유도의 행이 교차하는 셀의 수치를 읽어 들인다는 점에 주의하여야 할 것이다.

제3절 컴퓨터 프로그램을 활용한 가설검정 실습

1. MS Excel을 활용한 실습

Excel을 활용하여 모집단 평균 μ에 대한 가설을 검정하는 방법 역시 모집단의 표준편차를 알 때와 모를 때의 두 가지 경우로 나누어 검토할 수 있다. 나아가, 모집단의 표준편차를 모를 때의 경우는 다시 표본의 크기 n이 충분히 큰 대표본의 경우와 그렇지 않은 소표본의 경우로 나누어진다. 일단 모집단 표준편차가 알려진 경우에는 정규분포를 활용한다. 그리고 표본의 크기가 충분히 큰 경우라면 모집단 표준편차를 알지 못하더라도 정규분포를 활용하여 가설을 검정한다. 만일 모집단 표준편차를 모르고 표본의 크기가 충분히 크지 않은 경우라면 t-분포를 활용한다. 이 원칙을 Excel 활용에 있어서도 그대로 적용하여 가설검정을 하는 방식을 검토해 보기로 하자.

1) 모집단 표준편차를 알 때

모집단 표준편차를 알고 있는 경우에는 Excel 활용에 있어서 두 가지 방법으로 검정이 가능하다. 그 하나는 앞서 제7장에서 잠시 설명한 바 있는 NORMSINV 함수를 이용하는 방법이 있다. 다른 하나는 '함수 삽입' 표식 fx을 클릭한 후 대화상자에서 ZTEST 함수를 사용하는 방법이다. 이 중에서 ZTEST 함수를 사용하는 방식은 가설검정에 일반적으로 활용되기에는 한계가 있고 사용이 불편하기에 본서에서는 이보다는 좀 더 직관적이고 절차가 체계적인 NORMSINV 함수를 사용하는 방법을 소개하기로 한다. 이 방법은 미리 자료의 통계량들을 계산한 후 그 값을 근거로 가설검정의 의사결정을 내리는 방법이다. 간략하게 그 절차를 소개하기로 한다.

먼저, 가설검정을 수행할 문제로 대통령의 직무 수행에 대한 일반 국민

그림 8-3 NORMSINV 함수의 활용 1

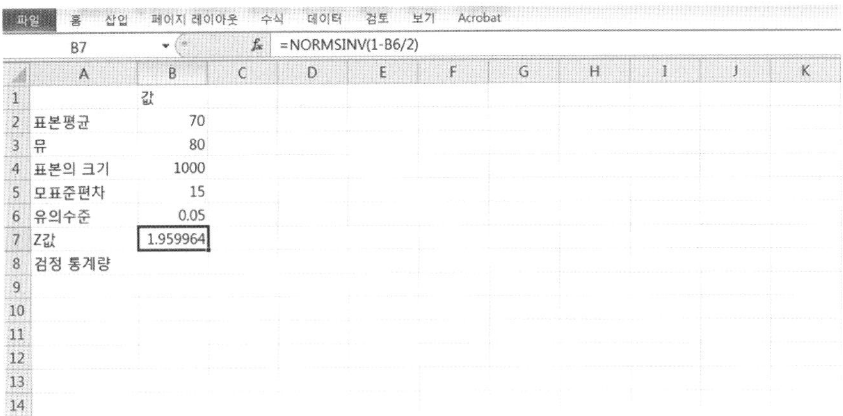

1,000명의 표본조사에서 표본평균이 70점이고 모집단의 표준편차가 15점이라고 알려져 있다고 가정해 보자. 그렇다면 전체 국민들의 평가 점수가 평균 80점이라는 가설을 유의수준 $\alpha=0.05$ 수준에서 검정해보자.

가설검정의 일반적 절차에 따라서 우선 가설을 설정한다.

H_0 : $\mu=80$점
H_1 : $\mu\neq80$점

지금의 예에서는 대립가설의 내용에 따라서 양측검정이 요구됨을 이제 모든 독자들이 이해하고 있을 것이다.

[그림 8-3]과 같이 Excel 워크시트에 문제의 내용에서 찾아 낸 각종 통계치들을 입력한다. 셀 B7에 =NORMSINV(1-B6/2)를 입력한다. 그것은 양측검정의 경우, 표준화된 정규분포에서 유의수준 $\alpha=0.05$일 때의 오른쪽 꼬리에 해당하는 임계치에 해당하는 Z값을 계산한 것이다.[6] 즉, 양측검정의 경

6) 만일 =NORMSINV(0.025) 를 입력한다면 그 값은 얼마나 될까? 제7장에서 설명

그림 8-4 정규분포에서의 검정통계량 계산

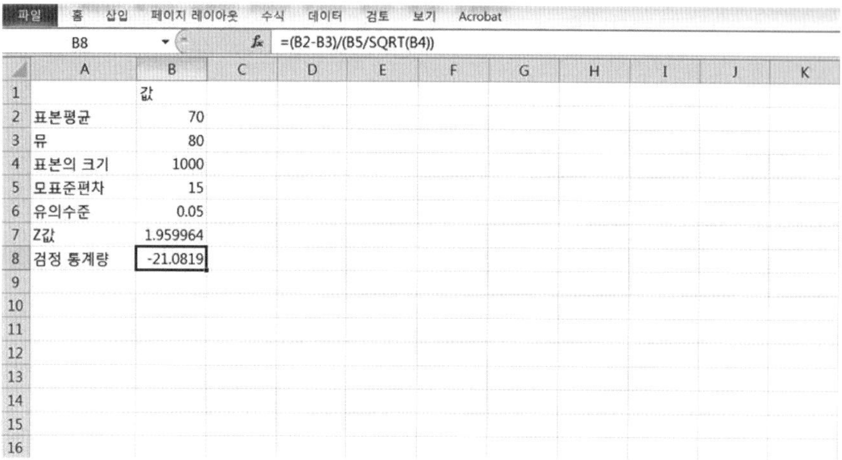

우 표준화된 정규분포에서 유의수준 $\alpha=0.05$라면, 검정을 위한 신뢰구간의 $-\infty$부터 오른쪽 꼬리까지의 누적확률값은 $(1-0.025)$이기에 이 확률값에 해당하는 Z값을 계산한 것이다.

이어서 [그림 8-4]와 같이 셀 B8에 검정통계량을 구하기 위해서 식을 입력한다. 먼저, 검정 통계량 Z값을 구하는 공식을 다시금 확인해 보자.

$$Z=\frac{\overline{X}-\mu}{\sigma_{\overline{X}}}=\frac{\overline{X}-\mu}{\frac{\sigma_{\overline{X}}}{\sqrt{n}}}$$

따라서, 입력해야 할 공식은 다음과 같다.

한 바와 같이 NORMSINV( ) 함수는 표준화된 정규분포에서 괄호 안에 기재되는 누적확률값에 해당하는 Z값을 구해주는 함수이다. 또한, 정규분포의 특성이 좌우 대칭이라는 점을 생각하면 답을 구할 수 있다. 즉, 굳이 Excel을 활용하여 계산값을 구하지 않더라도 그 값은 -1.959964로 나타날 것임을 알 수 있을 것이다.

=(B2−B3)/(B5/SQRT(B4))[7)]

양측검정의 경우, 검정 통계량의 값 −21.08185의 절대값이 임계치 1.96보다 크기에 주어진 유의수준 $\alpha=0.05$에서 귀무가설을 기각한다. 즉, 전체 국민들에 있어서의 평가 점수의 평균이 80점이라고 할 수 없다.

지금까지 예로 든 문제는 양측검정이 필요한 경우였다. 그렇다면, 단측검정이 필요한 경우는 어떠한 절차를 밟을 것인가? 기본적으로 [그림 8−3]과 [그림 8−4]에서 살펴본 것과 동일한 논리를 적용한다면 적합한 의사결정에 이르게 될 것이다. 단지 차이가 있다면 좌측검정의 경우, 가설의 설정 이후에 유의수준 $\alpha=0.05$의 경우, 임계치 계산을 위한 Z값의 도출을 위해서는 해당 셀에 =NORMSINV(0.05) 를 입력하여야 한다. 검정 통계량 값 역시 문제에 등장하는 수치로 대입하면 아무 문제없이 값을 구할 수 있다. 이렇게 구한 검정 통계량 값과 Z값을 비교함으로써 의사결정에 이를 수 있다.

우측검정의 경우라면, =NORMSINV 함수의 괄호 안에는 (1−유의수준 α의 값)을 기재하여야 한다. 그 외의 절차는 지금까지 살펴본 것과 동일한 논리에 입각하여 수행하면 최종적으로 의사결정에 이르게 된다.

2) 모집단의 표준편차를 모를 때

모집단 표준편차를 알지 못하고 있더라도 만일 표본의 크기가 충분히 큰 경우라면 중심극한정리에 따라서 정규분포를 활용할 수 있음은 여러 번 지적한 바 있다. 따라서 이러한 경우라면 앞서 설명한 Excel NORMSINV 함수를 그대로 이용할 수 있다. 다만, 가설검정 절차에서 모표본편차를 알지 못하기에 그 추정치로서 표본표준편차를 활용한다는 차이점에 주목할 필요가 있을 것이다.

따라서, 모집단의 표준편차를 모르는 경우, 문제가 되는 것은 표본의 크기 n이 충분히 크지 않은 때이다.[8)] 이 경우 우리는 정규분포 대신 t-분포를 활

---

7) Excel에서 SQRT는 제곱근($\sqrt{\quad}$)을 의미한다.

8) 이러한 경우에도 기본적으로 모집단이 정규분포를 따르고 있을 것이라는 기대가

그림 8-5 TINV 함수의 활용

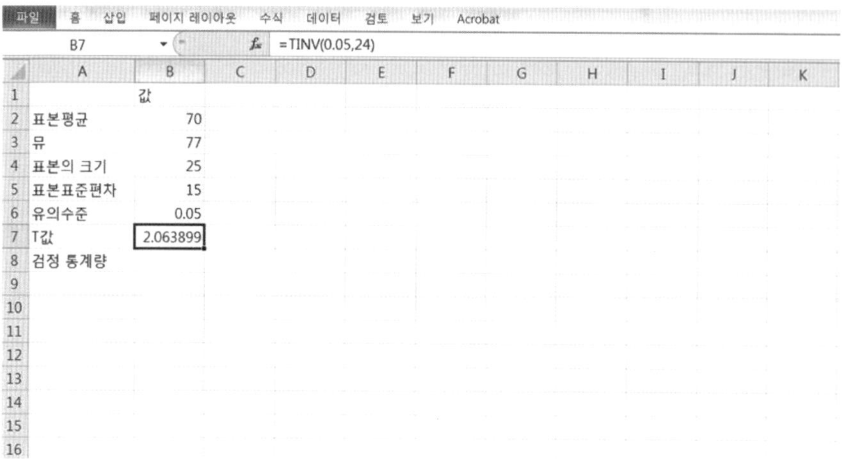

용하게 된다. t-분포를 활용한 가설검정의 절차를 간략히 살펴보기로 하자.

가설검정의 대상이 될 문제를 하나 예로 든다면, 대통령 직무 수행에 대한 평가조사에서 모집단의 표준편차를 알지 못하고, 표본으로 추출된 조사대상자의 수도 20명이라고 가정해 보자. 이들 20명의 표본평균 점수를 계산해 보니 77점이었으며 표본의 표준편차는 15점이었다고 가정하자. 유의수준 $\alpha=0.05$에서 모집단의 평균점수가 77점이라는 가설을 검정해 보기로 하자.

지금의 예 문제에서 가설은 다음과 같이 설정된다.

$H_0 : \mu = 77$점

$H_1 : \mu \neq 77$점

유의수준 $\alpha=0.05$이며, 대립가설의 내용에 비추어 양측검정이 수행되어야

가능할 때만 지금까지의 논리에 입각한 가설검정이나 신뢰구간의 설정이 가능하다. 만일 모집단이 정규분포를 하리라는 기대조차 할 수 없다면 제10장에서와 같은 비모수추정에 의한 검정이 이루어져야 한다.

그림 8-6 t-분포에서의 검정통계량 계산

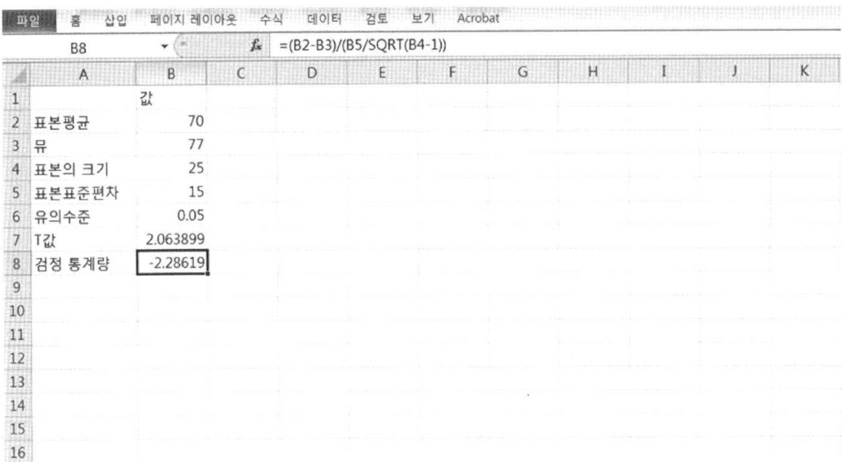

한다. 이때의 임계치와 검정통계량을 구한 후, 그 값을 비교하기 위해서 [그림 8-5]의 Excel 워크시트를 작성해 보자.

[그림 8-5]를 [그림 8-3]과 비교하면 한 가지 눈에 띄는 차이점을 발견하게 된다. 그것은 모표준편차를 알지 못하기 때문에 표본표준편차가 사용되고, 표준화된 정규분포의 Z값 대신에 t-분포의 T값이 사용된다는 점이다. 여기서 T값을 구하기 위해서 Excel TINV 함수가 사용되었다. =TINV 의 활용법은 괄호 안의 쉼표 앞뒤에 양측검정의 경우에 있어서 유의수준의 확률과 자유도를 각각 입력시킨다. 예로서 =TINV(0.05, 24)는 유의수준 $\alpha=0.05$ 이며, 양측검정이며, 자유도가 24일 때의 T값을 구해준다. 즉, 표준정규분포에서의 Z을 구하는 NORMSINV 함수에서는 양측검정의 경우 유의수준 α의 값을 양측으로 나누어, 즉 2로 나누어 입력하는 것과는 대조적으로 TINV 함수에서는 양측검정의 경우 유의수준 α의 값 그대로를 입력하게 된다.

이어서 [그림 8-6]에서와 같이 셀 B8에 검정통계량을 구하기 위한 식을 입력하는데, 먼저 검정 통계량 T값을 구하는 공식을 다시금 확인해 보자.

$$Z=\frac{\overline{X}-\mu}{\hat{\sigma}_{\overline{X}}}=\frac{\overline{X}-\mu}{\frac{s}{\sqrt{n-1}}}$$

따라서, 입력해야 할 공식은 다음과 같다.

=(B2−B3)/(B5/SQRT(B4−1))

이렇게 구한 검정 통계량 값은 앞서 수작업을 구한 값과 정확히 일치하는 것을 발견할 수 있다. 최종적으로, 가설검정에 관한 의사결정으로서 양측검정의 경우, 검정 통계량 값의 절대값이 *T*값보다 크기에 주어진 유의수준에서 귀무가설을 기각한다.

단측검정의 경우도 양측검정의 경우와 마찬가지 논리를 적용하여 의사결정에 이르게 된다. 주의할 점은 Excel TINV 함수가 괄호 안에 입력된 확률값의 1/2에 해당하는 *T*값을 구해주는 기능을 수행하기에 양측검정의 경우 유의수준 α를 그대로 입력시키면 되지만, 단측검정의 경우라면 유의수준 α값의 두 배를 입력시켜야 한다는 점이다. 즉, 예로서 단측검정을 위해서는 = TINV(0.05*2, 자유도)와 같은 입력이 이루어져야 한다.

2. SAS를 활용한 실습

SAS 프로그램을 활용하는 경우에 만일 전체 데이터 셋이 주어져서 접근가능한 경우라면, 데이터 단계에서 분석자료를 구성하고, 이것을 대상으로 proc 단계를 실행함으로써 가설검정의 의사결정에 이를 수 있다. 그런데 현실에 있어서는 분석해야 할 데이터 셋이 주어지지 않고 통계량만 주어져서 그것을 대상으로 가설검정의 의사결정을 내려야 할 때가 있다. 이런 경우라면 Excel 프로그램의 경우와 마찬가지로 SAS의 내장 함수를 활용하여 간단히 의사결정에 도달할 수 있다.

이제부터 SAS 내장 함수를 활용하여 정규분포에 기초한 가설검정 방법을 소개하고, 이어서 proc 구문을 사용하는 *t*-test 방법을 검토해 보기로 한다.

1) 모집단 표준편차를 알 때

모집단의 표준편차를 알고 있다면 대표본, 소표본을 막론하고 정규분포 이론에 기초한 가설검정을 실행한다는 것은 그동안 여러 번 강조한 바 있다. [그림 8-7]을 보면 이와 같이 정규분포를 사용하는 가설검정 방법의 한 가지 프로그램 예를 확인할 수 있다.

[그림 8-7]은 앞서 Excel을 활용해서 의사결정에 이르렀던, 대통령 직무 수행에 관한 평가 점수의 가설검정 문제를 대상으로 한 프로그램이다. 이 문제는 일반 국민 1,000명을 표본으로 조사했으며, 그 결과 표본평균 점수가 70점으로 나왔고, 모집단의 표준편차는 15점으로 알려져 있다고 가정하였다. 이때 전체 국민들의 평가 점수가 평균 80점이라는 가설을 유의수준 $\alpha = 0.05$수준에서 검정하라는 문제였다.

[그림 8-7]에서 나타나듯, 확장 편집기 창의 첫 줄에서는 데이터 셋의 이름을 'hypotest'로 지정한 후 ';' 부호로 문장 입력을 완료하였다. 한 줄 건너뛴 후의 셋째 줄에는 네 문장이 입력되어 있는데, 모두 문제에서 설명한 통계량을 정의하는 문장들이다. 즉, 셋째 줄의 첫 번째 문장 'xbar=70;'은 변수 'xbar'의 값이 '70'이라고 정의한 것이다. 여기서의 'xbar'는 프로그램 작성자가 일정한 규칙 내에서 임의대로 붙일 수 있는 $\overline{X}$를 나타내는 변수 이름이다. 따라서 변수 이름을 'xbar'와 다르게, 예를 들자면 X1이나 V1 혹은 Var 1 등으로 자유롭게 변수 이름을 지정하여도 아무 상관이 없다.[9] 두 번째 문장 'H0=80;'은 문제 내용에서의 귀무가설의 값($\mu = 80$)을 변수 'H0'로 정의한 것이다. 그 다음 문장에서 'n'은 표본의 크기가 될 것이고, 그 다음 'sigma=15 ;'에서 'sigma'는 σ를 나타내는 변수 이름이며 그 값을 '15'로 정의했다는

9) 이 책의 제3장에서 설명한 바와 같이, 변수 이름은 32글자 내에서 임의로 정할 수 있지만 중간에 공백이 없어야 한다. 또한 첫 글자로 숫자를 사용할 수 없고 하이픈(−)도 빼기 부호와 혼동될 수 있기에 변수 이름에서는 사용할 수 없다.

그림 8-7 정규분포를 활용한 SAS 가설 검정 프로그램

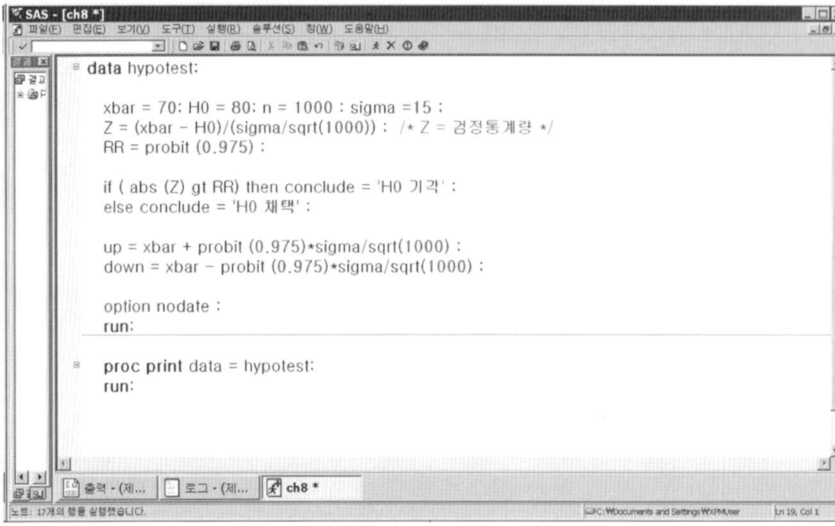

것에 대해서는 더 이상의 설명이 필요 없을 것이다.

그 다음 줄 'Z=(xbar H0)/(sigma/sqrt(1000));'은 검정 통계량 Z값을 구하는 공식을 입력해 놓은 것이다. '/* Z=검정통계량 */'은 프로그램 작성자가 프로그램 중간 중간마다 데이터 셋의 구성이나 변수의 정의 등과 같이 메모의 필요성이 있는 경우에 '/* 메모 내용 */'의 형식을 사용하여 메모할 수 있다는 기능을 보여 주는 예이다. 이렇게 프로그램 중간 중간마다 메모를 작성해 놓는다면 메모는 출력되지 않으나 그대로 남아 있어서 이후에 프로그램을 다시 불러 오거나 실행시킬 때 불필요한 혼동을 방지할 수 있다.

다음 줄의 'RR=probit (0.975)' 문장은 앞서 제5장에서 설명한 바 있다: 'probit (x)'의 함수는 표준화된 정규분포에서 $-\infty$부터의 누적확률값이 x가 되는 Z값을 구하는 기능을 수행한다. 즉, 'probit(0.975)'는 표준화된 정규분포에서 $-\infty$부터의 누적확률값이 0.975가 되는 Z값을 계산해 준다. 그렇다면, 바로 이 'RR'의 계산값은 유의수준 $\alpha=0.05$에서 양측검정을 실행하는

경우에 있어서의 오른쪽 꼬리부분의 임계치에 해당한다. 앞서 설명한 [그림 8-1]을 다시 보면 이 RR 계산값의 의미를 파악하는데 큰 도움이 될 것이다. 그렇다면, 유의수준 $\alpha=0.05$에서 양측검정을 실행하는 경우의 왼쪽 꼬리부분의 임계치는 어떻게 구할까? 답은 'probit(0.025)'를 구하면 될 것이다. 더 이상의 설명도 필요 없을 것이라 기대한다. 그렇다면, 유의수준 $\alpha=0.10$에서 좌측검정을 하는 경우, 왼쪽 꼬리부분의 임계치는 어떻게 구할까? 당연히 'probit(0.10)'이다.

다음에 등장하는 문장 "if (abs (Z) gt RR) then conclude='H0 기각';"을 살펴보자. 먼저 영문법에서 '만일 ~라면 ~이다'의 의미를 지니는 'if ~ then ~' 구문이 등장하고 있음을 알 수 있다. 앞서 이 책의 제7장 주석에서 설명했듯이 SAS 연산자 중 'abs'는 절대값을 나타내며, 'gt'는 영어 'greater than' '~보다 큰'의 의미이다. 따라서 문장의 전반부는 '만일 Z 의 절대값이 RR보다 크다면'의 의미를 가진다. 문장 후반부의 'then conclude='H0 기각';'은 그렇다면(then) 변수 'conclude'의 값을 ' ' 안에 있는 문자로 정의하라는 의미이다. 즉, 'x'로 주어지는 경우는 x를 문자로 파악하라는 의미이다. 여기서 문장부호 ' '을 반드시 사용해야만 하는 것을 기억해야 한다. 결국, 이 문장은 만일 검정 통계량 'Z'의 절대값이 임계치보다 크다면, 즉 'Z'가 기각역에 위치한다면 변수 'conclude'값을 문자 'H0 기각'으로 정의하라는 의미를 지닌다. 그리고 그 외의 경우라면(else), 즉 'Z'가 기각역에 위치하지 않는다면, 변수 'conclude' 값을 문자 'H0 채택'으로 정의하라는 내용이 다음 줄의 문장 "else conclude='H0 채택';"으로 프로그램 되었다.

그 아래 두 문장을 통해서는 변수 'up'과 변수 'down'이 정의되고 있다. 변수 'up'은 정규분포를 활용한 95% 신뢰구간의 상한선을 지금까지 설명한 변수들을 사용해서 계산하도록 되어 있다. 변수 'down'은 95% 신뢰구간의 하한선이 됨이 분명하다.

'option nodate ;'는 프로그램 출력 창에 분석 결과의 생성 날짜를 프린트하지 말라는 옵션 명령이다. 이러한 옵션 명령은 보통 데이터 단계의 시작 부분에 많이 사용되나 사실 어느 부분에서 사용되어도 문제는 없다. 이어서

data 단계가 완료되었음을 'run ;' 문장이 알려주고 있다.

data 단계 다음의 proc 단계에서는 데이터 셋 'hypotest'를 프린트하라는 proc 구문이 등장하였다. 그리고 'run ;' 문장으로 실행의 준비가 되었음을 알리고 있다. 확장 편집기 창을 실행시키면 이제 화면에서 [그림 8-8]의 출력 창을 찾을 수 있다.

출력창에는 'proc print data=hypotest ;'의 실행 결과로서 'hypotest' 데이터 셋에서 정의한 모두 변수의 값이 프린트되어 나왔다. 주목할 것은 검정 통계량 'Z'값과 오른쪽 임계치 'RR,' 의사결정의 내용을 나타내는 변수 'conclude,' 및 신뢰구간의 상하한선 'up'과 'down'의 값이 될 것이다. 양측검정이기에 검정 통계량 값이 오른쪽이든 왼쪽이든 어느 하나의 임계치 밖의 기각역에 위치하면 귀무가설을 기각하는 바, 지금의 예에서는 오른쪽 임계치 밖에 검정 통계량의 값이 위치한다. 따라서 가설검정에 대한 최종적인 의사결정은 귀무가설의 기각이 된다. 또한 당연한 사실이 되겠는데, 여기서

그림 8-8 정규분포를 활용한 SAS 가설 검정 결과

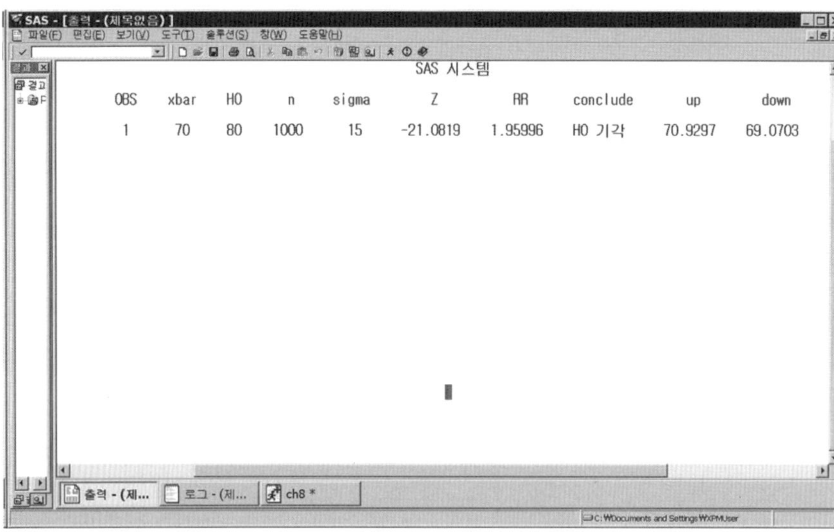
SAS 시스템

OBS	xbar	H0	n	sigma	Z	RR	conclude	up	down
1	70	80	1000	15	-21.0819	1.95996	H0 기각	70.9297	69.0703

계산된 'Z'값과 'RR'값은 앞서 수작업을 통해 계산한 값 및 Excel을 활용하여 구한 값과 정확히 일치하는지 각자 확인해 보자.

2) 모집단 표준편차를 모를 때

모집단 표준편차를 알지 못하고 있더라도 만일 표본의 크기가 충분히 큰 경우라면 중심극한정리에 따라서 정규분포를 활용한다. 이러한 경우라면, 지금까지 설명한 프로그램 방식을 그대로 이용할 수 있다. 한 가지, 모표본편차를 알지 못하기에 그 추정치로서 표본표준편차를 활용한다는 차이점에 주목할 필요가 있다. 그 세부적인 계산에 있어서 실제 표본의 크기가 충분히 크기 때문에 공식에 있어서 $\sqrt{n-1}$을 활용할 것인지 아니면 $\sqrt{n}$을 사용할 것인지에 관해서는 학자들마다 차이가 있을 수 있다는 점도 여러 번 지적한 바 있다. 일반적으로는 계산의 효율성을 고려하여 $\sqrt{n}$을 사용하는 경우가 훨씬 더 많이 관찰된다.[10)]

결국, 모집단의 표준편차를 모르는 경우, 문제가 되는 것은 표본의 크기 n이 충분히 크지 않은 경우로서, 이때 우리는 t-분포를 활용하여 가설검정의 절차를 진행하게 된다. 역시 예 문제를 하나 들어서 SAS 프로그램을 활용한 가설검정 절차를 검토해 보기로 하자. 앞서 지적했듯이, 지금부터는 SAS 함수[11)]를 사용하지 말고 원 자료가 제공된 경우에 'proc ttest' 절차를 실행시키는 과정을 소개하기로 한다.

우리는 제7장에서, 대통령 직무 수행에 관한 전체 국민의 평가 점수가 어떤지 추정하기 위해서 무작위 추출로 일반 국민 10명의 표본을 구성하고, 이 표본을 분석하여 표본의 평균 평가 점수를 구하고, 이것을 근거로 삼아 모집

10) 이 책에서는 정확한 개념의 파악과 적용을 위해 가능한 한 추정의 이론 그대로를 적용하여 $\sqrt{n}$ 보다는 $\sqrt{n-1}$을 사용한 경우가 많았다.

11) 앞서 Excel 내장함수로 TINV 함수를 사용하여 가설검정의 의사결정에 이르렀는 바, SAS 프로그램에서도 t-분포를 활용하는 TINV 함수의 사용법이 동일하다. 즉, SAS 프로그램에서도 TINV(누적확률값, 자유도)를 입력함으로써 검정 통계량 T값을 구한다.

그림 8-9 PROC TTEST 프로그램

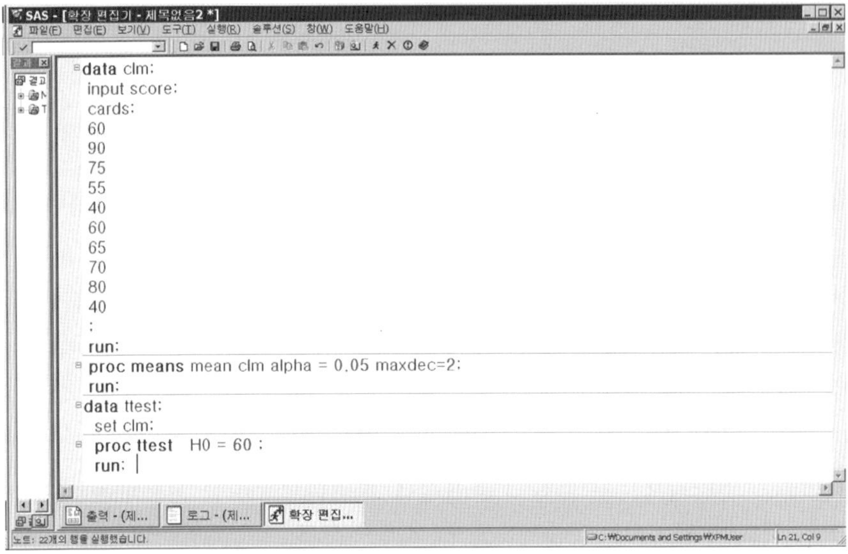

단의 평가 점수의 평균에 대한 신뢰구간을 작성한 바가 있다. 그 때 활용한 데이터 셋이 바로 'clm'의 이름을 붙인 데이터 셋이었다. 이 데이터 셋 'clm'을 다시 불러와서 분석의 자료로서 활용해 보기로 하자. 즉, 전체 국민의 평균 평가 점수가 60점이라는 가설을 검정하기 위해서 10명의 일반 국민을 무작위로 추출하여 구성한 표본의 관측치를 입력한 데이터 'clm'을 이용해 보겠다.

우리가 설정한 가설은 다음과 같다.

$$H_0 : \mu = 60\text{점}$$
$$H_1 : \mu \neq 60\text{점}$$

가설검정의 유의수준 α의 값으로는 일반적인 경우와 같이 0.05로 설정하기로 한다. 또한 대립가설의 내용에 비추어 검정의 방식은 양측검정이 되어야 한다는 것을 알 수 있겠다. 가설검정에 대한 의사결정에 이르기 위해서

[그림 8-9]와 같은 프로그램을 확장 편집기 창에 작성해 보자.

그림 화면의 전반부는 데이터 셋 'clm'의 구성 내용과 이를 대상으로 신뢰구간을 설정하는 proc 구문으로 이루어졌는데 그 의미는 이미 제7장에서 설명하였다. 화면 후반부에서, 이제 *t*-분포를 활용하는 가설검정을 위한 새로운 데이터 셋 'ttest'를 정의하고 있다. 데이터 셋은 'ttest'로 명명되었으며, 이 데이터 셋은 앞서 등장했던 데이터 셋 'clm'을 가져다 사용한다는 의미의 'set clm;' 문장이 입력되었다. 이렇게 set 문장이 입력되면 'input' 문과 'cards' 문을 넣을 필요가 사라지고 세팅된 데이터 셋의 구성 그대로를 SAS 프로그램이 기억하여 분석의 대상으로 삼게 된다.

이어서 *t*-분포에 기초한 가설검정을 수행하라는 proc 문으로서 'proc ttest' 구문이 입력되었다. 문장이 ';' 으로 종료되기 전에 귀무가설 H_0의 값을 'H0 =' 다음에 정의한다. 실행 준비가 완료되었다는 'run;'을 입력한 후 프로그램을 실행시키면, 가설검정의 결과를 [그림 8-10]으로 나타나는 화면에서

그림 8-10 PROC TTEST 출력 창

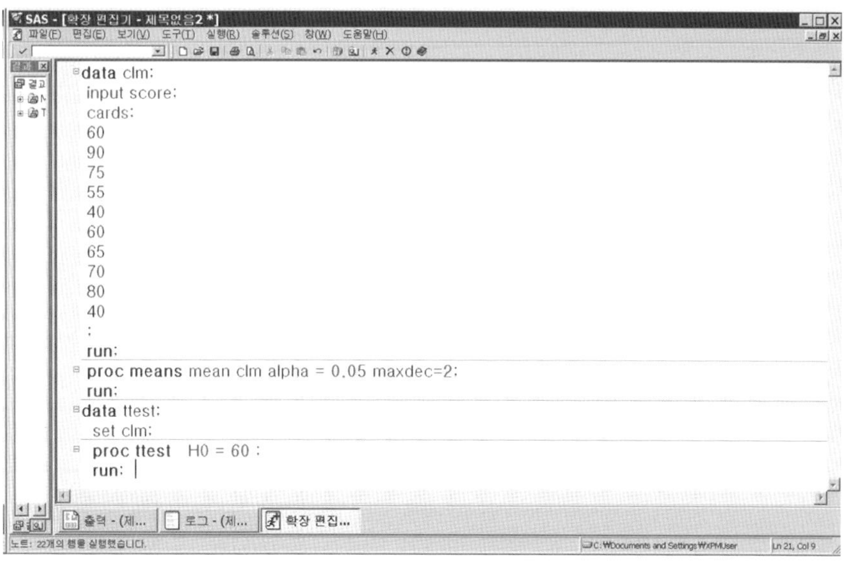

찾아 볼 수 있다.

'proc ttest' 절차의 실행 결과를 나타내는 출력 창 후반부의 'Pr > | t | '이 바로 유의수준 α값, 혹은 p값이다. 이 값이 설정한 유의수준보다 작으면 귀무가설을 기각한다. 지금 화면에서의 수치는 '0.5109'이기에 일반적인 유의수준 $\alpha=0.05$는 물론 $\alpha=0.10$에서도 귀무가설을 채택해야 한다. 즉, 모집단 평균은 60점이라는 귀무가설을 채택한다.

이러한 의사결정은 화면 전반부의 평균에 관한 신뢰구간을 참조하더라도 도달할 수 있는 결정이다. 즉, 유의수준 α의 값을 특별히 지정하지 않는 한, SAS 프로그램은 이 데이터 셋 'ttest'를 대상으로 유의수준 $\alpha=0.05$에에서의 평균에 관한 신뢰구간을 설정해 주는데, 그 상하한선은 각각 'Upper CL'과 'Lower CL' 아래에 '75.066'과 '51.934'로 기재된다. 다른 말로 설명하자면, 귀무가설에서의 모평균의 값 60이 이렇게 설정된 신뢰구간에 포함되기 때문에 주어진 유의수준 $\alpha=0.05$에에서는 귀무가설을 채택한다.

두 집단 평균의 차이 검정

- **제1절** 일반적 가설검정의 절차 적용
- **제2절** 가설검정의 예
- **제3절** 컴퓨터 프로그램을 활용한 두 집단의 평균의 차이 검정 실습
- **부　록** 두 집단 평균의 차이 검정 – 쌍체표본의 경우

09 두 집단 평균의 차이 검정

앞 장에서 우리는 모집단의 평균 μ에 대한 가설을 검정함으로써 모집단의 평균을 추정하는 방법을 검토하였다. 이제 이번 장에서는 두 개의 집단을 설정하고 이 두 개 집단 간의 평균이 차이가 있는지의 여부를 검정하는 방법을 살펴보기로 한다.

두 개 집단의 평균이 차이가 있는지 없는지를 검정하는 방법을 검토하는 이유는 행정현상에 관한 많은 문제가 집단 간의 차이를 중심으로 제기되기 때문이다. 남녀간 임금수준의 차이가 존재하는가? 지역 간의 대통령 직무수행에 관한 평가 점수에 차이가 존재하는가? 지역 간 개발수준의 격차가 존재하는가? 이러한 의문에 대한 과학적이고 객관적인 답이 도출되어야만 바로 그 답의 기반 위에서 차별이나 격차를 완화시키고 해소할 수 있는 효율적이고 적절한 정책이 수립되고 집행될 수 있을 것이다.

구체적으로, 두 집단의 평균의 차이가 존재하는지의 여부를 검정하는 방법은 바로 앞 장에서 살펴본 모집단 평균에 관한 가설을 검정하는 방법과 논리적인 측면에서 볼 때 동일하다. 그렇다면, 두 집단 평균의 차이를 검정하는 일 역시 기본적으로 정규분포를 가정하는 신뢰구간의 설정과 관련될 수밖에 없음이 분명하다.

하지만, 그 두 집단의 성격에 따라서 검정 기법에 있어서의 차이가 발생될 수 있다. 예로서 대통령 직무 수행 평가의 조사를 위해서 지역 A에서 400명의 표본을 무작위 추출하고, 지역 B에서도 표본으로 400명을 무작위 추출했다고 하자. 이때 지역 A에서 누가 표본에 포함되었는지는 지역 B의 측정값에 아무런 영향을 미치지 않을 것이다. 즉, 이와 같이 서로 다른 모집단에서 표본을 추출한 경우를 독립표본(independent sample)이라고 부른다.

이와는 대조적으로 고등학교 보충학습의 효과성을 평가하기 위해서 동일한 학생을 대상으로 보충학습 시행 전후의 성적을 측정하여 대조하는 방식을 취할 수 있겠다. 이러한 방식으로 얻은 측정값의 집단을 쌍체표본(paired sample) 혹은 대응표본이라고 부른다.

이번 제9장에서는 두 집단의 평균의 차이를 검정하는데 있어서 독립표본의 경우를 먼저 다루기로 한다. 그리고 이어서 제9장 부록의 순서에서 쌍체표본의 경우를 취급하겠다. 이제 하나의 예를 들고, 앞서 살펴본 가정검정의 일반적 절차를 적용함으로써 독립집단으로서의 두 집단의 평균의 차이를 검정하는 방법을 살펴보기로 한다.

제 1 절 일반적 가설검정의 절차 적용

앞 장에서 살펴본 바와 같이 가설검정은 다음과 같은 일반적인 절차로 구성된다.

첫째, 가설을 설정한다.
둘째, 유의수준 α를 결정한다.
셋째, 유의수준 α에 해당하는 임계치를 계산한다.
넷째, 표본으로부터 검정 통계량을 계산한다.
다섯째, 검정통계량과 임계치를 비교한다.
여섯째, 가설의 채택 혹은 기각을 결정한다.

1. 가설의 설정

대통령의 직무 수행에 관해서 일반 국민들이 어떻게 평가하고 있는가를 조사하는 연구자는 평가 점수에 있어서 두 개 지역 간에 차이가 있는지의 여부에 관심이 있다. 독자들이 그 연구자라면 어떻게 가설을 수립할까? 독자들은 이제 가설검정에서의 가설에는 두 종류가 있고, 그 하나가 귀무가설, 다른 하나는 대립가설이라는 내용을 분명히 기억해 낼 것이다. 귀무가설은 '~은 ~이다' 혹은 '~은 ~과 같다'와 같은 내용이며, 대립가설은 집합의 개념을 빌리자면 귀무가설과는 여집합의 내용이 된다는 것도 기억해 낼 수 있을 것이다. 따라서 우리는 연구자가 우선 다음과 같은 형식의 가설을 수립할 것이라 충분히 예상할 수 있다.

H_0 : $\mu_1 = \mu_2$ 혹은 $\mu_{dif} = \mu_1 - \mu_2 = 0$

H_1 : $\mu_1 \neq \mu_2$ 혹은 $\mu_{dif} = \mu_1 - \mu_2 \neq 0$

결국, 귀무가설 H_0은 '두 개의 특정 지역 간에는 평가 점수에서 차이가 없다'는 내용을 가지게 된다. 반면에 대립가설 H_1은 '두 특정 지역 간에는 평가 점수에서 차이가 발견된다'는 내용이다.

2. 유의수준 α의 결정

연구자는 본격적인 자료분석에 앞서서 미리 유의수준 α를 결정하는 것이 원칙이다. 설명했던 바와 같이 유의수준 α는 가설검정에서 I종 오류를 범할 확률이다. 즉, 가설이 맞음에도 불구하고 그것이 틀렸다는 잘못된 의사결정을 내릴 확률이 바로 유의수준 α이며 I종 오류의 의미이다. 따라서, 지금의 예에서 본다면 두 개 지역의 대통령 직무 수행에 대한 평가 점수에서 실제로는 차이가 없음에도 불구하고, 평가 점수의 차이가 있는 것으로 잘못 의사결정이 내려질 확률을 유의수준 α가 의미하고 있는 것이다. 이는 곧, 연구자의 입장에서 그러한 잘못된 의사결정을 내릴 위험성 즉 유의수준 α를 감수하고서 연구를 수행하겠다는 의도를 나타내는 것이라고 해석할 수 있다.

일반적으로 유의수준 α의 값으로는 0.05를 설정한다는 점도 이미 설명한 바 있다. 이것은 또한 신뢰수준($=1-\alpha$) 95%와 동일한 것임도 기억해야 할 것이다.

3. 유의수준 α에 해당하는 임계치 계산

귀무가설이 아니라 대립가설의 내용에 따라서 양측검정을 할 것인지 아니면 단측검정이 필요한 것인지를 판단하고, 이 판단에 기초해서 임계치를 계산하는 것을 앞 장에서 살펴본 바 있다. 지금의 예와 같이 두 개 지역에서의 평가 점수의 차이를 두고 가설을 검정하는 경우라면, 대립가설의 내용이 두 개 지역의 평가 점수가 같지 않다는 것이기에 대립가설이 채택된다는 것은 어느 한 지역의 평가 점수가 다른 지역의 평가 점수에 비해서 클 수도 있고 작을 수도 있다는 것이다. 따라서 두 개 지역의 평가 점수가 같다는 귀무가설을 기각하게 되는 기각역은 평균차이의 표본분포에서 양쪽에 설정되어야 할 것이다. 즉, 어느 한 지역의 평가 점수가 다른 지역의 점수에 비해서 지나치게 높거나 혹은 지나치게 낮은, 두 가지 경우 모두에 있어서 두 지역의 평가 점수가 같다는 귀무가설을 기각하는 기각역이 설정된다. 종합하자면 귀무가설이 '~은 ~이다,' '~은 ~과 같다'의 형태로 수립된다면 양측검정이 필요하게 된다. 이와 대조적으로 귀무가설이 '~은 보다 크다' 혹은 '~은 ~보다 작다'의 형태로 수립된다면 단측검정이 필요한 것이다.

양측검정과 단측검정 모두에 있어서 임계치를 구하는 경우, 모집단의 표준편차가 알려져 있는가의 여부와 표본의 크기 n이 중요한 요소로 작용한다는 사실도 여러 차례 강조하여 왔음을 기억할 것이다. 즉, 모집단의 표준편차를 알거나, 그렇지 못하더라도 표본의 크기 n이 충분히 큰 경우라면 정규분포를 사용하는 것이 원칙이다. 이러한 경우에는 계산의 편이성과 효율성을 확보하기 위해서 표준화된 정규분포로 전환시켜서 임계치를 계산할 수 있다는 점도 지적한 바와 같다. 이러한 논리를 시각화시킨 그림이 [그림 9-1] [그림 9-2] [그림 9-3]이다.

그림 9-1 표준화된 정규분포의 채택역과 기각역 - 양측검정의 경우

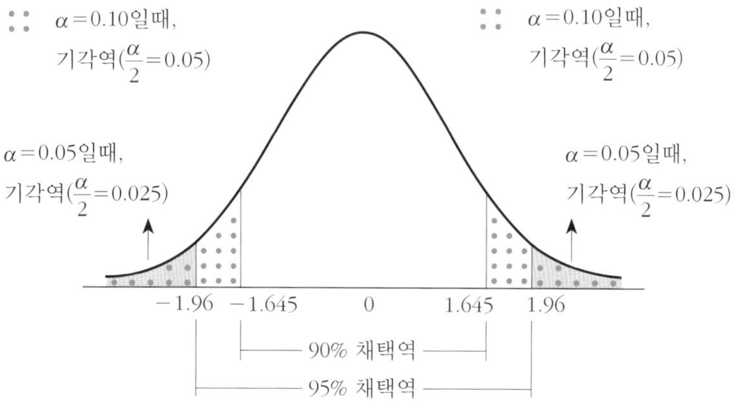

그림 9-2 표준화된 정규분포의 채택역과 기각역 - 우측검정의 경우

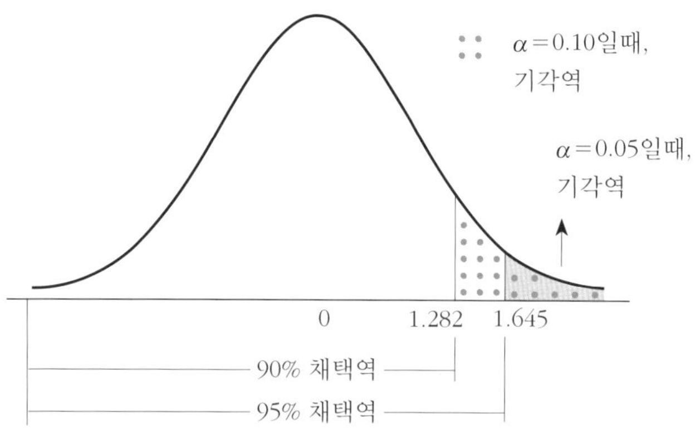

지금의 문제에서는 양측검정이 필요하기에 [그림 9-1]에서 나타나듯 기각역이 양쪽 끝부분에 두 개가 설정된다. 따라서 자료분석의 결과로서 두 집단의 표본에서의 평균점수의 차이가 두 개의 기각역 어느 쪽에 포함되든지를 불문하고, 일단 포함이 된다면 귀무가설을 기각하게 된다. 즉, 유의수준 α

그림 9-3 표준화된 정규분포의 채택역과 기각역 - 좌측검정의 경우

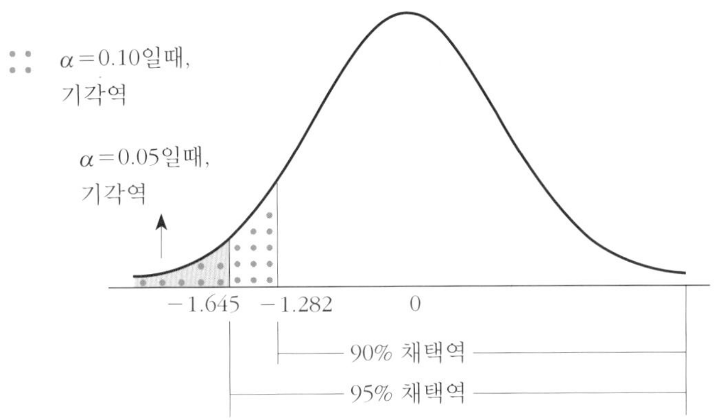

=0.05로 설정된 경우라면, 표준화된 정규분포의 임계치는 양측검정의 경우 ±1.96가 되고, 유의수준 $\alpha=0.10$인 경우라면 그 임계치의 수치는 ±1.645로 계산된다. 따라서 유의수준 $\alpha=0.05$의 경우, 검정 통계량이 ±1.96 수치 안에 들어오면 채택역에 포함되는 것이기에 귀무가설을 채택한다. 만일 유의수준 $\alpha=0.10$인 경우라면, 검정 통계량이 ±1.645 바깥의 기각역에 위치한다면 귀무가설을 기각하고 대립가설을 채택하게 된다.

단측검정의 경우에는 그 임계치의 절대값이 동일한 유의수준을 설정한 양측검정의 임계치의 절대값에 비해서 적다는 사실을 잊지 말아야 한다. 특히 양측검정 유의수준 $\alpha=0.10$의 경우의 임계치가 단측검정 유의수준 $\alpha=0.05$의 임계치에 대응된다는 사실을 기억할 필요가 있다. 의사결정의 내용도 검정 통계량이 임계치 내에 위치하느냐 혹은 밖에 위치하느냐에 따라서 결정된다는 점에서 단측검정과 양측검정이 아무런 차이를 나타내지 않는다.

두 모집단의 표준편차를 알지 못하고, 표본의 크기 n도 충분히 크지 않은 경우에는 정규분포 대신에 t-분포를 활용해서 가설검정을 위한 임계치를 계산하게 된다는 원리도 여러 번 설명한 바 있다. 이때 만일 컴퓨터 프로그램을 활용하지 않는 경우라면, 이 책 [부록]에 나오는 t-분포표를 사용해서 유

의수준 α 및 자유도를 고려한 T값을 읽어 불러들여서 임계치로 활용하게 된다.

4. 표본의 검정 통계량 계산

연구자는 표본추출을 통해 자료를 수집하고 이를 분석함으로써, 표본으로부터의 검정 통계량을 도출하게 된다. 지금의 연구를 위해서라면 연구자는 두 지역으로부터 각각 무작위 표본추출방법에 따라서 표본을 구성하고, 각 지역에 속한 조사대상자들의 평가 점수를 계산하여 두 지역에서의 평가 점수의 평균을 구하게 된다. 여기서 표본의 통계량은 다음과 같이 표기된다.

지역 A의 표본의 크기 : n_A
지역 A의 평균 평가 점수 : $\overline{X}_A$
지역 A의 평가 점수의 표준편차 : s_A
지역 B의 표본의 크기 : n_B
지역 B의 평균 평가 점수 : $\overline{X}_B$
지역 B의 평가 점수의 표준편차 : s_B

이러한 경우에 있어서 두 집단의 표본평균의 차이는 다음과 같다.

$$\overline{X}_{dif} = \overline{X}_A - \overline{X}_B$$

문제는 이 두 지역의 평균점수의 차이가 [그림 9-1]에서 시각화하여 설명하였던 채택역에 포함되는 것인지 아니면 기각역에 포함되는 것인지를 판단하는 일이다. 앞서 유의수준 α에 해당하는 임계치를 계산함에 있어서 표준화된 정규분포를 이용하여 임계치의 값을 표준화시키는 것을 기억할 것이다. 이러한 논리를 적용시켜서 두 집단의 표본평균의 차이 $\overline{X}_{dif}$ 역시, 이 값을 표준화시켜서 Z_{dif} 값으로 전환시키고, 이것이 채택역에 포함되는지 아니면 기각역에 위치하는지를 판별하여 귀무가설의 채택 여부를 결정하게 된다.

그렇다면, 어떻게 $\overline{X}_{dif}$를 표준화시켜서 Z_{dif}값으로 전환시킬 수 있을까? 확률변수 X가 정규분포를 하고 있을 때 표준화 Z값을 구하는 공식은 다음과 같았다.

$$Z = \frac{X - \mu}{\sigma}$$

이 공식을 적용하려고 한다면, $\overline{X}_{dif}$에서 μ_{dif}를 뺀 후에 그 값을 σ_{dif}로 나누어야 할 것이다. 즉, 다음과 같이 표준화 Z_{dif}값을 구하는 공식을 수립할 수 있다.

$$Z_{dif} = \frac{\overline{X}_{dif} - \mu_{dif}}{\sigma_{dif}}$$

그렇다면 공식에서 μ_{dif}는 무엇이고, 또 σ_{dif}은 무엇인지 순서대로 알아보기로 하자. 예로 든 문제에서 귀무가설은 모집단의 평균에 차이가 없다는 것이다. 여기서 우리는 다음과 같이 귀무가설을 풀어 쓸 수 있다. $\mu_A - \mu_B = \mu_{dif} = 0$이기에, 이러한 경우라면 당연히 공식에서의 분자 부분 $-\mu_{dif} = 0$이 된다. 따라서 표준화 Z_{dif}값을 구하는 공식은 다음과 같이 변환된다.

$$Z_{dif} = \frac{\overline{X}_{dif} - \mu_{dif}}{\sigma_{dif}}$$

$$= \frac{\overline{X}_A - \overline{X}_B}{\sigma_{dif}}$$

이제 공식에서 남은 부분 σ_{dif}는 과연 무엇인가? σ_{dif}는 두 평균 차이의 표본분포에서의 표준편차, 즉 표준오차이다. 물론 이 두 평균 차이의 표본분포에서의 표준편차가 알려져 있다면 그 알려진 수치를 공식에 적용함으로써 별다른 어려움 없이 표준화 Z_{dif}값을 구할 수 있을 것이다. 하지만 문제는 σ_{dif} 값이 알려져 있지 않은 경우라면 어떻게 그 값을 계산하여 구할 것인가? 그 계산은 마치 모집단의 평균 μ에 대한 가설검정에서 $\sigma_{\overline{X}}$ 값을 모를 때, $\hat{\sigma}_{\overline{X}}$

값을 추정하는 것에 비교할 수 있겠다. 한 마디로 σ_{dif} 값을 추정하는 것이 실제 두 집단의 평균의 차이에 대한 가설검정에서 가장 까다로운 부분이라고 할 수 있겠다.

앞서 제7장에서 우리는 가설검정의 기본 이론을 제공하는 신뢰구간의 설정에 관해서 살펴본 바 있다. 그 때 모집단의 표준편차를 알고 있느냐의 여부와, 표본의 크기 n이 충분히 큰가 아니면 작은가의 여부에 따라서 신뢰구간의 설정에 정규분포를 활용할 것인지 아니면 t-분포를 활용할 것인지를 결정한다는 것을 하나의 원리로서 지적한 바 있다. 신뢰구간 설정에 기반한 가설검정 원칙은 두 모집단의 평균의 차이를 검정함에 있어서도 그대로 적용된다. 따라서 이 두 가지 기준 − 모집단에서의 표준편차를 알고 있는지의 여부와 표본의 크기 n이 충분히 큰지의 여부 −을 근거로 정규분포를 이용하는 경우와 t-분포를 이용하는 경우로 분류하여 σ_{dif}값을 구하는 방법을 설명하기로 한다.

1) 두 모집단의 표준편차를 알 때

앞서의 제7장, 제8장의 논리전개와 동일하게 두 모집단에서의 표준편차 즉, σ_A와 σ_B를 알고 있다면, 표본의 크기 n이 충분히 큰 대표본이나 그렇지 않은 소표본 양자 모두에 있어서 σ_{dif}값은 다음과 같이 계산된다.

$$\sigma_{dif} = \sqrt{\frac{\sigma_A^2}{n_A} + \frac{\sigma_B^2}{n_B}}$$

여기서, 공식의 구성요소는 다음과 같이 설명된다.

모집단 A에서 추출한 표본의 크기 : n_A
모집단 A의 분산(=표준편차의 제곱) : σ_A^2
모집단 B에서 추출한 표본의 크기 : n_B
모집단 B의 분산(=표준편차의 제곱) : σ_B^2

따라서 이러한 경우라면 정규분포를 활용하여 가설검정이 이루어진다. 양측검정의 경우라면, 두 모집단 평균의 차이에 대한 $100(1-\alpha)\%$ 신뢰구간의 설정을 위한 공식은 다음과 같다.

$$(\bar{X}_A-\bar{X}_B)-Z_{\frac{\alpha}{2}}\sqrt{\frac{\sigma_A^2}{n_A}+\frac{\sigma_B^2}{n_B}}\le\mu_A-\mu_B\le(\bar{X}_A-\bar{X}_B)+Z_{\frac{\alpha}{2}}\sqrt{\frac{\sigma_A^2}{n_A}+\frac{\sigma_B^2}{n_B}}$$

이 경우, 표준화된 검정 통계량 Z_{dif}는 다음과 같이 공식화된다.

$$Z_{dif}=\frac{\bar{X}_A-\bar{X}_B}{\sqrt{\frac{\sigma_A^2}{n_A}+\frac{\sigma_B^2}{n_B}}}$$

2) 두 모집단의 표준편차를 모를 때

이 경우는 표본의 크기 n이 충분히 크다면 정규분포를, 그렇지 않다면 t-분포를 사용해야 한다는 것을 모든 독자가 이해하고 있을 것이라 기대한다. 먼저, n이 충분히 큰 대표본의 경우를 살펴보기로 하자.

① 정규분포를 활용하는 경우

대표본에서 σ_{dif}는 다음과 같은 공식을 사용해서 추정된다.

$$\hat{\sigma}_{dif}=\sqrt{\frac{s_A^2}{n_A}+\frac{s_B^2}{n_B}}$$ [1)]

따라서, 양측검정을 가정할 때 두 모집단 평균의 차이에 대한 $100(1-\alpha)\%$ 신뢰구간의 설정을 위한 공식은 다음과 같이 표기된다.

---

1) 물론 더욱 정교한 신뢰구간 설정을 위해서는 n_A 및 n_B를 각각 (n_A-1)과 (n_B-1)으로 대체해야 할 것이나, 일반적으로 표본의 크기가 충분히 큰 경우이기에 어떤 것을 활용하던 계산상의 실제적 차이가 없는 것으로 판단하여 이러한 공식이 활용되고 있는 실정이다.

$$(\overline{X}_A - \overline{X}_B) - Z_{\frac{\alpha}{2}}\sqrt{\frac{s_A^2}{n_A} + \frac{s_B^2}{n_B}} \leq \mu_A - \mu_B \leq (\overline{X}_A - \overline{X}_B) + Z_{\frac{\alpha}{2}}\sqrt{\frac{s_A^2}{n_A} + \frac{s_B^2}{n_B}}$$

공식의 구성요소로서의 s_A^2 및 s_B^2은 각각 모집단 A와 모집단 B에서 추출한 표본의 표준편차를 나타낸다. 따라서 이 공식은 앞서의 모집단의 표준편차를 알 때의 신뢰구간 설정 공식에서 σ_A^2와 σ_B^2 대신에 각각 s_A^2와 s_B^2를 활용한 것이다.

또한 표준화된 검정 통계량 Z_{dif}도 다음과 같이 공식화시킬 수 있다.

$$Z_{dif} = \frac{\overline{X}_A - \overline{X}_B}{\sqrt{\frac{s_A^2}{n_A} + \frac{s_B^2}{n_B}}}$$

② t-분포를 활용하는 경우

모집단의 표준편차가 알려져 있지 않고 무작위 표본추출을 통해서 소표본이 구성된 경우라면 t-분포를 활용한다. 그런데 이렇게 t-분포를 활용할 때, 두 모집단의 표준편차가 같다고 볼 수 있는 경우 및 두 모집단의 표준편차를 같다고 할 수 없는 두 가지 경우로 나누어 검정 통계량을 구하게 된다. 바로 이러한 면에서 σ_{dif}값을 추정하는 것이 실제 두 집단의 평균의 차이에 대한 가설검정에서 가장 까다롭고 복잡한 부분이 되는 것이다.

첫째, 두 모집단의 표준편차가 동일하다고 간주할 수 있는 경우가 있다. 예를 들자면, 한 공장 내의 두 개의 생산라인이 해당 공장이 표준화시킨 작업공정을 철저하게 준수하면서 제품을 생산한다고 가정해 보자. 그렇다면, 두 개 생산라인에서 생산된 제품들은 이론적으로 동일한 품질을 가진 것이라고 할 수 있다. 따라서 이러한 경우에는 두 생산라인에서 생산된 제품의 품질에 관련된 변수 측정값의 표준편차가 동일할 것이라고 가정할 수 있을 것이다.

이러한 경우, 즉 $\sigma_A = \sigma_B$인 경우, σ_{dif}값은 다음 공식으로 계산한다.

$$\sigma_{dif}=\sqrt{\frac{(n_A-1)s_A^2+(n_B-1)s_B^2}{n_A+n_B-2}}\sqrt{\frac{1}{n_A}+\frac{1}{n_B}}$$

이 공식의 구성요소 $\sqrt{\frac{(n_A-1)s_A^2+(n_B-1)s_B^2}{n_A+n_B-2}}$를 s_p(합동표준편차)라고 부른다.

또한 이때, t-분포의 자유도는 다음과 같다.

$$d.f=n_A+n_B-2$$

양측검정을 가정할 때 두 모집단 평균의 차이에 대한 신뢰계수 $100(1-\alpha)$를 가지는 신뢰구간은 다음의 공식에 따라서 설정된다.

$$(\overline{X}_A-\overline{X}_B)-t_{\frac{2}{\alpha},\,(n_A+n_B-2)}\cdot s_p\cdot\sqrt{\frac{1}{n_A}+\frac{1}{n_B}}$$
$$\le\mu_A-\mu_B\le(\overline{X}_A-\overline{X}_B)+t_{\frac{2}{\alpha},\,(n_A+n_B-2)}\cdot s_p\cdot\sqrt{\frac{1}{n_A}+\frac{1}{n_B}}$$

검정 통계량 t_{dif}도 다음과 같이 공식화된다.

$$t_{dif}=\frac{\overline{X}_A-\overline{X}_B}{s_p\cdot\sqrt{\frac{1}{n_A}+\frac{1}{n_B}}}$$

둘째, 두 모집단의 표준편차가 동일하다고 간주할 수 없는 경우가 있다. 예를 들자면, 빈부격차가 심한 지역의 소득수준과 비교적 그 격차가 덜한 지역의 소득수준에 있어서는 소득의 표준편차가 같다고 할 수 없을 것이다. 이러한 경우에 있어서 σ_{dif}의 추정치는 다음의 공식을 활용함으로써 계산된다.

$$\hat{\sigma}_{dif}=\sqrt{\frac{s_A^2}{n_A-1}+\frac{s_B^2}{n_B-1}}$$

이때, t-분포의 자유도는 다음과 같다.

$$d.f = n_A + n_B - 2$$

양측검정을 가정할 때 두 모집단 평균의 차이에 대한 $100(1-\alpha)\%$ 신뢰구간의 공식은 다음과 같다.

$$(\overline{X}_A - \overline{X}_B) - t_{\frac{2}{\alpha},\,(n_A+n_B-2)}\sqrt{\frac{s_A^2}{n_A-1}+\frac{s_B^2}{n_B-1}}$$
$$\leq \mu_A - \mu_B \leq (\overline{X}_A - \overline{X}_B) + t_{\frac{2}{\alpha},\,(n_A+n_B-2)}\sqrt{\frac{s_A^2}{n_A-1}+\frac{s_B^2}{n_B-1}}$$

또한, 검정 통계량 t_{dif}은 다음과 같이 공식화된다.

$$t_{dif} = \frac{\overline{X}_A - \overline{X}_B}{\sqrt{\frac{s_A^2}{n_A-1}+\frac{s_B^2}{n_B-1}}}$$

5. 검정통계량과 임계치의 비교에 따른 의사결정

1) 두 모집단의 표준편차를 알 때

정규분포를 활용하여 표준화된 검정통계량과 임계치를 비교한다. 그 비교의 결과로서 귀무가설의 채택여부를 결정한다. 대립가설의 내용에 따라서 양측검정이 필요한 경우, 표준화된 검정 통계량 Z_{dif}이 표준화된 임계치 $\pm Z_{\alpha/2}$외부에 위치한다면 기각역에 속하는 것이기에 귀무가설을 기각한다. 즉, 표준화된 검정 통계량 Z_{dif}의 절대값이 표준화된 임계치 $\pm Z_{\alpha/2}$의 값보다 크다면 귀무가설을 기각한다.

만일 우측검정을 시행하여야 하는 경우라면 표준화된 검정 통계량이 표준화된 임계치보다 클 때 귀무가설을 기각하게 된다. 그에 비해서 좌측검정의 경우에는 표준화된 검정 통계량이 음(−)의 임계치보다 작을 때, 즉 임계치

그림 9-4 정규분포를 활용한 검정에서의 채택역과 기각역

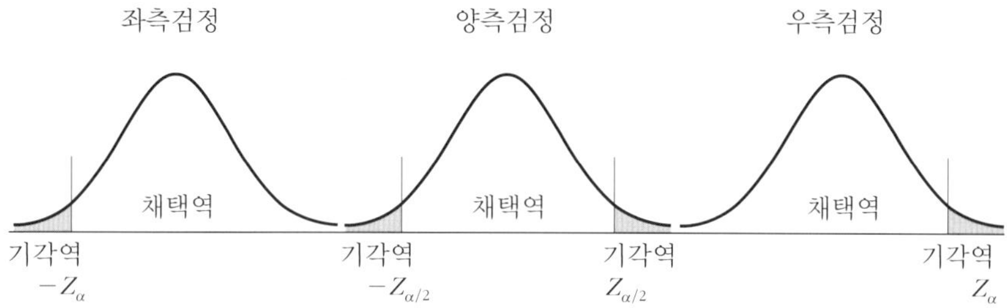

밖의 왼쪽 꼬리부분에 위치할 때 귀무가설을 기각한다. 이러한 관계를 시각화시킨 것이 [그림 9-4]이다.

2) 두 모집단의 표준편차를 모를 때

표본의 크기가 충분히 큰 대표본의 경우에는 정규분포를 활용하여 표준화된 검정 통계량과 임계치를 비교하여 귀무가설을 기각할 것인가의 여부를 판별한다. 이때 의사결정의 기준은 두 모집단의 표준편차를 알 때와 동일하다.

문제는 표본의 크기가 충분히 크지 않은 소표본의 경우이다. 이러한 경우는 다시금 두 모집단의 표준편차가 동일하다고 가정할 수 있는 경우와 그렇지 않은 경우의 두 가지로 나누어진다. 정규분포 대신에 t-분포를 활용한다는 점에서는 앞서의 경우와는 차별성을 보유한다. 하지만, 의사결정의 기준 역시 두 모집단의 표준편차를 알 때와 그 기본적 논리에 있어서 아무런 차이가 없다. 즉, 검정 통계량과 임계치를 비교해서, 만일 임계치 밖의 기각역에 검정 통계량이 위치한다면, 귀무가설을 기각한다. 반면, 임계치 안에 검정 통계량이 포함된다면 귀무가설을 채택한다.

제2절 가설검정의 예

지금까지 우리는 두 모집단의 평균의 차이가 있는가를 검정하는데 요구되는 상당히 복잡하고 난해해 보이는 공식들을 소개하였다. 사실 행정학 전공자의 입장에서는 이렇게 복잡한 공식을 하나 하나 단계별로 적용해서 필요한 계산을 수행하고, 그 기초 위에서 가설검정에 대한 의사결정에 이른다는 것은 꽤나 성가신 과업일 수 있다. 하지만, 그러한 성가신 과정을 거쳐서 차근차근 원리와 절차를 이해해 나간다면, 다음 제3절에서 살펴볼 컴퓨터 프로그램의 활용 결과를 해석하는데 큰 도움이 될 수 있으며, 최소한 컴퓨터 프로그램의 활용이 얼마나 효율적인 문제풀이 방식인가를 깨달을 수 있을 것이다. 따라서 이번 제2절에서는 대표적인 두 유형의 문제를 들어서 어떻게 의사결정이 이루어지는가를 검토해 보기로 하겠다.

1. 정규분포를 활용하는 경우

대통령 직무 수행에 대한 평가에 있어서 두 지역의 평균점수에 차이가 있는가의 여부를 유의수준 $\alpha=0.05$에서 검정하기로 하자. 검정에 필요한 통계량이 다음과 같이 주어졌다고 가정해 보자.

지역 A의 표본의 크기 : $n_A=400$명
지역 A의 평균 평가 점수 : $\overline{X}_A=80$점
지역 B의 표본의 크기 : $n_B=400$명
지역 B의 평균 평가 점수 : $\overline{X}_B=55$점

여기서, 두 지역의 평균 평가 점수의 차이 $\overline{X}_A-\overline{X}_B$는 $80-55=25$점의 차이이다.

그렇다면 다음과 같은 가설 설정이 가능하다.

H_0 : $\mu_1 - \mu_2 = 0$
H_1 : $\mu_1 - \mu_2 \neq 0$

대립가설의 내용에 비추어 양측검정을 $\alpha = 0.05$ 수준에서 수행하여야 할 것이다. 임계치의 계산에 있어서, 지금의 경우는 모집단에서의 평가 점수의 표준편차가 알려져 있거나 그렇지 않거나 간에, 대표본의 경우에 해당하기에 정규분포를 활용한다. 표준화된 정규분포를 활용할 때 유의수준 $\alpha = 0.05$에서 양측검정을 하게 되는 경우라면 임계치는 ± 1.96이다. 여기서 만일, 과거 수많은 직무 평가 조사를 통해서 모집단에서의 평균차이의 표준편차가 10점으로 알려져 있다고 가정해 보자. 즉, $\sigma_{dif} = 10$이라고 가정할 수 있다면, 앞서 소개한 표준화된 검정 통계량 Z_{dif}의 공식을 직접 활용할 수 있다.

$$\sigma_{dif} = \sqrt{\frac{s_A^2}{n_A} + \frac{s_B^2}{n_B}} = 10$$

$$Z_{dif} = \frac{\overline{X}_A - \overline{X}_B}{\sqrt{\frac{\sigma_A^2}{n_A} + \frac{\sigma_B^2}{n_B}}}$$

$$= \frac{80 - 55}{10} = 2.50$$

따라서, 임계치와 검정 통계량을 비교한다면 검정 통계량의 값이 임계치 밖의 기각역에 위치함을 발견할 수 있기 때문에 유의수준 $\alpha = 0.05$에서 두 지역의 평가 점수의 차이가 없다는 귀무가설을 기각한다. 또한 이러한 경우는 95% 신뢰계수를 갖는 신뢰구간이 다음 공식으로 설정될 것이다.

$$(\overline{X}_A - \overline{X}_B) - Z_{\frac{\alpha}{2}}\sqrt{\frac{\sigma_A^2}{n_A} + \frac{\sigma_B^2}{n_B}} \leq \mu_A - \mu_B \leq (\overline{X}_A - \overline{X}_B) + Z_{\frac{\alpha}{2}}\sqrt{\frac{\sigma_A^2}{n_A} + \frac{\sigma_B^2}{n_B}}$$

$$(80 - 55) - 1.96 \cdot 10 \leq \mu_A - \mu_B \leq (80 - 55) + 1.96 \cdot 10$$

$$5.40 \leq \mu_A - \mu_B \leq 44.60$$

이 신뢰구간 안에 귀무가설의 값 0이 포함되지 않기에 귀무가설을 기각함을 다시 한 번 더 확인할 수 있다.

만일 위와 같은 대표본의 경우, 모집단에서의 평가 점수 차이의 표준편차가 알려져 있지는 않지만, 두 지역 A, B의 평가 점수의 표본표준편차가 20점과 35점으로 주어진 경우라면 검정 통계량을 계산함에 있어서 다음 절차를 따라야 한다.

$$\hat{\sigma}_{dif} = \sqrt{\frac{s_A^2}{n_A} + \frac{s_B^2}{n_B}} = \sqrt{\frac{20^2}{400} + \frac{35^2}{400}} = 2.0156$$

$$Z_{dif} = \frac{\overline{X}_A - \overline{X}_B}{\sqrt{\frac{s_A^2}{n_A} + \frac{s_B^2}{n_B}}} = \frac{80-55}{2.0156} = 12.40$$

이러한 경우, 검정통계량이 임계치 밖의 기각역에 위치하기에 유의수준 $\alpha = 0.05$에서 귀무가설을 기각한다. 95% 신뢰수준의 신뢰구간 역시 다음과 같이 설정된다.

$$(\overline{X}_A - \overline{X}_B) - Z_{\frac{\alpha}{2}}\sqrt{\frac{s_A^2}{n_A} + \frac{s_B^2}{n_B}} \leq \mu_A - \mu_B \leq (\overline{X}_A - \overline{X}_B) + Z_{\frac{\alpha}{2}}\sqrt{\frac{s_A^2}{n_A} + \frac{s_B^2}{n_B}}$$

$$(80-55) - 1.96 \cdot 2.0156 \leq \mu_A - \mu_B \leq (80-55) + 1.96 \cdot 2.0156$$

$$21.0494 \leq \mu_A - \mu_B \leq 28.9506$$

앞서와 마찬가지 논리로 이렇게 설정된 신뢰구간 범위 내에 귀무가설의 값이 포함되지 않기에 귀무가설이 기각되는 것을 다시 한 번 더 확인할 수 있다.

2. t-분포를 활용하는 경우

소표본 경우에 있어서도 만일 모집단의 표준편차를 알고 있다면 정규분포를 사용할 수 있기에, 문제가 되는 것은 모집단의 표준편차를 모를 때의 경우이다. 이때에도 두 모집단의 표준편차가 같으리라고 가정할 수 있는 경우와 그렇지 못한 두 가지 경우로 구분된다는 것은 지적한 바 있다.

먼저, 비록 모집단의 표준편차를 모르지만, 그 값이 두 집단에서 동일할 것이라고 기대할 수 있는 경우의 가설검정을 살펴보기로 하자. 앞의 제1절에서는 그러한 예로서, 한 공장의 두 개 생산라인에서 생산된 제품의 품질에 관련된 변수 측정값의 표준편차를 생각했었다. 따라서 두 개 생산라인 – 1번 생산라인과 2번 생산라인 –에서 생산된 제품을 각각 16개씩 무작위 추출하여 표본을 구성해 보자. 표본의 분석 결과로서 제품의 평균 무게와 표준편차가 다음과 같이 주어졌다고 가정하자. 이제 두 생산라인에서 생산된 제품의 무게가 차이가 있는지를 유의수준 $\alpha=0.05$에서 검정해 보기로 하자.

1번 생산라인 제품의 평균 무게 : 3.00KG
1번 생산라인 제품의 표준편차 : 0.15KG
2번 생산라인 제품의 평균 무게 : 3.05KG
2번 생산라인 제품의 표준편차 : 0.20KG

먼저, 다음과 같은 가설을 설정할 수 있다.

H_0 : $\mu_1-\mu_2=0$
H_1 : $\mu_1-\mu_2\neq0$

대립가설의 내용이 양측검정의 실행을 필요로 하고, 유의수준 $\alpha=0.05$에 자유도 $d.f=n_A+n_B-2=30$이기에 임계치를 계산하기 위해서 [부록] t-분포표에서 T값을 읽어 들이면 그 값은 2.042이다.

검정 통계량의 계산에서 있어서는 $\sigma_A=\sigma_B$인 경우를 가정하기에 우선 σ_{dif}값을 다음과 같은 방법으로 추정한다.

$$\hat{\sigma}_{dif}=\sqrt{\frac{(n_A-1)s_A^2+(n_B-1)s_B^2}{n_A+n_B-2}}\sqrt{\frac{1}{n_A}+\frac{1}{n_B}}$$

$$\hat{\sigma}_{dif}=\sqrt{\frac{(16-1)0.15^2+(16-1)0.20^2}{16+16-2}}\sqrt{\frac{1}{16}+\frac{1}{16}}=0.0625$$

따라서, 검정 통계량 t_{dif}은 다음과 같이 계산된다.

$$t_{dif}=\frac{\overline{X}_A-\overline{X}_B}{\hat{\sigma}_{dif}}=\frac{-0.05}{0.0625}=-0.8$$

결국, 유의수준 $\alpha=0.05$에서 검정통계량의 절대값이 임계치보다 작기에 두 생산라인에서 생산된 제품의 평균무게는 차이가 없다는 귀무가설을 채택한다.

또한, 이러한 경우에 두 모집단 평균의 차이에 대한 신뢰계수 95%의 신뢰구간을 설정하여 그 신뢰구간 안에 귀무가설의 값이 포함하는 것을 확인해 보기로 하자. 공식에 따라서 95% 신뢰구간은 다음과 같이 설정된다.

$$(\overline{X}_A-\overline{X}_B)-t_{\frac{2}{\alpha},\,(n_A+n_B-2)}\cdot s_p\cdot\sqrt{\frac{1}{n_A}+\frac{1}{n_B}}$$

$$\leq\mu_A-\mu_B\leq(\overline{X}_A-\overline{X}_B)+t_{\frac{2}{\alpha},\,(n_A+n_B-2)}\cdot s_p\cdot\sqrt{\frac{1}{n_A}+\frac{1}{n_B}}$$

$$(-0.05)-2.042\cdot 0.0625\leq\mu_A-\mu_B\leq(-0.05)+2.042\cdot 0.0625$$

$$-0.1778\leq\mu_A-\mu_B\leq 0.0776$$

이제 또 다른 예 문제를 생각해 보자. 모집단의 표준편차도 모르고 나아가 그 값이 두 집단에서 동일하다고 간주할 수도 없는 경우로서는 앞서 빈부격차가 심한 지역의 소득수준의 표준편차와 빈부격차가 덜한 지역의 소득수준의 표준편차를 든 바 있다. 이러한 경우, 두 지역의 소득수준의 평균이 같은가에 관한 의사결정에 이르는 기본 논리는 지금까지 검토한 모든 경우에서와 근본적으로 차이가 없다.

만일 두 지역의 소득수준에 관해서 두 지역에서 각각 11가구를 표본으로 추출하여 분석한 표본 통계량이 다음과 같다면 이 때 두 지역의 평균 소득수준이 차이가 있는가를 유의수준 $\alpha=0.05$에서 검정해 보기로 하자.

지역 A의 평균소득 : 250만원
지역 A의 소득의 표준편차 : 30만원
지역 B의 평균소득 : 220만원
지역 B의 소득의 표준편차 : 15만원

먼저, 다음과 같은 가설을 설정할 수 있다.

H_0 : $\mu_1-\mu_2=0$
H_1 : $\mu_1-\mu_2\neq0$

대립가설의 내용을 볼 때 양측검정을 수행해야 하며, 유의수준 $\alpha=0.05$에 자유도 $d.f=n_A+n_B-2=20$이다. 이때 [부록] t-분포표에서 T값을 읽어 들이면 그 값은 2.228이다. 즉, 임계치 T값$=2.228$이다.

검정 통계량의 계산에서 있어서는 $\sigma_A\neq\sigma_B$인 경우를 가정하였기에 $\hat{\sigma}_{dif}$는 다음과 같다.

$$\hat{\sigma}_{dif}=\sqrt{\frac{s_A^2}{n_A-1}+\frac{s_B^2}{n_B-1}}=\sqrt{\frac{30^2}{(11-1)}+\frac{15^2}{(11-1)}}=10.6066$$

따라서, 검정 통계량 t_{dif}과 95% 신뢰수준의 신뢰구간은 각각 다음과 같다.

$$t_{dif}=\frac{\overline{X}_A-\overline{X}_B}{\sqrt{\frac{s_A^2}{n_A-1}+\frac{s_B^2}{n_B-1}}}=\frac{30}{10.6066}=2.8284$$

$$(\overline{X}_A-\overline{X}_B)-t_{\frac{2}{\alpha},\,(n_A+n_B-2)}\sqrt{\frac{s_A^2}{n_A-1}+\frac{s_B^2}{n_B-1}}$$

$$\leq \mu_A - \mu_B \leq (\overline{X}_A - \overline{X}_B) + t_{\frac{2}{\alpha},\ (n_A + n_B - 2)} \sqrt{\frac{s_A^2}{n_A - 1} + \frac{s_B^2}{n_B - 1}}$$

$$(250 - 220) - 2.228 \cdot 10.6066 \leq \mu_A - \mu_B \leq (250 - 220) + 2.2228 \cdot 10.6066$$

$$6.3685 \leq \mu_A - \mu_B \leq 53.6315$$

종합하자면, 검정 통계량의 값이 임계치 밖의 기각역에 위치하며, 신뢰구간의 범역을 설정하여 검토하여도 귀무가설의 값이 구간 밖에 위치한다. 따라서 가설검정에 대한 의사결정으로서 귀무가설을 기각한다.

제 3 절 컴퓨터 프로그램을 활용한 두 집단의 평균의 차이 검정 실습

1. MS Excel을 활용한 실습

원 자료들이 주어지지 않고 통계량만 주어진 경우라면, 이미 앞서의 제 8장에서 검토한 바와 같이, 화면에 주어진 통계량, 임계치를 구하는 Excel NORMSINV 및 TINV 함수와 그 괄호 안에 들어 갈 인수, 검정 통계량의 공식, 신뢰구간의 공식을 입력하여 가설검정에 관한 의사결정에 이를 수 있겠다. 이러한 절차는 제8장의 기본 논리와 동일하기에 여기서 다시 반복적으로 설명하지 않기로 한다. 그 대신 이번 순서에서는 Excel 메뉴를 클릭함으로써 의사결정을 할 수 있는 절차를 소개하기로 한다.

1) 정규분포를 활용하는 경우

소표본이지만, 모집단의 표준편차가 알려져 있는 경우를 가정해 보기로 하자. 어느 대학교에 재학 중인 남학생과 여학생들 간에 학점의 차이가 있는지의 여부를 검정하기 위해서 남학생 11명과 여학생 11명을 각각 무작위 표본추출로 선정하여 표본을 구성하였다. 이전의 조사를 통해서 이러한 경우에 있어서 모집단의 표준편차는 0.2점인 것으로 알려져 있다. 이제 Excel 워크시트에 남학생과 여학생의 학점을 입력하였다. 그리고 [그림 9-5]의 화면처럼, Excel 윗부분의 문자 메뉴 '데이터' → '데이터 분석' → 'Z-검정: 평균에 대한 두 집단'의 항목을 선택한 후, '확인' 버튼을 클릭해 보자.

그 결과 [그림 9-6]과 같은 'Z-검정: 평균에 대한 두 집단' 대화상자가 화면에 등장한다. 여기서 '변수 1 입력 범위'와 '변수 2 입력 범위'에 각각 A열

그림 9-5 엑셀 Z-검정: 평균에 대한 두 집단

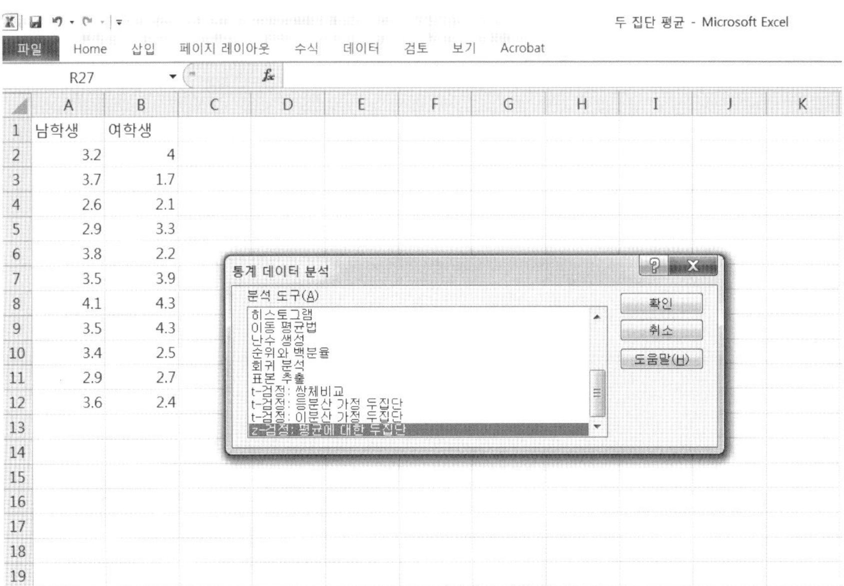

과 B열을 지정한다. 즉, 두 모집단으로부터 추출한 표본의 관측값이 어디에 위치하고 있는가를 각각 지정해 주는 것이다. '가설의 평균차' 난에는 귀무가설의 값 0을 입력한다. 혹은 귀무가설의 값을 입력하지 않은 경우라면 Excel 프로그램이 자동으로 0으로 인식하여 처리해 준다. '변수 1의 분산[2]–기지값'과 '변수 2의 분산-기지값'(이미 알고 있는 값) 난에는 각각 해당하는 수치를 입력한다.

셀 A1과 셀 B1에 각각 '남학생'과 '여학생'의 변수 이름이 입력되었기에 이것을 변수 이름표로 해석하여 '이름표' 앞의 상자에 체크 표기를 한다. 바로 아래 '유의 수준' 난에는 원하는 유의수준 α의 값을 지정해주면 된다. 이어서 '출력 옵션'을 지정하고 '확인' 버튼을 클릭하면 [그림 9–7]의 결과를 얻게

그림 9–6 Z-검정 대화상자의 입력

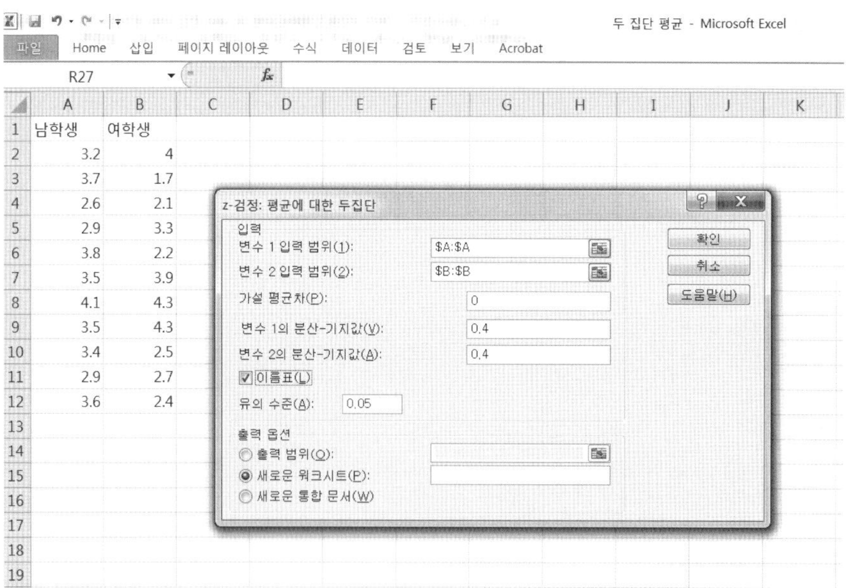

2) 누구나 기억하듯이 표준편차(σ standard deviation)는 분산(σ^2 variance)의 양(+)의 제곱근이다.

된다.

[그림 9-7]에서 우리는 표본의 기초통계량뿐만 아니라 두 집단의 평균의 차이에 대한 가설검정을 할 수 있는 자료들을 얻을 수 있다. 먼저, 모집단에서 남학생과 여학생간의 학점 차이 여부를 검정하는 임계치, 즉 Z값은 유의수준 $\alpha=0.05$로 주어진 경우에 양측검정을 시행한다면 1.95996398로 계산되었음이 나타난다. 간략히 말하자면 1.96이다. 워크시트에서는 12번 행의 'Z 기각치 양측 검정'에 해당하는 값으로 나타난다. 만일, 대립가설의 내용이 지금과 달리 단측검정 – 우측검정이나 혹은 좌측검정 – 이 필요한 경우라면, 10번 행의 'Z 기각치 단측 검정'에 해당하는 값 1.645가 그 임계치가 된다.

가설검정에 관한 의사결정을 신속히 내리기 위해서는 8번 행의 'Z 통계량'이 곧 검정 통계량이기에 이 검정 통계량과 임계치를 비교한다. 양측검정의 경우, 검정 통계량의 절대값이 임계치보다 크다면 귀무가설을 기각하게

그림 9-7 Z-검정의 결과

두 집단 평균 - Microsoft Excel

	A	B	C
1	z-검정: 평균에 대한 두 집단		
2			
3		남학생	여학생
4	평균	3.3818182	3.0363636
5	기지의 분산	0.4	0.4
6	관측수	11	11
7	가설 평균차	0	
8	z 통계량	1.2809797	
9	P(Z<=z) 단측 검정	0.1001004	
10	z 기각치 단측 검정	1.6448536	
11	P(Z<=z) 양측 검정	0.2002008	
12	z 기각치 양측 검정	1.959964	

된다. 지금 예에서는 검정 통계량이 임계치보다 작기에 귀무가설을 채택한다. 즉, '모집단에서 남학생과 여학생 간의 학점 차이가 없다'는 가설을 채택한다. 만일 대립가설의 내용에 따라서 우측검정을 해야 하는 경우가 된다면, 검정 통계량의 값이 10번 행의 임계치 값보다 큰 경우에 귀무가설을 기각한다. 좌측검정의 경우라면 검정 통계량의 절대값이 임계치보다 큰 경우에 마찬가지의 의사결정을 내린다.

또 다른 의사결정의 방법은 11번 행의 'P(Z< =z)'에 해당하는 확률값을 기준으로 삼는 방법이다. 이 확률값이 바로 유의수준 α에 해당하는 확률이다. 즉, 이 확률이 설정한 유의수준 α값보다 작은 경우에는 귀무가설을 기각할 수 있다. 당연히 이 확률이 설정한 유의수준보다 크다면 귀무가설을 채택한다. 지금의 예에서 볼 때, 그 확률값이 0.2002008로서 이 값은 설정한 유의수준 $\alpha=0.05$보다 크기에 귀무가설을 기각할 수 없다. 단측검정의 경우에도 마찬가지 기준을 적용함으로써 의사결정에 이를 수 있다.

2) t-분포를 활용하는 경우

모집단의 표준편차가 알려져 있지 않고 소표본인 경우 *t*-분포를 활용한다. 이 경우도 두 가지 – 모집단의 표준편차가 같다고 가정할 수 있는 경우와 그렇지 않은 경우 – 로 구분됨은 수차례 설명한 바 있다. 두 가지 경우 모두 앞서 살펴본 정규분포를 활용하는 경우와 마찬가지로 Excel 문자 메뉴 '데이터' → '데이터 분석'으로의 이동 순서를 따른다.

그 다음 과정으로 앞의 [그림 9-5]에서 나타나듯, '데이터 분석'을 클릭함으로써 등장하는 '통계 데이터 분석' 대화상자의 가장 끝 항목이 앞서의 'Z-검정: 평균에 대한 두 집단'이다. 그 바로 위의 두 항목이 위에서부터 't-검정: 등분산 가정 두 집단'과 't-검정: 이분산 가정 두 집단'의 분석 방법이다. 따라서, 모집단의 표준편차가 같다고 가정할 수 있는 경우라면, 등분산을 가정한 't-검정: 등분산 가정 두 집단'을 선택한 후 '확인' 버튼을 클릭한다. 반면, 모집단의 표준편차가 같다고 가정할 수 없다면, 't-검정: 이분산 가정 두 집단'을 선택하여 '확인' 버튼을 누른다.

두 가지 경우 모두에 있어서 '확인' 버튼 클릭 후 등장하는 대화상자의 내용은 아무런 차이가 없다. 즉, 등분산을 가정하거나 이분산을 가정하거나 두 가지 방법 모두 모집단의 표준편차를 모르기 때문에, 등장하는 대화상자의 내용은 [그림 9-6] 대화상자의 내용에서 '변수 1의 분산-기지값'과 '변수 2의 분산-기지값' 부분을 제외한 나머지와 똑 같이 구성된다.

't-검정: 등분산 가정 두 집단'의 경우, 대화상자의 내용을 다 입력한 후 '확인' 버튼을 클릭하면 [그림 9-8]과 같은 분석의 결과가 등장한다. 분석 결과의 포맷 역시 [그림 9-7]에서 볼 수 있었던 정규분포를 활용하였던 분석 결과의 포맷과 큰 차이는 없다. 단지 *t*-분포를 활용하기에 자유도가 알려주고 있으며, 등분산의 경우에는 합동표준편차 s_p를 제곱한 값인 합동 분산값, 즉 '공동(Pooled) 분산'값을 계산해 준다. 't-검정: 이분산 가정 두 집단'의 경

그림 9-8 등분산 가정의 분석 결과

t-검정: 등분산 가정 두 집단

	남학생	여학생
평균	3.381818	3.036364
분산	0.197636	0.910545
관측수	11	11
공동(Pooled) 분산	0.554091	
가설 평균차	0	
자유도	20	
t 통계량	1.088383	
P(T<=t) 단측 검정	0.144684	
t 기각치 단측 검정	1.724718	
P(T<=t) 양측 검정	0.289368	
t 기각치 양측 검정	2.085963	

우에도 분석의 결과는 공동 분산값이 제공되지 않는다는 점을 제외하고는 등분산 가정의 경우에서와 동일한 구성의 통계량들을 제시한다.

기본적인 가설검정의 의사결정 원리는 어느 경우에나 다 동일하다. 즉, 검정 통계량의 값과 임계치를 비교하여 검정 통계량의 절대값이 임계치보다 크다면 귀무가설을 기각한다. 혹은, 결과 워크시트에서 보고된 p 확률값이 설정된 유의수준 α값보다 작으면 귀무가설을 기각한다.

2. SAS를 활용한 실습

Excel의 경우와 마찬가지로 원 자료가 주어지지 않고 통계량이 주어진 경우라면, 제8장에서 설명한 것과 같이, SAS 프로그램의 확장 편집기 창에 임계치, 검정 통계량, 신뢰구간을 구하는 공식을 입력하여 실행시킴으로써 가설검정에 대한 의사결정을 내릴 수 있겠다. 이 방법 역시 제8장에서 그 핵심 절차와 의미를 충분히 설명하였기에 여기서는 생략하기로 한다. 그 대신 이번 순서에서는 소표본의 경우에 있어서 원 자료가 주어지면 어떻게 proc ttest 구문을 작성하여 두 모집단의 평균 차이를 검정하는지 그 방법을 소개하도록 한다.

[그림 9-9]의 화면과 같이 두 집단 평균의 차이가 있는지의 여부를 검정하는 프로그램을 작성해 보자. 화면 첫 줄의 데이터 셋은 남학생과 여학생의 학점을 입력시킨 'twogroup'이란 이름을 갖고 있다. /* 메모 내용 */ 은 이후에 프로그램이나 데이터 셋에 관한 혼란스러움을 방지하기 위한 참고사항을 기입하는 구문이라는 점은 앞서 설명한 바 있다. 데이터 셋 'twogroup'에는 두 개 변수 'gender'와 'grade'가 차례로 계속하여 입력되어 있음을 'input gender grade $ @@;' 문이 밝히고 있다. 여기서 부호 $ 는 바로 앞에 나오는 변수의 관측값이 숫자로 입력되는 것이 아니라 문자로 입력되는 경우에 반드시 붙여야 한다. 즉, 변수 'gender'의 값은 'cards;' 문 아래에 입력된 것을 보면 'm'과 'f'로 입력된 것을 알 수 있겠다.

이렇게 입력이 완료된 후, 다른 데이터 셋 'ttesttwog'가 구성된다. 즉, '/* */' 안에 입력한 메모의 내용을 보면 'ttesttwog'라 명명한 데이터 셋이 두 모집단의 평균을 비교하기 위한 자료를 구성하고 있음을 알 수 있다. 'ttesttwog' 데이터 셋에 관한 옵션으로 이 데이터 셋을 대상을 분석한 결과를 출력 창에 보여줄 때 날짜를 프린트하지 않도록 지정하고 있다.('option nodate ;') 그리고 더 중요한 사항은 'ttesttwog' 데이터 셋은 자료를 직접 입력하여 구성되는 것이 아니라 SAS 프로그램을 통해서 구성한 바 있는 기존의 데이터 셋 'twogroup'을 불러와서 다시 사용한다는 의미의 'set twogroup ;'의 문장이다. 이와 같이 set 문장을 사용하면, 외부자료를 불러 들여서 사용하는 경우의 infile 문장과 마찬가지로, 자료를 다시 입력할 수고로움에서 자유로워질 수 있다.

이어서 proc 구문이 등장한다. 먼저, 'proc sort ; by gender ;' 의 문장을 보자. 영어 단어 'sort'의 의미가 '(순서대로) 정렬시키다,' '배열하다'인 것과

그림 9-9 두 집단 평균 차이 검정을 위한 PROC TTEST

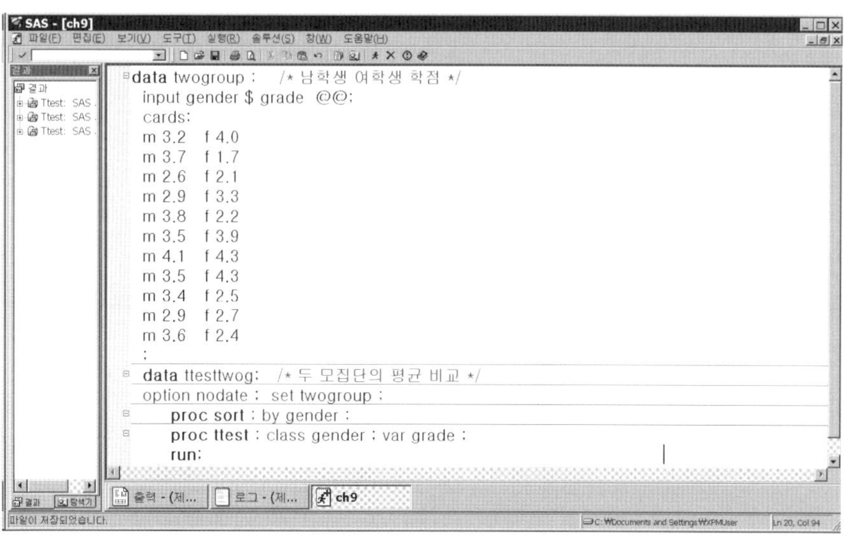

같이 'proc sort ;' 문장은 자료를 기준에 따라서 정렬시키는 절차를 수행하라는 의미이다. 즉, 두 집단의 평균의 차이가 있는지의 여부를 검정할 수 있는 proc ttest 절차를 수행하기 위해서는 두 집단을 구분하는 기준에 따라서 자료들이 미리 정렬되어 있어야 한다. 지금의 예에서는, 두 집단을 분류하는 기준이 바로 변수 'gender'가 되리라는 것을 독자들은 이해할 것이다. 따라서 'proc sort ;' 다음에 정렬의 기준이 되는 변수 'gender'를 '~에 의한'의 의미를 지니는 영어 단어 by 다음에 위치시킨 'by gender ;'의 문장으로 표시한다.

자료를 정렬한 다음에 이제 proc ttest를 수행하게 된다. 'proc ttest ; class gender ; var grade ;'의 문장들을 보자. 이 문장들은 변수 'grade'를 대상으로, 변수 'gender'를 기준으로, 집단의 평균의 차이가 있는지의 여부에 관한 가설검정을 수행하라는 의미이다. 프로그램을 실행시킬 준비가 완료되었다는 'run;'을 입력하고 확장 편집기 창의 내용을 실행시키면 [그림 9-10]으로

그림 9-10 두 집단 평균 차이 검정 결과

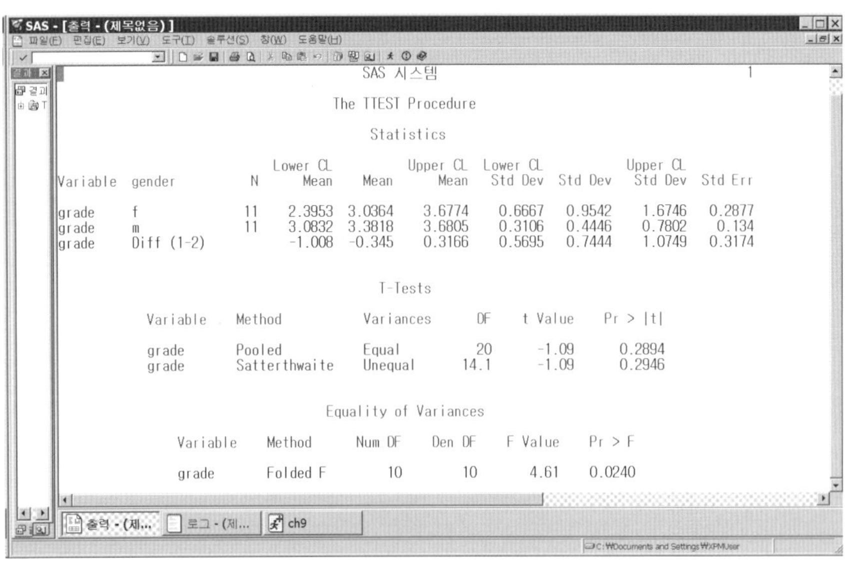

SAS 시스템 1

The TTEST Procedure

Statistics

Variable	gender	N	Lower CL Mean	Mean	Upper CL Mean	Lower CL Std Dev	Std Dev	Upper CL Std Dev	Std Err
grade	f	11	2.3953	3.0364	3.6774	0.6667	0.9542	1.6746	0.2877
grade	m	11	3.0832	3.3818	3.6805	0.3106	0.4446	0.7802	0.134
grade	Diff (1-2)		-1.008	-0.345	0.3166	0.5695	0.7444	1.0749	0.3174

T-Tests

Variable	Method	Variances	DF	t Value	Pr > |t|
grade	Pooled	Equal	20	-1.09	0.2894
grade	Satterthwaite	Unequal	14.1	-1.09	0.2946

Equality of Variances

Variable	Method	Num DF	Den DF	F Value	Pr > F
grade	Folded F	10	10	4.61	0.0240

나타나는 분석결과가 출력 창에 등장한다.

이제 출력 창의 내용을 검토해 보기로 하자. 화면 윗부분의 'Statistics' 항목 아래에 원 자료를 분석한 결과로서의 기초 통계량들이 계산되어 나온다. 남학생과 여학생 각각의 'grade' 평균과 표준편차의 평균, 그리고 이들 평균에 대한 95% 신뢰수준의 신뢰구간을 찾아 볼 수 있다. 그리고 남학생과 여학생의 평균의 차이가 'Diff (1-2)'로 표기되어 있는 것도 확인할 수 있다.

그런데, SAS 프로그램의 proc ttest 절차를 실행시키면 소표본의 경우 두 집단의 표준편차를 모른다고 하여도 두 집단의 표준편차를 동일한 것으로 가정할 수 있을 것인지 그렇지 않은지를 결정할 수 있는 통계량을 제공받게 된다. 따라서 'Diff (1-2)'의 표기를 확인한 후, 화면 아랫부분 'Equality of Variances' 항목을 검토한다. 바로 이 항목이 두 집단의 표준편차가 동일한 것으로 가정할 것인지 아닌지를 결정하는 통계량의 내용이다. 이 때 귀무가설의 내용은 '두 집단의 표준편차가 동일하다'이다. 그리고 이 가설을 검정하기 위해서 제시된 통계치가 'Pr > F'의 값이다. 가설검정의 일반원칙을 적용하여 이 확률값이 설정된 유의수준 α값보다 작은 경우라면 귀무가설을 기각한다. 따라서 지금의 예에서는 그 확률값 '0.0240'이 일반적인 유의수준 $\alpha=0.05$보다 작은 경우이기에 두 집단의 표준편차가 동일하다는 귀무가설을 기각한다. 즉, 남학생의 모집단과 여학생의 모집단에서의 학점의 표준편차가 동일하지 않다는 대립가설을 채택한다.

두 모집단의 표준편차가 동일하지 않다고 추정한 후, 이제 출력 창 중앙부분에 있는 'T-Tests' 항목을 검토하게 된다. 'T-Tests' 단어 바로 아래에 'Variance'가 'Equal'인 경우와 'Unequal'의 경우가 각각 다른 줄에 기재되어 있는 것을 찾을 수 있을 것이다. 바로 이전 단계에서 두 모집단의 표준편차가 동일하지 않은 것으로 추정되었기에, 여기서 우리는 'Unequal'에 해당하는 줄의 통계량을 기준으로 두 집단의 평균의 차이에 대한 최종적인 의사결정에 이르게 된다.

'Variance'(분산: 표준편차의 제곱)가 'Unequal'(동일하지 않은)의 경우 검정 통계량 T값을 구하기 위한 자유도의 값으로는 'DF'값으로 '14.1'이라

는 이해할 수 없는 수치가 나온다. 이 자유도는 'Method' 아래에 기재된 'Satterthwaite'라는 학자의 방법론을 적용하여 계산된 수치이다. 즉, 두 모집단의 표준편차가 동일하지 않은 경우의 T값이 -1.09로 계산된 것이다. 따라서 Satterthwaite의 자유도 $d.f$ 14.1의 경우 'Pr > |T|'의 확률은 '0.2946'으로 계산된다. 만일 두 집단의 표준편차가 동일하다는 귀무가설이 채택되었다면 그 때의 'Pr > |T|'의 확률값은 '0.2894'로 보고되었다.

종합하자면, 이 단계에 있어서도 가설검정의 일반원칙을 적용하여 'Pr > |T|'의 확률값이 설정된 유의수준 α값보다 작은 경우라면 귀무가설을 기각하게 된다. 결론적으로 지금의 예에서는 확률값 '0.2946'이 일반적인 유의수준 $\alpha=0.05$보다 훨씬 큰 경우이다. 따라서, 남학생의 모집단과 여학생의 모집단에서 '남학생과 여학생간의 학점 차이가 없다'는 귀무가설을 채택한다.

부록 두 집단 평균의 차이 검정 - 쌍체표본의 경우

제1절 쌍체표본의 검정 절차

제9장은 서로 다른 모집단에서 표본을 추출한 독립표본을 분석해서 그 분석 결과를 근거로 모집단에서의 평균의 차이를 검정하는 논리와 절차를 검토하였다. 독립표본이 아니라 동일한 연구대상으로부터의 측정값들을 두 개의 표본으로 구성한 쌍체표본(paired sample)의 경우에도 앞서의 논리와 절차를 적용시킬 수 있다.

한 가지 쌍체표본의 예를 들어보자. 행정계량분석과목의 수강생들에게 특강을 실시하면 그것이 실력 향상에 효과가 있는지를 판단해 보기로 하자. 판단을 위해서 특강 전후에 시험을 치루고 그 점수를 측정하였다. 시험을 치룬 수강생 중에서 15인을 무작위 표본추출하여 이들의 특강 실시 전후의 시험 성적을 비교해 보니 〈표 9′-1〉로 나타났다.

〈 표 9′-1 〉 특강 실시 전후의 성적 비교

ID	1	2	3	4	5	6	7	8	9	10	11	12	13	14	15
전	55	65	70	70	88	53	65	48	94	98	66	88	50	69	62
후	62	56	95	79	98	50	72	73	95	97	65	83	75	79	65

이때 특강 실시 전후의 시험점수는 동일한 연구대상으로부터 측정되며, 실시 전의 시험 점수들로 하나의 표본을 구성하고, 실시 후의 시험 점수들로 또 하나의 표본을 구성한다. 이때 두 표본은 서로 독립적인 것이 아니다. 한 표본의 구성요소는 다른 표본에서 그것과 대응하는 하나의 구성요소를 지

니게 된다. 바로 이러한 표본을 쌍체표본 혹은 대응표본이라고 부른다. 이와 같은 쌍체표본을 분석 대상으로 삼아서, 그 표본의 분석 결과를 가지고 모집단의 평균의 차이가 존재하는가의 여부를 가설검정하기 위해서는 앞서 살펴본 독립표본을 대상으로 했던 경우의 논리와 절차를 그대로 적용한다.

보다 구체적으로, 쌍체표본에서는 동일한 대상으로부터의 두 개의 관측치의 차이가 분석의 초점이 되며, 그 차이의 평균 $\overline{d}$, 모집단 개념으로서의 σ_d, 그리고 표본 개념으로서의 s_d는 각각 다음과 같은 공식으로 표현할 수 있다.

$$\overline{d}=\frac{\Sigma(X_{i1}-X_{i2})}{n}=\frac{\Sigma d_i}{n}$$

$$\sigma_d=\sqrt{\frac{\Sigma(d_i-\overline{d})^2}{n}}$$

$$s_d=\sqrt{\frac{\Sigma(d_i-\overline{d})^2}{n-1}}$$

독립표본의 경우와 마찬가지로 쌍체표본에서도 이론적으로 정규분포를 활용하거나 혹은 t-분포를 활용함으로써 두 개 평균의 차이에 대한 가설검정을 수행할 수 있을 것이다. 또한 이러한 가설검정 역시 기본적으로 일종의 신뢰구간을 설정하여 이 신뢰구간 안에 $\overline{d}$가 위치하는가의 여부로 가설을 채택할 것인지 혹은 기각할 것인가의 의사결정을 내리는 것이다. 검정 통계량과 임계치를 비교하고, p값과 유의수준 α를 비교하는 방법으로도 동일한 의사결정에 도달하게 될 것이다.

t-분포를 사용하는 경우, 독립표본의 경우와는 다르게 분석의 자유도 $d.f=n-1$임에 주의해야 한다. 이 외에는 독립표본의 경우와 차이가 없기에 쌍체표본에 관한 자세한 이론 내용을 과감하게 생략하기로 한다. 그 대신, 곧 바로 앞에서 예로 든 특강의 효과를 검정하는 방법을 일반적인 가설검정의 순서에 입각하여 검토하기로 한다.

우선 다음의 가설을 설정할 수 있겠다.

H_0 : $\mu_{전}-\mu_{후}=0$
H_1 : $\mu_{전}-\mu_{후}\neq 0$

가설의 내용으로 등장하는 아랫첨자 '전'과 '후'는 각각 특강 실시 전과 특강 실시 후를 의미한다. 귀무가설은 특강 실시 전의 시험 점수와 특강 실시 후의 시험 점수가 차이가 없다는 내용이다. 즉, 특강의 효과가 없다는 의미이다. 반면 대립가설은 특강 실시 전후의 시험점수가 차이가 있다는 내용을 지닌다.

일반적 유의수준 $\alpha=0.05$에 입각한 가설검정을 수행하도록 하겠다. 대립가설의 내용에 따라서 검정방식은 양측검정이 되어야 할 것이다.

표본의 크기 $n=15$는 충분히 크지 않기에 t-분포를 활용해서 임계치를 구해야 한다. 분석의 자유도 $d.f=15-1=14$, 유의수준 $\alpha=0.05$의 양측검정의 경우, 이 책 [부록] 해당하는 셀의 수치를 불러 읽어 들이면 임계치는 2.145이다.

검정 통계량 T값은 쌍체표본의 경우 다음의 공식을 활용함이 일반적이다.[3)]

$$t=\frac{\bar{d}-\mu_d}{\frac{s_d}{\sqrt{n}}}$$

이 공식을 사용하기 위해서 〈표 9′-1〉을 기초로 하는 〈표 9′-2〉를 작성한다.

3) 독자들은 왜 여기서 '일반적'이라는 용어를 사용했는지 잘 기억하고 있을 것이다. 즉, 그 이유는 n을 사용하느냐 혹은 $n-1$을 사용하느냐에 따른 계산의 편의성과 계산의 정확성 간의 선택 결과를 나타낸다.

〈 표 9′-2 〉 검정 통계량의 계산 절차

ID	X_{i1}	X_{i2}	$d_i=X_{i1}-X_{i2}$	$d_i-\overline{d}$	$(d_i-\overline{d})^2$
1	55	62	−7	0.06667	0.0044
2	65	59	6	13.06667	170.7379
3	70	95	−25	−17.93333	321.6043
4	70	79	−9	−1.93333	3.7378
5	88	98	−10	−2.93333	8.6044
6	53	50	3	10.06667	101.3378
7	65	72	−7	0.06667	0.0044
8	48	73	−25	−17.93333	321.6043
9	94	95	−1	6.06667	36.8045
10	98	97	1	8.06667	65.0712
11	66	65	1	8.06667	65.0712
12	88	83	5	12.06667	145.6045
13	50	75	−25	−17.93333	321.6043
14	69	79	−10	−2.93333	8.6044
15	62	65	−3	4.06667	16.5378
			$\overline{d}=-7.06667$		$\sum(d_i-\overline{d})^2=1586.933$

$$s_d=\sqrt{\frac{1586.933}{14}}=2.845$$

$$t=\frac{-7.067}{2.845/3.873}=-2.57$$

결국, 검정 통계량 T값 −2.57이 임계치는 2.145의 밖 기각역에 위치하기에 '특강 전후의 시험 점수의 차이가 없다'는 귀무가설을 기각한다.

제 2 절 컴퓨터 프로그램을 활용한 쌍체표본의 평균의 차이 검정 실습

1. MS Excel을 활용한 실습

앞서 예로든 특강 전후의 시험 점수 차이에 관한 가설검정 문제를 Excel을 활용하여 풀어 보기로 하자. Excel 워크시트에 자료를 입력하고 [그림 9′−1]과 같이 화면 윗부분의 문자 메뉴에서 '데이터' → '데이터 분석' → 't-검정: 쌍체비교'로 이동한다.

등장하는 't-검정: 쌍체비교'의 대화상자 내용을 기재한다. [그림 9′−2]와 같이, 입력 부분에서 '변수 1 입력 범위(1)'과 '변수 2 입력 범위(2)'각각에 특강 전후의 시험 점수가 입력된 셀 B와 셀 C를 지정해 넣는다. 행 1에 변수의 이름이 입력되어 있기에 '이름표' 난 앞의 상자에 체크 표시를 하고 유의수준을 기재한다.

그림 9′−1 t-검정: 쌍체비교 메뉴의 선택

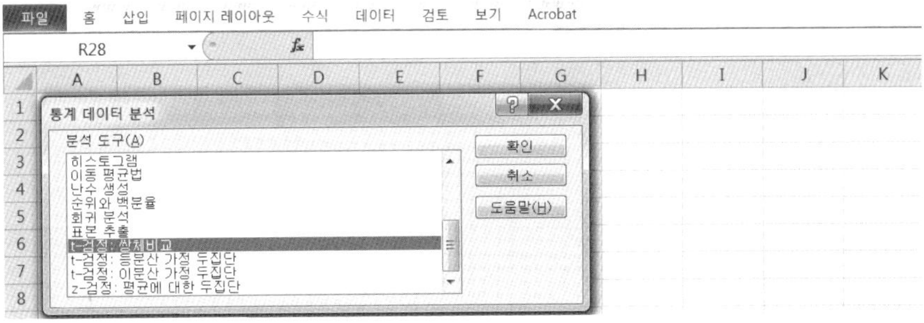

그림 9′-2 t-검정: 쌍체비교 대화상자 내용

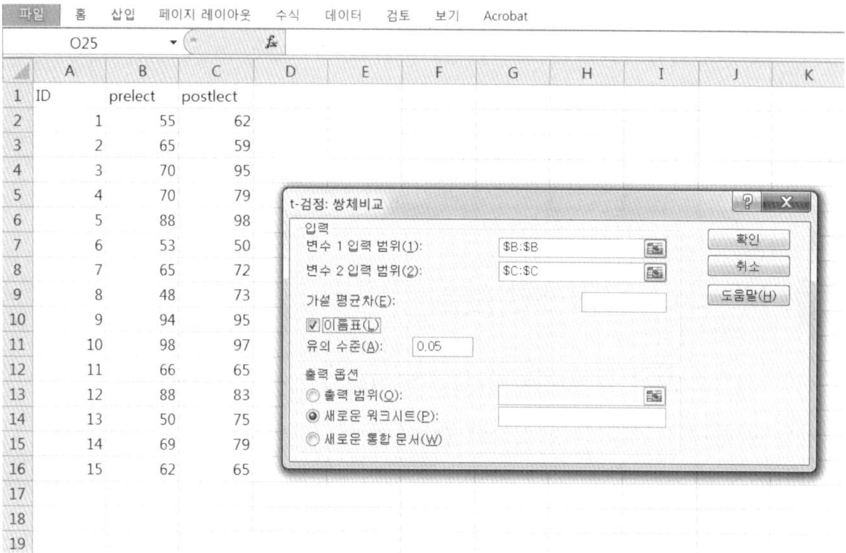

	A	B	C
1	ID	prelect	postlect
2	1	55	62
3	2	65	59
4	3	70	95
5	4	70	79
6	5	88	98
7	6	53	50
8	7	65	72
9	8	48	73
10	9	94	95
11	10	98	97
12	11	66	65
13	12	88	83
14	13	50	75
15	14	69	79
16	15	62	65

그림 9′-3 Excel 쌍체비교 분석 결과

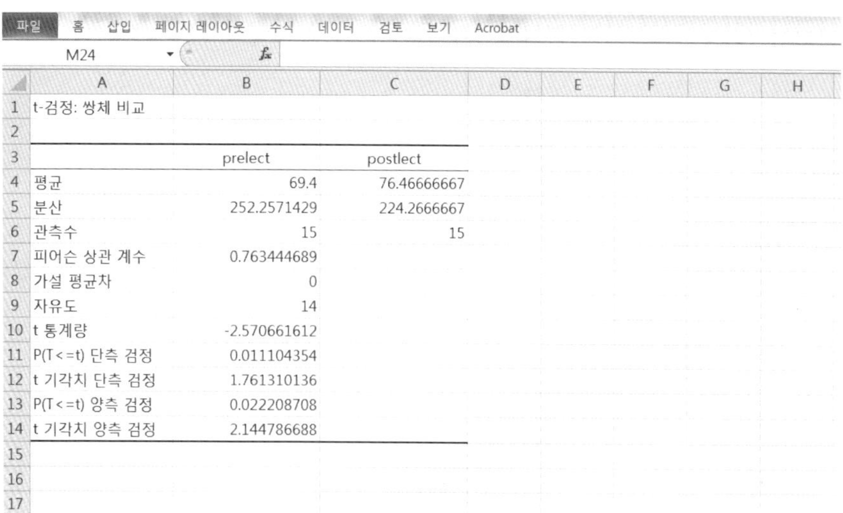

t-검정: 쌍체 비교

	prelect	postlect
평균	69.4	76.46666667
분산	252.2571429	224.2666667
관측수	15	15
피어슨 상관 계수	0.763444689	
가설 평균차	0	
자유도	14	
t 통계량	-2.570661612	
P(T<=t) 단측 검정	0.011104354	
t 기각치 단측 검정	1.761310136	
P(T<=t) 양측 검정	0.022208708	
t 기각치 양측 검정	2.144786688	

'확인' 버튼을 클릭하면 [그림 9′−3]의 분석 결과가 나타난다. 자유도 $d.f = 14$, 유의수준 $\alpha = 0.05$, 양측검정의 경우 검정 통계량 T값은 −2.57로 앞서 수작업으로 계산한 수치와 다름이 없다. 또한, p값도 유의수준 $\alpha = 0.05$보다 작은 수치인 0.0222 수준으로 계산되었다. 당연히, 귀무가설을 기각한다.

2. SAS를 활용한 실습

SAS 프로그램을 활용하여 가설검정에 대한 의사결정에 이르려면 [그림 9′−4]와 같은 프로그램을 작성하여 실행시키면 된다.

'paired'라고 이름 붙인 데이터 셋을 정의하는 문장('data paired;')으로 data 단계가 시작되고 있다. 직접 확장 편집기 창에 자료를 입력하기 때문에 input 문장이 뒤따르고 있다. input 단어 다음에 'ID prelect postlect' 단어를 공란으로 구분하여 입력함으로써, 'paired' 데이터 셋에는 세 개 변수−'ID,''prelect,' 그리고 'postlect'−가 순서대로 입력될 것임을 지정하고 있다. 또한 한 줄에 이 세 개 변수의 값이 한 쌍씩만 입력되는 것이 아니라, 한 줄에 여러 쌍이 연속하여 입력됨을 '@@' 기호가 나타내고 있다. cards 문장으로 이제 자료가 입력됨을 지시하고 있다. 자료의 입력이 완료됨을 새로운 줄의 ';' 이 나타내고 있다.

data 단계가 완료되었음을 'run;'으로 표시한 다음, proc 단계가 시작된다. 화면에 있어서도 data 단계와 proc 단계를 구분하는 구분선이 그어져 있음을 발견할 수 있겠다. 쌍체표본을 대상으로 하는 평균의 차이를 검정하는 proc 구문은 독립표본의 경우와 마찬가지로 'proc ttest;'이다. 하지만 그 세부 구문에서는 차이를 나타낸다. 쌍체표본의 경우 'paired'의 단어를 입력하고 그 뒤에 두 표본을 '*' 기호로 구분하여 입력한다. 'run;' 문장으로 proc 구문의 완료와 실행의 준비가 되었음을 나타낸다.

프로그램의 실행 결과는 [그림 9′−5]와 같이 출력 창에 나타난다. 앞부분의 'Statistics' 아래의 통계량을 점검하면, prelect(특강전 시험 점수)와

그림 9'-4 SAS Paired ttest 프로그램

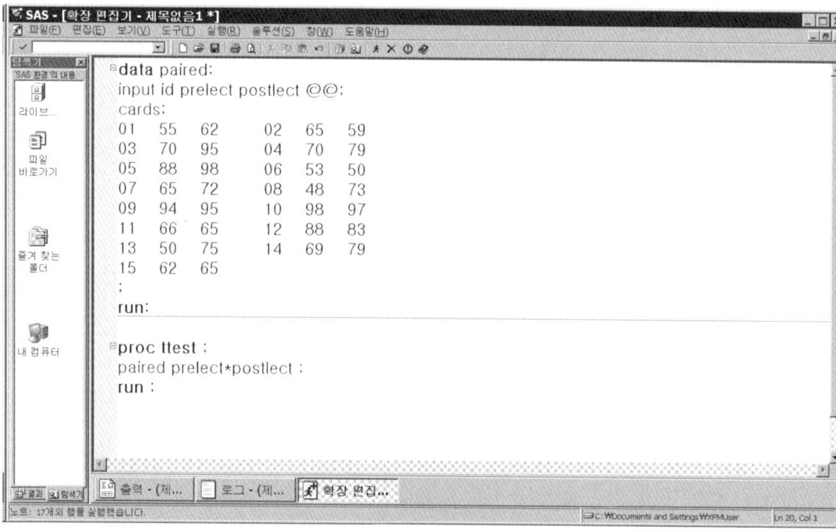

postlect(특강후 시험 점수) 간의 차이에 관한 평균(−7.067)과 이 평균에 대한 모집단에서의 95% 신뢰구간의 상하한선(각각 −1.171과 −12.96)이 제시된다.[4] 귀무가설에서의 귀무가설의 값 0은 이 구간 안에 포함되지 않는 것을 확인할 수 있다. 따라서, 신뢰구간의 설정에 기반하여 가설검정에 대한 의사결정을 내리자면, 유의수준 $\alpha=0.05$에서 귀무가설 H_0를 기각한다. 즉, 특강 전후의 행정계량분석 시험점수는 차이가 있는 것으로 판단한다.

또 다른 방법으로 가설검정을 수행하자면 출력 창 아랫부분의 'T-Tests'에 해당하는 통계량들을 검토할 수 있다. 자유도 $d.f=14$, 유의수준 $\alpha=0.05$에서의 검정 통계량 T값이 −2.57로 나타난다. 이때의 p값, 즉 'Pr > |t|'값이 0.0222로 나타난다. 따라서 유의수준보다 p값이 작으면 그 유의수준에서

4) 신뢰구간을 설정하는 공식은 다음과 같다.

$$\bar{d}-t_{\frac{\alpha}{2},\,n-1}\cdot\frac{s_d}{\sqrt{n}}\le\mu_1-\mu_2\le\bar{d}+t_{\frac{\alpha}{2},\,n-1}\cdot\frac{s_d}{\sqrt{n}}$$

그림 9′-5 paired ttest의 출력 창

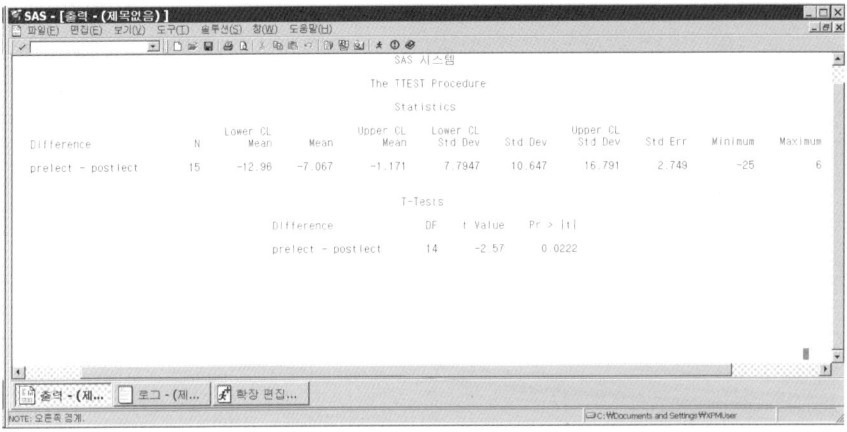

귀무가설을 기각한다. 당연히, p값을 활용한 가설검정에 대한 의사결정의 내용은 신뢰구간의 설정을 통한 내용과 차이가 날 수 없다.

10

χ^2검정

제1절 χ^2검정의 절차와 특징

제2절 컴퓨터 프로그램을 활용한 χ^2검정 실습

10 χ^2검정

가설검정을 통해서 독자들은 정규분포의 중요성을 확인할 수 있었을 것이다. 정규분포의 이론이 가설검정 이론의 핵심을 마련해 주고 있었으며 검정의 기본절차를 이끌어 가고 있었음을 발견할 수 있었을 것이다. 중심극한정리에 따라서, 표본의 크기가 충분히 크다면 비록 모집단의 표준편차를 모른다고 할지라도 정규분포를 활용하여 가설을 검정하고 모수를 추정할 수 있었다. 하지만 모집단의 표준편차를 알지 못하며, 기본적으로 모집단이 정규분포를 하는지도 알 수 없고, 표본의 크기도 크지 않은 경우라면 추정 자체가 불가능한 것이라 규정하였다.

예를 들자면, 대통령 직무 수행에 관한 국민의 평가 점수는 0점에서 100점 사이에서 정규분포에 가깝게 분포하고 있을 것이라 생각할 수 있겠다. 따라서 평가 점수에 대해서 정규분포나 t-분포를 활용한 신뢰구간 설정이나 가설검정이 가능할 수 있었다. 하지만, 전국 행정계량분석과목을 수강하는 학생들 중에서 흡연자와 비흡연자의 비율이나, 음주자와 비음주자의 비율, 더 쉽게는 남여 수강생들의 비율을 구하면 이 비율들도 정규분포에 가까울까? 그렇지 않을 것이다. 흡연자-비흡연자의 비율, 음주자-비음주자의 비율, 남여 비율들은 앞서 제2장 '기본개념의 이해'에서 점검한 바와 같이 명목척도를 사용한 변수 측정값에 기반하고 있다. 이러한 명목척도나 서열척도를 사용한 질적 변수들은 모집단이 정규분포를 하고 있다는 것을 상상하기가 힘들다. 또한 아무리 표본의 크기를 증가시켜도 표본분포가 정규분포에 접근하리라 판단할 수도 없다. 바로 이러한 경우라면 우리가 지금까지 살펴본 어떤 방법을 사용하더라도, 어떤 분포를 활용하더라도, 신뢰구간의 설정과 이에 기초한 가설검정이 불가능하기 때문에 결국 모수 추정이 이루어질 수 없다.

하지만, 이와 같이 추정 자체가 불가능한 것이라 규정했던 경우에 관해서도 여러 학자들은 모수 추정을 위한 다양한 통계학적 방법들을 고안하여 왔던 것이 사실이다. 이러한 방법들은 기본적으로 정규분포에 의존하지 않은 채 문제를 해결한다는 측면에서 우리는 이러한 방법을 비정규분포적 통계학 혹은 비모수적 통계학이라고 부른다. 이제 이번 장에서는 비모수적 통계학의 가장 대표적 분야의 하나인 χ^2(그리스 문자 '카이' chi로 읽음) 검정에 관해서 살펴보기로 하겠다.

제 1 절 χ^2검정의 절차와 특징

χ^2검정도 그 원리의 핵심은 다른 검정의 원리와 비교해 볼 때 기본적으로 차이가 없다. 다른 가설검정들이 정규분포나 t-분포를 이용하여 신뢰구간을 설정하고 가설을 검정하는 것과 마찬가지로, χ^2검정은 χ^2분포를 이용해서 신뢰구간을 만들고 가설을 받아들일지 거부할지의 의사결정을 하게 되는 것이다.

1. χ^2검정의 절차

이제 χ^2검정을 통해서 가설검정이 이루어지는 한 가지 예에 관한 의사결정과정을 검토해 봄으로써 χ^2검정의 절차와 특성을 살펴보기로 한다. 즉, 행정계량분석과목을 수강하는 남학생과 여학생 간에 담당 교수의 이론 강의와 실습 강의 두 가지 형태의 강의 중에서 선호하는 강의 형태에 차이가 있는지의 여부를 검정해 보도록 하겠다. 〈표 10-1〉을 보면 과연 남학생과 여학생 간에 강의 형태의 선호에 있어서 차별성을 찾아 볼 수 있을까?

〈 표 10-1 〉 성별에 따른 선호하는 강의방식 관찰 빈도

	이론 강의 선호	실습 강의 선호	선호 형태 없음	계
남학생	20	40	15	75
여학생	25	60	15	100
계	45	100	30	175

1) 가설의 설정

설정한 의문에 대한 답을 제시하기 위해서 우선 먼저 다음과 같은 가설의 수립이 가능하다.

H_0 : 남학생－여학생의 성별과 특정 강의방식의 선호와는 관계가 없다.
H_1 : 남학생－여학생의 성별과 특정 강의방식의 선호와는 관계가 있다.

2) 범주별 기대값 계산

앞서의 〈표 10-1〉에서 이론 강의를 선호하는 남학생의 수는 20명으로 나타났다. 그렇다면 실제가 아니라, 확률의 이론을 따져본다면 남학생으로서 이론 강의를 선호하는 학생의 수는 몇 명으로 계산되는가? 즉, 20명 자리에 들어갈 이론적 기대값은 어떻게 구할 수 있을까?

첫째, 전체 175명 중에 이론 강의를 선호하는 학생의 수가 45명이고, 둘째, 175명 중에 남학생의 수는 75명이다. 따라서 이론 강의를 선호하는 남학생 수의 이론적 기대값은 이 두 가지 범주의 공통부분에 해당하기에 그 공통부분이 발생될 확률은 $(45/175) \times (75/175) = 0.11020408$ 이다. 결국, 기대값은 이러한 확률에 전체인원 175를 곱하면 19.285714 가 된다. 이 수치는 해당 범주에 속하는 소계를 서로 곱한 후, 총계로 한 번 나눈 값($45 \times 75/175 = 19.285714$)과 동일하다.

따라서, 이러한 논리를 〈표 10-1〉의 모든 셀에 적용하다면, 〈표 10-2〉와

같이 모든 '관찰값에 대한 기대값'과 '관찰값과 기대값의 차이'를 일목요연하게 정리할 수 있겠다.

〈 표 10-2 〉 기대빈도와 관찰빈도

		이론 강의 선호	실습 강의 선호	선호 형태 없음	계
남학생	관찰값	20	40	15	75
	기대값	19.285714	42.857143	12.857143	
	관찰값-기대값	0.714286	−2.857143	2.142857	
여학생	관찰값	25	60	15	100
	기대값	25.714286	57.142857	17.142857	
	관찰값-기대값	−0.714286	2.857143	−2.142857	
계		45	100	30	175

3) 범주별 χ^2값 계산

χ^2값이 의미하는 것이 무엇이냐는 근본적 질문에 가장 간단히 답하자면, χ^2값은 관측값이 기대값으로부터 얼마나 멀리 떨어져 있는가의 정도와 관련된다. 그 정도를 나타내기 위해서 기대값과 관측값과의 차이를 계산하여 그 제곱값을 구한 후, 이것을 기준이 되는 기대값으로 다시 나누어줌으로써 χ^2값을 구하게 된다.

즉, 이러한 절차는 다음과 같이 공식화될 수 있다.

$$\chi^2 = \sum \frac{(\text{관찰값} - \text{기대값})^2}{\text{기대값}}$$

공식을 활용한다면, χ^2값을 구하는 중간 단계로서의 〈표 10-3〉의 구성이 가능해진다.

〈 표 10-3 〉 범주별 χ^2

		이론 강의 선호	실습 강의 선호	선호 형태 없음	계
남학생	관찰값	20	40	15	75
	기대값	19.285714	42.857143	12.857143	
	관찰값-기대값	0.714286	−2.857143	2.142857	
	(관찰값-기대값)^2	0.510204	8.163266	4.591836	
	χ^2	0.026455	0.190476	0.357143	
여학생	관찰값	25	60	15	100
	기대값	25.714286	57.142857	17.142857	
	관찰값-기대값	−0.714286	2.857143	−2.142857	
	(관찰값-기대값)^2	0.520204	8.163266	4.591836	
	χ^2	0.019826	0.142857	0.267857	
계		45	100	30	175

4) 전체 χ^2값 계산

앞서 〈표 10-3〉의 범주별로 계산된 χ^2값을 모두 다 합하면 구하는 전체 χ^2값을 계산할 수 있다.

$$\chi^2 = (0.026455 + 0.190476 + 0.357143 + 0.019826 + 0.142857 + 0.267857) = 1.004614$$

5) χ^2의 자유도 계산과 유의수준 결정

χ^2 검정에서 자유도는 다음과 같이 계산된다.

$$d.f = (r-1) \times (c-1)$$

여기서, r은 〈표 10-1〉에서 나타나듯 관찰값 혹은 〈표 10-2〉의 기대값에 대해서 범주를 구분할 때의 행의 수이며 c는 열의 수를 의미한다. 따라서 지금 문제에서 있어서 자유도 $d.f$는 다음과 같다.

$d.f = (2-1) \times (3-1) = 2$이다.

유의수준 α에 관해서는 지금까지 여러 번 설명한 바 있다. 귀무가설이 옳음에도 불구하고 이를 기각하는 경우의 오류를 말하며 통상 0.05 수준으로 설정됨을 독자들은 잘 기억하리라 기대한다. 더 이상의 자세한 설명은 생략하기로 한다.

6) 의사결정

이 책의 [부록] χ^2분포표에서 유의수준 α와 자유도에 해당하는 셀의 숫자를 읽으면 이것이 이론적 χ^2값, 즉 임계치가 된다. 만일 이 수치보다 우리가 표본자료를 분석해서 도출한 검정 통계량으로서의 χ^2값이 더 크다면 유의수준 α에서 귀무가설을 기각할 수 있다. 만일 자료로부터 계산한 검정 통계량 χ^2값이 표에서 읽은 임계치보다 작다면 귀무가설을 채택한다.

지금 우리가 예로 든 문제에서는 $\alpha = 0.05$, $d.f = 2$일 때 이론적 χ^2값, 임계치가 5.991이며 범주별 χ^2값을 모두 합한 검정 통계량 χ^2값이 1.004614이기에 '남학생-여학생의 성별과 특정 강의방식의 선호와는 관계가 없다'라는 귀무가설 H_0를 채택한다.

2. χ^2검정의 특징

지금까지 문제를 풀면서 직관적으로도 감지할 수 있었을 확실한 사항이 한 가지 있을 것이다. 그것은 χ^2검정에서 관찰값과 기대값이 차이가 많이 난다면 검정 통계량이 커지고 이에 따라서 귀무가설을 기각할 가능성이 커질 수 있다는 점이다. 이것이 가장 뚜렷하게 부각되는 χ^2검정의 첫 번째 특징이라고 할 수 있겠다.

두 번째 특성으로서 검정 통계량은 관찰값과 기대값의 차이를 제곱한 후에 도출되기 때문에 항상 양(+)의 값을 갖는다.

셋째, χ^2검정은 기본적으로 명목척도를 활용해서 측정된 자료를 대상으로 적용된다. 따라서 서열척도 이상의 척도를 활용해서 측정된 자료에 χ^2검정을 적용하여 가설을 채택하거나 기각하는 일은 가능한 한 삼가야 할 것이다.

넷째, 범주를 구분할 때 한 셀의 관측값의 숫자가 만일 5 이하가 되는 경우라면 χ^2검정은 부정확한 결과를 가져올 수 있다. 특히 관측값의 숫자가 5 이하의 셀이 20% 이상이 되면 χ^2검정을 사용할 수 없는 것으로 알려져 있다. 따라서 이렇게 관측값의 수가 적은 경우라면 가능한 몇 개의 범주를 통합시켜서 관측값의 숫자를 증가시키거나 혹은 자료수집을 통해서 관측값의 수를 증가시키는 작업이 이루어져야 한다.

제2절 컴퓨터 프로그램을 활용한 χ^2검정 실습

χ^2검정을 위해서 MS Excel을 활용하면 [부록] χ^2분포값에 기재되어 있지 않은 유의수준 α에 해당하는 χ^2검정값들도 Excel 계산을 통해서 구할 수 있다. 하지만 MS Excel이 비록 χ^2검정에 필요한 수작업의 번잡함과 수고로움을 크게 완화시켜 줄 수는 있으나, 기본적으로 전문 통계분석 프로그램의 기능과 같이 함수나 명령어를 사용한 χ^2검정은 원활하게 수행하기 어렵다. 따라서 지금부터 SAS 프로그램을 활용한 χ^2검정 방법을 검토해 보기로 한다.

1. 교차표 입력을 통한 χ^2검정

앞서 남학생-여학생의 성별과 특정 강의방식의 선호와의 관련성을 검토하기 위해서 χ^2검정을 위한 가장 기본적 단계로서 〈표 10−1〉을 작성한 것을 상기해 보자. 이 표에는 단순히 남학생 여학생의 성별에 따라서 선호하는 강의 방식의 관측치가 기록되어 있는 것을 확인하자. 이 표를 그대로 SAS 프로그램에 입력하여 χ^2검정에 필요한 proc 구문을 작성하여 실행시키면 프로그램이 중간단계로서의 기대값을 계산해 주고 최종 χ^2값과 유의수준을 계산해 주기에 이를 근거로 의사결정이 가능하게 된다.

먼저, SAS 화면을 나타낸 [그림 10−1]을 보면 첫 문장에서 'chisq'라는 데이터 셋의 이름을 붙이고 작업을 위한 데이터 셋을 구성하려는 것을 알 수 있다. 두 번째 문장인 input 문에서는 'chisq' 데이터 셋에 입력되는 변수를 정의하고 있는 바, 세 개의 변수 'gender,' 'cat,' 'f'가 차례대로 입력되고 있음을 지정하고 있다.

세 개의 변수 중 'gender'와 'cat' 바로 뒤에는 스페이스로 분리한 후 '$' 기호가 나온다. 이 $ 기호는 스페이스로 구분된 바로 앞에 나왔던 변수가 숫자로 그 관측값이 입력된 것이 아니라 문자로 입력되었음을 나타낸다. 즉, 'gender $' 의 의미는 변수 'gender'의 관측값이 숫자가 아니라 문자로 입력된다는 의미이다.

특수문자 '@@' 부호의 의미는 여러 개 사례의 변수 관측값이 한 문장에 반복적으로 입력되는 경우를 나타낸다고 앞서 설명한 바 있다. 다시 한 번 더 설명한다면, '@@'는 'input' 문장에서 정의한 변수의 관측치를 'cards;' 다음에 하나의 줄에 하나의 사례에 해당하는 변수 관측값들만 기재되는 것이 아니라, 여러 개 사례의 변수 관측값들이 반복적으로 기재됨을 의미한다. 실제 앞의 제3장 'try1' 데이터 셋에서 'cards;' 다음 줄은 1 80 55 가 기재되었고 그 다음 줄에 2 80 60 의 순서로 변수 관측값들이 기재된 것과 비교한다면 'input' 문에서의 특수문자 '@@'의 효율성을 쉽게 발견할 수 있겠다.

'input' 문이 다 끝났음을 알리기 위해서 반드시 ';'을 기입하는 것을 잊지 않아야 하겠다. 실제, SAS 프로그램뿐만 아니라 모든 소프트웨어 패키지를 통계분석에 사용할 때 실행오류가 발생하는 대부분의 이유는 이와 같이 필수적이지만 외견상 사소해 보이기 쉬운 절차를 지키지 않기 때문임을 기억하여야 하겠다.

이제 'cards;' 문이 등장하여 자료의 입력이 이루어지는데 그 내용을 살펴보면 〈표 10-1〉임을 알 수 있다. 즉, 첫 번째 입력된 사례의 첫 번째 변수값은 'male'(남학생), 두 번째 변수값은 'theory'(이론 강의 선호), 세 번째 변수값은 '20'(명)이다. 이어서, 두 번째 입력된 사례의 첫 번째 변수값 'male'(남학생), 두 번째 변수값 'prac'(실습 강의 선호), 세 번째 변수값 '40'(명)을 입력한다. 이와 같은 방법으로 마지막 여섯 번째 사례의 첫 변수값 'female'(여학생), 두 번째 변수값 'nod'(선호 형태 없음), 세 번째 변수값 '15'(명)에 이르기까지 다 기입함으로써 〈표 10-1〉의 모든 내용으로 'chisq' 데이터 셋을 구성할 수 있게 된다. 역시, 자료입력이 다 완료된 경우 ';' 기호를 입력하는 것을 잊지 말아야 할 것이다.

위의 방법으로 data 부분의 작성이 완료되면 proc 구문을 구성하여야 한다. χ^2검정을 위해서는 일단 교차표를 작성해야 하기에 'proc freq' 명령문을 실행시켜야 한다. 또한 [그림 10-1]의 화면에서는 'proc freq data=chisq;' 문장으로서 'proc freq' 절차를 실행하여 교차표를 작성할 대상은 'chisq' 데이터 셋임을 밝히고 있다.

'table gender * cat'는 교차표의 구성에 있어서 'gender'(성별)의 수치들이 행에 위치하고, 'cat'(선호하는 강의 형태)의 수치들이 열에 해당하는 형식으로 구성하라는 구문이다. 이때 '/ chisq expected'의 구절이 기입되고 ';'으로써 문장이 종료되었다. 여기서 만일 '/ chisq expected'가 생략되면 확장 편집기 창의 실행결과는 앞서 제4장에서 검토하였던 교차표의 작성 절차와 동일하다. 하지만 '/ chisq expected'가 기재됨으로써 χ^2검정이 수행되고 결과물로서의 χ^2검정 통계량들이 출력된다. 즉, 'chisq' 단어가 '/' 기호 다음에 기입됨으로써 프로그램은 χ^2검정을 수행하여 검정 통계량을 계산해 주고, 'expected'가 포함됨으로써 χ^2검정의 한 가지 옵션으로서 기대값도 포함된

그림 10-1 교차표 입력을 통한 χ^2검정

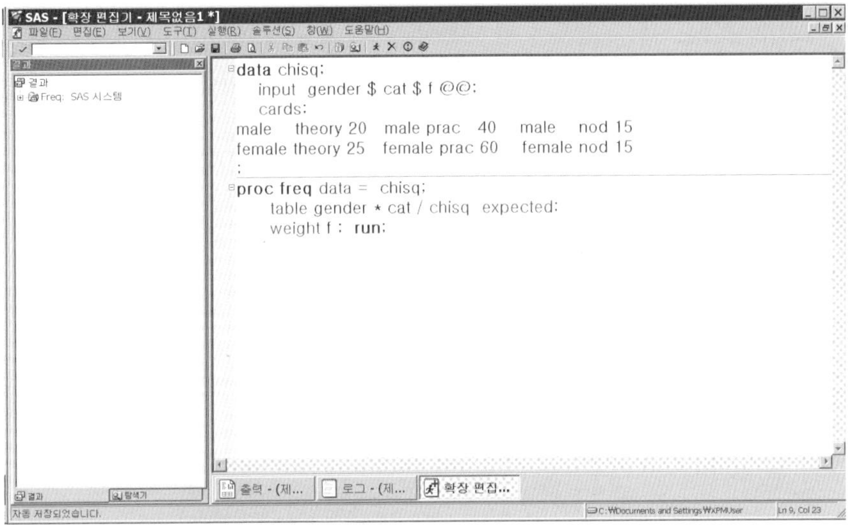

교차표를 작성해 준다.

이번 경우처럼 교차표의 내용을 그대로 데이터 셋에 입력하는 경우라면, 입력된 사례에서의 관측값의 수, 즉 지금의 예서는 20, 40, 15, ... 등의 수에 해당하는 변수 이름을 'weight' 다음에 기재하도록 한다. 다시 말하자면 교차표에서의 각 셀의 관측값을 'weight' 다음에 기입하는 것이다. 따라서 'weight f ;' 형태로 문장을 종료하고, 'run ;'을 입력한 후 편집기 창을 실행시킨다.

프로그램 실행의 결과로 화면에는 [그림 10-2]의 출력창이 제시된다. 출력창 교차표에서의 빈도는 관측값에 해당하고 기대빈도는 기대값에 해당한다. 그 구체적인 수치들은 수작업으로 계산한 〈표 10-2〉와 수치 계산에 있어서 소수점 자리의 처리를 어떻게 하느냐에 따라서 외관상의 차이를 나타내나, 동일한 원리로 계산한 것이기에 실제적인 차이는 없는 것으로 파악할 수 있다.

가설검정의 의사결정을 위해서는 [그림 10-2] 아래 부분의 'gender * cat 테이블에 대한 통계량'을 기반으로 삼는다. 통계량으로서의 카이제곱, 우도비 카이 제곱은 같은 개념의 검정 방법이다. 지금의 예와 같이 성별 변수가 강의 형태의 선호와 관련되는가를 검정하는 경우라면 카이 제곱검정을 이용하면 된다.[1] 앞서 계산한 자유도의 값이 여기서도 그대로 확인되며 카이제곱

그림 10-2 교차표 입력을 통한 χ^2검정 결과

```
                         SAS 시스템
                       FREQ 프로시저
                     gender * cat 테이블

          gender       cat
                 빈도|
             기대빈도|
               백분율|
           행 백분율|
         칼럼 백분율|nod      |prac     |theory  |    총합
          -----------+--------+---------+--------+
          female     |     15 |      60 |     25 |    100
                     | 17.143 |  57.143 | 25.714 |
                     |   8.57 |   34.29 |  14.29 |  57.14
                     |  15.00 |   60.00 |  25.00 |
                     |  50.00 |   60.00 |  55.56 |
          -----------+--------+---------+--------+
          male       |     15 |      40 |     20 |     75
                     | 12.857 |  42.857 | 19.286 |
                     |   8.57 |   22.86 |  11.43 |  42.86
                     |  20.00 |   53.33 |  26.67 |
                     |  50.00 |   40.00 |  44.44 |
          -----------+--------+---------+--------+
          총합             30      100       45      175
                        17.14    57.14    25.71   100.00

               gender * cat 테이블에 대한 통계량
      통계량                        자유도          값        확률
      ------------------------------------------------------------
      카이제곱                          2      1.0046      0.6051
      우도비 카이제곱                   2      1.0001      0.6065
      Mantel-Haenszel 카이제곱          1      0.1124      0.7374
      파이 계수                                0.0758
      우발성 계수                              0.0756
      크래머의 V                               0.0758
                          표본 크기 = 175
```

1) Mantel-Haenszel 카이제곱, 파이 계수, 우발성 계수, 그래머의 V 통계량은 서열척도 문항(일반적으로 설문조사에서 활용되는 리커트르 척도 문항, 우선 순위 문항, 상/중/하를 선택하는 문항 등)에서의 변수간의 상관 정도를 분석할 때 사용한다.

값 1.0046 역시 앞서 수작업으로 계산된 값과 정확하게 일치하고 있음을 알 수 있다. 또한 그 오른 편 마지막 열에는 계산된 카이제곱값의 확률값을 표시해 주는 바 이것이 바로 유의수준 α이다. 이 값이 일반적인 유의수준 $\alpha=0.05$보다 크기에 우리는 '남학생-여학생의 성별과 특정 강의방식의 선호와는 관계가 없다'라는 귀무가설 H_0를 채택한다.

2. 원 자료 활용을 통한 χ^2검정

지금까지 교차표가 마련되어 있는 경우, 이것을 그대로 활용하여 χ^2검정을 하는 방법을 살펴보았다. 이제 교차표가 없고 원 자료를 사용하는 경우의 χ^2검정법을 검토해 보기로 한다. 기본적인 원리는 proc 구문에서 교차표를 작성하고 χ^2검정을 수행하는 것이다. 따라서 기본 절차는 앞서의 경우와 동일하나 몇 가지 옵션의 활용법을 소개하기로 한다. 또한, 이 책 제4장에서 실습한 바 있는 남여 성별과 학력과 월소득과의 관계가 통계학적으로는 어떻게 검정될 수 있는가에 대한 방법을 생각해 보는 기회를 가져본다는 측면에서 이번 순서의 의의를 찾아볼 수 있겠다.

제4장에서 교차표를 작성하였던 SAS 프로그램을 불러와서 [그림 10-3]과 같이 수정하도록 한다.

χ^2검정이 이루어지는 직접적인 데이터 셋의 이름은 'finaltables'이다. 이 데이터 셋은 앞에서 구성된 'recoding'이라는 이름의 데이터 셋을 불러서 사용한다는 것은 'data finaltables;' 다음 줄에 'set recoding;'으로 지정되어 있다.

이어서, 교차표를 작성하라는 proc 구문인 'proc freq;'가 뒤따르고 구체적으로 교차표를 구성할 변수와 그 변수의 위치가 지정되고 있다. 'tables c*a / nocol nopercent chisq ;'는 변수 'c'(월소득)에 해당하는 수치들을 행의 위

유의수준은 Mantel-Haenszel 카이제곱의 경우에만 주어져 있다. 여기서도 마찬가지로 귀무가설은 변수간에 '상관관계가 없다'가 된다.

그림 10-3 원 자료 활용을 통한 χ^2검정

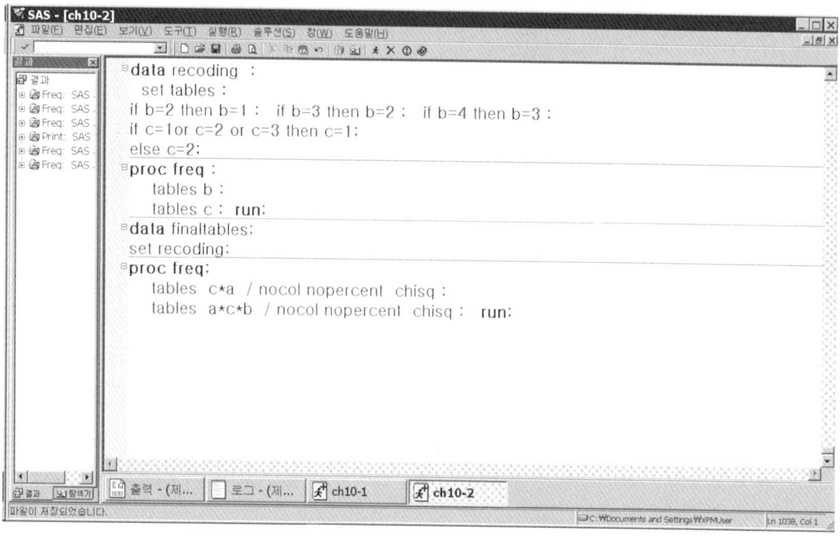

치에, 변수 'a'(성별)에 관한 수치들은 열의 위치에 배열하는 교차표를 만들라는 것이며 이때 '/' 다음에 구체적인 옵션 수행 단어들이 위치하고 있다. 즉, 옵션으로서의 'nocol'은 열 백분율을 출력창에 출력하지 말라는 것이며, 'nopercent'는 행 백분율도 출력대상으로 삼지 말라는 것이다. 또한 앞서의 'expected' 옵션 명령어를 생략함으로써 이번 출력물 교차표에는 기대값이 제거되리라는 것도 예상할 수 있을 것이다. 적절한 옵션을 두고 프로그램을 실행한 결과는 다음의 [그림 10-4], [그림 10-5], 그리고 [그림 10-6]으로 나타난다.

'nocol' 옵션을 사용한 결과는 출력물 화면 그림들에서 확인할 수 있듯이, 교차표의 내용이 옵션이 없었던 경우에 비해서 크게 간소화된다. [그림 10-4]에서 나타나듯 '카이제곱'의 값을 기준으로 하면 변수 'c'(월소득)과 변수 'a'(성별)의 관련성에 대해서 유의수준 $\alpha=0.05$에서는 '두 변수가 관련이 없다'는 귀무가설을 기각할 수 없다. 하지만 유의수준 $\alpha=0.05$ 수준에서는

그림 10-4 원 자료 활용을 통한 χ^2검정 결과 I

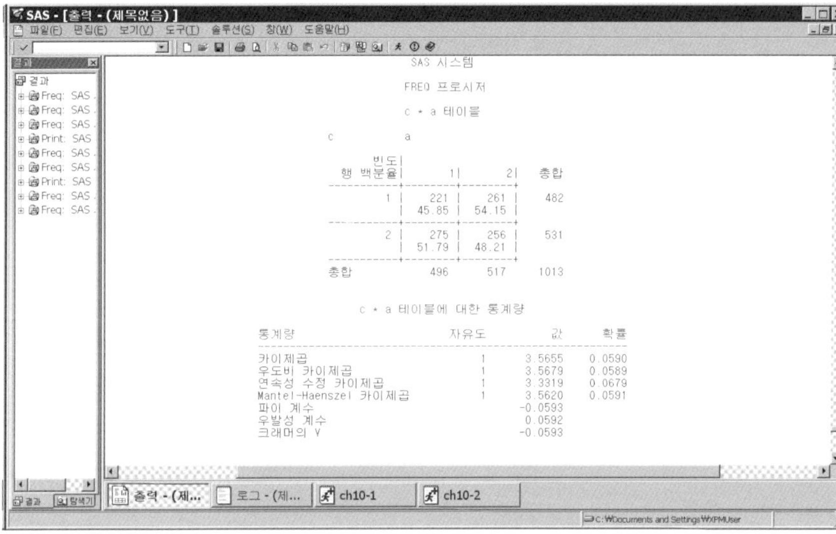

'두 변수가 관련이 있다'는 대립가설을 채택할 수 있다. 우리의 자료에서는 변수 'c'(월소득)을 명목척도에 의한 변수 관측치가 아니라 서열척도로 파악할 수 있기에 χ^2의 값에 따라서 변수간의 관계를 파악하는 것보다는 '크래머의 V 통계량'을 활용하는 것이 보다 타당할 수 있다.

[그림 10-5]와 [그림 10-6]의 분석결과도 역시 동일한 기준에 따라서 해석할 수 있겠다. 어떤 기준을 사용하더라도 약간의 정도 차이는 있겠으나 변수 'a'(성별)과 변수 'c'(월소득)의 관계보다는 변수 'a'(성별)을 통제한 상황에서의 변수 'b'(학력)과 변수 'c'(월소득)이 서로 관계가 있는 것으로 판단할 수 있을 것이다.

즉, 단순히 남성 여성의 성별과 월소득과의 관계를 파악한다면, χ^2검정의 경우 유의수준 $\alpha=0.05$에서 두 변수가 관련이 없다는 귀무가설을 기각할 수 없다. 다시 말하자면 두 변수는 관계가 없는 것으로 의사결정을 해야 한다. 또한, 월소득 변수의 서열척도 사용을 고려하여 '크래머의 V 통계량'을 활용

그림 10-5 원 자료 활용을 통한 χ^2검정 결과 II

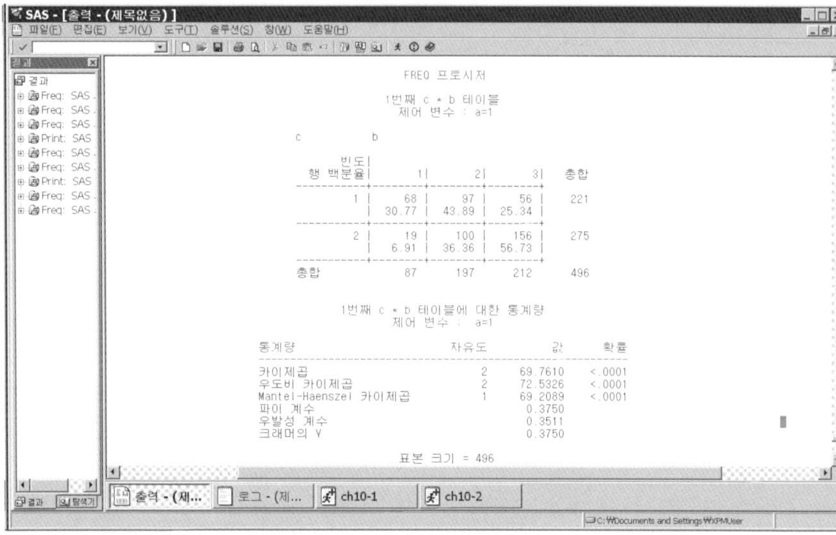

```
FREQ 프로시저

1번째 c * b 테이블
제어 변수 : a=1

c          b

     빈도|
 행 백분율|      1|      2|      3|  총합
---------+-------+-------+-------+
       1 |     68 |     97 |     56 |   221
         |  30.77 |  43.89 |  25.34 |
---------+-------+-------+-------+
       2 |     19 |    100 |    156 |   275
         |   6.91 |  36.36 |  56.73 |
---------+-------+-------+-------+
총합           87      197      212     496

1번째 c * b 테이블에 대한 통계량
제어 변수 : a=1

통계량                        자유도        값       확률
-----------------------------------------------------
카이제곱                         2     69.7610    <.0001
우도비 카이제곱                   2     72.5326    <.0001
Mantel-Haenszel 카이제곱          1     69.2089    <.0001
파이 계수                                0.3750
우발성 계수                              0.3511
크래머의 V                               0.3750

표본 크기 = 496
```

그림 10-6 원 자료 활용을 통한 χ^2검정 결과 III

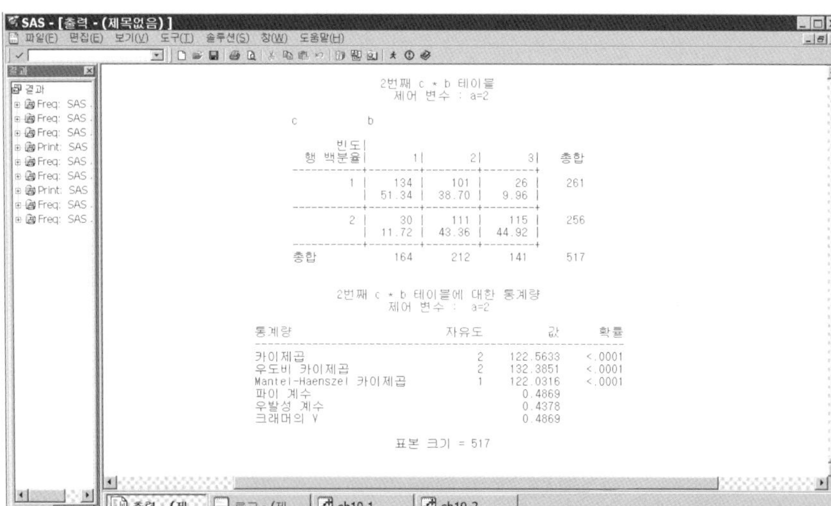

```
2번째 c * b 테이블
제어 변수 : a=2

c          b

     빈도|
 행 백분율|      1|      2|      3|  총합
---------+-------+-------+-------+
       1 |    134 |    101 |     26 |   261
         |  51.34 |  38.70 |   9.96 |
---------+-------+-------+-------+
       2 |     30 |    111 |    115 |   256
         |  11.72 |  43.36 |  44.92 |
---------+-------+-------+-------+
총합          164      212      141     517

2번째 c * b 테이블에 대한 통계량
제어 변수 : a=2

통계량                        자유도        값       확률
-----------------------------------------------------
카이제곱                         2    122.5633    <.0001
우도비 카이제곱                   2    132.3851    <.0001
Mantel-Haenszel 카이제곱          1    122.0316    <.0001
파이 계수                                0.4869
우발성 계수                              0.4378
크래머의 V                               0.4869

표본 크기 = 517
```

하더라도 그 절대값의 수치가 너무 작은 값으로 계산되는 바, 이 수치는 변수간의 관련성을 인정하지 않는 근거로 해석될 수 있다는 것이다.

보다 구체적으로 [그림 10-5]와 [그림 10-6]에 보고된 출력물을 살펴보기로 하자. [그림 10-5]에서 나타나듯, 변수 'a'를 즉 성별을 통제한 상태에서 학력과 월소득과의 관계를 검토한 결과는 χ^2의 값을 사용한 경우에는 유의수준 $\alpha=0.01$에서도 귀무가설을 기각하여 학력과 월소득간 관계의 유의성을 확보할 수 있다. 변수값의 측정이 명목척도가 아니라 서열척도에 기초하여 이루어졌음을 고려하여 '크래머의 V 통계량'을 활용한 경우도 두 변수간의 상관관계가 앞서의 [그림 12-4]에서 상관관계계수의 크기에 비하여 30% 후반대로 증가하였음을 관찰할 수 있다.

[그림 10-6]에서는 이러한 학력과 월소득간의 관련성이 보다 더 강화된 것으로 보고되고 있음을 발견할 수 있다. 즉, 변수 'a,' 성별이 여성으로 통제된 경우에 있어서는 χ^2의 값은 더욱 더 증가(=122.5633)한 것으로 계산되고 있다. 조사 대상자의 성별이 여성으로 주어진 경우에는 '크래머의 V 통계량'의 값을 통해 본 학력과 월소득 간의 상관관계가 약 50%에 이르고 있음을 알 수 있다.

11 상관분석

제1절 상관분석의 의의
제2절 상관계수의 특성
제3절 컴퓨터 프로그램을 활용한 상관분석 실습

11 상관분석

제1절 상관분석의 의의

1. 변수간 관계

사람들의 키와 몸무게는 어떠한 관계를 나타낼까? 매미의 울음소리를 듣게 되는 빈도와 아이스크림의 판매량과는 어떤 관계가 있을까? 또, 사람들의 신발 사이즈와 복잡한 문장에 대한 이해력과는 대체 관계가 있는 것인가? 종종 우리는 이러한 의문을 떠 올릴 수 있을 것이다. 이와 같이 어떤 변수가 다른 어떤 변수와 어떠한 관계를 가지고 있는지, 즉 한 변수의 값이 커지면 다른 변수의 값도 증가하는지 아니면 다른 변수의 값은 감소하는지, 그 증가와 감소의 정도는 어떠한지를 검토하는 통계학적 방법이 바로 상관분석이다.

어떤 변수가 다른 변수와 어떻게든 관련을 가지고 있다면 우리는 이 두 변수간에 상관관계가 있다고 판단한다. 그렇다면 상관관계를 가지고 있는 두 변수간에 어느 한 변수의 값을 측정하게 된다면 그 측정값에 기반해서 우리는 다른 변수의 값을 굳이 측정하지 않더라도 예측할 수 있을 것이다. 바로 이 점에서 우리는 상관관계의 활용성을 생각해 볼 수 있을 것이다. 또한 바로 이점에서 우리는 상관관계와 다음 12장에서 더 자세하게 살펴볼 인과관계를 구분할 필요성을 생각해야만 한다. 즉, 상관관계는 어떤 변수가 다른 어떤 변수와 어떠한 관계에 있는지 – 정비례의 관계인지 반비례의 관계인지 또한 그 정비례 · 반비례관계의 정도가 얼마나 강력한지 –를 검토하는 것이다. 이에 비하여 인과관계는 어떤 변수가 다른 어떤 변수의 원인인지 혹은 결과인지, 또한 어느 정도의 원인 혹은 결과라고 할 수 있는지에 중점을 두는 것이다. 따라서 상관관계와 인과관계는 실제로 상당히 밀접한 관계에 있음이 사실이다. 두 변수간에 인과관계가 있다면 당연히 두 변수간에 상관관계가 존재한다는 의미로 해석할 수 있다. 하지만, 역으로 두 변수가 상관관계를 가지고 있다고 하여도 인과관계를 따지기에는 부적절한 경우를 생각할 수 있다. 두 개의 변수값이 서로 변화함에 있어서 어떤 관계가 있다고 하더라도, 어느 변수가 어느 변수의 원인이 되는 것인가를 판별하기 위해서는 상황의 논리적 분석, 이론, 상식 등과 같은 여러 가지 기준들이 복합적으로 활용되어야만 한다.

하나의 가상적 예를 들어보기로 하자. 〈표 11–1〉은 행정학과 학생 10명을 표본으로 추출하여 이들의 행정계량분석 중간고사 점수와 정책분석 중간고사 점수를 조사한 내용이다.

〈 표 11–1 〉 행정계량분석과목과 정책분석 중간고사 점수

	학생 1	학생 2	학생 3	학생 4	학생 5
행정계량분석	87	72	92	77	88
정책분석	82	64	75	75	84
	학생 6	학생 7	학생 8	학생 9	학생 10
행정계량분석	65	80	85	77	70
정책분석	60	75	85	70	70

먼저 행정계량분석 중간고사 점수와 정책분석 중간고사 점수간에 어떠한 관계가 있느냐의 상관관계를 점검해 보기로 하자. 대략 표의 내용을 살펴본다면, 행정계량분석 중간고사 점수가 높으면 정책분석 중간고사 점수도 높은 것으로 파악할 수 있겠다. 혹은, 정책분석 중간고사 점수가 높으면 행정

그림 11-1 행정계량분석과 정책분석 중간고사 점수의 산포도

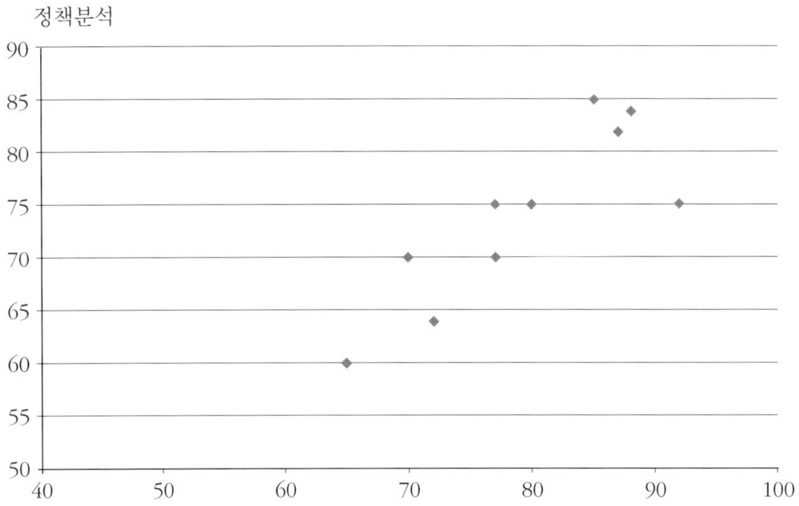

계량분석 중간고사 점수가 높다고도 생각할 수 있겠다. 이 두 변수 – 행정계량분석 중간고사 점수와 정책분석 중간고사 점수 –의 관계를 시각화시키는 것이 바로 [그림 11-1]의 산포도 혹은 산점도(scatter plot or scattergram)이다.

[그림11-1]을 통해서 우리는 〈표 11-1〉에서 우리가 관찰하였던 두 변수간의 관계를 더 쉽게 파악하고 확인할 수 있다. 하나의 변수값이 주어졌을 때, 다른 변수값이 얼마나 될 것인지 더 쉽게 예측할 수 있게 된 것이다. 행정계량분석 중간고사 점수가 80점인 경우 정책분석 중간고사 점수는 75점 정도가 될 것이라는 것을 어느 정도 예측할 수 있게 된 것이다. 하지만 이 산포도를 통해서 비록 두 변수간의 상관관계를 파악하고 하나의 변수값을 알 때 다른 변수값을 예측할 수 있더라도 그 관계가 얼마나 정확한 관계인지, 즉 그 예측이 얼마나 정확한 것인지는 정확히 파악할 수 없다는 것이다. 더욱이, 어느 변수가 원인이 되고 다른 변수가 그 결과로서 변화하는지도 파악할 수 없다. 행정계량분석 중간고사 점수와 정책분석 중간고사 점수의 두 개 변수 중 어느 것이 원인이고 어느 것을 결과로 파악해야 할까? 이 원인과 결

과의 관계, 즉 인과관계를 파악하기 위해서는 논리체계에 근거한 이론, 상식, 상황의 분석 등 여러 가지 요소가 종합적으로 적용되어야만 한다.

종합하자면, 두 변수간의 상관관계의 개념은 인과관계의 개념과 밀접한 관계가 있으나 그 두 개념이 서로 동일한 것은 아니다. 두 변수간의 상관관계를 분석하는 통계적 방법이 바로 본 장에서 살펴볼 상관분석이며, 변수간의 인과관계를 분석하는 방법이 다음 장에서 살펴볼 회귀분석이다.

2. 공분산

두 개 변수간의 상관관계를 파악하는데 있어서 기본이 되는 통계학적 방법의 하나가 두 개 변수간의 공분산(covariance)을 구하는 것이다. 공분산은 한 변수의 분산(예로서 행정계량분석 중간고사 점수들의 변화 정도)이 다른 변수의 분산(예로서 정책분석 중간고사 점수들의 변화 정도)과 함께 변화하는 정도를 나타내는 개념이다. 구체적으로 두 변수간의 공분산 $Cov(X, Y)$는 다음과 같이 공식화된다.

$$Cov(X, Y)=s_{XY}=\frac{\sum(X-\overline{X})(Y-\overline{Y})}{n-1}$$

〈표 11-1〉을 활용하여 공분산을 구하려면 〈표 11-2〉를 구성할 수 있다.

$$Cov(X, Y)=s_{XY}=\frac{542}{9}=60.2222$$

이렇게 계산한 공분산에서 중요한 것은 그 구체적인 값의 수치가 아니라 공분산의 부호가 양(+)인가 혹은 음(−)인가의 여부이다. 즉, 공분산은 두 개 변수의 측정단위가 무엇인가에 따라서 그 값이 달라지는 특성이 있다. 만일 행정계량분석의 중간고사 점수를 100점 만점이 아니라 10점 만점으로 한다면 공분산의 값은 그 1/10인 6.02로 축소되며, 정책분석 중간점수 마저도

〈 표 11-2 〉 공분산의 계산

행정계량분석 점수 X	정책분석 점수 Y	$X-\overline{X}$	$Y-\overline{Y}$	$(X-\overline{X})(Y-\overline{Y})$
87	82	7.7	8	61.6
72	64	−7.3	−10	73.0
92	75	12.7	1	12.7
77	75	−2.3	1	−2.3
88	84	8.7	10	87
65	60	−14.3	−14	200.2
80	75	0.7	1	0.7
85	85	5.7	11	62.7
77	70	−2.3	−4	9.2
70	70	−9.3	−4	37.2
계 793	740			542

10점 만점으로 단위를 전환시키면 공분산 값은 0.6022로 변화된다. 따라서 두 변수간의 관계를 파악하기 위한 통계량 공분상의 값에서는 부호만을 파악하여 두 변수간 관계의 의미를 부여하게 된다.

만일, 지금의 예와 같이 공분산의 부호가 양(+)이라면 행정계량분석 중간고사 점수가 증가하면 정책분석 중간고사 점수도 증가한다는 것을 의미한다. 반면에 공분산의 부호가 음(−)이라면 하나의 변수가 증가하면 다른 변수는 감소한다는 것을 의미한다. 하지만, 공분산의 값이 측정단위에 따라서 변화한다는 문제로 인하여 이러한 변수간의 관계가 어느 정도로 강력한 것인가를 파악하는 것은 불가능한 일이 된다. 바로 이러한 공분산의 문제를 해결하기 위해서, 즉 측정단위에 상관없이 두 변수간의 상관관계의 정도를 비교할 수 있도록 표준화한 통계량이 요구된다.

제2절 상관계수의 특성

1. 상관계수의 계산

변수의 측정단위가 변화하더라도 이에 상관없이 두 변수간의 상관관계의 강도를 나타내기 위해서 개발된 통계량이 바로 상관계수이다. 모집단의 특성을 나타내는 수치인 모수와 표본의 통계치가 구분되는 것과 마찬가지로 상관계수의 경우에 있어서도 모집단 모수로서의 모상관계수와 추출된 표본에서의 표본구성요소들간의 상관계수를 의미하는 표본상관계수로 구분된다. 이때 모상관계수는 상수인 데 반하여, 표본상관계수는 모집단에서 두 개 변수가 어떤 관계를 가지게 되는가를 추정하기 위한 표본에서의 관찰의 관점을 형성하며, 그 값은 표본이 어떻게 구성되는가에 따라서 변화하기 때문에 변수의 개념을 지니는 것으로 파악할 수 있다.

대부분의 경우에 있어서 모상관계수는 우리가 정확히 알고 있지 못한 실체로서 표본상관계수를 통한 추정의 대상이 된다. 따라서 일반적으로 상관계수를 계산한다고 하면 이때의 상관계수는 모상관계수가 아니라 표본상관계수를 지칭한다. 이러한 표본상관계수는 피어슨(Karl Pearson)에 의하여 그 기본논리와 공식화가 제안되었기에 피어슨의 표본상관계수 혹은 단순히 피어슨의 상관계수라고도 부르는 바, 표본의 공분산을 각각의 표본표준편차로 나누어서 표준화한 값이며 문자 r로 표기한다.

$$r = \frac{\dfrac{\Sigma(X_i - \overline{X})(Y_i - \overline{Y})}{n-1}}{\sqrt{\Sigma\dfrac{(X_i - \overline{X})^2}{n-1}}\ \sqrt{\Sigma\dfrac{(X_i - \overline{X})^2}{n-1}}}$$

$$0 \le |r| \le 1$$

이 공식은 보기에는 굉장히 복잡해 보인다. 하지만 분자부분과 분모부분을 따로 관찰하면 다른 공식에 비하여 상대적으로 간단한 공식임을 파악할 수 있다. 분자부분은 곧 앞 절에서 설명한 공분산이다. 분모부분은 두 개의 제곱근의 곱으로 형성되어 있는데 앞부분은 변수 X의 (표본에서의) 표준편차이며, 뒷부분은 변수 Y의 (표본에서의) 표준편차이다. 따라서 이 공식은 다음과 같이 간략하게 된다.

$$r = \frac{s_{XY}}{s_X \cdot s_Y}$$

간략화된 공식에서 분모의 부호는 양(+)일까, 아니면 음(−)일까, 아니면 상황에 따라서 변화할까? s_X와 s_Y는 표준편차이고 표준편차는 분산(variance)의 양(+)의 제곱근으로 정의되기에 그 부호는 당연히 양(+)이 된다. 따라서

〈 표 11-3 〉 상관계수 r의 계산

X	Y	$X-\overline{X}$	$(X-\overline{X})^2$	$Y-\overline{Y}$	$(Y-\overline{Y})^2$
87	82	7.7	59.29	8	64
72	64	−7.3	53.29	−10	100
92	75	12.7	161.29	1	1
77	75	−2.3	5.29	1	1
88	84	8.7	75.69	10	100
65	60	−14.3	204.49	−14	196
80	75	0.7	0.49	1	1
85	85	5.7	32.49	11	121
77	70	−2.3	5.29	−4	16
70	70	−9.3	86.49	−4	16
$\overline{X}=79.3$	$\overline{Y}=74.0$		계: 684.10		계: 616.00

상관계수 r의 부호는 분자인 공분산의 부호에 의해서 결정되며, 즉 공분산과 동일한 부호를 갖게 된다.

이제, 〈표 11-1〉과 〈표 11-2〉의 연장선위에서 행정계량분석 중간고사 점수와 정책분석 중간고사 점수간의 상관계수 r를 구하는 〈표 11-3〉을 작성해 보자.

$$r = \frac{60.2222}{\sqrt{\frac{684.1}{9}}\sqrt{\frac{616}{9}}}$$

$$= 0.8349$$

이렇게 계산된 상관계수 r의 값은 변수의 측정단위가 변화하여도 일정하다. 독자 스스로가 측정단위가 변화하더라도 상관계수의 값이 변화하지 않음을 각자 계산을 통해서 확인해 보기를 기대한다.

결국, 상관계수를 계산함으로써 측정단위에 상관없이 우리는 두 변수간의 상관관계의 방향과 강도를 측정할 수 있게 되었다. 먼저 상관계수 r의 부호는 두 변수간의 상관관계의 방향을 나타낸다. 먼저, 상관계수의 부호는 양(+)이 될 수도 있고 음(−)이 될 수도 있는데 그것을 신속하게 판별하려면 앞서 제1절의 [그림 11-1] 산포도를 검토하면 된다. 산포도의 관측치들을 가장 잘 대표할 수 있는 하나의 직선[1)]을 그린다면 [그림 11-2]로 나타날 것이다. 이 그림에서의 직선의 형태가 바로 상관계수의 부호와 크기이다. 만일 이 직선의 기울기의 부호가 양이라면 두 변수는 정비례의 관계, 즉 한 변수의 값이 증가하면 다른 변수의 값도 증가하고, 한 변수의 값이 감소하면 다른 변수값도 감소하는 관계를 나타낸다. 이와는 대조적으로 만일 기울기의 부호가 음이라면 두 변수는 반비례관계, 즉 어느 한 변수의 값이 증가하면 다른 변수값이 감소하는 관계를 나타낸다.

또한 상관계수가 두 변수간 관계의 강도까지도 나타낸다고 하였는데, 그 강도는 부호와는 관계없이 계산된 상관관계의 절대값에 의해서 결정된다.

1) 이 직선이 바로 다음 장에서 살펴볼 회귀분석에서의 회귀선이 된다.

그림 11-2 상관관계의 방향과 강도

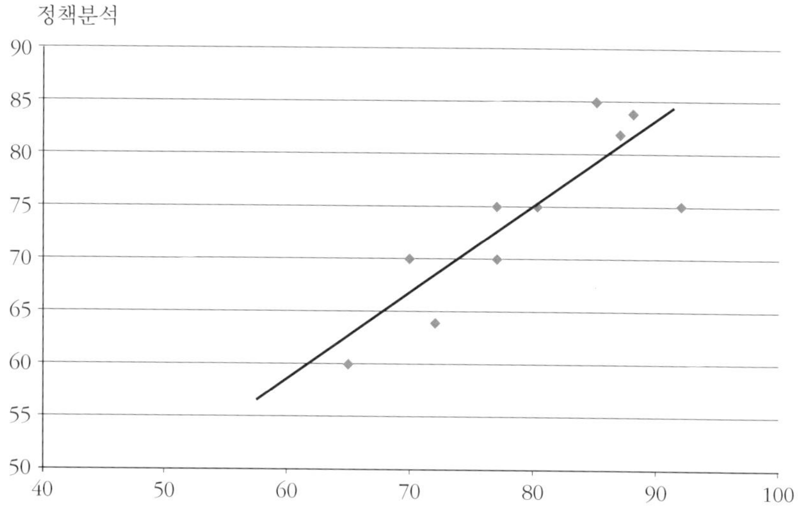

즉, 상관계수의 부호가 음이더라도 −0.999와 같이 그 절대값이 크면 클수록 두 변수간의 상관관계의 강도는 강한 것이다. 이러한 상관관계의 절대값의 크기는 [그림 11-2]에서 볼 때 상관계수의 절대값이 클수록 산포도의 점들은 직선에 가깝게 밀접한 모양을 나타내며 상관계수의 절대값이 작을수록 산포도의 점들은 직선으로부터 흩어져 떨어져 있는 모양을 나타내게 된다.

이러한 점에서 상관계수 r의 값은 두 변수간의 선형 (직선)관계를 나타내며. 그 범위는 다음과 같이 정의된다.

$$0 \leq |r| \leq 1$$

그렇다면, 상관계수의 값과 상관관계의 강도는 어떻게 파악할 수 있을까? 〈표 11-4〉가 상관계수 r의 값이 지니는 의미를 요약한다.

〈 표 11-4 〉 상관계수 r과 상관관계의 강도

상관계수 r의 값	상관관계의 강도	해석
$0.2 \geq r$	매우 약하다.	두 변수간의 상관관계가 거의 없다.
$0.2 \leq r < 0.4$	약한 편이다.	두 변수간의 상관관계가 낮다.
$0.4 \leq r < 0.6$	보통이다.	두 변수간의 상관관계가 보통이다.
$0.6 \leq r < 0.8$	강하다.	두 변수간의 상관관계가 높다.
$0.8 \leq r$	매우 강하다.	두 변수간의 상관관계가 매우 높다.

지금까지의 상관계수에 관한 논의를 정리해 보면 다음과 같이 요약될 수 있을 것이다.

① 상관계수 r는 두 변수의 선형 (직선)관계의 방향과 정도를 나타낸다.

② 상관계수 r의 값을 계산하면 항상 -1과 1 사이에 있다.

③ 상관계수 r의 부호는 선형 (직선)관계의 방향을 나타낸다.

④ 상관계수 r의 절대값의 크기는 선형 (직선)관계에 가까운 정도를 나타낸다.

⑤ 상관계수 r이 0보다 큰 경우에는 산포도에서 관측치들이 대략 좌하방에서 우상방으로 위치한다.

⑥ 상관계수 r이 0보다 작은 경우에는 산포도에서 관측치들이 좌상방에서 우하방으로 위치한다.

⑦ 상관계수 r이 1이라면 모든 관측치들이 그 기울기가 양(+)인 직선상에 위치한다.

⑧ 상관계수 r이 -1이라면 모든 관측치들이 그 기울기가 음(−)인 직선상에 위치한다.

2. 상관계수의 유의성 검정

앞서 제2절의 도입부분에서 우리는 모상관계수와 표본상관계수의 개념을 구분한 바 있다. 일반적인 추론 통계학의 목적이 표본분석을 통해서 모집단의 특성을 추론하려는 것이기에 표본상관계수를 계산하는 목적은 모상관계수를 추정하기 위한 것이다. 따라서 우리가 계산한 상관계수가 과연 모상관계수를 추정하는데 있어서 통계적 유의성을 가지고 있는지 검정할 필요성이 당연히 제기될 것이다. 어떻게 상관계수의 유의성 검정을 할 수 있는지 그 절차를 간략히 소개해 보기로 한다.

가설검정의 일반적인 절차와 마찬가지로 상관계수의 유의성 검정도 가설의 설정부터 시작한다. 즉, 일반적으로 상관계수의 유의성 검정은 ρ(그리스 문자 '로' rho로 읽음)로 표기되는 모상관계수가 0이라는 귀무가설을 설정하고 이를 검정한다.

H_0 : $\rho=0$

H_1 : $\rho\neq0$

이때 표본상관계수 r에 대한 검정 통계량은 표본이 표본의 크기 n이 충분히 큰 대표본인가 아니면 소표본인가에 따라서 두 가지로 나눌 수 있다. 정규분포를 활용한 검정통계량 Z_r과 $t-$분포를 활용한 검정통계량 t_r은 다음과 같이 공식화된다.

$$Z_r=\frac{r}{\sigma_r}=r\sqrt{n}$$

$$t_r=\frac{r}{s_r}=r\frac{\sqrt{n-2}}{\sqrt{1-r^2}}$$

공식에 따라서 계산한 검정 통계량과 유의수준 α에 있어서의 임계치를 비교하는데, 대립가설의 내용이 양측검정을 필요로 하는 것이기에 검정 통계량의 절대값이 임계치보다 크다면 귀무가설을 기각하게 된다. 즉, 귀무가설이 기각되는 경우라면, 모상관계수 ρ가 0이 아니기에 계산한 표본상관계수는 유의미하다는 의사결정을 내릴 수 있다. 반면에 계산된 검정 통계량의 절대값이 임계치보다 작다면 표본상관계수는 유의수준 α에서 통계적 유의성을 갖지 않기에 의미가 없는 것으로 판단한다.

보다 구체적으로 상관계수의 유의성을 어떻게 판별할 것인가는 다음 제3절에서 SAS 프로그램을 활용한 상관관계의 계산 순서에서 검토하기로 하겠다.

3. 상관계수의 활용 및 한계

상관계수는 공분산과 달리 어느 한 변수 또는 두 변수의 모든 값에 0이 아닌 상수가 더해지거나 곱해지더라도 그 값이 변하지 않기에 상관계수의 활용범위가 크게 증대된다. 즉, 상관계수는 측정 단위에 상관없이 두 변수간의 관련성을 점검할 수 있는 신뢰할 만한 통계량으로서의 가치를 지니는 것이다. 하지만 만일 상관계수가 0이라면 이것은 무엇을 의미하는 것일까? 이 수치는 두 변수간에 아무런 관계가 없다기보다는 두 변수가 선형 (직선)관계가 아니라는 의미로 해석되어야 할 것이다. 또한 기본적으로 상관계수는 통계학적인 수치로 파악하여야 하며 이것만 가지고 변수간에 인과관계가 존재하는 것으로 확대해석하는 것을 경계해야 한다.

제3절 컴퓨터 프로그램을 활용한 상관분석 실습

1. MS Excel을 활용한 실습

Excel 프로그램을 이용해서 변수간의 상관계수를 구해서 상관관계를 분석

그림 11-3 함수 삽입 표식의 클릭

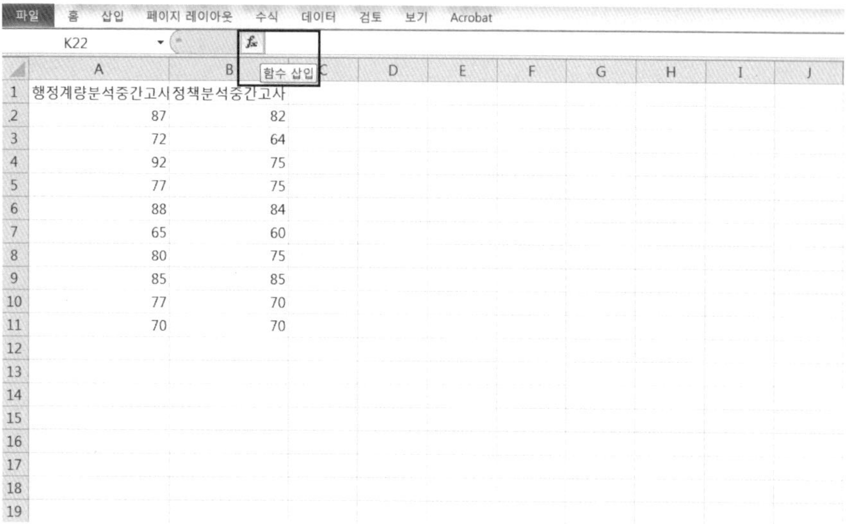

	A	B
1	행정계량분석중간고사	정책분석중간고사
2	87	82
3	72	64
4	92	75
5	77	75
6	88	84
7	65	60
8	80	75
9	85	85
10	77	70
11	70	70

하는 방법에는 두 가지가 있다. 그 하나는 [그림 11-3]과 같이 Excel 문자메뉴 아래의 '함수 삽입' 표식 *fx*을 클릭하는 방법이다. 먼저, 지금까지 계속하여 예로서 활용하여 왔던 〈표 11-1〉의 내용을 Excel 워크시트 입력하기로 하자. 입력이 완료되면 '함수 삽입' 표식을 클릭한다. [그림 11-4]의 '함수 마법사' 대화상자가 등장하면, '함수 검색' 창에 상관관계(correlation)을 의미하는 영어 단어 약자인 'correl'을 입력한다. 'correl'의 입력이 완료되는 순간 대화상자 중간부분의 '함수 선택' 창에 'CORREL'이 등장한다. 이제 'CORREL'이 음영화된 것을 확인하고 '확인' 버튼을 누른다.

[그림 11-4]의 '확인' 버튼을 누르면 [그림 11-5]의 '함수 인수' 대화상자가 등장한다. 여기서 'Array1'과 'Array2'의 난에 상관관계를 점검하는 두 개 변수의 입력위치를 각각 지정한다. 지정이 완료되면, 대화상자 아랫부분의 '확인' 버튼을 누르지 않더라도 대화상자의 아랫부분에 수식결과(=0.834928211)이 계산된다. 앞서 우리가 수작업으로 계산하였던 상관관계 계

그림 11-4 함수 마법사 대화상자의 기재

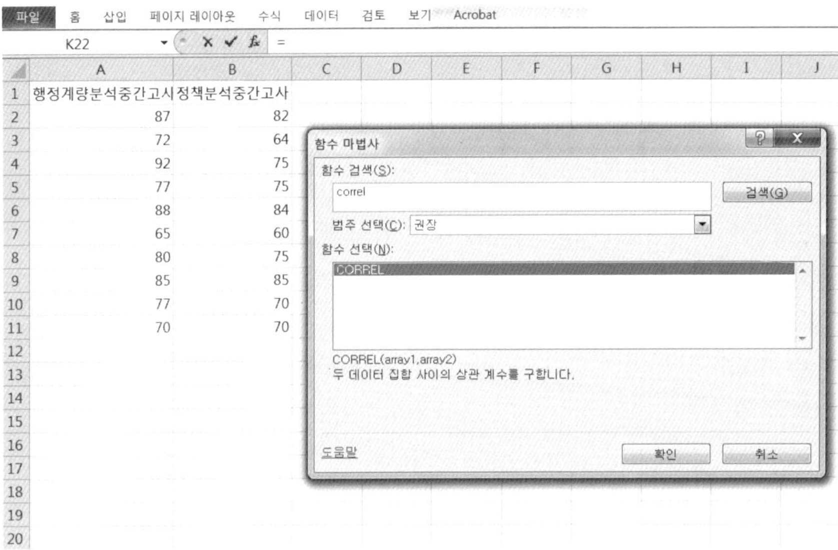

그림 11-5 함수 인수 창의 기재

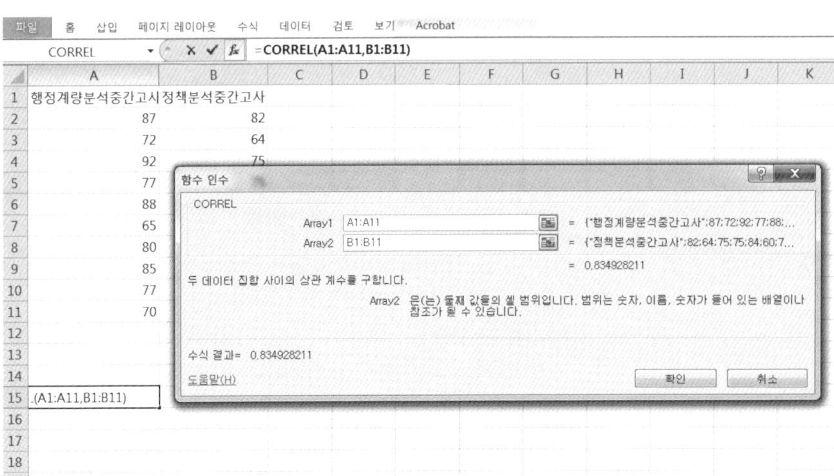

수(=0.8349)와 동일한 것을 확인할 수 있다. 만일, 대화상자의 '확인' 버튼을 클릭하면 수식결과 0.834928211이 대화상자가 등장하기 바로 전에 마우스로 클릭하여 지정한 셀에 그대로 표기되는 것을 각자 확인해 보기를 기대한다.

Excel 프로그램을 이용해서 상관계수를 구하는 또 다른 한 가지 방법을 살펴보기로 하자. 이 방법은 [그림 11-6]과 같이 문자메뉴에서 '데이터' → '데이터 분석' → '상관 분석'의 순서로 이동하는 방식이다. 만일 '데이터' 메뉴의 하위 메뉴 중 가장 오른쪽 끝 부분에 위치해야 할 '데이터 분석'이 나타나지 않는 경우는 어떻게 해야 하나? 그 핵심적 요소만을 다시 요약하자면, 문자메뉴 '파일' → '옵션' → '추가 기능' → '이동' → '분석 도구' 체크 → '확인'의 순서대로 이동해야 한다. '통계 데이터 분석' 대화상자에서 '확인'을 클릭한다.

이어서 등장하는 [그림 11-7]의 '상관 분석' 대화상자의 내용을 기재한다. 먼저 입력부에 있어서, 입력범위는 두 개 변수의 관측값이 입력된 전체 영역

그림 11-6 데이터 분석을 활용한 상관계수 계산

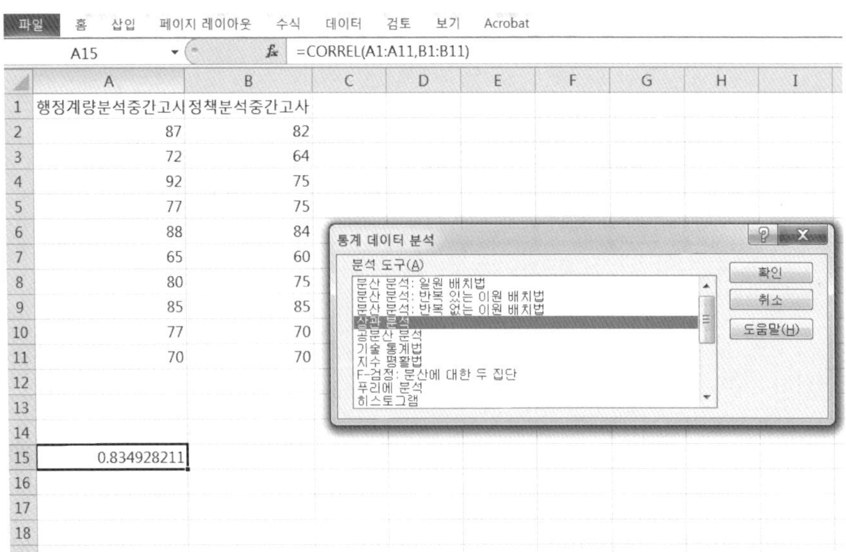

그림 11-7 상관 분석 대화상자의 기재

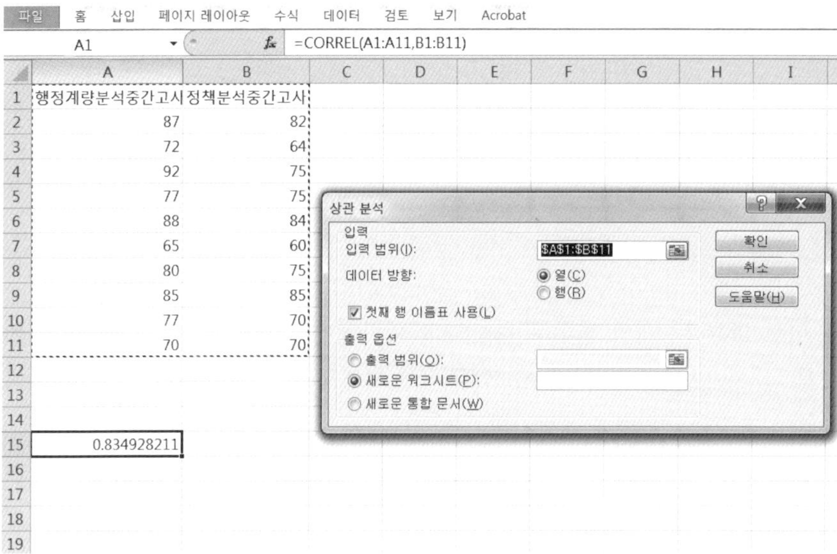

을 지정해준다. 즉, 우리의 예에서는 열 A전체와 열 B 전체를 지정하거나 혹은 A1부터 셀 B11까지를 각각 대각선의 좌측 상단과 우측 하단으로 취하는 사각형의 구역을 지정한다. '데이터 방향'은 변수의 관측값이 위-아래로 배열되어 있다면 '열'을, 좌우로 배열되어 있다면 '행'을 선택한다. 우리의 예에서는 변수 관측값이 위-아래로 배열되어 있기에 '열'을 선택해야 한다. 또한 셀 A1과 셀 B1에 각각 '행정계량분석중간고사'와 '정책분석중간고사'라는 변수명이 입력되어 있기에 이것을 변수의 '이름표'로 해석하여 '첫째 행 이름표 사용' 앞의 상자에 체크 표기를 해야 한다. 출력옵션을 '새로운 워크시트'로 선택한 후, '확인' 버튼을 누르면 결과가 [그림 11-8]과 같이 새로운 워크시트에 나타난다.

문자메뉴 '데이터'부터 시작한 상관계수의 계산 결과는 [그림 11-8]에서와 같이 표의 형식으로 나타난다. 화면에서 볼 때, 셀 A2의 '행정계량분석중간고사'와 셀 B1의 '행정계량분석중간고사'는 동일한 변수인데 만일 이 변수

그림 11-8 상관계수의 계산

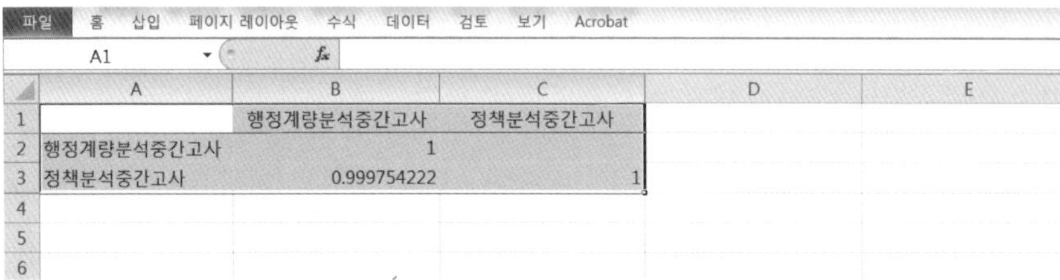

	A	B	C	D	E
1		행정계량분석중간고사	정책분석중간고사		
2	행정계량분석중간고사	1			
3	정책분석중간고사	0.999754222	1		
4					
5					
6					

를 서로 다른 두 개의 변수로 간주하고 상관계수를 계산한다면 그 결과는 어떻게 될까? 당연히 그 값은 셀 B2에 보고되었듯 1이 될 것이다. 그리고 우리가 관심을 두는 '정책분석중간고사'와 '행정계량분석중간고사'와의 상관계수는 셀 B3에 0.834928211로 보고된다. 이것은 두 변수간에 상당히 강한 상관관계가 존재하는 것으로 해석된다. 셀 C3에는 '정책분석중간고사'와 '정책분석중간고사'의 상관계수 1이 계산되어 있는데 이에 대해서는 더 이상의 설명이 필요하지 않을 것으로 판단된다. 종합하자면 [그림 11-8]은 표의 모양을 하고 있으며, 그 형식에 있어서 대각선으로 배열되는 상관계수 1을 기준으로 상관계수의 값이 대칭을 이루고 있게 된다. 따라서 셀 C2에는 상관계수의 수치가 표시되지 않는 바, 그 값은 이와 대칭되는 위치의 셀 B3의 수치와 같다.

2. SAS를 활용한 실습

SAS 프로그램을 통해서 상관분석을 실행하기 위해서 [그림 11-9]와 같이 확장 편집기 창에 프로그램을 작성해 보자. data 단계에서 먼저 데이터 셋의 이름을 'corr'로 지정하였다. 말미에 ';' 부호를 입력하는 것을 잊지 말도록 하자. 두 번째 줄의 input 문에서는 'corr' 데이터 셋은 두 개의 변수 'quan'(=행정계량분석 중간고사 점수)와 'policy'(=정책분석 중간고사 점수)로 구성된다는 것이 표시되고 있다. 또한 이 두 변수의 관측값이 cards 문 다음에

그림 11-9 상관분석을 위한 SAS 프로그램

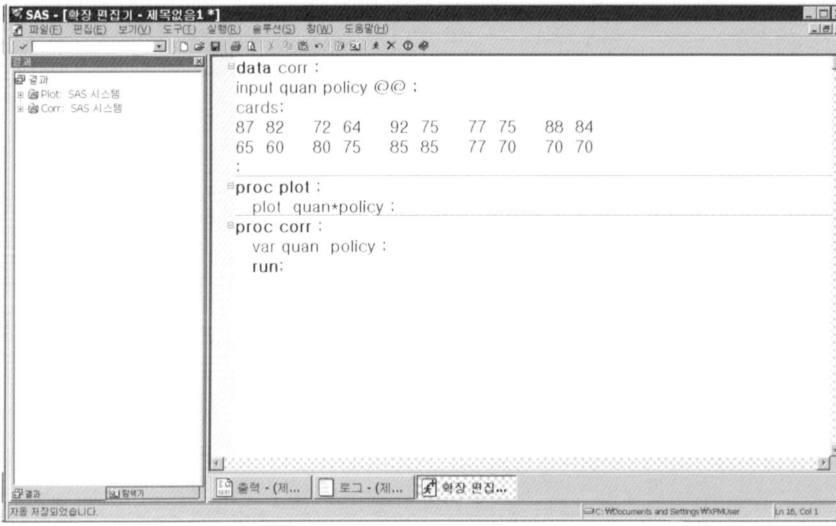

한 줄에 여러 쌍이 연속하여 입력될 것임도 '@@' 기호를 사용하여 지정하였다. 이어서 cards 문 다음에 10명의 행정계량분석 중간고사 점수와 정책분석 중간고사 점수가 계속하여 입력되었다.

SAS 프로그램을 구성하는 한 부분인 data 단계를 완료하였으니 이제 다른 한 부분인 proc 단계를 시작한다. 첫 번째 proc 구문은 'proc plot ;'으로 시작하였다. 이 구문은 plot 절차를 실행하라는 것으로, 곧 산포도를 그리라는 명령어이다. *X*축과 *Y*축에 어떤 변수를 배치할 것인가는 다음과 같은 형식으로 지정한다. 'plot a*b ;' 여기서 a 자리에 들어가는 변수가 *Y*축에 배치되고 b 자리의 변수가 *X*축에 위치하게 된다. 따라서 'plot quan*policy ;'는 산포도에서 'quan' 변수를 *Y*축에 배치시키고 'policy' 변수는 *X*축에 위치시키라는 의미이다. 만일 이 부분까지로 proc 절차를 완료하고 'run;'을 입력한 후 프로그램을 실행시킨다면 [그림 11-10]의 결과를 얻게 된다.

상관분석을 수행하기 위한 직접적인 proc 구문은 'proc corr ;'이다. 상관

그림 11-10 SAS 산포도

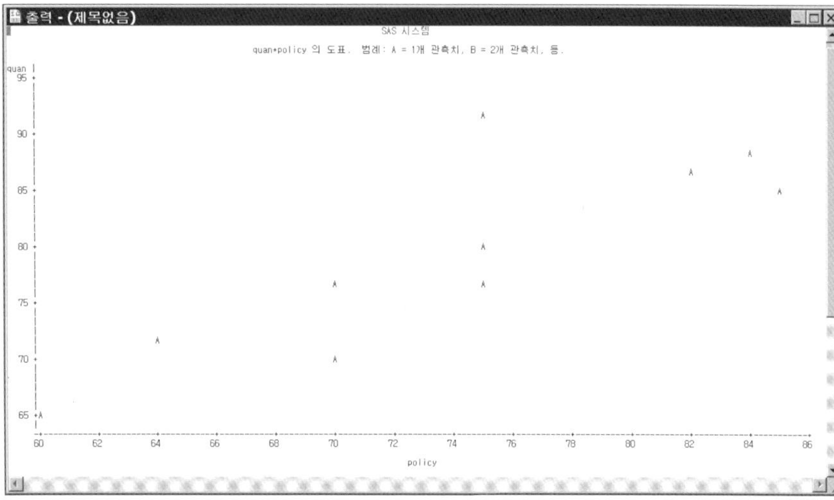

분석의 대상이 되는 두 개 변수를 'var quan policy ;'의 구문으로 지정한다. 'run ;'으로 proc 단계를 완료하고 프로그램을 실행시키면 [그림 11-11]의 분석결과를 얻게 된다.

두 개 변수에 관한 단순 통계량이 보고되고 이어서 그 아래에 '피어슨 상관계수'의 값(0.83493)이 계산되어 나온다.[2] 피어슨 상관계수의 바로 아래에 귀무가설 H_0 : $\rho=0$검정을 위한 통계량의 값 (=0.0026)이 제시되는 바, 이 수치가 유의수준 α보다 크다면 귀무가설 H_0 : $\rho=0$, 즉 모집단의 상관계수 모상관계수가 0이라는 가설을 채택한다. 즉, 귀무가설을 채택하는 경우라면 우리가 도출한 상관계수 (=0.83493)가 통계적으로 의미가 없다는 의사결정을 한 것이다. 하지만, 만일 유의수준 α의 값을 일반적인 수준인 $\alpha=0.05$로 설정한다면, 지금의 예에서는 검정을 위한 통계량의 값이 유의수준 $\alpha=0.05$

2) 소수점 계산을 어느 자리까지 하는가에 따라서 그 수치가 Excel의 경우와 SAS의 경우가 미세하게 차이가 있는 것을 발견할 수 있으나, 실제적으로는 차이가 없는 것으로 간주할 수 있겠다.

그림 11-11 SAS 상관분석 결과

출력 - (제목없음)

SAS 시스템

CORR 프로시저

2 변수: quan policy

단순 통계량

변수	N	평균	표준편차	합	최소값	최대값
quan	10	79.30000	8.71844	793.00000	65.00000	92.00000
policy	10	74.00000	8.27312	740.00000	60.00000	85.00000

피어슨 상관 계수, N = 10
H0: Rho=0 검정에 대한 Prob > |r|

	quan	policy
quan	1.00000	0.83493 0.0026
policy	0.83493 0.0026	1.00000

보다 작기에 귀무가설을 기각하고 대립가설을 채택한다. 즉, 이러한 경우라면 우리가 얻은 상관계수 0.83493이 통계적으로 의미가 있는 것으로 판단하여 두 개 변수간에는 강도가 높은 상관관계가 존재하는 것으로 판단한다.

12 단순회귀분석

- 제1절 회귀분석의 본질
- 제2절 회귀분석의 논리
- 제3절 회귀계수와 회귀모형의 유의성 검정
- 제4절 컴퓨터 프로그램을 활용한 회귀분석 실습

12 단순회귀분석

앞 장에서 우리는 하나의 변수값이 변화할 때 다른 변수의 값은 어떤 방향으로 변화하는지, 또 그 변화의 정도는 얼마나 강력한지를 검토하는 상관분석에 관해서 학습하였다. 이번 장에서는 그와 같은 변수간의 단순한 상관관계가 아니라 그러한 상관관계의 개념을 뛰어 넘는 분석주제를 설정하였다. 즉, 이번 장에서는 변수간에 인과관계가 존재하여 어느 하나의 변수가 다른 변수(들)에 의해서 영향을 받을 때, 그 영향력의 정도를 판별해 낼 수 있는 통계적 기법을 학습할 것이다. 이러한 통계적 기법이 바로 회귀분석(regression analysis)이다.

회귀분석은 분석모형에서 등장하는 변수가 몇 개인가에 따라서 그 종류를 구분할 수 있다. 만일, 변수가 두 개, 즉 영향을 주는 독립변수가 하나, 영향을 받는 종속변수도 하나인 경우라면 이때의 회귀분석을 단순회귀분석(simple regression)이라고 부른다. 만일, 독립변수의 수가 두 개 이상인 경우라면 다중회귀분석(multiple regression)이라고 부른다. 이 책에서는 단순회귀분석만을 대상으로 설명을 국한하기로 한다. 하지만, 단순회귀분석의 기본논리가 다중회귀분석에도 큰 차이없이 적용된다. 따라서 이 장에서 학습할 단순회귀분석의 실행 절차나 분석결과를 해석하는 방법은 다중회귀분석의 절차와 방법으로 큰 어려움 없이 확장할 수 있다. 기본적으로 단순회귀분석이건 다중회귀분석이건, 회귀분석을 통해서 우리는 독립변수의 값이 주어졌을 때 이것이 종속변수에 어느 정도의 영향을 미칠 것인지를 설명하고 나아가 예측할 수 있게 된다.

제1절 회귀분석의 본질

1. 회귀의 본래 의미

회귀분석 용어를 구성하는 회귀라는 단어는 영국의 유전학자이며 통계학자인 갈톤(F. Galton, 1822~1891)에 의해서 처음으로 소개되어 사용되었다. 갈톤은 자신의 연구논문인 "Family Likeness in Stature (1886)"에서 다음과 같이 주장하였다. "비록 키가 큰 부모에게서는 키가 큰 자녀가 태어나며, 키가 작은 부모에게서는 키가 작은 자녀가 태어나는 경향이 있지만, 부모의 키가 어떻든 간에 자녀들의 평균 키는 전체 인구의 평균 키로 이동(move)하는 혹은 회귀(regress)하는 경향이 있다"는 것이다. 다시 말하자면, 특출하게 키가 큰 부모이든 혹은 특출하게 작은 부모이든 간에, 이들에게서 태어난 자녀들의 평균 키는 부모처럼 특출하게 크거나 작거나 하지 않고 일반적인 전체 평균 키 수준으로 이동해 간다는 것이다. 이것이 바로 갈톤의 보편적 회귀법칙(Galton's law of universal regression)[1]으로 알려져 있다.

갈톤이 발견한 보편적 회귀법칙은 이후 그의 동료 피어슨(K. Pearson)에 의해서 검증되었다. 피어슨은 천여 개의 실제 가족 집단 구성원들의 키에 관한 자료를 수집하여 이를 분석의 대상으로 삼았다. 그 결과 갈톤이 주장하였던 아버지 키와 아들 키 사이에 존재하는 회귀법칙이 실제 자료분석을 통하여 사실인 것으로 입증되었다. 이는 갈톤의 표현인 "평범(mediocrity)으로의 회귀"가 사실인 것을 의미하는 것이었다.

1) '보편적'이라는 용어가 사용된 이유는 이러한 법칙이 키에 관한 것뿐만이 아니라 다른 현상에도 '보편적'으로 적용된다는 의미에서이다. 시간이 경과함에 따라서 모든 비범하고 특별한 것들이 점차 평범하고 어떤 측면에서는 하찮은 것으로 회귀한다는 의미에서 갈톤의 회귀는 'regression to mediocrity'로 표현될 수 있다.

2. 회귀의 현대적 해석

본래 회귀라는 개념은 특별하고 비범한 것으로부터 평범하고 일반적인 것으로의 이동의 의미를 지니고 있었으나 현대에 있어서는 회귀의 개념이 상당히 다르게 이해되고 있다. 즉, 광범위한 의미에서 회귀는 하나의 변수, 즉 종속변수가 다른 하나 혹은 둘 이상의 변수, 즉 독립변수(들) 다른 말로 설명변수(들)에 대한 의존도에 관한 연구를 의미한다. 또 이러한 연구의 목적은 독립변수 혹은 설명변수의 값이 알려지거나 주어졌을 경우에 있어서 종속변수의 평균값을 추정하고 예측하기 위한 것이다.

다른 표현을 사용하자면, 종속변수가 독립변수(들)에 의해 어느 정도의 영향을 받고, 또한 어떠한 관계로 나타나는지 분석하는 기법이 현대적 분석기법으로서의 회귀분석의 의미이다. 따라서 이러한 변수간의 영향 혹은 의존의 관계는 통계적 관계식으로 나타낼 수 있다.

3. 통계적 관계와 함수적 관계

일반적으로 변수 사이에 존재하는 관계는 크게 통계적 관계와 함수적 관계의 두 가지로 구분될 수 있다. 두 가지 관계 중에서 회귀분석이 그 초점을 설정하고 있는 관계는 통계적 관계이다. 하나의 예를 들자면, 종속변수로서의 작물 수확량과 이 작물 수확량의 크기를 설명할 수 있는 독립변수로서의 기온, 강우량, 일조량 및 토양의 비옥도 등의 변수간에는 통계적 관계가 설정된다. 즉, 예에서 제시한 독립변수들이 작물 수확량에 영향을 미치는 중요한 변수임에는 틀림이 없더라도 이들 독립변수를 가지고 작물 수확량을 조금의 오차도 없이 정확히 예측할 수는 없다. 그 중요한 이유로는 개별적으로 일일이 그 존재를 다 확인하고 밝히기 어려우나 작물 수확량에 분명히 영향을 미치는 다른 변수들의 존재를 부인할 수 없기 때문이다. 또한 설명변수의 측정에 개재되는 오차를 고려할 수밖에 없기 때문이다. 따라서, 아무리 많은 독립변수를 고려할지라도 종속변수로서의 작물 수확량은 그 값이 무엇인지 정확히 설명되거나 예측될 수 없는 변수로 간주되어야만 한다. 또한 그 변수란 바로 우리가 앞서 살펴본 어떤 확률분포를 지니는 확률변수를 의미한다는 사실을 이해할 수 있을 것이다.

이러한 통계적 관계와는 대조적으로 변수간에 함수적 관계 혹은 확정적 관계가 존재할 수도 있다. 즉, 함수적 관계란 변수간에 어떠한 오차도 허용되지 않는 정확한 수학적 관련성이 존재하는 경우의 관계를 말한다. 예를 든다면 자동차가 주행한 거리는 속도와 시간의 함수관계로 나타낼 수 있다. 물론, 도로사정이나 운전자의 운전습관과 같은 요인들이 영향을 미칠 수 있겠으나 적어도 개념상으로는 주행거리와 속도, 시간간의 관계에는 아무런 오차가 존재하지 않기에 함수적 관계로 파악할 수 있다는 것이다. 다른 예로서, 뉴턴(I. Newton)의 중력의 법칙이나 오옴(G. Ohm)의 전류와 전압, 전기저항간의 법칙에서 등장하는 변수들 간의 관계를 함수적 관계로 들 수 있겠다.

4. 회귀분석과 인과관계

비록 회귀분석이 독립변수에 대한 종속변수의 의존관계를 다루지만 이러한 회귀분석의 중점사항이 곧 변수간 인과관계의 존재 그 자체를 의미하는 것은 아니다. 이미 이 책의 제2장에서 지적하였듯이, 기본적으로 변수간의 통계적 관련성이 변수간의 인과관계를 아무리 강력하게 암시하고 있더라도 결코 그것만으로는 변수간의 인과관계를 충분히 수립시킬 수 없는 것이다. 즉 변수간 인과관계는 이론이나 일반상식 혹은 이성 혹은 또 다른 어떤 것이 되든지 간에 통계학의 외부세계로부터 오는 것임을 잊지 말아야 한다. 앞서의 곡물 수확량에 관한 예를 다시 든다면, 강수량이 곡물 수확량을 설명하는 독립변수가 되어야지, 그 반대로 강수량이 종속변수가 되고 곡물수확량이 독립변수가 될 수는 없다는 것이다. 이것은 인과관계의 존재 여부 및 그 내용은 단순한 통계적 사실에 의해서가 아니라 이성이나 상식에 입각해서 판단되어야 마땅하다는 의미이다.

요약하자면, 변수간의 통계적 관계가 그 자체로 인과관계를 의미하지 않는다. 인과관계를 규명하기 위해서는 선험적인 혹은 이론적인 사고작용이 수반되어야만 한다.

5. 회귀분석과 상관관계

회귀분석과 밀접히 관련되어 있지만 개념적으로 크게 상이한 또 다른 분석기법이 앞 장에서 살펴본 상관분석이다. 간략히 두 개념을 비교하자면, 상관분석은 두 변수간의 선형관계의 방향과 그 관계의 강도 혹은 정도를 측정하는 것에 분석초점을 설정한다. 이에 비하여 회귀분석은 종속변수의 독립변수에 대한 의존성 · 영향력에 분석초점을 설정한다. 그래서, 회귀분석은 종속변수와 독립변수간의 의존성 · 영향력의 방향 및 정도를 평가하는 것을 주목적으로 삼는다.

앞 장에서 살펴본 상관분석에서는 상관계수(correlation coefficient)가 두 변수간의 선형관계의 정도를 나타내는 척도로서의 중요성을 갖는다는 것을 기억할 것이다. 예로서 어떤 연구자들은 월소득과 대통령 직무 수행에 대한 평가 점수간의 상관계수를 구하는데 관심을 지니고 있을 수 있다. 하지만, 회귀분석의 경우에서는 그러한 측정치를 구하는 것이 주요 관심사가 아니라 하나의 독립변수, 즉 월소득의 값이 주어지는 경우에 종속변수, 즉 대통령 직무 수행에 대한 평가 점수의 평균값을 추정하거나 예측하는 것을 분석초점으로 설정한다는 차이점을 가진다.

변수간의 관계를 분석한다는 사실에서는 회귀분석과 상관분석이 다 마찬가지로 여겨질 수는 있겠다. 하지만, 기본적으로 회귀분석과 상관분석의 두 분석기법은 커다란 차이점을 지니고 있다. 무엇보다 종속변수와 독립변수가 취급되는 방식에 있어서 큰 차이점이 있다. 즉, 회귀분석에서 종속변수는 변수간의 통계적 관계와 함수적 관계를 설명하면서 지적하였듯 통계학적으로 확률변수로서 인식된다. 다시 말해서 종속변수는 확률분포를 지니는 변수로 간주된다. 반면에 설명변수는 고정된, 다시 말하자면 주어진 값을 가지는 것으로 인식된다. 이와는 대조적으로 상관분석에서는 두 개 변수를 종속변수와 설명변수로 구별하지 않고 동등하고 대등하게 취급한다. 나아가 상관분석에서는 두 개 변수 모두가 확률변수로서 간주되는 차이가 있는 것이다.

제2절 회귀분석의 논리

1. 단순회귀분석의 기본 논리

지금까지 살펴본 바와 같이 회귀분석은 종속변수의 독립변수에 대한 의존관계의 정도 및 독립변수가 종속변수에 미치는 영향력의 크기를 추정하고 예측하는 것을 분석초점으로 삼는다. 이러한 회귀분석 중에서 종속변수에 영향을 미치는 독립변수가 오직 하나만 존재하는 경우를 단순회귀분석이라고 부른다는 것은 이미 지적한 바 있다. 지금부터 단순회귀분석의 경우를 들어 변수간의 의존도의 정도와 그 크기를 추정하고 설명하는 순서를 검토하기로 한다.

먼저 변수간에 존재하는 관계를 파악하기 위해서는 그 관계를 공식의 형태로 나타내야 한다. 하지만, 종속변수가 확률변수임을 고려한다면, 종속변수와 독립변수 사이에 확률적으로 존재하는 관계를 공식으로 분명하게 표현하는 일은 결코 쉬운 일이 아닐 것이다. 쉬운 예로서 월소득과 월소비지출액을 각각 설명변수와 종속변수로 설정하여 논의를 계속해 나가기로 하자. 우선 생각할 수 있는 것은 월소득이 높으면 월소비지출액도 증가할 수 있다는 점이다. 그렇다면 그 반대의 경우도 타당할까? 월소비지출액이 증가하면 월소득액이 늘어난다는 것은 논리적으로 부적절한 것으로 판단된다. 따라서, 이 두 변수간의 관계에 있어서 정말로 분석할 가치가 있는 문제는 월소득액이 만원 증가한다면 월소비지출액은 얼마나 증가할까? 또 이에 대해서 추정한 수치를 통계학적으로 얼마나 신뢰할 수 있을까? 등과 같은 문제일 것이다. 바로 이러한 문제가 회귀분석이 분석 초점으로 설정하는 문제인 것이다.

분명한 사실은 문제에 대한 답을 간단히 구할 수는 없다는 것이다. 무엇보다 월소비지출액은 월소득액뿐만 아니라 다른 변수에 의해서도 영향을 받기 때문이다. 하지만 이렇게 월소득액에 영향을 미치는 다른 변수들이 있더라도, 월소비지출액과 월소득액 간의 두 개 변수간의 관계를 나타낼 수 있다. 월소비지출액을 종속변수 Y로, 월소득액을 독립변수 X로 표시하는 모형을 생각해 낸다면 이것이 바로 월소득과 월소비지출액 간의 회귀모형이 되는 것이다.

논의를 계속 이어나가기 위해서 앞서 제3장에서 활용한 바 있는 60개 가구로 구성된 가상국가 행복민국의 60개 모든 가정의 월소득액 X와 월소비지출액 Y의 자료를 다시 사용해 보기로 한다.

〈 표 12-1 〉 60가구의 월소득과 월소비지출

월소득(X)	80	100	120	140	160	180	200	220	240	260
월소비 지출액(Y)	55	65	79	80	102	110	120	135	137	150
	60	70	84	93	107	115	136	137	145	152
	65	74	90	95	110	120	140	140	155	175
	70	80	94	103	116	130	144	152	165	178
	75	85	98	108	118	135	145	157	175	180
	-	88	-	113	125	140	-	160	189	185
	-	-	-	115	-	-	-	162	-	191
합계	325	462	445	707	678	750	685	1043	966	1211

출처: Gujarati. 1988. Basic Econometrics. P. 27.

1) 산포도

표에 나와 있는 두 변수 월소득(간단히 X로 표시함), 월소비지출액(간단히 Y로 표시함) 사이에 존재하는 관계를 적합한 함수식으로 도출하기 위한 방법으로서 우선 두 변수 X와 Y의 관계를 개괄적으로 파악할 필요가 있다. 이를 위해 두 변수 X와 Y의 자료 값을 평면좌표 위에 점으로 찍어서 나타낼 수 있다. 이와 같이 두 변수 X, Y의 값에 대응하는 점을 평면좌표에 표현한 것이 [그림 12-1]로 나타나는 산포도(scattergram or scatter plot) 혹은 산점도라고 부르는 그림이다.

그림과 같은 산포도를 구하면 이로부터 두 변수 X, Y 간의 의존관계의 크기와 정도를 개략적으로나마 파악할 수 있다. 우선 산포도는 두 변수 사이의 의존관계가 정(positive)의 관계인지 혹은 역(negative)의 관계인지를 암시해준다. X가 증가할 때 Y도 증가하면 정의 관계이며, 반면 X가 증가할 때 Y가 감소하면 역의 관계임은 더 이상 설명이 필요치 않을 것이다. 따라서 우리가

그림 12-1 X와 Y의 산포도

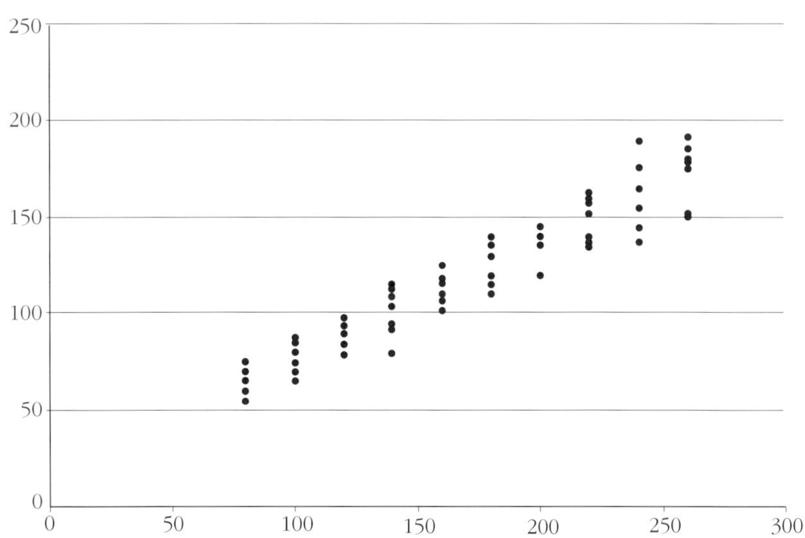

예로 든 월소득과 월소비지출액의 산포도에서 두 변수 사이에는 정의 관계가 존재함을 알 수 있다.

또한 산포도는 두 변수 사이의 의존관계가 선형(linear)인지 혹은 비선형(nonlinear)인지도 알려준다. 산포도에서 흩어진 점들이 직선에 가까운 형태로 나타나는 경우라면 두 변수간에는 선형관계가 존재한다고 할 수 있다. 이와 대조적으로 산포도에서 흩어진 점들이 직선 모양이 아닌 2차 방정식에서의 포물선이나, 그 이상의 차수의 방정식에서 볼 수 있는 곡선 모양으로 나타난다면 두 변수는 비선형 관계에 있는 것이다. 따라서 지금의 산포도의 경우라면 두 변수 X, Y는 직선에 가까운 모양으로 흩어져 있으므로 선형관계라고 할 수 있겠다.

나아가 산포도는 우리에게 두 변수 사이에 존재하는 의존관계의 정도를 알려 준다. 즉, 산포도에서 점들이 선형 모양을 따라 밀집되어 있다면 두 변수간의 의존관계의 정도가 높다고 할 수 있겠다. 반면에 산포도에서 나타난 점들이 어떤 일정한 패턴을 지니는 것이 아니라 광범위하고 산만하게 흩뿌려져 있는 모양을 띄고 있다면 두 변수간의 의존관계의 정도가 낮은 것으로 판단할 수 있겠다. 이러한 경우라면 당연히 두 변수를 대상으로 회귀분석을 적용하는 것을 재고해야 할 것이다.

2) X값이 주어졌을 때 Y값의 조건부 평균값 계산

회귀분석에서 종속변수 Y가 확률분포를 지니는 확률변수라 함은 앞에서 여러 번 강조하였다. 이 말의 의미를 다시 한 번 파악해 보기로 하자. 앞의 〈표 12-1〉 월소득과 월소비지출액에서도 잘 나타나듯 설명변수 X값이 주어진 경우, 이에 대응하는 Y값은 여러 개가 될 수 있다는 것이다. 예를 들어서 월소득이 80만원으로 주어진 경우라면 이때의 Y값은 55만원, 60만원, 65만원, 70만원, 75만원의 5개의 값을 가질 수 있는 것이다. 확률변수의 의미가 확률적 실험에 의해서 결정된 값을 지니는 양적 변수라는 것을 기억해 보자. 또한 확률적 실험의 대표적인 예로서 주사위를 던져서 나오는 수가 얼마나 될 것인가를 관찰하는 상황을 기억해 보자. 그렇다면 회귀분석에서의 종속변수는 확률변수라는 의미를 충분히 이해할 수 있을 것이다. 이제 우리는 앞의 〈표 12-1〉의 내용에 따라서 X값이 주어졌을 때의 Y값의 조건부 확률표 〈표 12-2〉를 구성해 보기로 한다.

〈 표 12-2 〉 조건부 확률 $Pr(Y|X_i)$

월소득(X)	80	100	120	140	160	180	200	220	240	260
조건부확률 $Pr(Y\|X_i)$	1/5	1/6	1/5	1/7	1/6	1/6	1/5	1/7	1/6	1/7
	1/5	1/6	1/5	1/7	1/6	1/6	1/5	1/7	1/6	1/7
	1/5	1/6	1/5	1/7	1/6	1/6	1/5	1/7	1/6	1/7
	1/5	1/6	1/5	1/7	1/6	1/6	1/5	1/7	1/6	1/7
	1/5	1/6	1/5	1/7	1/6	1/6	1/5	1/7	1/6	1/7
	-	1/6	-	1/7	1/6	1/6	-	1/7	1/6	1/7
	-	-	-	1/7	-	-	-	1/7	-	1/7
Y의 조건부 평균값	65[1)]	77	89	101	113	125	137	149	161	173

1) $65 = 55 \times 1/5 + 60 \times 1/5 + 65 \times 1/5 + 70 \times 1/5 + 75 \times 1/5$

이미 제5장에서 설명했듯이, 조건부 확률 $Pr(Y|X_i)$는 X값이 주어졌을 때 Y값이 발생할 확률을 말한다. 표에서 월소득 X값이 80으로 주어졌을 때, Y값 55가 발생할 확률은 1/5이며, 모든 Y값이 각각 다른 수치를 나타나기에 각 값이 발생할 확률 역시 모두 1/5이 된다. 따라서, 각각의 Y값과 이들 값에 대응하는 조건부 확률을 곱한 후, 그 결과들을 모두 합한다면 X값이 주어졌을 때의 Y의 조건부 평균값을 구할 수 있다.

3) 모회귀선

앞서 살펴본 월소득액과 월소비지출액의 산포도에 방금 계산한 'X값이 주어졌을 때의 Y의 조건부 평균값'을 표시할 수 있겠다. 그렇게 한 후에, 'X값

그림 12-2 모회귀선

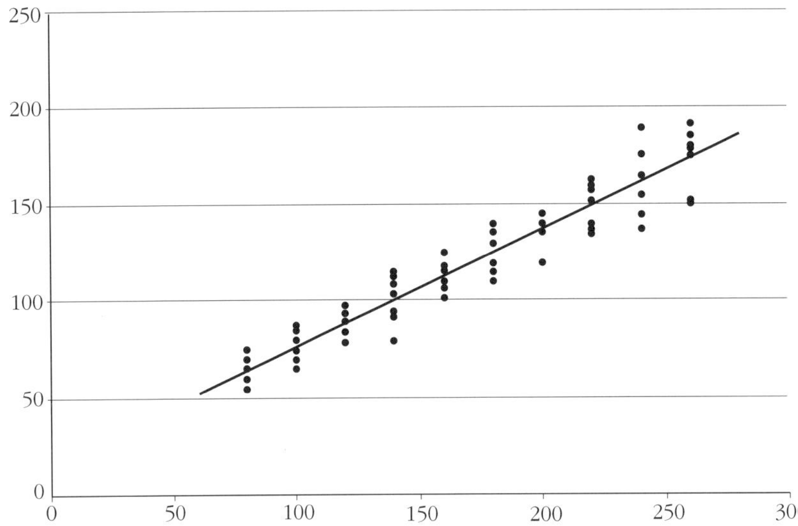

이 주어졌을 때의 Y의 조건부 평균값'들을 연결한 직선을 그릴 수 있을 것이다. 그 결과로서 우리는 [그림 12-2]와 같은 직선을 얻게 된다. 이 직선이 그려지게 된 자료는 60가정으로 구성된 가상국가 행복민국의 자료임을 기억할 것이다. 따라서 비록 이 직선은 가상의 자료를 근거한 직선이기는 하여도 모집단을 대상으로 해서 도출되어진 직선임은 분명하다. 이렇게 모집단을 대상으로 'X값이 주어졌을 때의 Y의 조건부 평균값'들을 연결한 직선을 우리는 모회귀선(PRF: population regression function or population regression curve)이라고 부른다.

그림에서도 잘 나타나듯, 모회귀선은 독립변수 X값이 주어졌을 때의 종속변수 Y값들의 조건부 평균값들 혹은 기대값들을 연결한 궤적이다. 그러면 이러한 모회귀선이 기본적으로 어떻게 도출된 것인지 조금 더 구체적으로 파악해 보기로 하자. 앞서 종속변수 Y값들은 하나의 고정된 값이 아니라 확률변수로 간주된다는 사실을 지적하였다. 이 말의 의미는 곧 Y값들은 'X값

그림 12-3 X값이 주어졌을 때의 Y값들의 분포 및 Y값들의 조건부 평균값

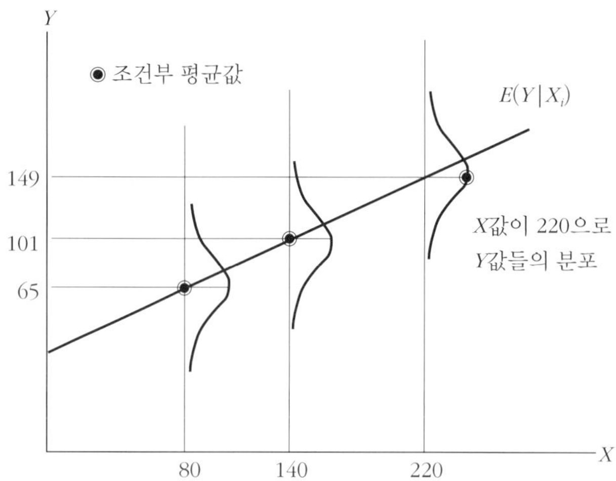

이 주어졌을 때의 *Y*의 조건부 평균값'들을 평균값으로 취하는 정규분포에서 도출되었다는 의미임을 기억할 필요가 있다. 그렇다면, 모회귀선은 어떻게 설명될 수 있을까? 모회귀선에서의 *Y*는 독립변수 *X*값이 주어졌을 때, 정규분포를 취하는 *Y*값들의 조건부 평균값들을 연결한 궤적으로 이해할 수 있다는 것이다. 이 내용이 [그림 12-3]의 *X*값이 주어졌을 때의 *Y*값들의 분포 및 *Y*값들의 조건부 평균값으로 도식화될 수 있을 것이다.

4) 회귀모형의 공식화

연구방법론에서 말하는 모형(model)은 '실제 상황을 이상적으로 표현한 틀'이라고 할 수 있다. 즉, 사회현상이나 자연현상은 실제 수많은 변수들이 복잡하게 복합적으로 엉키어 작용하고 있는 실재라고 할 수 있다. 따라서 이러한 상황을 객관적 · 합리적으로 분석하는 일은 무척이나 어려운 작업일 수밖에 없다. 이러한 맥락에서 실제와 비슷한 모형을 설정하고 분석하여, 실제 상황을 추정하고 검정하는 일이 필요하기에 바로 여기서 모형의 존재 가

치를 설정해 볼 수 있는 것이다.

회귀분석에서 다루는 모형을 간략히 회귀모형(regression model)이라 하며 수리적인 방정식을 사용하여 표현한다. 앞서의 논의를 계속 이어가면서, 모회귀선을 식으로 표현해 보기로 하자.

$$\text{모회귀선: } E(Y|X)=\beta_0+\beta_1 X$$

여기서 β_0와 β_1은 모집단의 특성을 나타내는 수치를 의미하는 모수(parameter)이다. β_0는 모회귀선에서 X값이 0일 때의 절편으로 모회귀상수(population regression constant)라고 부른다. 반면 β_1은 모회귀선에서의 기울기를 나타내는 모회귀계수(population regression coefficient)라고 부른다.

이러한 모회귀선의 특징은 크게 다음과 같이 두 가지로 요약될 수 있다. 첫째, 모회귀선은 독립변수 X값이 주어졌을 때의 종속변수의 기대치를 연결한 선이다. 둘째, 모회귀선은 직선 모양으로 나타나는데, 통계학에서는 직선 모양을 선형(linear)이라고 부르기에 모회귀선을 선형회귀모형이라고 부른다.

이제 모집단에서 i번째에 해당하는 독립변수와 종속변수를 식으로 나타내는 방법을 생각해 보자. 종속변수 Y값이 조건부 평균값에 해당하지 않는 경우에 있어서는, 모회귀선을 이용하여 Y값을 나타내기 위해서는 Y값이 조건부 평균값으로부터 떨어져 나간 정도를 의미하는 오차(error)를 기재해야 할 것이다. 즉 X값이 80으로 주어졌을 때, Y값이 70인 경우라면, Y값 70을 나타내기 위해서는 다음과 같은 공식화가 필요하다.

70=조건부 평균값(X값이 80으로 주어졌을 때의 Y값의 조건부 평균값 65)+5

여기서의 5가 바로 오차항을 의미한다. 이제 모집단에서 i번째에 해당하는 독립변수, 종속변수, 오차항[2]을 각각 X_i, Y_i, ε_i로 표기해 보자. 모집단에

2) 이후 회귀분석의 기본 가정에서 논의할 내용으로서 오차항 ε_i는 평균이 0 이고 분산이 σ^2인 정규분포를 이루고 있다고 가정한다. 오차항은 모회귀선 주변을 교란시

서 i번째 종속변수 Y_i를 모회귀선의 공식을 활용하여 다음과 같이 표현할 수 있다.

$$\text{모집단에서 } i\text{번째 종속변수 } Y\text{의 값 : } Y_i = \beta_0 + \beta_1 X_i + \varepsilon_i$$

앞서 여러 번 강조했듯이, 회귀분석의 주목적이 독립변수 X값이 주어졌을 때 종속변수 Y값의 평균값 혹은 기대값을 추정하고 예측하는 것이라면, 당연히 위의 방정식에서의 β_0과 β_1의 값을 구하는 것이 주요 과제가 된다. 즉, 방정식에서 X값이 주어졌다면 β_0과 β_1의 값을 구함으로써 Y값의 기대값에 접근할 수 있는 것이다.

문제는 행정현상을 연구대상으로 할 때 연구자가 관심을 지니는 모집단의 크기가 무척 클 수밖에 없다는 사실과 관련된다. 우리가 예로 든 행복민국의 경우는 어디까지나 회귀분석의 기본논리에 관한 이해를 돕기 위한 가상적인 상황인 것이다. 모집단의 크기가 무척 크다면, 당연히 모집단의 구성요소 전부를 다 조사하는 것이 현실적으로 불가능하며 바람직한 것도 아니라는 사실을 독자들은 다 이해하고 있을 것이다. 따라서 표본의 필요성이 대두하는 것이다. 마찬가지로 모집단을 다 조사함으로써 모회귀선을 구하고 이 모회귀선의 β_0과 β_1의 값을 구하는 일은 현실적으로 불가능하며 적절한 일도 아니다. 이러한 맥락에서 신뢰구간 설정이나 가설검정의 경우와 마찬가지로 회귀분석의 경우에 있어서도 모집단 전체를 조사하는 대신에 모집단으로부터 표본을 추출하여 표본의 회귀모형으로부터 β_0과 β_1의 값을 추정하게 된다.

2. 모회귀선의 추정

모회귀모형을 방정식으로 표현한 식을 볼 때, 종속변수 Y는 독립변수 X의 1차 함수이며 모수 β_0과 β_1에 대해서도 선형관계가 성립하고 있다. 1차 함수로 표현된 모회귀선에서 β_0은 X값이 0일 때의 Y의 절편, 즉 상수이다. β_1

키면서 나타나기 때문에 교란항 (disturbance terms)이라고도 부른다.

은 *X*값이 한 단위 변화할 때의 *Y*값의 변화 정도를 나타내는 기울기임은 이 책을 읽는 독자라면 누구나 알고 있었던 사항이다. 회귀분석에서는 이러한 β_0과 β_1 중에서 β_1이 매우 중요한 의미를 지닌다. 즉, 모회귀선이 선형일 경우 β_1은 기울기를 의미하므로 모집단에서 독립변수가 한 단위 변함에 따라 종속변수에 미치는 영향력의 크기를 의미하게 된다. 우리의 예에서 본다면, 모집단 행복민국 전체 60가구를 대상으로 할 때 월소득이 만원이 증가하면 월소비지출이 얼마나 증가하게 되는가의 영향력의 크기를 의미하는 것이 바로 β_1이다.

문제는 β_0과 β_1이 일반적으로 연구자들이 정확히 알지 못하는 모집단의 특성을 숫자로 나타낸 것이라는 사실에 있다. 따라서, 회귀분석의 주된 목적은 모집단으로부터 표본을 추출하여 표본 자료를 분석하고 이 분석 결과를 기초로 β_0과 β_1을 추정하는 일이 된다. 다시 말하자면 모집단에 관련된 모회귀선을 추정하기 위해서는 표본을 분석함으로써 표본회귀선으로부터 β_0과 β_1의 추정량을 구해야 한다.

1) 모회귀선과 표본회귀선

모회귀선의 개념과 대비되어 표본으로부터 구할 수 있는 회귀모형을 표본회귀선(SRF: sample regression function or sample regression curve)이라 부른다. 이제 우리의 예에서의 모집단인 행복민국 전체 60가구 중에서 10가구를 무작위 표본추출하였다고 가정해 보자. 이렇게 구성된 표본의 값은 〈표 12-3〉으로 요약된다.

〈 표 12-3 〉 표본 10가구의 월소득과 월소비지출

	표본1	표본2	표본3	표본4	표본5	표본6	표본7	표본8	표본9	표본10
월소득(X)	80	120	140	140	160	180	180	220	240	260
월소비지출액(Y)	55	90	95	113	110	130	140	157	189	150

모집단의 경우에서와 동일한 논리와 절차를 적용함으로써, 표본 10가구의 월소득과 월소비지출을 산포도로 그려볼 수 있겠다. 이 산포도에서 X값이 주어졌을 때 Y값의 조건부 평균값을 계산해서 그 평균값들의 궤적을 직선으로 연결하면 그 직선을 무엇이라고 부를까? 바로 그것이 [그림 12-4]와 같은 형태의 표본회귀선이 되는 것이다.

무엇보다도 중요한 것은 개념적으로 모회귀선과 표본회귀선을 명확히 구별할 수 있어야 한다는 점이다. 즉, 모회귀선은 모집단이 갖는 유일한 회귀모형의 수리적인 공식이라고 정의될 수 있을 것이다. 이에 비해서 표본회귀선은 표본을 어떻게 추출했는가에 따라서, 즉 표본의 값에 따라서 여러 가지 다른 내용의 수리적 공식으로 표현될 수 있다. 표본을 대상으로 하여 독립변수를 X로, 종속변수를 Y로 표기할 때, 일반적으로 표본회귀선은 다음과 같은 공식으로 표현된다.

표본회귀선: $\hat{Y} = b_0 + b_1 X$

여기서, $\hat{Y}$는 표본회귀선 상에 있는 종속변수 Y의 추정치를 나타낸다. 추정된 값이라는 의미에서 '^' 부호를 표기하는 것에 주목하자. b_0은 표본을 대상으로 구한 회귀계수로서 표본회귀계수(sample regression coefficient)라고 하는데, 표본회귀선에서 X값이 0일 때의 Y의 절편이 된다. Y의 절편이기에 물론 b_0은 상수이다. 그러면, b_0을 구하는 이유는 무엇인가? 당연히 b_0은 모집단을 대상으로 하는 모회귀계수 β_0을 추정하기 위한 것이다. 동일한 논리를 적용한다면, b_1 역시 표본을 대상으로 구한 표본회귀계수이다. 또한, 표본회귀계수 b_1은 표본회귀선의 기울기로서 표본에서 독립변수 X가 한 단위 변함에 따라서 종속변수 Y에 미치는 영향력의 크기를 나타낸다. 당연히 이 표본회귀계수 b_1은 모집단을 대상으로 하는 모회귀계수 β_1에 대한 추정량이 된다.

앞서 모집단을 대상으로 전개했던 논리를 이제 표본을 대상으로 적용해 보기로 하자. 표본에서 i번째 종속변수의 값 Y_i는 어떻게 공식화할 수 있을까? Y_i를 추정하기 위한 $\hat{Y}_i$과 Y_i 간에는 어떤 차이가 있을까? 그 차이를 어

그림 12-4 표본회귀선과 잔차

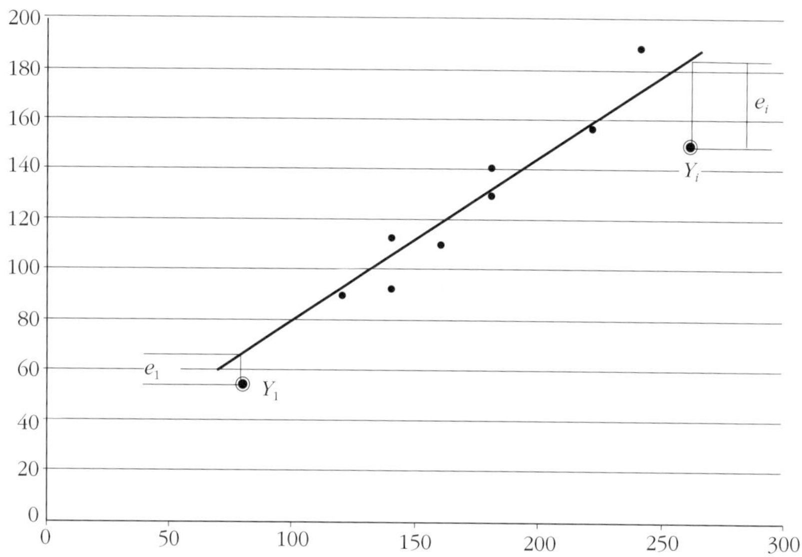

떻게 공식으로 표현할 수 있을까? Y_i를 추정하기 위해서 표본회귀선을 이용한 추정값 $\hat{Y}_i$와 Y_i 간에는 그 값에 있어서 차이가 있는 경우가 일반적일 것이다. 이 차이를 우리는 잔차(residual)라고 부르며 e_i로 표시한다.[3)] 즉, 표본을 대상으로 할 때 종속변수의 값 Y_i는 다음과 같이 공식으로 표현할 수 있다.

$$\begin{aligned} Y_i &= \hat{Y}_i + e_i \\ &= b_0 + b_1 X_i + e_i \end{aligned}$$

2) 최소자승법

표본에서의 종속변수와 설명변수와의 관계를 나타내는 표본회귀선을 어

3) [그림 12-4]의 e_1이나 e_i의 크기를 관찰해 보면, 잔차 e_i는 곧 각 종속변수의 값 Y_i와 이것을 추정하는 회귀선 상의 $\hat{Y}_i$ 간의 차이임을 바로 알 수 있다.

떻게 구하는 것이 바람직할까? 즉, 표본회귀상수 b_0와 표본회귀계수 b_1을 어떻게 구하는 것이 바람직할까? 이 질문에 대한 가장 합리적이고 일반화된 답은 바로 최소자승법(OLS: Ordinary Least Squares Method)를 사용하는 방법이다.

표본을 대상으로 하는 가장 이상적인 표본회귀선은 $\hat{Y}=b_0+b_1X$이며 표본에서 Y_i와 $\hat{Y}_i$ 사이에 잔차 e_i가 존재한다면 표본회귀선이 추정될 때 잔차의 합 Σe_i는 0이 되어야 할 것이다. 왜냐하면 표본회귀선을 중심으로 양의 값으로 나타나는 잔차와 음의 값으로 나타나는 잔차가 서로 상쇄되기 때문이다. 따라서 단순한 잔차의 합은 표본회귀선을 구하는데 별다른 효용이 없다. 바로 이 점에서 잔차 e_i의 제곱의 합 Σe_i^2을 최소화시키면서 표본회귀선을 구하는, 즉 표본회귀상수 b_0와 표본회귀계수 b_1을 구하는 최소자승법이 가장 합리적이고 일반화된 방법으로 사용되고 있다.

구체적으로, 표본에서의 i번째 종속변수값 Y_i와 표본회귀선 상의 종속변수 추정치 $\hat{Y}_i$의 차이인 잔차 e_i의 제곱합은 다음과 같이 정의된다.

$$\begin{aligned}\Sigma e_i^2 &= \Sigma(Y_i-\hat{Y})^2\\ &= \Sigma(Y_i-b_0-b_1X_i)^2\end{aligned}$$

여기서, X_i와 Y_i는 표본에서 주어진 값이다. b_0과 b_i은 미지수이다. 따라서, 잔차 e_i의 제곱합을 최소화시키기 위해서는 Σe_i^2을 b_0과 b_i에 관하여 편미분한 값이 0이 되어야 한다. 중간과정[4]을 정리하여 최종적인 b_1값을 구하면 다

4) Σe_i^2을 b_0과 b_i에 관하여 편미분한 값이 0이 되려면 다음과 같은 연립방정식을 구성하고 그 해를 구하여야 한다.

$$\frac{\partial}{\partial b_0}\Sigma e_i^2 = -2\Sigma(Y_i-b_0-b_1X_i)=0$$

$$\frac{\partial}{\partial b_1}\Sigma e_i^2 = -2\Sigma(Y_i-b_0-b_1X_i)X_i=0$$

따라서, $\Sigma Y_i = nb_0+b_1\Sigma X_i$

$\Sigma X_iY = b_0\Sigma X_i + b_1\Sigma X_i^2$

여기서 b_0을 소거하여 b_1의 해를 구하면 b_1은 다음과 같이 공식화될 수 있다.

음과 같다.

$$b_1 = \frac{n\Sigma X_i Y_i - (\Sigma X_i)(\Sigma Y_i)}{n\Sigma X_i^2 - (\Sigma X_i)^2}$$

$$b_1 = \frac{\Sigma X_i Y_i - n\overline{X}\,\overline{Y}}{\Sigma X_i^2 - n\overline{X}^2}$$

$$b_1 = \frac{\Sigma (X_i - \overline{X})(Y_i - \overline{Y})}{\Sigma (X_i - \overline{X})^2}$$

$$b_1 = \frac{\Sigma x_i y_i}{\Sigma x_i^2}$$

어떤 공식을 사용하여도 그 결과로서 다음과 같은 표본회귀상수 b_0의 값을 구하는 공식도 유도할 수 있다.

$$b_0 = \overline{Y} - b_1\overline{X}$$

〈표 12-4〉와 같이 〈표 12-3〉 월소득과 월소비지출액 자료에 이 공식을 적용시키면 표본회귀계수 b_0과 b_i을 구할 수 있다. 또한, 이 표본회귀계수로

$$b_0 = \frac{n\Sigma X_i Y_i - (\Sigma X_i)(\Sigma y_i)}{n\Sigma X_i^2 - (\Sigma X_i)^2}$$

여기서, $\Sigma X_i = n\overline{X}$, $\Sigma y_i = n\overline{Y}$이기에 b_1의 공식을 다음과 같이 표기할 수 있다.

$$\begin{aligned} b_1 &= \frac{n\Sigma X_i Y_i - (\Sigma X_i)(\Sigma y_i)}{n\Sigma X_i^2 - (\Sigma X_i)^2} \\ &= \frac{n\Sigma X_i Y_i - (n\overline{X})(n\overline{Y})}{n\Sigma X_i^2 - (n\overline{X})^2} \\ &= \frac{n\Sigma X_i Y_i - n^2\overline{X}\,\overline{Y}}{n\Sigma X_i^2 - n^2\overline{X}^2} \\ &= \frac{\Sigma X_i Y_i - n\overline{X}\,\overline{Y}}{\Sigma X_i^2 - n\overline{X}^2} \end{aligned}$$

또한 이렇게 유도된 b_1을 X와 Y의 편차 형태로 정리할 수도 있으며, 설명변수 X의 값과 그 평균값의 차이를 x_i로, 종속변수 Y값과 그 평균값의 차이는 y_i로 표기한다.

$x_i = X_i - \overline{X}$, $y_i = Y_i - \overline{Y}$

표본회귀선의 공식도 도출할 수 있다.

〈 표 12-4 〉 표본회귀계수의 계산

X	Y	$x_i = X - \overline{X}$	$y_i = Y - \overline{Y}$	$x_i y_i$	x_i^2
80	55	-92	-67.9	6246.8	8464
120	90	-52	-32.9	1710.8	2704
140	95	-32	-27.9	892.8	1024
140	113	-32	-9.9	316.8	1024
160	110	-12	-12.9	154.8	144
180	30	8	7.1	56.8	64
180	140	8	17.1	136.8	64
220	157	48	34.1	1636.8	2304
240	189	68	66.1	4494.8	4624
260	150	88	27.1	2384.8	7744
$\overline{X} = 172$	$\overline{Y} = 122.9$			$\Sigma x_i y_i = 18032$	$\Sigma x_i^2 = 28160$

$$b_1 = \frac{18032}{28160} = 0.64$$

$$b_0 = 122.9 - 0.64\ 172 = 12.76$$

따라서, 표본회귀선은 다음과 같다.

$$\hat{Y} = b_0 + b_1 X = 12.76 + 0.64X$$

3. 회귀계수의 특성

회귀분석을 통해 모회귀선을 계산해 내면 각각 하나의 β_0과 β_1의 값을 구하게 된다. 하지만 현실에서는 모집단을 분석하기보다 표본을 추출하여 최소자승법을 활용한 표본회귀선을 계산해 냄으로써 β_0을 추정하기 위한 b_0, β_1의 추정을 위한 b_1을 구할 수 있다. 이 때 발생하는 문제점은 곧 표본에 따라서 b_0과 b_1의 값이 달라진다는 점이다. 따라서, 최소자승법으로 구한 표본회귀선이 과연 정확한 것인지, 즉 회귀계수가 정확하게 모수를 추정하고 있는지를 검토할 필요가 있다. 또한 표본회귀선이 표본 자료들을 적합하게 표현하고 있는지도 검토해야 할 것이다. 나아가, 표본회귀선이 모회귀선과는 어떤 관계를 지니고 있는지, 즉 표본회귀계수가 모회귀계수와 어떠한 연관성을 지니고 있는지를 파악해 볼 필요가 있다.

1) 회귀계수의 표준오차

표본에서 구한 b_0과 b_1이 모집단에서 구한 β_0과 β_1를 정확하게 추정하기보다는 어느 정도의 오차가 발생한다고 판단하는 것이 일반적이고도 합리적인 판단이 될 것이다. 하지만 오차가 일정 수준 이상이 된다면 b_0과 b_1의 값이 추정치로서의 가치를 잃게 된다. 즉, 추정치로서의 정확성이 떨어지게 된다면 추정치로서의 가치를 상실하게 되는 것이다. 이와 같은 추정치의 정확성의 문제를 평가하기 위해서는 b_1이 변화하는 정도, 즉 b_1의 표준편차의 크기에 주목할 필요가 있다. 만일 b_1의 표준편차값이 크다면 표본에 따라 b_1값의 변화가 클 수 있다는 의미이기에 결과적으로 β_1을 추정하는데 있어서 오차가 발생할 가능성이 높아진다고 판단할 수 있다. 반면에 b_1의 표준편차가 작다면 표본에 따라서 b_1의 값이 변화할 정도도 축소되며, β_1의 추정에 있어서의 오차 역시 감소될 확률이 낮아진다. 바로 이러한 점에서 b_1의 표준편차를 표준오차(standard error)라 하며 $se(b_1)$로 표기한다.

구체적으로 b_1의 표준편차는 다음 공식으로 나타나는 b_1의 분산(variance)을 구한 후, 그 값의 양의 제곱근을 취한다.

$$Var(b_1) = E[b_1 - E(b_1)]^2 = E[b_1 - \beta_1]^2 = \frac{\sigma^2}{\Sigma x_i^2}$$

여기서 b_1의 분산은 σ^2와는 정비례하고 Σx_i와는 반비례한다. 그런데 σ^2는 일반적으로 우리가 그 값을 알 수 없는 모수이다. 즉, b_1의 분산은 그 값을 알 수 없는 σ^2에 비례하고, 표본을 통해서 그 값을 구할 수 있는 독립변수 X의 총변량 x_i에 반비례한다. 모수 σ^2의 값을 알 수 없기에 이를 추정하기 위한 수단으로서 우리는 표본회귀선에 존재하는 잔차 e_i를 활용하게 된다. 만일, 표본회귀선에 잔차가 밀집되어 있다면 공식에 있어서의 분자의 크기가 줄어들게 될 것이다. 그렇다면, b_1의 분산이 축소하고, 이것은 다시금 추정된 회귀선의 정확성이 증가하게 되는 것이다. 결국은 모회귀선을 추정하는데 있어서 오차가 적다는 것을 의미한다.

표본의 개수를 n, 표본에서 i번째 종속변수의 값을 Y_i, 표본회귀선으로 추정된 i번째 종속변수의 값을 $\hat{Y}_i$이라면 잔차 e_i는 $Y_i - \hat{Y}_i$로 표기되며, σ^2을 추정하기 위한 $\hat{\sigma}^2$는 다음과 같이 정의된다.

$$\hat{\sigma}^2 = \Sigma e_i^2 / (n-2) = \Sigma (Y_i - \hat{Y}_i)^2 / (n-2)$$ [5)]

따라서 표본회귀선의 표준오차는 $se(b_1)$는 $\hat{\sigma}^2$의 값에 양의 제곱근을 취한 값이다.

$$se(b_1) = \hat{\sigma} = \sqrt{\Sigma (Y_i - \hat{Y}_i)^2 / (n-2)}$$

요약하자면, $se(b_1)$의 값이 작다면 b_1은 β_1을 정확하게 추정할 수 있는 것으로 평가할 수 있겠다.

2) 결정계수

추정된 회귀선 $\hat{Y}$이 표본 자료에 적합한가를 측정하는 지표가 결정계수(determination coefficient), r^2이다. 결정계수의 의미를 정확히 파악하기 위해서는 독립변수 X_i에 대응하는 종속변수 Y_i와 추정된 회귀선 $\hat{Y}_i$과의 관계를

5) 여기서 분모에 $(n-2)$가 등장하는 것은 표본의 수가 증가하면 잔차의 제곱합 역시 증가하기에 표본의 자유도로 잔차의 제곱합을 나누어 줌이 필요한 까닭이다.

다시금 검토할 필요가 있다.

종속변수의 편차는 $(Y_i - \overline{Y})$로 나타나는데 이것은 회귀선으로 추정된 종속변수의 편차 부분 $(\hat{Y}_i - \overline{Y})$와 잔차 e_i의 합으로 구성된다. 이러한 종속변수의 편차는 다음과 같이 공식화된다.

$$\begin{aligned}(Y_i - \overline{Y}) &= (\hat{Y}_i - \overline{Y}) + (Y_i - \hat{Y}_i) \\ &= (\hat{Y}_i - \overline{Y}) + e_i\end{aligned}$$

이 때 종속변수의 총변량(TSS: Total sum of Squares)[6]의 크기를 계산해 보면 $\Sigma(Y_i - \overline{Y})^2$으로서 다음과 같이 표기된다.[7]

$$\Sigma(Y_i - \overline{Y})^2 = \Sigma(\hat{Y}_i - \overline{Y})^2 + \Sigma e_i^2$$

또한 이 공식을 구성하는 각 요소의 의미는 다음과 같다.

$\Sigma(Y_i - \overline{Y})^2$: 종속변수의 총변량(*TSS*)으로 표본의 종속변수가 갖는 총변동의 크기이다.

$\Sigma(\hat{Y}_i - \overline{Y})^2$: 추정된 회귀선에서 종속변수가 갖는 총변량이다. 즉 추정된 회귀선에 의하여 설명 가능한 변동의 크기를 나타내는 변량(ESS: Explained Sum of Squares)이다.

Σe_i^2: 잔차의 제곱합으로 잔차가 갖는 총변량이다. 이는 회귀선 위와 아

---

6) 총변량은 변수가 갖는 총변동 크기로서 편차의 제곱합으로 계산된다.

7) 즉, $Y_i = b_0 + b_1 X_i + e_i$

$$\begin{aligned}&\overline{Y} = b_0 + b_1 \overline{X} \\ &\therefore\ Y_i - \overline{Y} = b_1(X_i - \overline{X}) + e_i \\ &\quad y_i = b_1 x_i + e_i \\ &\quad \hat{y}_i = b_1 x_i \\ &\quad y_i = \hat{y}_i + e_i \\ &\Sigma y_i^2 = \Sigma \hat{y}_i^2 + \Sigma e_i^2 + 2\Sigma \hat{y}_i e_i,\ (\Sigma \hat{y}_i e_i = 0) \\ &\therefore\ \Sigma y_i^2 = \Sigma \hat{y}_i^2 + \Sigma e_i^2 \\ &\qquad\quad = b_1^2 \Sigma x_i^2 + \Sigma e_i^2\end{aligned}$$

래로 교란되어지는 크기를 나타내기에 추정된 회귀선으로는 설명할 수 없는 변동의 크기를 나타내는 변량(RSS: Residual Sum of Squares)이다.

결국, 종속변수의 총변량(TSS)은 회귀선에 의해 설명되는 변량(ESS)과 회귀선으로는 설명할 수 없는 변량(RSS)의 합으로 표기된다 : TSS=ESS+RSS. 또한, 등식에서 양변을 총변량 TSS$(=\Sigma(Y_i-\overline{Y})^2)$로 나누면, 변량의 상대적 비율도 도출할 수 있다.

$$1=\frac{\Sigma(\hat{Y}_i-\overline{Y})^2}{\Sigma(Y_i-\overline{Y})^2}+\frac{\Sigma e_i^2}{\Sigma(Y_i-\overline{Y})^2}$$

$$1=\frac{ESS}{TSS}+\frac{RSS}{TSS}$$

등식에서 설명 가능한 변량에 대한 총변량의 비율(ESS/TSS)을 r^2으로 표기하면, r^2은 총 변량 중에서 설명 가능한 변량이 차지하는 비율이다. 그러므로 r^2값이 크면 클수록 표본 자료는 추정된 회귀선에 의하여 설명 가능한 변량 부분이 크다는 뜻이다. 다시 설명하면 r^2값이 큰 값을 가질 때 표본 자료는 회귀선에 의하여 잘 설명될 수 있으므로 회귀선은 적합성을 지닌다는 뜻이다. 따라서 r^2은 표본 자료를 회귀분석으로 적용함에 적합성이 있는가를, 즉 '회귀선의 적합성'을 결정하는 결정계수라 한다.

요약하자면, 추정된 회귀선이 표본 자료에 적합한가를 측정하는 결정계수(r^2)는 다음과 같은 특성이 있다.

① r^2은 제곱합의 상대적 비율이므로 음(−)의 값을 가질 수 없다.

② r^2은 0에서 1 사이에 값을 갖는다 $(0\le r^2\le 1)$. 만약에 r^2값이 0 이라면 표본회귀선으로는 설명이 가능한 부분이 없다는 뜻이므로 두 변수 X와 Y는 전혀 관계가 없는 것이 된다. 그러므로 r^2값이 0 에 가까우면 회귀분석을 적용하는 것이 적합하지 않음을 알 수 있다. 한편 r^2값이 1이라면, 표본회귀선은 완전히 적합하다는 뜻이 된다. 하지만 이러한 경우라면, 두 변수 X와 Y는 잔차가 전혀 없는 관계이기에 통계적 관계가 아

니라 함수적 관계를 지니는 것으로 평가해야 한다. 그러므로 r^2값이 1인 경우에도 회귀분석을 적용하는 것이 부적합하다.

3) 선형불편추정량

앞서 살펴본 표본회귀선의 정확성과 적합성 외에도 이제 최소자승법에 의하여 도출한 표본회귀계수 b_1가 모수 β_1과 어떤 연관성을 지니는가를 검토해 보기로 하자. 먼저, b_1의 표본분포의 특성을 생각해 보자. 동일한 모집단에서 무수하게 추출될 수 있는 각각의 표본에서 최소자승법을 활용하여 표본회귀계수 b_1을 구하면 분명 b_1은 하나의 값이 아니라 표본에 따라서 그 값이 변화하는 확률변수이다. 또한, 이러한 b_1의 표본분포는 정규분포의 특성을 지니고 있는 것으로 판단할 수 있겠다.

나아가, 최소자승법을 활용한 표본회귀계수 b_1는 최량선형불편추정량(BLUE: Best Linear Unbiased Estimator)이라고 불리우는 통계학적 특성을 지닌다. 즉, b_1은 가장 훌륭한, 선형(직선 형태)의, 불편추정량이라는 의미이다. 그렇다면 이것이 과연 무슨 의미인지, 최소한 어떻게 해서 b_1이 선형불편추정량인가를 검토해 보기로 하자.

앞서 살펴본 바와 같이 $b_1 = \dfrac{\Sigma x_i y_i}{\Sigma x_i^2}$

이를 풀어서 정리하면, b_1은 다음과 같이 풀어 쓸 수 있다.

$$b_1 = \frac{\Sigma x_i(Y_i - \overline{Y})}{\Sigma x_i^2} = \frac{\Sigma x_i Y_i - \overline{Y}\Sigma x_i}{\Sigma x_i^2},\ (\Sigma x_i = \Sigma(x_i - \overline{X}) = 0)$$

$$\therefore\ b_1 = \frac{\Sigma x_i Y_i}{\Sigma x_i^2}$$

여기서, $k_i = x_i / \Sigma x_i^2$라면, $b_1 = \dfrac{\Sigma x_i Y_i}{\Sigma x_i^2} = \Sigma k_i Y_i$

결국, b_1는 종속변수 Y_i의 선형함수이다.

이어서, b_1이 불편추정량[8]이라면 $E(b_i)=\beta_1$의 조건이 충족되어야 한다. 조건의 충족을 검토하기에 위해서 앞서 제시된 k_i의 특성을 정리하면 다음과 같이 요약될 수 있다.

① 회귀분석에서 설명변수, X_i는 확률변수가 아니라 그 값이 주어진 확정적 변수로 간주한다. 따라서 $k_i(=x_i/\Sigma x_i^2)$도 확률변수가 아니라 어떤 주어진 값으로 간주된다.
② Σk_i를 계산하면, 그 분자에 해당하는 Σk_i는 편차의 합$(=\Sigma(X_i-\overline{X}))$이기에 0이 된다.
③ $k_i=x_i/\Sigma x_i^2$의 양변을 x_i로 곱하여 합을 구하면 $\Sigma k_i x_i=\Sigma x_i^2/\Sigma x_i^2=1$이 된다. 따라서, k_i와 x_i를 곱해서 합한 값$(=\Sigma k_i x_i)$ 역시 1이다.
④ $\Sigma k_i^2=\dfrac{\Sigma x_i^2}{(\Sigma x_i^2)^2}=\dfrac{1}{\Sigma x_i^2}$

이상과 같은 k_i의 특성을 활용하여 b_1이 불편추정량인 것을 나타낼 수 있다. 즉, 모회귀선의 공식 $Y_i=\beta_0+\beta_1X_i+\varepsilon_i$을 b_1이 종속변수 Y_i의 선형함수임을 보여준 b_1의 공식에 대입한다.

$$
\begin{aligned}
b_1&=\Sigma k_iY_i=\Sigma k_i(\beta_0+\beta_1X_i+\varepsilon_i)\\
&=\beta_0\Sigma k_i+\beta_1\Sigma k_iX_i+\Sigma k_i\varepsilon_i,\quad (\Sigma k_i=0,\ \Sigma k_iX_i=1)
\end{aligned}
$$

$$
\begin{aligned}
\therefore\ b&=\beta_1+\Sigma k_i\varepsilon_i\\
E(b_1)&=E\,[\beta_1+\Sigma k_i\varepsilon_i]\\
&=\beta_1+\Sigma k_iE[\varepsilon_i],\ (E[\varepsilon_i]=0)\\
&=\beta_1
\end{aligned}
$$

결론적으로, $E(b_1)=\beta_1$가 성립되기에 b_1은 β_1의 불편추정량이다.

---

8) 불편추정량(unbiased estimator)이란 바람직한 추정량의 특성으로서 편의(bias)가 없는 추정량이라는 의미이다. 즉, 불편추정량이 모수에 대하여 어느 쪽으로도 치우침이 없는 상태를 뜻한다.

4. 회귀분석의 기본가정

모든 분석방법이 각각의 장점과 단점을 지니고 있듯이 회귀분석도 예외가 아니다. 회귀분석은 그 장점으로 독립변수가 주어졌을 때, 우리가 궁극적으로 관심을 지니는 종속변수의 평균값을 과학적으로 추정하고 예측할 수 있는 분석기법이다. 하지만, 그 분석기법이 기초하고 있는 몇 개의 기본가정이 성립되지 않는다면, 그러한 추정과 예측은 부적합한 것이 되고 만다. 따라서 실제 자료를 대상으로 회귀분석을 적용하기 위해서는 다음에서 설명하는 기본가정을 인정하여야 한다. 만일 이러한 기본가정이 적용될 수 없는 상황이라면 문제해결을 위한 적합한 분석기법이 될 수 없다. 그러면 지금부터 일반적으로 논의되고 있는 기본적인 회귀분석의 가정을 살펴보기로 한다.

1) 변수간의 선형관계를 가정한다.

회귀분석은 종속변수와 독립변수(들) 간의 선형관계(linear relationship)를 가정한다. 즉, 독립변수의 값이 일정한 폭으로 증가함에 따라서 종속변수의 값도 일정한 비율로 증가하거나 감소하는 것으로 가정한다.[9)]

이 첫 번째 가정이 충족되어야만 앞서 설명한 바와 같은 최소자승법을 적용할 수 있다. 회귀방정식이 기본적으로 최소자승법에 입각한 선형모형이라는 점을 고려한다면 이 가정은 가정 중에서도 가장 중요한 가정이 아닐 수 없다. 구체적으로, 가정에서 요청하는 것과 같이 종속변수와 독립변수간에 선형관계가 존재하는지의 여부를 판단해 볼 수 있는 가장 보편적이며 용이한 방법은 산포도를 작성해 보는 일이다.

[그림 12-5]의 (가)는 변수 X, Y간에 선형관계가 존재함을 시각적으로 판

9) 여기서, 선형 모형이라는 의미는 모수 α와 β에 대한 1차 미분값이 모수 α와 β의 함수로 전개되는 것이 아니라 일정한 수치, 즉 상수로 나타난다는 의미이다. 다른 말로 표현하자면 Y는 (모든) X의 일차함수로 그 공식을 작성할 수 있다는 의미이다. 이 가정을 수식으로 나타내자면, 회귀분석모형은 다음과 같이 모수에 대하여 선형인 모형이 되어야 한다는 것이다. $Y_i = \alpha + \beta X_i + u_i$

그림 12-5 선형관계의 확인

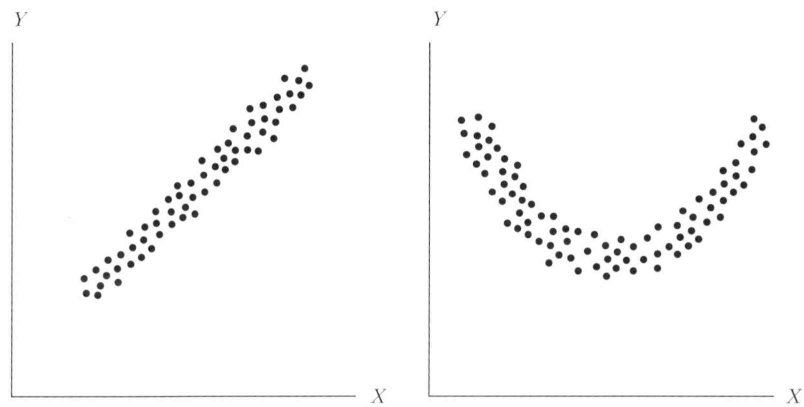

별할 수 있기에 첫 번째 가정이 충족되는 경우로 판단할 수 있겠다. 따라서 최소자승법을 활용한 회귀선을 도출해 낼 수 있게 된다. 하지만 (나)의 경우 변수간에 존재하는 관계는 선형관계라기보다는 X와 Y의 2차 함수관계에서 나타나는 곡선관계가 더 적절한 관계로서 여겨진다. 이와 같이 그림 (나)에서 볼 수 있을 변수간의 관계는 비선형 관계(non-linear relationship)라고 부른다. 비선형 관계에 있어서도 변수간에 어느 정도의 규칙성이 개재하는 것으로 판단된다면 추가적인 변수의 치환과정[10]을 거친 후 비선형 회귀분석을 수행할 수도 있다.

2) 독립변수 X(들)은 확률변수가 아니라는 것을 가정한다.

회귀분석의 기본 목적이 설명변수가 주어진 상태에서 종속변수의 평균값을 추정하고 예측하기 위한 것이기 때문에 설명변수는 그 값이 확률분포에

10) 예를 들자면 설명변수의 값에 로그함수를 적용하는 방식 등을 활용하여 설명변수의 값을 치환함으로써 가능한 한 변수간의 선형관계를 추구해 나갈 수 있겠다.

따라서 달라질 수 있는 확률변수(random variable or stochastic variable)가 아닌 것으로 가정해야 한다. 이 가정은 회귀분석의 근본 목적에 관련되는 이론적 가정이다.

3) 종속변수값에서 발견되는 오차항들은 평균이 0인 정규분포를 이루고 있으며 동일한 분산을 가지고 있다고 가정한다.

세 번째 가정은 회귀모형에서의 오차항은 주어진 X값으로는 설명될 수 없으며 이 오차항들이 모인 것이 평균 0의 정규분포를 이루고 있다는 내용이다. 다시 말해 독립변수 X값이 주어졌을 때, 이에 대응되는 종속변수 Y의 값을 여러 번 관찰하면 그 많은 Y값들의 평균값은 $\alpha+\beta X$, 즉 $E(Y)=\alpha+\beta X$가 된다는 의미이다. 이것이 성립하기 위해서는 당연히 $E(u)=0$이 된다는 가정이다.

앞서의 두 가정이 이론적인 측면에서의 가정으로 강조됨에 비하여 이 세 번째 오차항에 관한 정규분포의 가정은 회귀계수가 통계적으로 유의미한가를 검증하는 실용적 측면에서 큰 의미를 지니게 된다.

또한, 세 번째 가정에서는 종속변수값에서 발생하는 오차항들은 동일한 분산을 가지고 있다고 간주한다. 이것을 우리는 주어진 X값에 따라서 관찰되는 Y값에서 발생하는 오차들이 동일한 분산을 가지고 있다는 내용으로 등분산(homescedasticity)의 가정이라 한다.[11] 다시 말하자면, X값들이 증가하거나 감소하더라도 오차들은 X에 비례해서 함께 증가하거나 감소하지 않는다는 의미이다. 이러한 가정이 성립되어야만 종속변수 Y의 추정치가 X값이 주어졌을 때 이에 대응하는 Y값들의 평균값으로서 일정한 분산을 유지하면서 회귀선을 중심으로 분포할 수 있게 되는 것이다.

이러한 가정의 내용을 그림으로 도식화시키자면, [그림 12-6] (가)는 X값이 증가하거나 감소하더라도 Y값에서 관찰되는 오차항들의 분산이 동일한 등분산의 가정을 나타낸다. 반면 그림 (나)는 X값이 증가함에 따라서 이에

11) 이러한 가정의 내용은 $E(u_i^2)=\sigma^2$로 수식화될 수 있다.

그림 12-6 등분산의 가정

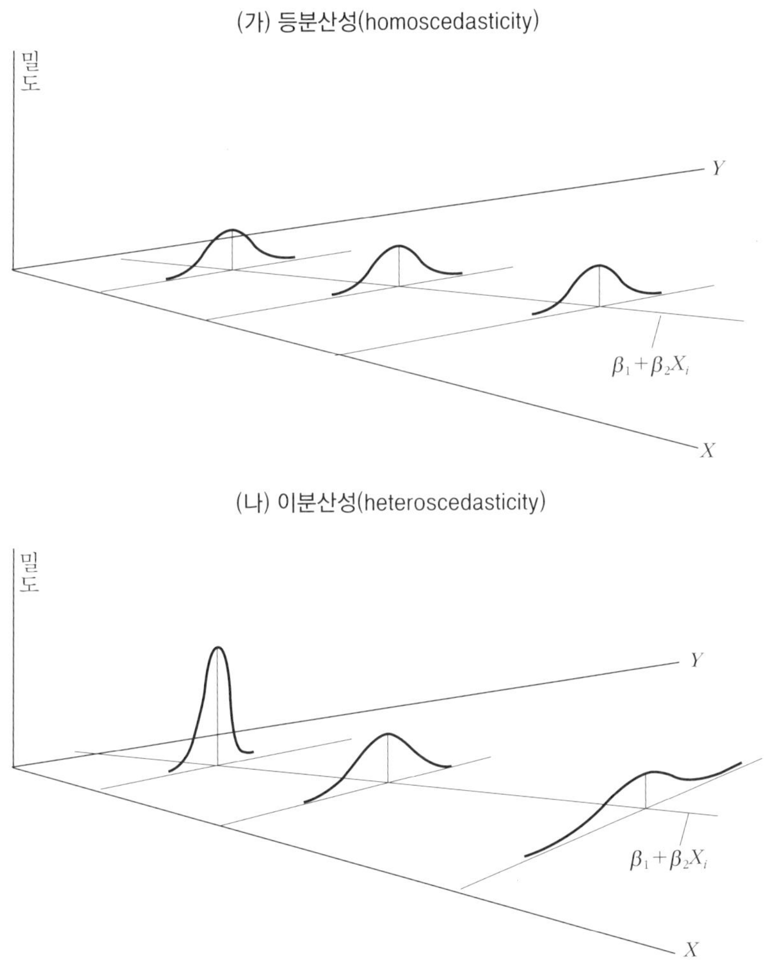

대응하는 Y값들의 분산이 달라지는, 즉 그림에서는 분산이 크게 나타나는 이분산의 경우를 나타낸다. 이와 같이 이분산성이 존재하는 경우라면 이 책에서는 다루지 않는 방식으로 그 문제의 해결이 도모될 수 있다.

4) 종속변수값에서 발생하는 오차항들은 서로 독립적이라고 가정한다.

네 번째 가정은 X값이 주어졌을 때 이에 대응하는 Y값들은 서로 독립적이라는 내용이며, 이는 곧 다시 오차항들이 서로 독립적이라는 의미와 같다. 즉, 두 오차항 사이에는 관련성이 없기에 서로 다른 X값에 대응하는 오차항 사이의 공분산은 0이 된다.[12] 이 가정은 비자기상관관계(nonautocorrelation)의 가정이라고 부른다.

이 네 번째 가정의 내용을 [그림 12-7]로 도식화시켜서 나타낸다면, 그림

그림 12-7 비자기상관관계의 가정

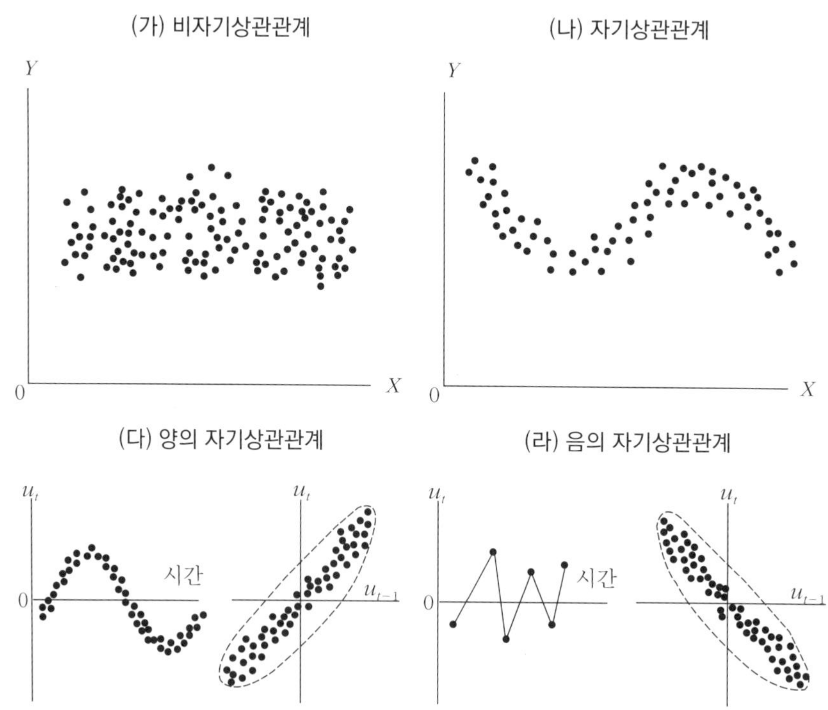

12) 이 내용을 수식화시키면 다음과 같다. $Cov(u_t, u_{t-1}) = E(u_t, u_{t-1}) = 0, (t \neq t-1)$

(가)의 경우는 오차항들이 서로 독립적이어서 비자기상관관계가 충족되는 경우이며, 반면 그림 (나)는 오차항들의 상관관계가 존재하는 경우이다. 만일 그림 (나)의 경우에 해당하는 예를 조금 더 들어 본다면, 그림 (다)의 경우, X축을 시간 경과로 보고 Y축을 오차항의 크기로 볼 때 오차항간에 일정한 상관관계가 존재함을 알 수 있다. 즉, 시간에 따라 오차항의 크기가 점차 증가하다가 다시금 일정시간이 지나면 감소하기 시작하고 다시금 증가와 감소가 반복되는 주기가 형성되는 경우를 생각할 수 있겠다. 그림 (라)는 이와는 대조적으로 증가 다음에 감소가, 그리고 다시금 증가의 형태로 증가와 감소가 반복되는 경우를 나타낸다. 이러한 경우들에는 시계열분석을 적용한 회귀분석으로 문제의 해결이 도모될 수 있다.

5) 마지막 다섯 번째 가정은 회귀모형이 적합하게 수립되었다는 가정이다. 모든 중요한 변수들이 모형에 포함되어 있으며 필요 없는 변수는 모형에서 제외되어 있다고 가정하는 것이다. 또한, 변수값 역시 정확하게 측정되고 입력되어 분석의 대상으로 활용된다고 가정한다.

제3절 회귀계수와 회귀모형의 유의성 검정

지금까지 설명한 회귀분석의 기본 논리를 통해서 우리는 최소자승법을 이용해서 구한 표본의 회귀방정식으로 모집단의 회귀방정식을 추정한다는 것이 어떠한 의미를 가지는지 파악할 수 있었다. 그렇다면 우리가 추정한 표본 회귀방정식이 과연 어느 정도 정확하게 모집단의 회귀방정식을 추정하고 있는가? 우리가 계산한 표본 회귀계수가 과연 통계학적으로 신뢰할 수 있는 것인가? 우리가 표본으로부터 추정한 종속변수와 설명변수간의 인과관계의 존재와 정도가 과연 모집단의 특성을 어느 정도나 정확하게 반영하고 있다고 믿을 수 있는가? 우리가 설정한 회귀식이 과연 모델로서의 가치를 지니는가? 이러한 질문에 대한 답을 구하기 위해서 이제 회귀계수와 회귀모형이 통계학적으로 어떠한 의미를 가지는가를 판별하는 '통계적 유의성'을 검정하기로 한다. 검정이라는 용어의 사용에서 알 수 있듯이, 앞 장에서 살펴본 신뢰구간 설정과 가설검정의 기본 논리가 여기서도 활용될 것임을 미리 짐작할 수 있을 것이다. 따라서 독자들은 회귀계수와 회귀모형의 유의성 검정을 위한 학습 기반으로서, 앞 장의 중요 내용들을 각자 다시 한 번 확인할 필요가 있을 것이다.

1. 회귀계수 유의성 검정의 의미

최소자승법에 의해서 표본을 대상으로 구한 표본회귀선의 공식은 다음과 같다.

표본회귀선: $\hat{Y}=b_0+b_1X$

이 표본회귀선을 통해서 우리가 추정하려는 모집단에서의 회귀선, 즉 모회귀선은 다음과 같이 공식화시킬 수 있다.

모회귀선: $E(Y|X)=\beta_0+\beta_0X$

표본회귀계수와 모회귀계수와의 관계를 살펴보자면, b_0는 모회귀선에서의 절편인 β_0을 추정하려는 것이다. β_0은 모집단에서의 특성, 즉, 모집단에서 X가 0일 때의 Y값이라는 특성을 나타내는 모회귀계수이다. 또한 표본회귀계수 b_1은 모회귀선에서의 기울기를 나타내는 모회귀계수 β_1을 추정하려는 것이다. 이 β_0과 β_1을 추정함에 있어서 회귀분석기법은 특별히 β_1의 추정에 중요성을 부여한다는 사실도 여러 번 강조한 바 있다. 그 이유는 회귀분석의 목적이 변수간에 인과관계가 존재하여 어느 하나의 변수, 즉 종속변수가 다른 변수(들), 즉 독립변수 혹은 설명변수에 의해서 영향을 받을 때, 그 영향력의 정도를 판별해 내려는 것이기 때문이다. 다시 말해서 독립변수 X값이 주어졌을 때 종속변수 Y값의 평균값 혹은 기대값을 추정하고 예측하는 것이 회귀분석의 기본 목적이라면, 이는 곧 X값 한 단위의 변화가 Y값에서의 어느 정도의 변화를 가져 올 것인가를 나타내는 회귀선의 기울기 β_1에 주목하게 될 수밖에 없다.

결국, 회귀모형을 구성하고 표본회귀선을 도출했을 때, 표본회귀계수 b_1이 모회귀선에서의 기울기를 나타내는 모회귀계수 β_1을 추정하는 의미 있는 수치인가의 여부를 판정하는 일이 연구자들이 가장 신경을 쓰지 않을 수 없는 과제이다. 따라서 회귀계수의 유의성을 검정한다는 말은 모회귀선에서 β_1가 0이라는 귀무가설을 수립하고, 이 가설을 검정하여 귀무가설이 채택되면 표본을 통해서 추정한 b_1이 통계적으로 의미가 없다는 것으로 판단하게 된다. 왜냐하면 이러한 귀무가설의 채택은 독립변수로 생각했던 변수 X가 한 단위 변화할 때 종속변수로 여겼던 Y에 미치는 영향이 아무것도 없다는, 즉 변수간에 인과관계가 존재하지 않는다는 의미이다. 결과적으로 b_1의 의미를 찾을 수 없다는 것이다. 이와 반대되는 경우, 만일 귀무가설이 기각된다면 독립변수로 설정한 변수 X가 종속변수로 여겼던 변수 Y에 영향을 미친다는 분석결과를 얻게 된 것이다. 역시 결과적으로 표본회귀계수 b_1이 통계적으로 의미가 있는, 즉 유의미한 것으로 판단할 수 있다는 것이다.

앞 장에서 지적하였듯이, 연구자가 관심을 두고 조사하려는 내용이 대립가설의 내용이기에, 가설을 수립할 때 귀무가설의 내용으로 β_1이 어떤 특정한 수치로 주어질 수도 있을 것이다. 하지만 일반적으로는 $\beta_1=0$이라는 귀무가설을 설정하고 이것을 검정의 대상을 삼는다. 또한 중요한 사항은 모회귀계수 β_1에 대한 검정은 t-분포를 활용한다. 이러한 점에서 모회귀계수 β_1에 대한 유의성 검정을 t-분포 검정이라 부르기도 한다.

2. 회귀계수 유의성 검정의 절차

회귀계수의 유의성 검정을 위해서도 앞서 살펴본 바와 같은 다음과 같은 가설검정의 일반적 절차를 적용한다.

① 가설을 설정한다.
② 유의수준 α를 결정한다.
③ 유의수준 α에 해당하는 임계치를 계산한다.
④ 표본으로부터 검정 통계량을 계산한다.
⑤ 검정통계량과 임계치를 비교한다.
⑥ 가설의 채택 혹은 기각을 결정한다.

① 일반적으로 귀무가설과 대립가설의 내용은 다음과 같이 설정된다.

$$H_0 : \beta_1 = 0$$
$$H_1 : \beta_1 \neq 0$$

② 유의수준 α를 결정한다. 보통 0.05 수준을 설정한다는 것과 유의수준 $\alpha=0.05$의 의미는 여러 번 지적한 바 있다.

③ 대립가설의 내용을 파악하고 이에 따라서 양측검정을 수행할 것인지 아니면 단측검정을 수행할 것인지를 결정한다. 검정의 종류에 따라서 t-분포표에서 유의수준과 자유도에 해당하는 T값을 찾는다.

④ 검정 통계량을 다음과 같은 공식에 따라서 도출한다.

$$t = \frac{b_1 - \beta_1}{\sigma_b}$$

$$t = \frac{b_1 - \beta_1}{s_b}$$

즉, b의 표준오차 σ_b를 알지 못하면 그 추정치 s_b를 다음과 같은 공식에 따라서 계산하여 활용한다.

$$s_b = \frac{s_\varepsilon}{\sqrt{\Sigma(X-\overline{X})^2}}$$

여기서, 모회귀선의 오차 ε의 표준편차를 의미하는 s_ε은 또한 다음 공식에 따라서 도출해야 한다.

$$s_\varepsilon = \sqrt{\frac{\Sigma(Y-\hat{Y})}{n-2}} = \sqrt{\frac{RSS}{n-2}}$$

종합하자면, s_ε는 RSS(회귀분석으로 설명되지 않은 오차의 제곱의 합)을 자유도 $n-2$로 나눈 값, 즉 분산의 양의 제곱근을 계산함으로 구할 수 있다.

⑤ 검정통계량과 임계치를 비교함으로써, ⑥ 가설의 채택 혹은 기각을 결정한다.

이러한 절차를 밟으면서, 만일 귀무가설을 채택하게 된다면 모수 β_1는 0이라는 주장을 받아들이는 것이기에 우리가 표본분석을 통해서 추정한 회귀계수 b_1은 통계적으로 유의미하지 않은 것, 즉 의미가 없는 것으로 판명된다. 그 반대로 귀무가설을 기각하게 된다면 우리가 표본을 통해서 계산해 낸 회귀계수 b_1은 통계적으로 유의미한, 즉 의미가 있는 것으로 판단한다. 이와 같은 원리의 회귀계수의 유의성 검정은 단순회귀분석뿐만 아니라 독립변수의 수가 2개 이상인 다중회귀분석의 경우에도 동일한 방법으로 적용될 수 있다.

3. 회귀모형 유의성 검정의 의미

회귀모형의 유의성 검정이란 특히 독립변수가 여러 개인 다중회귀분석의 경우에 있어서 회귀계수 각각이 아니라 전체적으로 이 모형이 통계적으로 의미가 있는지의 여부를 검정하는 것을 말한다. 따라서, 회귀모형의 유의성 검정에서는 모형에 포함된 모든 독립변수가 가지는 회귀계수가 전부 다 0이라는 귀무가설을 검정하게 된다. 따라서 독립변수가 하나인 단순회귀분석의 경우라면 회귀모형의 유의성 검정의 결과는 앞서 살펴본 회귀계수의 유의성 결과와 동일할 수밖에 없다.

만일, 회귀모형의 유의성 검정에 있어서 모든 회귀계수가 0이라는 귀무가설이 채택된다면 이것은 모든 독립변수들을 위해서 계산한 회귀계수가 전부 다 통계적으로 의미가 없는 것이라는 말이기에 이러한 모형은 잘못된 것으로 판단할 수 있다. 또 직관적으로 생각하더라도 독립변수 중 어느 하나가 의미가 없는 것으로 판명되는 것과 모든 독립변수가 다 의미가 없는 것으로 판명되는 것 중 어느 것이 더 현실적으로 가능성이 희박할지 알 수 있을 것이다. 즉, 연구자가 고심 끝에 회귀모형을 구성하고 회기분석을 실행하여 계수들을 도출한 경우, 회귀모형의 유의성 검정에서 귀무가설이 채택되는 일은 그만큼 흔한 일이 아닐 것이라 생각할 수 있겠다.

4. 회귀모형 유의성 검정의 절차

가설검정의 일반적 절차를 적용하면 회귀모형의 유의성 검정의 절차도 다음과 같이 요약될 수 있겠다.

① 가설의 수립에 있어서 H_0와 H_1은 다음과 같다.

$$H_0 : \beta_1 = \beta_2 = \beta_3 \cdots = 0$$
$$H_1 : \beta_1 \ or \ \beta_2 \ or \ \beta_3 \ or \cdots \neq 0$$

② 유의수준 α를 결정하고, ③ 대립가설의 내용을 파악하여 양측검정인지 아니면 단측검정인지를 결정한다.

④ 회귀계수의 유의성 검정에 t-분포가 활용된 것에 비하여 회귀모형의 유

의성 검정을 위해서는 F-분포를 활용한다. [부록] F-분포표에서 유의수준과 자유도에 해당하는 이론적 F-값, F_{cv}을 찾는다. 이때, 설명된 변동량에 대한 자유도($d.f_1$)는 $k-1$이며, 설명되지 않은 변동량에 대한 자유도($d.f_2$)는 $n-k$로 정의된다. 여기서 k는 종속변수와 독립변수(들)의 총 수를 나타낸다.

⑤ 표본분석을 통해서 검정 통계량을 계산한다.
여기서, F-값은 다음과 같은 공식에 따라서 계산된다.

$$F = \frac{\sqrt{ESS}}{\sqrt{RSS}}$$

즉 F값은 회귀분석에 의해서 설명된 분산을 설명되지 않은 분산을 나누어 구한 값이다.

⑥ 검정 통계량과 임계치를 비교함으로써, 가설의 채택 혹은 기각을 결정한다.

제4절 컴퓨터 프로그램을 활용한 회귀분석 실습

1. MS Excel을 활용한 실습

1) MS Excel을 활용한 회귀분석 실행 방법

연구자 A는 가상국가 행복민국 60가구에서 세대주의 키가 월소비지출액에 어느 정도의 영향을 미치는 것인지를 연구하려고 한다. 이를 위해서 연구자 A는 일반적인 사회과학조사와 마찬가지로 모집단 60가구를 일일이 조사하는 대신, 앞서의 제2절에서와 같은 방식으로, 모집단으로부터 표본으로 10

가구를 무작위 추출하였다. 추출된 표본의 자료는 [표 12-5]와 같다. 이들 표본을 대상으로 연구자 A는 세대주의 키를 독립변수로 설정하고, 월소비지출을 종속변수로 설정한 회귀분석을 수행하려고 한다. 그리고 그 결과를 기초로 삼아 모집단 행복민국에서의 세대주의 키와 월소비지출과의 관계를 추론할 것이다.

〈 표 12-5 〉 표본 10가구의 월소득, 월소비지출, 세대주 키와 몸무게

	표본1	표본2	표본3	표본4	표본5	표본6	표본7	표본8	표본9	표본10
월소득(X)	100	100	120	140	180	180	200	220	240	260
월소비지출액(Y)	74	80	80	95	110	140	144	152	175	152
세대주 키	168	180	170	172	177	173	182	175	163	172
세대주 몸무게	65	75	70	63	72	66	78	60	55	65

그림 12-8 Excel을 활용한 회귀분석 실행

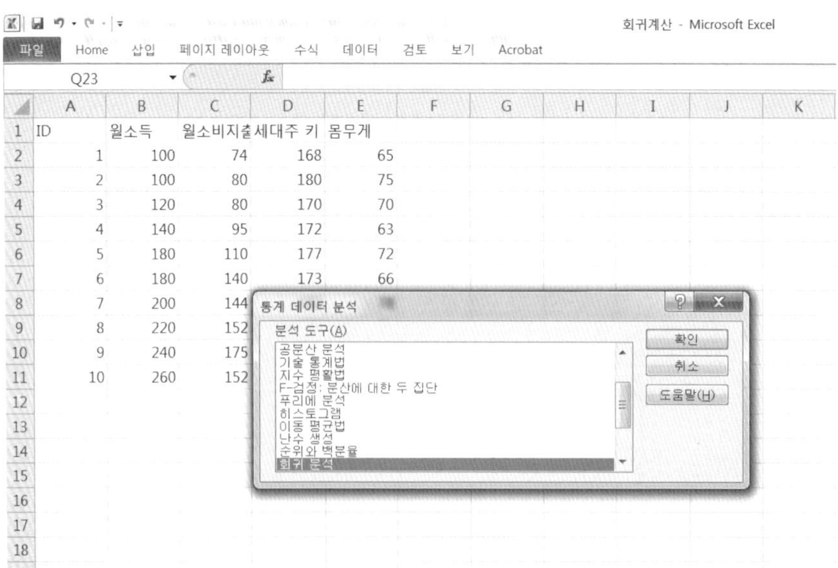

표의 자료를 대상으로 회귀분석을 수행하려면, 우선 Excel 워크시트에 자료를 입력한다. 이어서, Excel 화면 위쪽에 위치한 문자 메뉴 '데이터'로 이동하고 그 하위메뉴 '데이터 분석,' 차하위메뉴 '회귀분석'으로 이동한다. 여기까지의 결과는 [그림 12-8]로 나타난다.

[그림 12-9]의 화면과 같이 '회귀 분석' 대화상자가 등장하면 그 내용을 채운다. 먼저 입력부의 'Y축 입력 범위'에는 종속변수, 즉 월소비지출 자료의 위치를 정확히 지정하고, 'X축 입력 범위'에는 독립변수, 즉 키 자료가 입력된 위치를 지정해 준다. 셀 'C1'과 셀 'D1'에는 각각 월소비지출과 키의 변수 이름, 즉 이름표가 붙어 있기에 '이름표' 앞의 상자에 체크 표시를 해야만 한다. '신뢰수준' 앞의 상자에 체크 표시를 하면 Excel은 계수에 대해 95% 신뢰구간을 설정해 줄 것이다. 여기서는 그대로 공난으로 남기기로 한다. 출력옵션부에서는 여러 상자 중에서 특히 '잔차' 앞에 있는 상자를 반드시 체크해야

그림 12-9 '회귀 분석' 대화상자

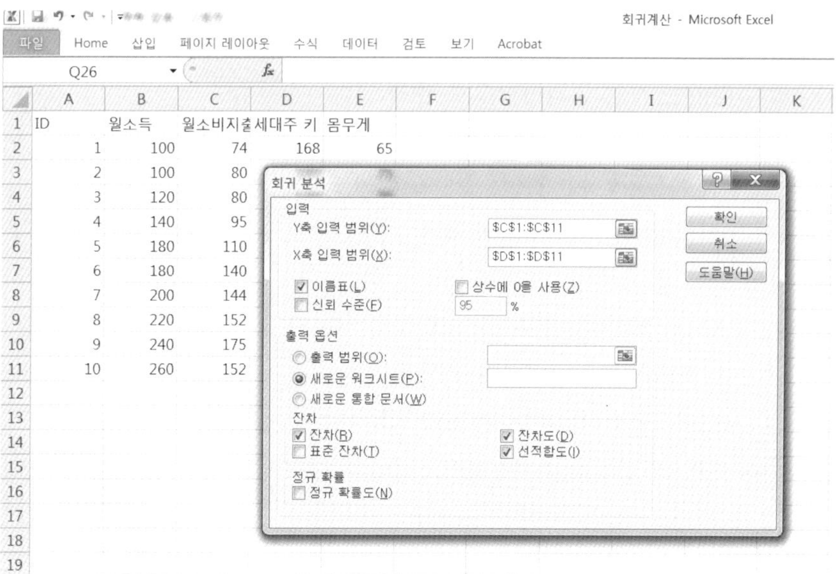

한다. 그래야만 회귀모형의 유의성 검정에 필요한 분석자료를 구할 수 있다. 또한 잔차도와 선적합도 앞의 상자를 체크하면 시각적으로도 모형을 검정할 수 있는 자료를 얻게 된다.

'확인' 버튼을 누르면 분석의 결과가 새로운 워크시트에 보고된다. [그림 12-10]에서 나타나듯, 우선 시각적 측면에서 앞 절에서 살펴본 회귀분석의 기본가정이 지금 모형에서는 충족되고 있는가의 여부를 개략적이나마 판단할 수 있겠다. 분석 결과로서 등장한 '키 잔차도'는 만일 분석자료가 자료를 관측한 시점이 두 개 이상인 경우의 시계열 자료라면 자료들 간에 비자기상관관계가 나타나는지 혹은 자기상관관계가 나타내는지를 파악하는 시각적 근거로서 활용될 수 있다. 연구자 A의 경우에는 변수가 시계열 자료가 아니라 시점이 하나인 횡단면적 자료이기에 그 보다는 '키 선 적합도'를 검토할 필요가 있다. 시각적으로 판단할 때 '키 선 적합도'는 모형에 사용된 변수들 간에 선형관계가 존재함을 나타내는 것으로 여겨진다.

이제 남은 핵심 문제는 회귀계수 b_1의 값을 어떻게 해석할 것인가가 된다. 그리고 이 회귀계수의 값이 과연 통계적으로 의미가 있는 것인지, 또한 회귀모형이 과연 적절하게 구성되었는지의 회귀계수의 유의성과 회귀모형의 유의성을 검정하는 것이 중점사항으로 남게 된다.

회귀계수 b_1의 값은 결과 창의 윗부분 '분산 분석'과 아래 부분 '잔차 출력'의 가운데에 위치하는 변수 '세대주 키'의 계수를 보면 된다. 계수는 0.86625로 나타난다. 또한 표준오차가 2.279807로 보고되었는데 계수를 표준오차로 나눈 값이 바로 't-통계량' −0.37996이다. 여기서 계수 b_1의 의미는 곧 표본회귀선의 기울기로, 즉 표본에서 설명변수 한 단위의 변화가 어느 정도의 종속변수에서의 단위변화를 가져 오는가를 나타낸다. 자료에서 키의 단위가 cm이며, 월소비지출의 단위가 만원이라면, 곧 계수 −0.86625의 의미는 세대주의 키가 1cm 증가하면 그 세대의 월소비지출이 평균 8,663원 정도 감소한다는 것이다.

회귀계수 b_0의 값은 'Y절편'의 값으로 보고된 270.2339이다. 이것은 곧 회귀선에서 독립변수의 값이 0일 때의 종속변수의 값이다. 즉, 세대주의 키가

그림 12-10 Excel을 활용한 회귀분석 결과

	A	B	C	D	E	F	G	H	I
1	요약 출력								
2									
3	회귀분석 통계량								
4	다중 상관계수	0.133142							
5	결정계수	0.017727							
6	조정된 결정계수	-0.10506							
7	표준 오차	38.52806							
8	관측수	10							
9									
10	분산 분석								
11		자유도	제곱합	제곱 평균	F 비	유의한 F			
12	회귀	1	214.3094	214.3094	0.144373	0.71386			
13	잔차	8	11875.29	1484.411					
14	계	9	12089.6						
15									
16		계수	표준 오차	t 통계량	P-값	하위 95%	상위 95%	하위 95.0%	상위 95.0%
17	Y 절편	270.2339	395.0504	0.684049	0.513268	-640.754	1181.222	-640.754	1181.222
18	세대주 키	-0.86625	2.279807	-0.37996	0.71386	-6.12349	4.390997	-6.12349	4.390997
19									
20									
21									
22	잔차 출력								
23									
24	관측수	치 월소비	잔차						
25	1	124.7045	-50.7045						
26	2	114.3095	-34.3095						

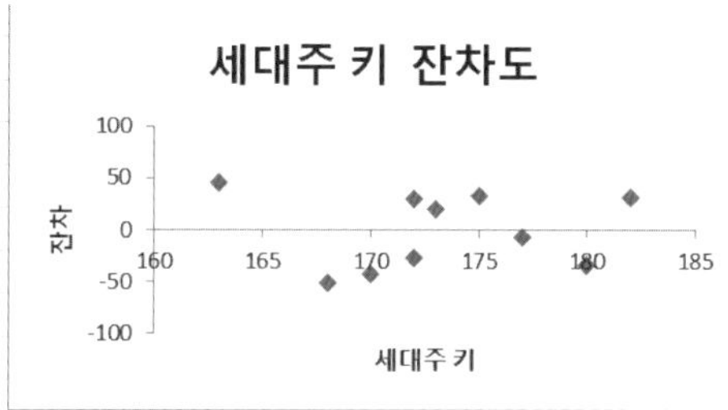

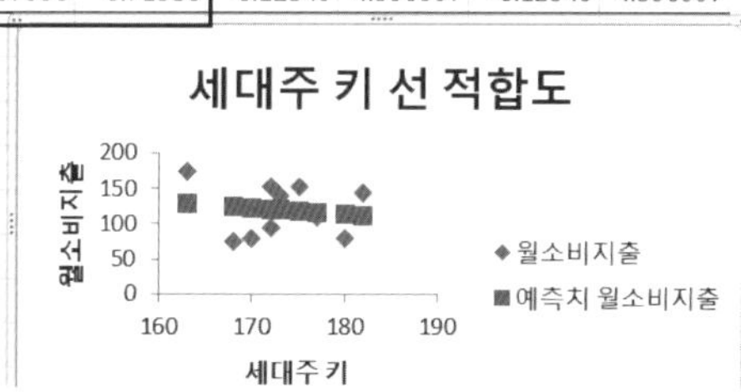

0cm라고 가정하였을 때의 월소비지출액 270만원을 의미하는 것이다. 현실적으로 세대주의 키가 0cm인 경우를 상상하는 것이 의미가 없기에 일반적으로 회귀계수 b_0의 값은 회귀계수 b_1에 비하여 큰 의미를 지니지 않는 것으로 평가된다. 만일 회귀계수 b_0의 값을 분석 결과로부터 제외시키기를 원하는 경우라면 [그림 12-9] '회귀 분석' 대화상자에서 입력 부분의 '상수에 0을 사용(Z)' 난에 체크한다.

종합해 볼 때, 상식적인 관점에서가 결코 아니라, 오로지 통계학적인 관점에서, 우리는 이러한 계수들을 과연 어느 정도로 신뢰할 수 있을 것인가? 그것은 바로 회귀계수의 유의성 검정에서 답할 수 있는 질문이다. 또한 이러한

회귀모형이 과연 적합한 모형인가? 그것이 바로 회귀모형의 유의성 검정에 관련된 질문이 된다.

2) MS Excel을 활용한 유의성 검정

이제 연구자 A의 분석결과를 대상으로 회귀계수 및 모형의 유의성을 검정하는 방법을 살펴보겠다. 회귀계수의 유의성은 앞서 검토한 [그림 12-10] 결과 화면에서 '분산 분석'과 '잔차 출력' 가운데 보고되는 독립변수의 't-통계량'과 'P-값'을 유의수준과 비교해서 검정하게 된다. 의사결정의 원칙은 만일 독립변수의 'P-값'이 유의수준보다 크다면 회귀계수가 의미가 없다는 귀무가설을 채택하고 'P-값'이 유의수준보다 작으면 회귀계수가 유의미하다는 대립가설을 채택하는 것이다.

결과 화면을 보면 독립변수 '세대주 키'의 't-통계량'과 'P-값'은 각각 0.37996과 0.71386으로 보고되었다. 이것은 키의 t-통계량 0.37996에 해당하는 유의수준, 즉 α 혹은 'P-값'이 0.71386이라는 의미이다. 즉, 이 수치는 $\alpha=0.05$ 나아가 $\alpha=0.10$보다 큰 값이기에 이러한 경우라면 $\alpha=0.05$ 혹은 $\alpha=0.10$ 수준에서는 귀무가설 H_0: $\beta_1=0$을 기각할 수가 없다. 즉, 자료를 회귀분석한 결과, 통계학적인 관점에 있어서 유의수준 $\alpha=0.05$ 혹은 유의수준 $\alpha=0.10$ 어느 경우라도 독립변수로 설정했던 세대주의 키가 종속변수 월소비지출에 영향을 미치지 않는다는 것으로 판단한다.

회귀모형이 적합하게 구성된 것인지의 회귀모형의 유의성을 검정하기 위해서는 출력창에서 '분산 분석' 측면을 검토하여야 한다. 자유도를 고려한 검정 통계량 'F 비'에 해당하는 유의수준이 '유의한 F'로 보고된다. 만일 '유의한 F' 값이 설정한 유의수준보다 더 크다면 모든 회귀계수가 전부 다 의미가 없다는 귀무가설을 채택하여야 하고, '유의한 F' 값이 설정한 유의수준보다 작다면 모든 회귀계수가 모두 영은 아니라는 대립가설을 채택할 수 있다. 분석결과에서는 유의한 F 값이 0.71386이기에 $\alpha=0.05$ 수준에서 뿐만 아니라 $\alpha=0.10$ 수준에서 조차 모형의 전반적 유의미성을 확보할 수 없기에 회귀모형은 적합하지 않은 것으로 판단된다.

2. SAS를 활용한 실습

1) SAS를 활용한 회귀분석 실행방법

10명의 표본 가구에 대한 자료를 공유하는 연구자 B는 연구자 A와는 다른 분석모형을 수립하였다. 즉, 연구자 B는 월소득액을 독립변수로 설정하고 월소비지출액을 종속변수로 설정하여, 독립변수가 주어졌을 때 종속변수의 평균값을 설명하고 예측하려는 회귀분석모형을 구성하였다. 이를 위해서 연구자 B는 [그림 12-11]과 같은 SAS 프로그램을 작성하였다.

이 프로그램 역시 크게 data 단계와 proc 단계로 구분될 수 있음을 알 수 있다. data 단계와 proc 단계가 화면상에서 가로줄로 구분되고 있음을 발견

그림 12-11 SAS를 활용한 회귀분석 실행

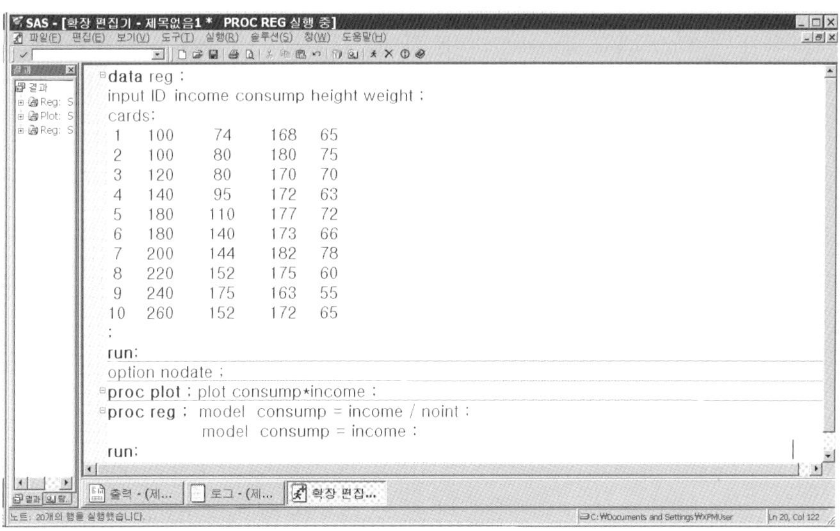

할 수 있고, proc 단계들 역시 가로줄로 구분되어 있음을 알 수 있다. 분석에 사용된 데이터 셋의 이름은 'reg'이며, 앞서 Excel 을 활용한 경우와 동일하게 5개 변수 — 'ID,' 'income,' 'consump,' 'height,' 'weight' — 의 관측치가 'cards;' 문장 아랫줄에 차례대로 입력됨이 지정되어 있다.

데이터 셋 reg를 대상으로 회귀분석을 실행하기에 앞서서 분석 결과를 출력 창에 프린트할 때 날짜를 프린트하지 말라는 의미의 'option nodate;' 문장이 입력되었다. 이어서 회귀분석의 기본 가정의 하나인 변수간의 선형관계가 존재하느냐의 여부를 시각적으로 간단히 점검하기 위해서 산포도를 작성하는 proc 구문이 입력되었다. 'proc plot;'이 바로 그 구문이다. 'proc plot;' 다음에 구체적으로 어떤 변수를 X축으로 설정하고, 어떤 변수를 Y축에 놓을 것인지를 지정하는 plot y*x; 구문이 등장하였다. 이 때 y 위치의 변수가 Y축에, x위치의 변수가 X축에 위치한 산포도가 작성된다. 따라서, 'proc plot; plot consump*income;' 문장들의 의미는 변수 'consump'(월소비지출)를 Y축으로, 'income'(월소득)을 X축으로 하는 산포도를 작성하여, 월소비지출과 월소득간에 선형관계가 존재하는지의 여부를 시각적으로 판별하겠다는 것이다.

이어서, 영어 단어 regression의 첫 세 알파벳에서 온 'reg'를 사용한 'proc reg;' 구문이 입력되었다. 바로 이 구문이 회귀분석 절차를 실행하라는 명령을 나타낸다. 회귀분석의 분석 모형으로서 'model'은 종속변수로 'consump' 변수를 사용하고, 독립변수로 'income'을 사용한다. 즉 'model' 단어 다음에 '=' 표시를 기준으로 왼편에는 종속변수를 입력하고 오른편에는 독립변수(들)을 입력하면 된다. 변수의 지정을 완료한 후 '/' 기호 다음에는 옵션 사항을 기재할 수 있다. 여기서는 '/ noint ;'의 옵션 구문이 입력되었다. 그 의미는 회귀 계수를 도출함에 있어서 Y절편 intercept 값을 계산하지 말라는 내용이다. 즉, 이러한 경우에 SAS 프로그램은 회귀선의 Y절편값을 0으로 설정해서, 회귀선이 원점을 통과하는 모양으로 조정한 상태에서의 회귀선의 기울기 b_1값을 계산해 준다. 따라서 이 옵션 내용은 앞서의 Excel의 경우, '회귀 분석' 대화상자 입력 부분의 '상수에 0을 사용(Z)' 난에 체크한 것에 해당한다. 그 다음 줄에서는Y절편 intercept 값을 계산하는 방식으로 회귀모형을 지정하고 있다. ('model consump = income ;') proc 단계가 완료되고 실행의 준비가 되었다는 의미의 'run;'을 입력함으로써 프로그램을 종결하였다. 프로그램의 실행 결과는 출력 창에 나타난다.

첫 번째 proc 구문의 결과물로서 월소득과 월소비지출액간의 선형관계를 시각적으로 점검할 수 있는 [그림 12-12]의 산포도를 확인할 수 있다. 상관

그림 12-12 SAS 산포도

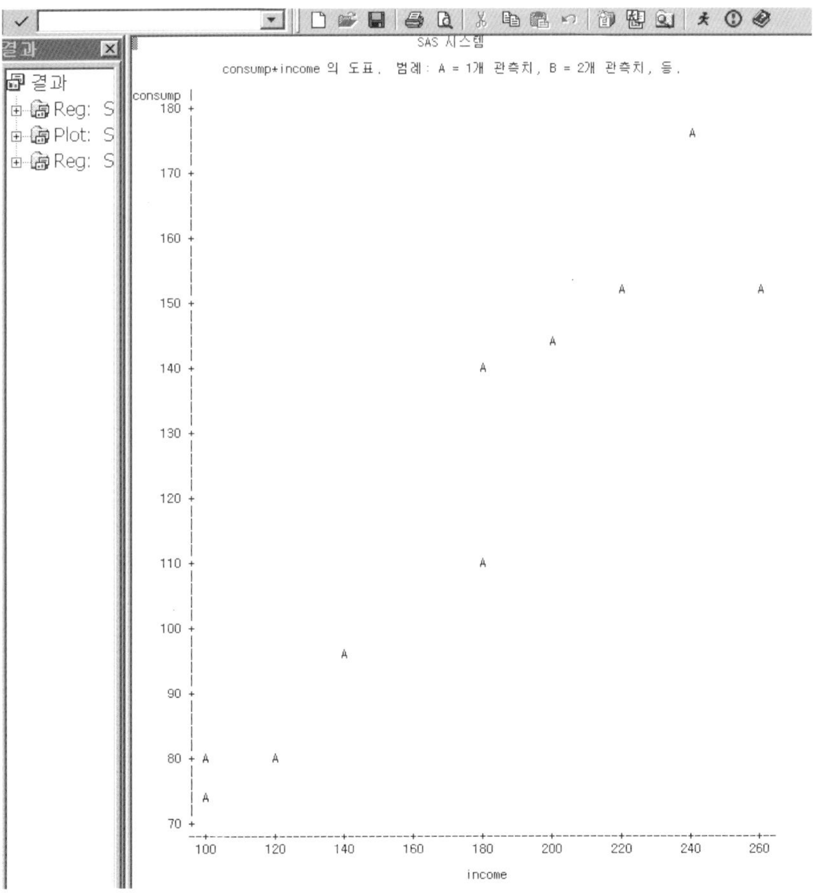

관계의 방향이 양(+)으로 판단되는 두 변수간의 선형관계가 존재함을 짐작할 수 있겠다. 따라서 이 두 변수간의 인과관계를 점검하기 위한 회귀분석의 기본 가정의 하나가 충족되고 있는 것으로 사료될 수 있겠다.

[그림 12-13]의 출력 창 화면은 첫 번째 지정한 회귀모형, 즉 회귀선이 원점을 지나는 모형의 분석 결과를 제시한다. 이에 비교되는 두 번째 회귀모형, 즉 회귀선이 *Y*절편값을 지니는 형태의 모형에 대한 분석 결과는 [그림 12-14]에서 나타난다. 두 개 모형에서 변수 'income'(월소득)의 'Parameter Estimate'(모수 추정치)의 값은 약간의 차이를 보이나 실제적인 차이는 아니다. 여기서는 첫 번째 지정한 회귀모형, 즉 회귀선의 *Y*절편을 0으로 고정시킨 상태에서의 모형의 분석 결과를 설명하기로 한다. 독립변수 'income'의

그림 12-13 SAS 회귀분석의 결과 창 -Y절편이 0인 경우

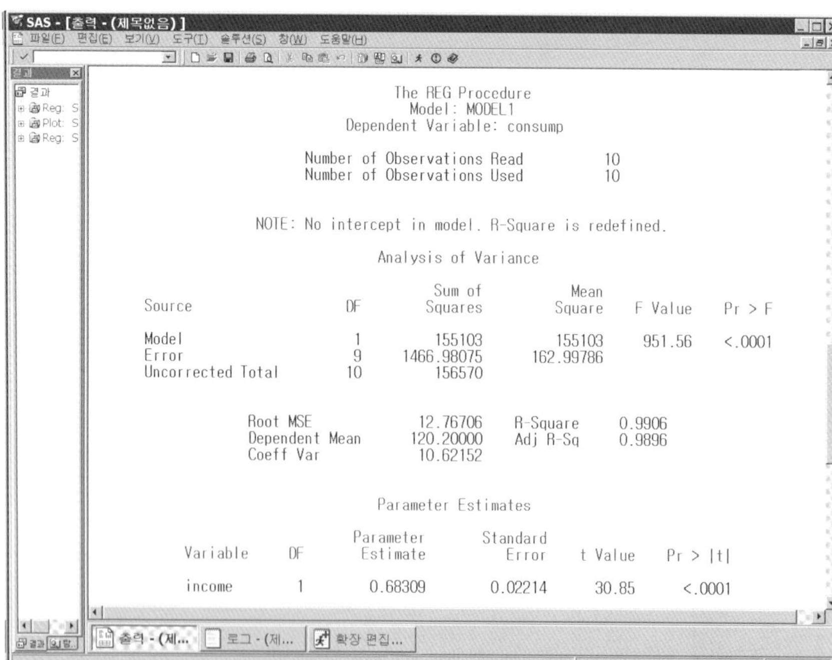

모수 추정치와 표준오차가 각각 0.68309와 0.02214 계산되어 있다. 즉, 독립변수 월소득의 한 단위가 증가하면 종속변수 월소비지출이 0.68309 단위 증가한다는 것이다. 이것은 곧 월소득이 만원 증가하면 월소비지출액도 6831원 정도가 증가한다는 의미로 해석할 수 있다. 그렇다면 이러한 계수 추정값을 과연 어느 정도 신뢰할 수 있을까? 모형은 적합하게 구성된 것인가? 역시 SAS 결과를 검토함으로써 회귀계수와 회귀모형의 유의성을 검정할 수 있다.

2) SAS 분석 결과의 유의성 검정

회귀계수의 유의성은 출력 창 아래 부분의 모수 추정치(parameter

그림 12-14 SAS 회귀분석의 결과 창 -Y절편이 있는 경우

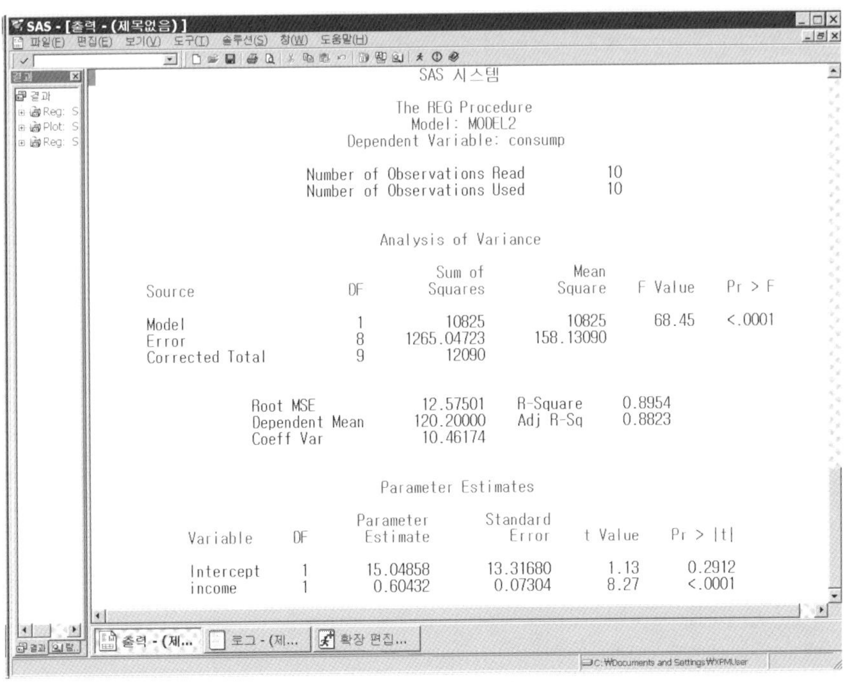

SAS 시스템

The REG Procedure
Model: MODEL2
Dependent Variable: consump

Number of Observations Read 10
Number of Observations Used 10

Analysis of Variance

Source	DF	Sum of Squares	Mean Square	F Value	Pr > F
Model	1	10825	10825	68.45	<.0001
Error	8	1265.04723	158.13090		
Corrected Total	9	12090			

Root MSE	12.57501	R-Square	0.8954
Dependent Mean	120.20000	Adj R-Sq	0.8823
Coeff Var	10.46174		

Parameter Estimates

Variable	DF	Parameter Estimate	Standard Error	t Value	Pr > |t|
Intercept	1	15.04858	13.31680	1.13	0.2912
income	1	0.60432	0.07304	8.27	<.0001

estimates)에서 검토한다. 독립변수 월수입(income)의 모수 추정치와 표준오차가 각각 0.68309와 0.02214로 계산되며, 이때의 검정 통계량 T값은 30.85로 나타난다. 이 수치는 유의수준 $\alpha < 0.0001$ 에 해당하는 것이기에 $\alpha = 0.05$ 나아가 $\alpha = 0.01$ 유의수준에서 귀무가설 H_0: $\beta_1 = 0$을 충분히 기각하게 된다. 즉, 회귀분석을 통해 도출한 0.68309는 통계적 유의성을 지니는 것으로 판단할 수 있다.

회귀모형의 유의성 검정을 위해서는 출력 창 윗부분의 분산분석(Analysis of Variance) 부분을 검토해야 한다. 회귀분석을 통해서 계산된 검정 통계량 F값이 951.56이며 이 F값에 해당하는 유의수준은 $\alpha < 0.0001$에 해당한다. 따라서, $\alpha = 0.05$ 더 나아가서 $\alpha = 0.01$ 유의수준에서 귀무가설, 즉 모든 회귀계수의 유의성이 없다는 주장을 충분히 기각하게 된다. 결국 회귀분석의 결과를 통해서 연구자가 수립한 회귀모형이 통계적으로 의미가 있다고 판단할 수 있는 근거가 제시된 것으로 해석한다.

행 정 계 량 분 석

13

결측치 처리

- **제1절** 결측치의 개념과 중요성
- **제2절** 결측치의 발생 메커니즘
- **제3절** 결측치의 보완 기법
- **제4절** 컴퓨터 프로그램을 활용한 결측치 보완 기법 실습

13 결측치 처리

제1절 결측치의 개념과 중요성

1. 결측치의 의미

행정현상의 연구에 있어서, 결측치란 분석의 대상이 된 데이터 셋에 조사대상으로부터의 응답이라고는 볼 수 없는 수치가 기재되어 있는 경우를 말한다. 예를 들자면, 여론조사 자료에서 질문에 대한 답으로 ①부터 ④까지를 선택하도록 되어 있는데 만일 아무런 숫자도 발견되지 않거나, 답의 범위를 벗어난 ⑤나 ⑥이 나오는 경우가 결측치(missing value)가 발생한 경우이다.

여기서 우리는 결측치와 유사한 개념으로서 무응답(non-response)은 무엇을 의미하는지를 살펴볼 필요가 있다. 즉, 무응답은 조사대상자가 답하기를 원하지 않는 경우와, 조사대상자가 특정 질문이 어떤 질문인가를 제대로 파악할 수 없어서 답하지 않는 경우를 말한다. 또한 답하기를 원하지 않고 거부하는 경우에 있어서도, 질문응답 전체를 아예 거부하는 설문응답거부(unit non-response)와 대부분의 설문에는 응답하지만 특정한 항목에 대해서는 응답하지 않는 문항응답거부(item non-response)로 구분할 수도 있다.

결국, 결측치는 이러한 무응답의 경우까지도 포함하는 개념으로 이해된다. 나아가, 결측치는 그 원인을 조사대상자측으로만 한정시키지 않는다. 즉, 연구자측에서 자료를 입력할 때, 어떠한 이유에서건 실수를 저질러 부적절하고 엉뚱한 답을 입력하는 경우도 결측치의 개념에 포함되는 것으로 파악한다.

2. 결측치의 영향력

앞서 이 책 제2장에서부터 여러 번 지적한 바와 같이, 계량분석을 활용하는 사회과학연구에 있어서는 모집단의 전체 구성요소를 일일이 다 조사하는 경우가 드물다. 그러한 조사방식보다는 표본을 추출해서 이를 분석대상으로 삼고, 그 표본분석을 통해서 획득한 결과를 가지고 모집단의 특성을 추정하고 예측하는 방식이 보편적이고 일반적인 연구방법이다. 하지만, 문제는 표본으로 선택된 대상이 조사 문제에 대해서 적대적인 태도를 지니거나, 무관심 혹은 부주의함으로써, 또한 조사연구자측의 실수로 인해서, 관측되어야만 할 값이 결측치가 되는 경우에 발생한다. 이렇게 결측치가 발생한 경우, 대부분의 연구자들은 계량분석에 활용되는 통계 프로그램들을 실행시킬 때, 아무런 옵션도 주지 않은 채로 프로그램을 실행시킨다. 즉, 옵션을 주지 않은 채 기본 선택 사항(default)하에서 프로그램을 실행시킨다면, 거의 모든 프로그램이 결측치를 포함하는 사례를 분석대상으로부터 완전히 제거해 버리고 오로지 완전한 관측치만을 지니는 사례들만을 대상으로 분석을 수행한다. 이렇게 도출된 분석 결과를 연구자는 마치 결측치가 없는 상태에서 구한 분석 결과와 동일하게 취급하고 그 결과의 의미와 함의를 논하게 된다.

하지만, 이와 같이 결측치의 존재를 의식하지 않고 연구를 수행하는 것은, 우선 연구설계단계에서 계획된 분석대상의 수가 실제 연구단계에서 크게 감소한다는 의미와 같다. 예로서, 〈표 13-1〉과 같이, 조사대상자로 10명을 추출하여 각 조사대상자의 변수 측정치를 입력시켰다고 가정해 보자. 조사대상자 6, 9, 10은 변수 1에 대해서, 조사대상자 1, 2, 9는 변수 2에 대해서, 조사대상자 3, 5, 8은 변수 3에 대해 결측치를 나타내고 있다. 이때 모든 관측치를 완벽히 가지고 있는 사례만을 대상으로 조사를 수행한다면, 조사대상자의 수는 본래 10명으로부터 조사대상자 4, 7의 단 2명으로 축소된다.[1]

---

1) 결측치의 문제의 권위자 중 한 학자인 피구(T. Pigout)의 연구는, 154명의 조사대상자 중 88%가 전체 7개 변수 중에서 단지 한 두개의 변수에 대해서만 결측치를 나타내는 경우에 있어서도, 결과적으로는 20명 미만의 조사대상자들만이 7개 변

〈 표 13-1 〉 조사대상자의 급감 예

조사대상자	변수 1	변수 2	변수 3
1	175	.	24
2	176	.	23
3	182	77	.
4	178	75	22
5	173	78	.
6	.	61	36
7	166	65	34
8	171	78	.
9	.	.	28
10	.	68	31

이러한 조사대상수의 급감은 곧 통계적 추정의 효율성을 크게 저하시키는 문제점을 노출한다. 덧붙여, 통계학적 관점에서 특별히 심각한 것으로 부각되는 문제가 있다. 그것은 결측치가 통계적인 무작위방식으로 발생되지 않고, 모집단을 구성하는 어떤 특별한 하위집단을 중심으로 체계적으로 발생되는 경우에 발생되는 문제이다. 이러한 경우라면 관측치는 모집단의 일부집단을 체계적으로 배제하고 있는 것과 마찬가지이기에, 결국 모집단을 '잘' 대표해야 하는 표본의 대표성이 심각하게 위협받게 된다.

이제 구체적으로 모집단의 일부가 체계적으로 표본에서 배제된다면 어떤 문제가 발생될 수 있는지를 그림을 보면서 검토해 보기로 하자.

먼저, 앞서 제12장에서 설명한 것과 같이, 종속변수 Y와 독립변수 X의 관계를 회귀분석하는 경우를 생각해 보자. 이때 [그림 13-1]과 같이 표본의 일부분 — 즉, 음영화된 부분 —이 결측치라고 가정해 보자. 만일, 이들 결측치들이 분석의 대상에서 제외되는 분석기법, 예를 들자면 아무런 옵션도 주지 않고 이 책에서 설명한 절차에 따라서 SAS나 EXcel 프로그램을 사용해서 회

수 전체에 대한 완전한 관측치들을 제공하게 됨을 보고한 바 있다.

그림 13-1 독립변수 영향력의 하향 추정

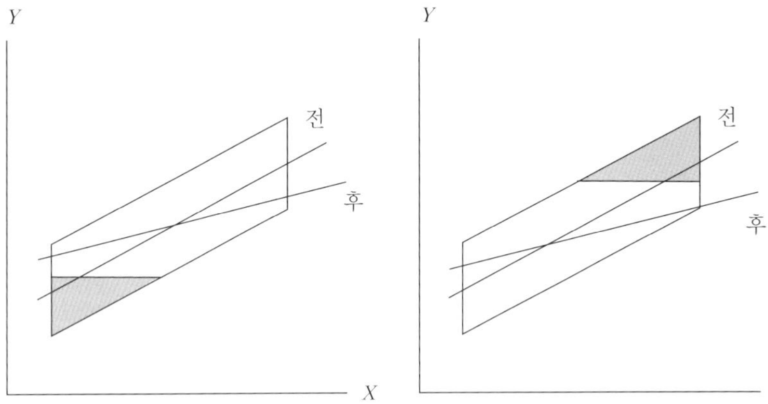

귀분석을 실행하는 경우를 상상해 보자. 그렇다면, 그 결과로서 추정된 회귀선은 독립변수의 종속변수에 미치는 영향력을 하향추정하게 된다. 결국, 이러한 경우라면 분석결과의 내적 타당성과 외적 타당성 양자 모두가 심각하게 침해받게 된다.

예로서, [그림 13-1] 두 개의 그래프 모두에서 Y축은 조사 대상자의 소득수준을, X축은 교육수준으로서 학교에 다녔던 햇수를 나타낸다고 가정해보자. [그림 13-1]의 왼쪽 그림은 일정 소득 이하의 조사 대상자들에 있어서 결측치가 발생됨을 나타내고 있다. 즉, 현실적으로 소득이 낮은 조사 대상자들이 조사에 무신경하든지 혹은 조사에 반발심을 갖든지 등등의 이유로 결측치가 발생하는 경우로 생각해 볼 수 있을 것이다. 이에 비하여 오른쪽 그림은 일정 소득 이상의 소득계층에 있어서 결측치가 발생하는 경우에 해당한다.

두 그림 모두에 있어서 결측치가 발생하지 않았을 경우의 모든 자료를 대상으로 회귀분석을 수행해서 도출할 수 있는 회귀선을 '전'이라 부르자. 또한, 결측치가 발생한 자료를 대상으로 하는 회귀선을 '후'라고 해보자. 앞 장에서 설명했듯이 회귀선에서의 기울기는 바로 독립변수 한 단위의 변화가

그림 13-2 독립변수의 영향력 상향 추정

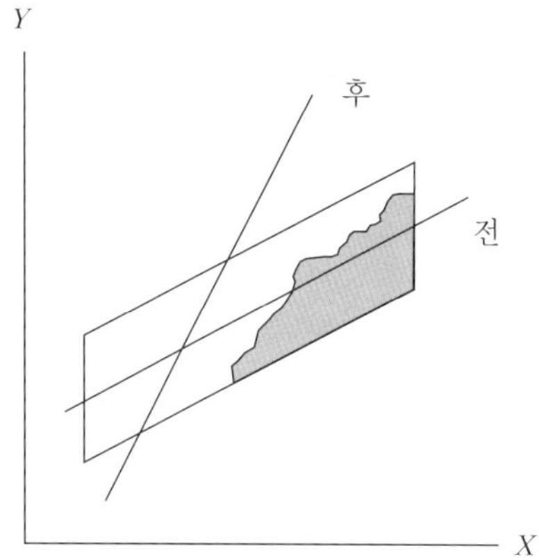

종속변수에 어느 정도의 단위 변화를 가져 오는지를 나타내는 영향력의 정도이다. 그렇다면, 두 그림 모두에서 나타나듯, 회귀선 '후'의 기울기는 회귀선 '전'의 기울기보다 완만하다. 이것은 곧 회귀선 '후'에서의 독립변수로서의 교육받은 햇수가 종속변수인 소득에 미치는 영향은 회귀선 '전'에서의 그 영향보다 축소되어 계산됨을 의미한다. 결국, 이러한 경우라면, 회귀분석의 결과는 독립변수의 종속변수에 미치는 영향력을 실제보다 못한 것으로, 즉 하향추정하게 되는 문제점을 드러낸다.

결국, 추정된 회귀분석 결과는 우선 관측된 자료들에 있어서의 소득수준과 교육수준간의 관계를 적절히 대변할 수 없게 되는 심각한 내적 타당성의 문제를 제기한다. 나아가, 이러한 분석 결과는 분석이 대상이 된 표본뿐만이 아니라, 표본을 추출한 모집단을 대상으로 하는 모집단의 특성으로 일반화되기 어렵다는 심각한 외적 타당성의 문제도 노출하게 된다.

[그림 13-2]는 위의 경우와는 다른 성격의 문제점을 노출한다. 이 경우는 자료의 오른쪽 아랫부분 일부에서 결측치가 발생되고 있다. 이러한 경우에 있어서도 추정된 회귀선은 독립변수의 영향력을 왜곡 추정하기 때문에 추정의 내적 타당성 및 외적 타당성 모두가 침해받을 수밖에 없다.

한 가지 예를 들어 보자. 그림에서 Y축은 조사 대상자의 의료비 지출 액수를, X축은 조사 대상자의 일일 흡연량을 나타내는 것으로 가정해 보자. 왜 그림에서 다른 어떤 부분보다도 자료 집단의 오른쪽 아랫부분에서 집중적으로 결측치가 발생하는지의 이유를 생각해 보자. 한 가지 유력한 이유가 될 수 있는 것은 바로 과도한 흡연으로 인하여 조사대상자가 사망했는지 아니면 아직도 생존해 있는지의 문제일 수 있다. 즉, 현실적으로 일일 흡연량이 많았던 사람은 사망의 가능성 또한 그렇지 않은 사람들에 비하여 높으리라는 것이 합리적인 생각일 수 있겠다.

또한, 일일 흡연량이 많아서 이미 사망한 조사대상자들로부터 일일 흡연량과 의료비 지출에 관한 자료를 수집한다는 것은, 현재 생존해 있는 조사대상자들의 자료 수집에 비하여 상대적으로 곤란한 과제임이 틀림없다. 따라서 이러한 가능한 모든 이유들을 고려해 본다면, [그림 13-2]와 같이 자료 집단의 오른쪽 아랫부분에 결측치가 발생할 가능성이 높아질 수밖에 없다. 그 논리적 귀결로서, 자료분석을 통해 도출할 수 있는 회귀선 '후'는 회귀선 '전'보다 그 기울기가 상향편의(upward bias)를 나타낸다. 즉, 독립변수 일일 흡연량의 종속변수 의료비 지출에 미치는 영향력이 사실보다 과대평가될 수 있는 위험성이 있다. 결국, 분석결과의 타당성이 크게 훼손되는 결과가 발생될 수 있다.

이와 같은 회귀선의 하향편의(downward bias) 혹은 상향편의(upward bias)의 논의에 덧붙여서, [그림 13-2]에서 나타나듯, 조사대상의 일부가 무작위적으로 분석대상으로부터 배제되는 것이 아니라 조사대상자의 특성에 따라서 체계적으로 결측이 발생되는 경우라면, 변수간의 관계가 과연 선형관계인지를 심각하게 고려해야 한다. 만일 선형관계가 아니라면 이 책의 제12장에서 설명한 회귀분석기법을 적용하는 것은 적합하지 않다. 시각적으로 [그림 13-2]의 자료 집단의 모양을 판별해 본다면 변수관계는 선형관계라기 보다는 비선형 관계로 판단될 수 있으리라 여겨진다. 만일, 이와 같이 비선형 관계가 요구됨에도 불구하고, 선형관계를 고집하여 회귀분석을 실행한다면, 앞서 검토한 회귀분석의 기본가정이 지켜지지 않는 것이기에 그러한 추정의 결과는 변수간 관계를 과장할 가능성이 크다. 또한 이때 독립변수의 영향력은 오차항의 영향력까지도 포함하여 계산되는 문제점을 드러낸다.

제2절 결측치의 발생 메커니즘

1980년대 이후 우리나라 행정학계에 있어서 행정현상을 분석하는데 과학적인 양적 분석 기법을 활용하는 경향이 뚜렷이 발견되고 있다. 하지만 지금까지도 양적 분석기법을 활용한 연구들에서 결측치의 중요성이 제대로 인식되지 못했던 것이 사실이다. 2000년대 중반에 이르러 학회지에 게재되는 학술논문 중 거의 약 반 정도가 양적 분석기법을 사용한 논문이라 추정할 수 있다. 그런데, 이들 논문 중에서 결측치를 주제로 설정한 것이 아니라, 논문을 작성한 자료에서의 결측치를 언급한 논문조차 매년 극소수에 지나지 않는다고 한다. 다만 최근에 이르러서 몇몇 연구들이 결측치가 지니는 중요성을 파악하고 그 보완 기법을 소개하기 시작하고 있는 실정이다. 그렇다면 그러한 보완 기법에는 어떤 것들이 있을까? 이제 그 대표적인 기법을 살펴보기 위한 기초 단계로서, 결측치가 발생하게 되는 기제(mechanism)를 검토해 보고, 그 발생기제에 따라서 결측치의 유형을 구분해 보기로 하겠다. 이렇게 결측치의 유형을 구분하는 이유는 결측치의 발생 원인을 정확하게 파악해야 비로소 효율적인 보완 기법을 수립하고 선택할 수 있기 때문이다.

1. 완전무작위 결측치

완전무작위 결측치(MCAR: Missing completely at random)란 X와 Y의 두 가지 변수를 놓고 볼 때, Y변수의 결측치는 X와 Y 두 변수 어느 것의 영향도

받지 않고서 발생한 경우를 말한다. 예를 들자면, 설문조사지를 응답자들로부터 수거하여 컴퓨터에 자료 입력을 하기 위해서 책상 위에 놓아두었다. 갑자기 창문으로 불어 닥친 바람에 의해서 설문지의 상당 부분이 바닥으로 떨어져서 오염되고 더러는 창문 밖으로 날아가 분실되었다고 하자. 이러한 경우라면 전체 설문지를 수거할 수 없게 되어서 결측치가 발생된 경우라고 할 수 있겠다. 바로 이때, 전체에서 일부가 제외된 온전한 관측치들은 조사대상자집단의 무작위 표본으로 간주될 수 있을 것이다. 또한, 발생된 결측치들은 완전히 무작위적 추출이 되어 결측치에 속하게 된 완전무작위 결측치라 부를 수 있을 것이다. 요약하자면, 완전무작위 결측치에서 Y변수의 결측치의 의미는 X와 Y 두 변수로부터 독립적인 방식으로, 즉 통계학적 의미로서 무작위적으로 발생된 경우의 결측치로 이해할 수 있겠다.

이러한 완전무작위 결측치의 의미를 전체 설문지에서 일부 설문지가 제거되는 경우가 아니라, 특정 설문지를 대상으로 생각해 보자. 이것은 설문의 답들의 내용 여하에 따라서 특정 설문문항에 대한 결측치가 발생될 확률을 예측할 수 없는 상황이라고 할 수 있다. 따라서 결측치의 발생 여부 문제는 무작위 확률에 의해서 발생한다고 가정할 수 있다. 나아가 이러한 결측치가 발생할 수 있는 현실성이 과연 어느 정도일까를 생각해 보면, 그 답은 극히 희박한 것이라고 판단될 수 있겠다. 결론적으로, 과연 실제 결측치들의 어느 정도가 이러한 완전무작위 결측의 발생 기제를 보유하느냐에 관해서 상당한 논란이 제기될 수 있겠으며, 그 답으로서 이러한 결측치가 발생될 가능성은 무척 희박하다고 할 수 있을 것이다.

2. 무작위 결측치

무작위 결측치(MAR: Missing at random)는 어떤 결측치가 발생할 가능성을 결측되지 않은 관측된 자료에 의해서 예측할 수는 있다. 하지만, 관측된 자료를 통제하는 경우라면, 관측자료와 결측자료와는 통계적으로 독립적인 경우가 무작위 결측이다. 예를 들어서 설명하자면, 설문조사의 답안을 작성함에 있어서 소득이 낮은 조사대상자가 자신이 선호하는 정당이 어느 정당인가를 밝히려 하지 않는 경향이 있는 경우를 생각해 볼 수 있겠다. 하지만, 관측된 자료를 분석한 결과는, 소득이 낮다고 해서 특정 정당을 선호하고 소득이 높다고 해서 또 특정 정당을 선호하는 것은 아니라는 것이다. 즉, 소득과 선호 정당 간에는 통계적 관계가 성립하지 않는다는 것이다. 다만, 소득이 낮은 조사대상자는 선호 정당이 어느 당인가를 떠나서 선호 정당 문항에 답하지 않는다는 것이다. 바로 이러한 경우의 결측치가 무작위 결측치이다.

무작위 결측치의 경우, 입수한 설문조사지를 놓고 볼 때, 어떤 변수에서 결측치가 발생할 가능성은 관측된 변수(들)값의 영향을 받을 것이다. 그러므로 주어진 관측치를 활용하여 결측치가 발생될 가능성을 예측할 수 있게 된다. 하지만, 구체적으로 어떤 결측치의 발생 기제가 과연 무작위 결측인가에 관해서 설득력 있는 논리를 제시해서 입증하려면 어떻게 해야 할 것인지, 본질적으로 그와 같은 입증이 가능한 것인가에 관한 논란이 제기될 수 있다.

3 무시할 수 없는 결측치

앞서 설명한 두 가지 종류의 결측치, 즉 완전무작위 결측치와 무작위 결측치는 '무시할 수 있는(ignorable)' 결측치로서 정의된다. 이와는 대조적으로, 결측치가 발생될 가능성을 관측된 자료에 의해서는 예측할 수 없는 경우의 결측을 '무시할 수 없는' 결측(NI: Non-ignorable)이라 한다. 다시 풀어 말하자면, 결측치의 발생 원인이 결측된 변수의 값과 직접적으로 관련이 있다면, 이러한 경우의 결측치 발생기제가 바로 '무시할 수 없는' 것이다. 예로서, 교육수준이 낮은 조사대상자들이 학력에 관한 설문조사 문항에 대답하지 않을 가능성이 높다고 가정해 보자. 그렇다면 이러한 경우, 다른 문항에 어떻게 답했는가를 가지고, 즉 입수한 관측치들을 가지고는 직접적으로 과연 답하지 않은 조사대상자가 교육수준이 낮은지 혹은 높은지 파악할 수 없는 경우가 된다면 이 경우가 '무시할 수 없는' 결측치에 해당된다.

이러한 '무시할 수 없는' 결측치를 보완하기 위해서는 '무시할 수 있는' 결측치 경우보다 더 복잡하고도 난해한 절차와 과정들이 요구된다. 따라서 가능하다면 '무시할 수 없는' 결측치를 '무시할 수 있는' 결측치로 전환시키는 것이 분석의 효율성과 편의성의 제고라는 측면에서 바람직하다. 즉, 지금 든 예의 경우라면, 학력에 관한 문항과 함께 이 문항에 대한 결측치가 발생할 수 있다는 전제하에, 그 대안적 변수로서 소득수준이나 고용직종에 관한 문항을 만들어서 조사하는 경우를 생각해 볼 수 있겠다. 이러한 보완적 조치가 성공적으로 실행된다면 저학력 조사대상자들에서의 학력에 관한 결측치 발생의 문제를 무작위적 결측치의 문제로서 전환시킬 수 있기에 보다 효율적이고 용이한 분석이 가능할 수도 있다는 것이다.

제3절 결측치의 보완 기법

이제 어떠한 방식으로 결측치가 있는 자료들을 보완하여 분석할 수 있는지, 실제 많이 활용되고 있는 결측치의 처리 방식을 살펴보기로 한다.

1. 완전제거법

완전제거법(List-wise deletion)은 Excel, SPSS, SAS를 비롯한 대부분의 통계 프로그램에 있어서 기본 선택 사항(default)으로 설정되어 있는 결측치의 보완 기법이다. 예로서 바로 앞 장에서 소개한 회귀분석을 수행하는 경우에 있어서, 모형에 포함된 변수에 관해서 하나라도 결측치가 있다면 그러한 사례는 분석 대상에서 제거시키고 모든 변수가 완전하게 관측된 사례들만을 대상으로 분석을 수행하는 방식을 말한다.

이러한 완전제거법은 결측치들이 그 발생의 원인으로서 완전무작위 결측치의 기제를 가지고 있는 것으로 판단되는 경우에 선호되는 보완 기법이다. 즉 결측치가 완전무작위적으로 발생하였다고 확신할 수 있다면, 관측된 사례만으로 분석을 수행하여도 모수 추정치의 편의를 최소화시킬 수 있기 때문에 바로 이러한 근거에서 완전제거법의 적용이 합리화 될 수 있다. 또 다른 완전제거법의 장점은 실행상의 편의성에서 찾아 볼 수 있겠다. 즉, 완전제거법은 실행 방법이 다른 보완기법에 비하여 월등하게 쉽기 때문에 결측치의 비율이 전체 사례에서 차지하는 비율이 극히 작은 경우라면 다른 보완기법보다 특별히 선호될 수 있는 기법이기도 하다.

하지만 문제는 이론적으로 결측치가 그 발생원인으로서 완전무작위 결측의 기제를 가진다고 확신할 근거를 찾기 어렵다는 점에서 찾아 볼 수 있다. 또한 앞서 예를 들어서 검토한 바와 같이, 완전제거법을 사용하는 경우에는 현실적으로 분석대상의 수가 급격하게 축소된다는, 즉 분석의 자유도가 급속하게 축소된다는 사실을 고려해야 한다.

2. 평균대체법

평균대체법(UM: Unconditional Mean)은 결측치들을 관측된 자료의 평균값으로 대체하는 기법을 말한다. 앞에서 완전제거법을 사용한 결과로서 조사대상자의 수가 급감하였던 경우를 보여주던 표를 다시 활용해 보기로 하자. 평균대체법을 활용하는 경우, 조사대상자 6, 9, 10 총 3인의 변수 1 결측치는 나머지 조사대상자 7인의 관측치들의 평균값 174.43으로 대체된다.

마찬가지로 조사대상자 1과 조사대상자 2의 변수 2 결측치는 71.71로 대체되고, 조사대상자 3과 조사대상자 8의 변수 3 결측치는 28.29로 대체된다. 따라서 평균대체법을 사용한 결과 원 자료는 〈표 13-3〉과 같이 정리되어 분석에 활용될 것이다.

〈 표 13-2 〉 평균대체법을 활용한 결측치 보완

조사대상자	변수 1	변수 2	변수 3
1	175	. **	24
2	176	. **	23
3	182	77	. ***
4	178	75	22
5	173	78	. ***
6	. *	61	36
7	166	65	34
8	171	78	.
9	. *	. **	28
10	. *	68	31

* 174.43=(175+176+182+178+173+166+171)/7
** 71.71=(77+75+78+61+65+78+68)/7
*** 28.29=(24+23+22+36+34+28+31)/7

〈 표 13-3 〉 평균대체법의 활용 결과

조사대상자	변수 1	변수 2	변수 3
1	175	71.71	24
2	176	71.71	23
3	182	77	28.29
4	178	75	22
5	173	78	28.29
6	174.43	61	36
7	166	65	34
8	171	78	28.29
9	174.43	71.71	28
10	174.43	68	31

이와 같은 평균대체법은 우선 사용이 편리하다는 장점을 지닌다. 또한 평균대체법은 분석에 활용된 관측의 수를 전체자료의 수와 동일하게 만들어 줌으로써, 즉 관측수를 완벽하게 확보해 줌으로써 분석의 자유도를 최대화 시킨다는 장점도 보유한다. 하지만, 결측치의 대체값으로서 관측 가능성이 높은 집단의 특성이 상대적으로 과도하게 반영될 수밖에 없기에 결과적으로 추정치의 편의가 발생될 위험이 높다는 문제점을 가지고 있다. 즉, 대체된 변수값들이 관측된 측정값들의 평균값이기에 실제로 발생할 수 있었던 분산의 정도가 크게 감소되는 결과가 초래된다. 따라서 결국 특정 변수의 분포가 평균을 중심으로 밀집하게끔 변화시키며 변수들 간의 관계를 왜곡시키는 문제점이 초래될 수 있다.

3. EM-기법

EM-기법(Expectation-Maximization Method)은 기본적으로 결측치의 발생 기제가 "무시할 수 있는" 것이라는 가정 위에서 활용될 수 있는 기법이다. 특별히 이 EM-기법은 종속변수와 독립변수 모두를 망라하는, 모형 안에 포함된 모든 변수들의 결합분포(joint distribution)가 다변량 정규분포를 취한다는 가정에 기반한다.

보다 구체적으로 EM-기법은 결측치를 추정하는 과정이 두 개의 단계 — E(Expectation) 단계와 M(Maximization) 단계 — 로 구성된다. 이 두 개의 단계가 반복됨으로써 종국적으로 결측치를 대체하는 수치를 도출하고 이를 분석에 활용하게 된다. 먼저, E-단계에서는 관측된 자료들로부터 계수 추정치들을 구하고 이것을 바탕으로 결측치들의 조건부 기대값을 구한다. 그리고 이 조건부 기대값으로 결측치를 대체한다. 이어서 M-단계에서는 앞서의 단계에서 기대값으로써 보완되어 완성되어진 데이터 셋의 로그우도(loglikelihood)를 최대화시킴으로써 다시금 계수 추정치들의 값을 새롭게 수정해 나가게 된다. 이렇게 새로운 값으로 추정된 계수 추정치들의 값을 가지고 다시금

E-단계를 적용하여 결측치들의 조건부 기대값을 구하고, 또 다시 M-단계로 전환하는 과정들을 수차례 반복하게 된다.

이와 같이 E-단계와 M-단계의 반복수행을 거쳐서 계수 추정치들이 일정한 값에 수렴하게 되고 계수 추정치들이 주어졌을 때의 결측치들의 조건부 기대값 역시 일정한 수치에 수렴하게 된다. 결국 EM 기법은 결측치를 두 단계를 통해서 일정 수치에 수렴한 결측치의 조건부 기대값으로 대체하는 방법이다. 하지만, 과연 이러한 기계적 반복 과정을 통해서 도출한 조건부 기대값을 대체값으로 활용하는 것이 일반적인 상황에 두루 적용될 수 있는 이론적 배경을 지니고 있는가에 관해서 상당한 논란이 제기되고 있다. 따라서 EM 방법이 표준분석방법이 될 수 있는지의 문제가 방법론상의 원론적 문제로서 제기되고 있음도 지적할 필요가 있다.

4. 회귀분석 기법

회귀분석 기법으로 결측치를 보완하는 방법을 생각해 볼 수 있겠다. 앞 장에서 설명한 회귀분석의 기본 논리를 활용하여 이 보완법은 결측이 발생된 변수를 종속변수로 설정하고 관측이 된 변수들을 독립변수로 설정하여 회귀분석을 실시한다. 그리고 회귀분석의 결과로 도출한 종속변수의 회귀계수를 기반으로 결측치의 대체값을 확정하는 방식이다.

만일 회귀분석의 회귀계수 그대로를 결측치로 대체한다면 이를 결정적 회귀분석 방법(deterministic regression method)이라 부른다. 결정적 회귀분석 방법은 회귀계수의 표준편차가 앞서 살펴본 평균대체법의 경우와 마찬가지로 결측치의 불확실성을 전혀 반영하지 않고 관측된 값들로부터 계산되는 문제점을 가지고 있다. 따라서 일반적으로 결정적 회귀분석 방법은 표준편차 혹은 분산의 수치가 너무나 과소 측정될 수 있는 위험성이 있다. 이러한 위험성의 논리적 귀결로서 결정적 회귀분석 방법을 사용한 분석결과에 있어서는 I종 오류의 가능성이 커지는 문제점이 드러난다.

따라서 결정적 회귀분석 기법의 단점을 보완하기 위해서 결측치를 대체할 회귀계수의 계산에 있어서 오차항을 반영하는 오차항 회귀분석 방법(stochastic regression method)이 제시된 바 있다. 하지만 이러한 기법 역시 활용되는 변수들이 고도의 상관관계를 지니고 있는 경우라면 회귀계수의 일관성이 문제가 될 수 있음이 지적되고 있다.

제4절 컴퓨터 프로그램을 활용한 결측치 보완 기법 실습

지금까지 살펴본 이론적 기반 위에서 이제부터 통계 프로그램을 활용하여 각각의 결측치 보완 기법들이 실제 자료에 어떻게 적용될 수 있는지를 점검해 보기로 한다.

이 책의 앞 장들에서는 모두 그 마지막 절에서 Excel과 SAS 프로그램을 활용한 자료분석 방법을 제시했다. 이제 이번 마지막 절에서는 앞서 활용하지 않았던 SPSS 프로그램을 통해서 결측치를 보완하는 방법을 살펴보기로 한다. 지금까지 이 책의 설명에 맞추어 실습을 수행할 수 있었던 독자들은 SPSS 프로그램을 활용함에 있어서도 큰 어려움을 느끼지 않을 것으로 기대한다. SPSS 역시 Excel이나 SAS 프로그램과 마찬가지로 윈도우 환경에서 실행되는 프로그램이기에 그 이해와 실행에 있어서 Excel과 SAS 프로그램과 많은 유사성을 가지고 있기 때문이다. 특별히 SAS가 직접 확장 편집기 창에 data와 proc, run; 등의 명령어 구문을 입력하는 방식임에 비하여 SPSS는 윈도우 기반 프로그램의 인터페이스를 채용하였기에 마우스를 클릭함으로써 대부분의 자료분석을 큰 어려움 없이 수행할 수 있다는 편리함을 갖추고 있다. 다만 SAS에 비하여 SPSS은 이른바 Big Data의 처리에 상대적 약점이 있고, 사용자가 원하는 대로 프로그램 할 수 없다는 단점을 지니고 있다.

Excel, SAS뿐만이 아니라 SPSS까지도 활용한 자료분석 방법을 이 책의 내용으로 삼은 이유는 행정계량분석의 학습 필요성과도 연관시킬 수 있겠다. 즉, 정보화시대의 진전으로 컴퓨터 소프트웨어의 활용이 계량분석과목의 학습뿐 아니라 직장에서의 업무 수행이나 나아가 일상생활 전반에 걸쳐서 필수적 요소가 되고 있음을 누구도 부인할 수 없을 것이다. 따라서 이러한 시대적 흐름을 고려한다면 다양한 프로그램을 소개하고 그 활용에 관심을 갖도록 하는 것은 장래에 실제 접근 가능한 프로그램이 무엇이든지, 또한 활용해야 할 소프트웨어가 무엇이든지 컴퓨터 활용에 대한 긍정적 마인드와 자신감의 배경으로 기능할 수 있다는 사실에서 그 가치를 찾을 수 있겠다. 또한 현실적으로 전문 통계 프로그램으로서 가장 많이 사용되는 프로그램이 SAS와 SPSS라 할 수 있기에 SPSS 사용 예를 하나 소개한다는 것도 나름대로의 의미가 있을 것으로 사료된다.

SPSS(Statistical Package for the Social Science) 프로그램을 실행시키면 [그림

그림 13-3 SPSS 시작 화면

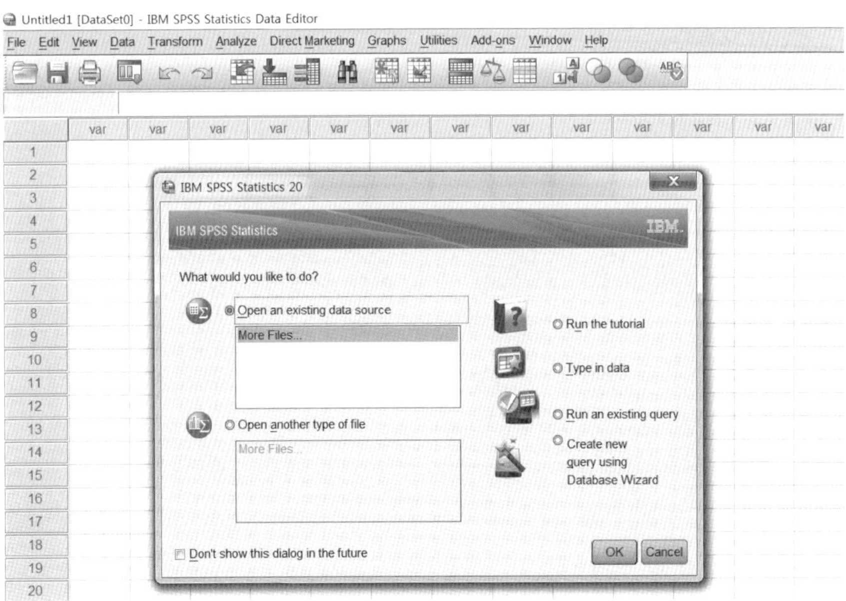

그림 13-4 변수 보기 창

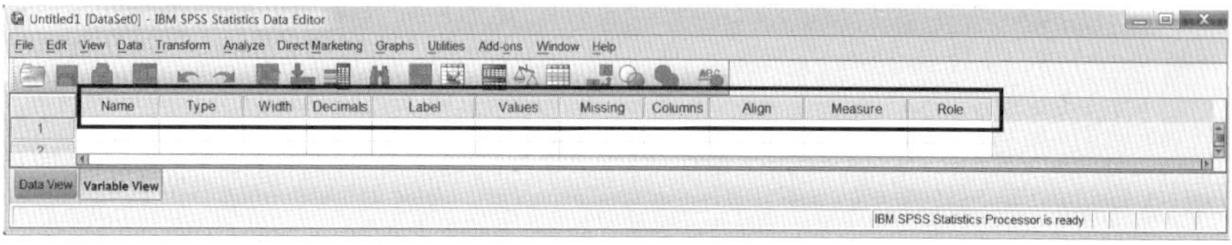

13-3]과 같은 시작 화면이 나타난다. 시작화면의 작업선택 대화상자를 통해서 사용자는 여러 가지 작업 방법 중의 하나를 선택하며 이로써 작업을 시작할 수 있다. 즉, 사용자는 외부자료를 불러들여서 분석할 수도 있고, 아니면 저장된 자료를 불러들여서 분석자료로 삼을 수도 있고, 혹은 직접 Excel의 워크시트 모양과 유사하게 행렬로 구분되어 등장한 데이터 편집창(data editor)에 변수값을 입력하여 사용하거나, Excel과 같은 윈도우 기반 프로그램의 자료를 '복사하여 붙이기'(copy and paste) 등의 방법을 이용하여 작업을 시작할 수 있다.

자료를 입력하는 경우라면, 첫 화면의 하단에 두 개의 폴더를 이용한다. 두 폴더 중 어느 것을 클릭하느냐에 따라서 자료를 입력할 수 있는 '데이터 창'(Data view)과 자료를 정의할 수 있는 '변수 보기 창'(Variable view)이 등장하게 된다. 특히, '변수 보기 창'을 잘 활용한다면 변수의 설명과 입력된 수치들의 특성 및 자료분석의 결과를 해석하는데 있어서 신속한 진행이 가능하며 불필요한 혼란을 겪지 않을 수 있다. 이를 위해서 독자들은 빠짐없이 [그림 13-4]에서 네모 상자로 강조해 놓은 것과 같은 창의 윗부분 열에 배열되어 있는 '변수 정의 항목'들의 기능을 잘 기억해 두기를 권한다.

각 항목의 용도는 〈표 13-4〉로 요약될 수 있겠다.

어떠한 방법을 사용했든지 그 결과로서 자료가 마련되었으면, 이제 화면 상단의 메뉴를 마우스로 클릭하여 분석을 실행할 수 있다. 그 결과는 '결과창'(output window)에 등장한다.

다른 윈도우 기반 소프트웨어와 마찬가지로 SPSS를 실행하기 위해서는 먼

〈 표 13-4 〉 변수 보기 창 항목 내용

변수 보기 창 항목		용도
Name	변수 이름	변수의 이름을 정한다.
Type	변수 종류	변수의 종류(정수, 소수, 과학적 숫자 표기, 날짜, 통화, ...등)를 정의한다.
Width	자릿수	자릿수를 정한다.
Decimals	소수점 이하 자릿수	소수점 이하의 자릿수를 정한다.
Label	변수 설명	변수에 대한 설명과 내용을 기재한다.
Values	변수값	변수 측정값에 관한 설명과 내용을 기재한다.
Missing	결측치	결측치에 대해 설명한다.
Columns	열	열의 자릿수를 정한다.
Align	정렬	셀 안에서의 변수와 자료의 위치를 정한다.
Measure	척도	변수의 측정 수준을 나타낸다.
Role	변수 역할	변수가 분석에서 차지하는 역할(독립변수, 결과 변수,... 등)을 기재한다.

저 시작 프로그램 화면 윗부분의 문자 메뉴와 그림 메뉴에는 어떤 것들이 있는지, 그 하위 메뉴는 어떻게 구성되어 있는지, 각 항목의 기능은 무엇인가를 검토하는 것이 필수적이다. 상단 메뉴의 기능은 〈표 13-5〉로 요약될 수 있다. 또한 다양한 메뉴에 대한 검토과정을 통해서 앞서 실습에 활용하였던 Excel이나 SAS와 SPSS가 어떠한 유사성과 차별성을 가지고 있는지 관찰할 수 있을 것이다. 특히 SPSS에 있어서도 Excel이나 SAS의 경우에서와 같이 도움말 파일을 잘 활용하는 것이 중요하다는 사실은 아무리 강조해도 지나치지 않을 것이다.

이제 SPSS를 활용하여 결측치의 보완 방법을 실행해 보기로 하자. 대상으로 사용할 자료는 2001년 통계청 발행 시군구주요통계지표 CD-Rom에 기재된 자료이다. 이 자료 중에서 1998년말 시점에서의 전국 시, 군, 구의 주요통계지표 중 4개 변수를 무작위로 추출하였다. 이들 4개 변수 모두가 관측된 시, 군, 구의 수는 총 232개에 이른다. 즉, 이들 시 · 군 · 구에서는 4개 변수

〈 표 13-5 〉 상단 문자메뉴의 기능

문자메뉴		기능
File	화일	불러오기, 저장하기, 인쇄 등 기본 기능
Edit	편집	자르기, 복사하기, 붙이기 등 편집 기능
View	보기	도구모음, 글꼴 등 보기관련 기능
Data	데이터	데이터 정의 및 관리 기능
Transform	변환	변수값의 변환 기능
Analysis	분석	각종 구체적 분석 기능
Graphs	그래프	그래프 그리기 및 수정 기능
Utilities	유틸리티	변수에 대한 정보나 메뉴 편집 등 기능
Add-ons	부가기능	기본 SPSS 패키지에 부가 프로그램 첨가 기능
Windows	창	입력창 결과창 등의 표시 및 이동 기능
Help	도움말	도움말 제공 기능

값에 대해서 결측치가 존재하지 않는다. 따라서 의도적으로 일정 자료값들을 관측되지 못한 것으로 가정하여 결측치(.)로 다시 기재한 후에 앞에서 설명한 결측치의 보완기법들을 적용하는 절차를 검토하기로 한다.

결측치 보완 기법 중에서 완전제거법은 대부분의 프로그램에서 아무런 옵션도 사용하지 않은 상태에서 프로그램을 실행시켜서 결측치 문제를 해결하는 방식이다. 즉, 결측이 있는 사례는 분석대상에서 제거하는 방식이다. 따라서 완전제거법은 프로그램 실행시에 결측치의 존재에 신경을 쓰지 않고 그대로 분석을 수행하는 방식이기에 이번 순서에서 검토할 필요성이 없을 것이다.

평균대체법은 관측치로부터 결측치가 있는 변수의 평균값을 계산해 내고 이 값으로 결측치를 전부 다 대체하는 방식이다. 따라서 이 책의 제3장에서 설명한 중앙경향치를 구하는 방식을 그대로 활용해서 관측치들의 평균을 구하고 이것으로 결측치를 대체하면 된다. 그 절차는 더 이상의 검토를 필요로 하지 않을 것이다. 그러므로 지금부터는 E-M 기법과 회귀분석 방식을 사용해서 결측치를 보완하는 절차를 검토해 보기로 한다.

그림 13-5 문자메뉴 Analyze

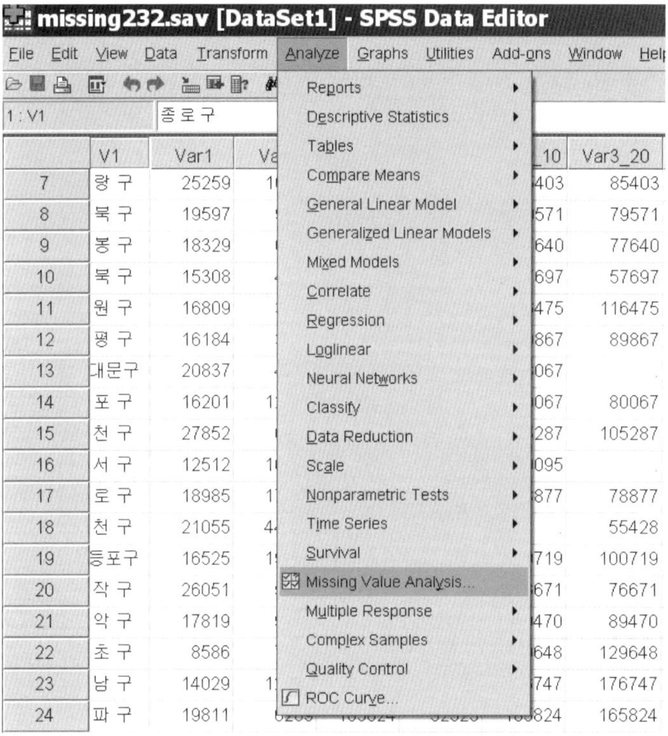

EM-기법과 오차항 회귀분석 기법으로 결측치를 대체하기 위해서는 [그림 13-5]와 같이 SPSS의 문자 메뉴 중 'Analyze' 항목을 클릭하고 그 하위 메뉴 중 "Missing Value Analysis"를 선택한다.

이어서 등장하는 [그림 13-6]의 대화상자 내용을 완성하여야 한다. 먼저, 'Missing Value Analysis' 대화상자에서 분석에 사용되는 변수가 연속형 변수(Quantitative Variables)인지 아니면 범주형 변수(Categorical Variables)인지를 구분하여 해당 상자 내에 위치시켜야 한다. 실습자료의 경우에서는 사용되는 네 개 변수 모두가 연속형 변수이기에 연속형 변수 상자 내에 위치시켰음을 관찰할 수 있다. 이어서 대화상자의 왼 편에 위치한 추정의 종류를 선

그림 13-6 Missing Value Analysis 메뉴

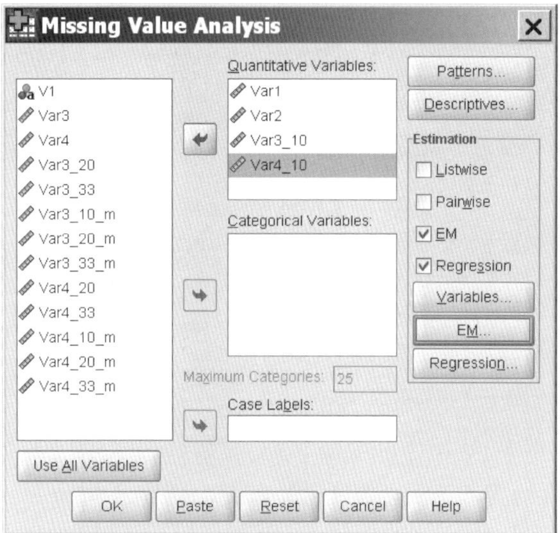

그림 13-7 Missing Value Analysis: EM

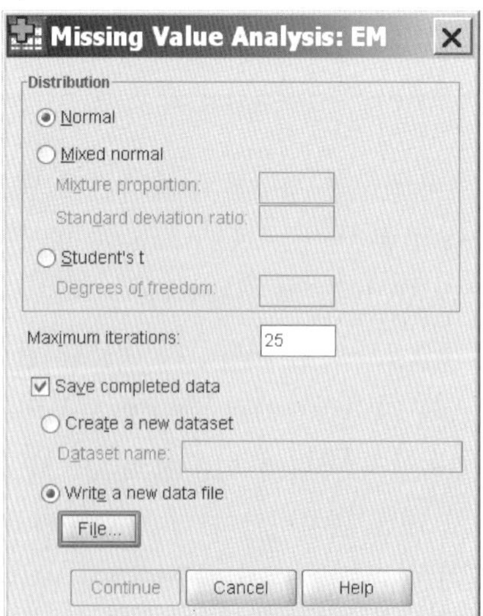

택하는 상자의 내용도 채워야 한다. 여기서, 'EM'과 'Regression' 항목 앞의 상자에 체크를 하여야 한다. 그리고 EM-기법을 적용하기를 원하는 경우라면 'EM...' 버튼을 클릭하고 아랫부분의 'OK' 버튼을 클릭한다. 회귀분석 기법을 적용하려면, 'Regression...' 버튼을 클릭하고 아랫부분의 'OK' 버튼으로 가야 한다.

이제 'EM...' 버튼과 'Regression...' 버튼 중에서 어느 버튼을 선택하였는가에 따라서 상이한 화면이 등장하게 된다. 먼저, 'EM...' 버튼을 선택한 경우라면 [그림 13-7]의 화면이 등장한다.

대화상자에서 EM-기법의 세부선택사항들을 표기해야 한다. 먼저 결측치를 보유하는 변수의 분포가 어떠한 분포를 취하는 것으로 가정하는지를 선택한다. 'Normal'과 'Student's t'가 어떤 분포를 의미하는지, 어느 경우에 'Normal'과 'Student's t'를 각각 선택해야 할 것인지는 여러 차례 지적하고 설명한 바 있다. 정규분포를 선택하는 경우는 표본의 크기 n이 충분히 크거나 모집단 표준편차를 알고 있는 경우이며, t-분포는 모집단의 표준편차를 추정해야 하며 표본의 크기도 크지 않은 경우이다.

대화상자의 중간에 있는 'Maximum iterations' 난에는 결측치의 기대값을 일정한 수치로 수렴시키기 위해서 앞으로 E-단계와 M-단계를 몇 번까지 반복할 것인가를 결정해서 기입해야 한다. 기본 선택 사항으로서 25번의 반복이 설정되어 있다.

아랫부분은 이러한 절차를 거치면서 결측치가 대체된 완성된 데이터 셋을 저장하고 새로운 데이터 파일로 기재하라는 명령을 나타낸다.

[그림 13-8]은 회귀분석 기법에 따른 결측치 대체의 세부선택사항을 입력하는 대화상자이다. 여기서 눈에 띄는 중요사항은 대화상자 위쪽에서 선택하도록 되어 있는 추정치의 조정(Estimation Adjustment) 방법 난이다. 만일 'Residuals' 항목을 선택하면 오차항 회귀분석 기법(stochastic regression method)에 의거한 결측치 대체값을 구할 수 있게 된다. 반면에 가장 아래에 있는 'None'을 선택한다면 결정적 회귀분석 기법을 적용시킨 대체치를 구하게 된다.

그림 13-8 Missing Value Analysis: Reg...

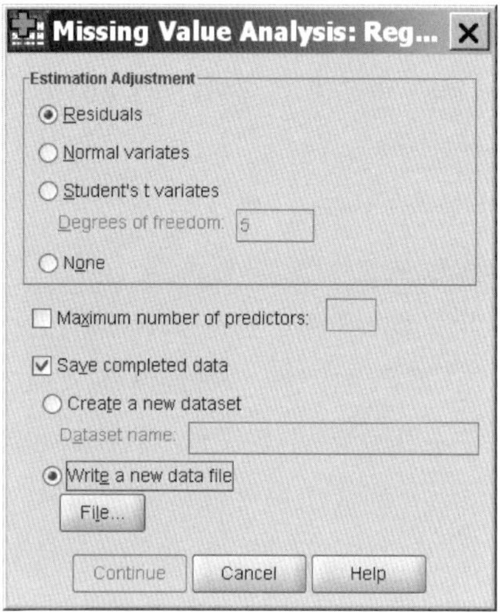

부록

- 〈표 1〉 이항분포표
- 〈표 2〉 정규분포표
- 〈표 3〉 student−t 분포표
- 〈표 4〉 F 분포표(α=0.01)
- 〈표 5〉 F 분포표(α=0.05)
- 〈표 6〉 χ^2 분포표
- 〈표 7〉 무작위표(난수표)

〈 표 1 〉 이항분포표

		P									
n	x	0.05	0.10	0.15	0.20	0.25	0.30	0.35	0.40	0.45	0.50
1	0	0.9500	0.9000	0.8500	0.8000	0.7500	0.7000	0.6500	0.6000	0.5500	0.5000
	1	0.0500	0.1000	0.1500	0.2000	0.2500	0.3000	0.3500	0.4000	0.4500	0.5000
2	0	0.9025	0.8100	0.7225	0.6400	0.5625	0.4900	0.4225	0.3600	0.3025	0.2500
	1	0.0950	0.1800	0.2550	0.3200	0.3750	0.4200	0.4550	0.4800	0.4950	0.5000
	2	0.0025	0.0100	0.0225	0.0400	0.0625	0.0900	0.1225	0.1600	0.2025	0.2500
3	0	0.8674	0.7290	0.6141	0.5120	0.4219	0.3430	0.2746	0.2160	0.1664	0.1250
	1	0.1354	0.2430	0.3251	0.3840	0.4219	0.4410	0.4436	0.4320	0.4084	0.3750
	2	0.0071	0.0270	0.0574	0.0960	0.1406	0.1890	0.2389	0.2880	0.3341	0.3750
	3	0.0001	0.0010	0.0034	0.0080	0.0156	0.0270	0.0429	0.0640	0.0911	0.1250
4	0	0.8145	0.6561	0.5220	0.4096	0.3164	0.2401	0.1785	0.1296	0.0915	0.0625
	1	0.1715	0.2916	0.3685	0.4096	0.4215	0.4116	0.3845	0.3456	0.2995	0.2500
	2	0.0135	0.0486	0.0975	0.1536	0.2109	0.2646	0.3105	0.3456	0.3675	0.3750
	3	0.0005	0.0036	0.0115	0.0256	0.0469	0.0756	0.1115	0.1536	0.2005	0.2500
	4	0.0000	0.0001	0.0005	0.0016	0.0039	0.0081	0.0150	0.0256	0.0410	0.0625
5	0	0.7738	0.5905	0.4437	0.3277	0.2373	0.1681	0.1160	0.0778	0.0503	0.0312
	1	0.2036	0.3280	0.3915	0.4096	0.3955	0.3602	0.3214	0.2592	0.2059	0.1562
	2	0.0214	0.0729	0.1382	0.2048	0.2637	0.3087	0.3364	0.3456	0.3369	0.3125
	3	0.0011	0.0081	0.0244	0.0512	0.0849	0.1323	0.1811	0.1304	0.2757	0.3125
	4	0.0000	0.0004	0.0022	0.0064	0.0146	0.0284	0.0488	0.0768	0.1128	0.1562
	5	0.0000	0.0000	0.0001	0.0303	0.0010	0.0024	0.0053	0.0102	0.0185	0.0132
6	0	0.7351	0.5314	0.3771	0.2621	0.1780	0.1176	0.0754	0.0467	0.0277	0.0156
	1	0.2321	0.3543	0.3993	0.3932	0.3560	0.3025	0.2437	0.1866	0.1359	0.0938
	2	0.0305	0.0984	0.1762	0.2458	0.2966	0.3241	0.3280	0.3110	0.2780	0.2344
	3	0.0021	0.0146	0.0415	0.0819	0.1318	0.1852	0.2355	0.2765	0.3032	0.3125
	4	0.0001	0.0012	0.0055	0.0154	0.0330	0.0595	0.0951	0.1382	0.1861	0.1344
	5	0.0000	0.0001	0.0004	0.0015	0.0044	0.0102	0.0205	0.0369	0.0609	0.0938
	6	0.0000	0.0000	0.0000	0.0001	0.0002	0.0007	0.0018	0.0041	0.0083	0.0156
7	0	0.6983	0.4783	0.3206	0.2097	0.1335	0.0824	0.0490	0.0280	0.0152	0.0078
	1	0.2573	0.3720	0.3960	0.3670	0.3115	0.2471	0.1848	0.1306	0.0872	0.0547
	2	0.0406	0.1240	0.2097	0.2753	0.3115	0.3177	0.2985	0.2613	0.2140	0.1641
	3	0.0036	0.0230	0.0617	0.1147	0.1730	0.2269	0.2679	0.2903	0.2918	0.2734
	4	0.0002	0.0026	0.0109	0.0287	0.0577	0.0972	0.1442	0.1935	0.2388	0.2734
	5	0.0000	0.0002	0.0012	0.0043	0.0115	0.0250	0.0466	0.0774	0.1172	0.1641
	6	0.0000	0.0000	0.0001	0.0004	0.0013	0.0036	0.0084	0.0172	0.0320	0.0547
	7	0.0000	0.0000	0.0000	0.0000	0.0001	0.0002	0.0006	0.0016	0.0037	0.0078
8	0	0.6634	0.4305	0.2725	0.1678	0.1001	0.0576	0.0319	0.0168	0.0084	0.0039
	1	0.2793	0.3826	0.3847	0.3355	0.2670	0.1977	0.1373	0.0896	0.0548	0.0312
	2	0.0515	0.1488	0.2376	0.2936	0.3115	0.2965	0.2587	0.2090	0.1596	0.1094
	3	0.0054	0.0331	0.0839	0.1468	0.2076	0.2541	0.2786	0.2787	0.2568	0.2188
	4	0.0004	0.0046	0.0185	0.0459	0.0865	0.1361	0.1875	0.2322	0.2627	0.2734
	5	0.0000	0.0001	0.0026	0.0092	0.0231	0.0467	0.0808	0.1239	0.1719	0.2188
	6	0.0000	0.0000	0.0002	0.0011	0.0038	0.0100	0.0217	0.0413	0.0703	0.1094
	7	0.0000	0.0000	0.0000	0.0001	0.0004	0.0012	0.0033	0.0079	0.0164	0.0312
	8	0.0000	0.0000	0.0000	0.0000	0.0000	0.000	0.0002	0.0007	0.0017	0.0039

		P									
n	*x*	0.05	0.10	0.15	0.20	0.25	0.30	0.35	0.40	0.45	0.50
9	0	0.6302	0.3874	0.2316	0.1342	0.0751	0.0404	0.0207	0.0101	0.0046	0.0020
	1	0.2985	0.3874	0.3679	0.3020	0.2253	0.1556	0.1004	0.0605	0.0339	0.0176
	2	0.0629	0.1722	0.2597	0.3020	0.3003	0.2668	0.2162	0.1612	0.1110	0.0703
	3	0.0077	0.0446	0.1069	0.1762	0.2336	0.2668	0.2716	0.2508	0.2119	0.1641
	4	0.0006	0.0074	0.0283	0.0661	0.1168	0.1715	0.2194	0.2508	0.2600	0.2461
	5	0.0000	0.0008	0.0050	0.0165	0.0389	0.0735	0.1181	0.1672	0.2128	0.2461
	6	0.0000	0.0001	0.0006	0.0028	0.0087	0.0210	0.0424	0.0743	0.1160	0.1641
	7	0.0000	0.0000	0.0000	0.0003	0.0012	0.0039	0.0098	0.0212	0.0407	0.0703
	8	0.0000	0.0000	0.0000	0.0000	0.0001	0.0004	0.0013	0.0035	0.0083	0.0176
	9	0.0000	0.0000	0.0000	0.0000	0.0000	0.0000	0.0001	0.0003	0.0008	0.0020
10	0	0.5978	0.3487	0.1969	0.1074	0.0563	0.0280	0.0135	0.0060	0.0025	0.0010
	1	0.3151	0.3874	0.3174	0.2684	0.1877	0.1211	0.0725	0.0403	0.0207	0.0098
	2	0.0746	0.1937	0.2759	0.3020	0.2816	0.2335	0.1757	01209	0.0763	0.0439
	3	0.0105	0.0574	0.1298	0.2013	0.2503	0.2668	0.2522	0.2150	0.1665	0.1172
	4	0.0010	0.0112	0.0401	0.0881	0.1460	0.2001	0.2377	0.2508	0.2834	0.2051
	5	0.0001	0.0015	0.0085	0.0264	0.0584	0.1029	0.1536	0.2007	0.2340	0.2461
	6	0.0000	0.0001	0.0012	0.0055	0.0162	0.0368	0.0689	01115	0.1596	0.2051
	7	0.0000	0.0000	0.0001	0.0008	0.0031	0.0090	0.0212	0.0425	0.0746	0.1172
	8	0.0000	0.0000	0.0000	0.0001	0.0004	0.0014	0.0043	0.0106	0.0229	0.0439
	9	0.0000	0.0000	0.0000	0.0000	0.0000	0.0001	0.0005	0.0016	0.0042	0.0098
	10	0.0000	0.0000	0.0000	0.0000	0.0000	0.0000	0.0000	0.0001	0.0003	0.0010
11	0	0.5688	0.3138	0.1673	0.0859	0.0422	0.0198	0.0088	0.0036	0.0014	0.0005
	1	0.3293	0.3835	0.3248	0.2362	0.1549	0.0932	0.0518	0.0266	0.0125	0.0054
	2	0.0867	0.2131	0.2866	0.2953	0.2581	0.1998	0.1395	0.887	0.0513	0.0269
	3	0.0137	0.0710	0.1517	0.2215	0.2581	2568	0.2254	0.1774	0.1259	0.0806
	4	0.0014	0.0158	0.0536	0.1107	0.1721	0.2201	0.2428	0.2365	0.2060	0.1611
	5	0.0001	0.0025	0.0132	0.0388	0.0803	0.1321	0.1830	0.2207	0.2360	0.2256
	6	0.0000	0.0003	0.0023	0.0097	0.0268	0.0566	0.0985	0.1471	0.1931	0.2256
	7	0.0000	0.0000	0.0003	0.0017	0.0064	0.0173	0.0379	0.0701	0.1128	0.1611
	8	0.0000	0.0000	0.0000	0.0002	0.0011	0.0037	0.0102	0.0234	0.0432	0.0806
	9	0.0000	0.0000	0.0000	0.0000	0.0001	0.0005	0.0018	0.0052	0.0126	0.0269
	10	0.0000	0.0000	0.0000	0.0000	0.0000	0.0000	0.0002	0.0007	0.0021	0.0054
	11	0.0000	0.0000	0.0000	0.0000	0.0000	0.0000	0.0000	0.0000	0.0002	0.0005
12	0	0.5404	0.2824	0.1422	0.0687	0.0317	0.0138	0.0057	0.0022	0.0008	0.0002
	1	0.3413	0.3766	0.3012	0.2062	0.1267	0.0712	0.0368	0.0174	0.0075	0.0029
	2	0.0988	0.2301	0.2924	0.2835	0.2323	0.1678	0.1088	0.0639	0.0339	0.0161
	3	0.0173	0.0852	0.1720	0.2362	0.2581	0.2397	0.1954	0.1419	0.0923	0.0537
	4	0.0021	0.0213	0.0683	0.1329	0.1936	0.2311	0.2367	0.2128	0.2225	0.1934
	5	0.0002	0.0038	0.0193	0.0532	0.1032	0.1585	0.2039	0.2270	0.2225	0.1934
	6	0.0000	0.0005	0.0040	0.0155	0.0401	0.0792	0.1281	0.1766	0.2124	0.2256
	7	0.0000	0.0000	0.0006	0.0033	0.0115	0.0291	0.0591	0.1009	0.1489	0.1934
	8	0.0000	0.0000	0.0001	0.0005	0.0024	0.0078	0.0199	0.0420	0.0762	0.1208
	9	0.0000	0.0000	0.0000	0.0001	0.0004	0.0015	0.0048	0.0125	0.0277	0.0237
	10	0.0000	0.0000	0.0000	0.0000	0.0000	0.0002	0.0008	0.0025	0.0068	0.0161
	11	0.0000	0.0000	0.0000	0.0000	0.0000	0.0000	0.0001	0.0003	0.0010	0.0029
	12	0.0000	0.0000	0.0000	0.0000	0.0000	0.0000	0.0000	0.0000	0.0001	0.0002

		P									
n	x	0.05	0.10	0.15	0.20	0.25	0.30	0.35	0.40	0.45	0.50
13	0	0.5133	0.2542	0.1209	0.0550	0.0238	0.0097	0.0037	0.0013	0.0004	0.0001
	1	0.3512	0.3672	0.2774	0.1787	0.1029	0.0540	0.0259	0.0113	0.0045	0.0016
	2	0.1109	0.2448	0.2937	0.2680	0.2059	0.1388	0.0836	0.0453	0.0220	0.0095
	3	0.0214	0.0997	0.1900	0.2457	0.2517	0.2181	0.1651	0.1107	0.0660	0.0349
	4	0.0028	0.0277	0.0838	0.1535	0.2097	0.2337	0.2222	0.1845	0.1350	0.0873
	5	0.0003	0.0055	0.0266	0.0691	0.1258	0.1803	0.2154	0.2214	0.1989	0.1571
	6	0.0000	0.0008	0.0063	0.0230	0.0559	0.1030	0.1546	0.1968	0.2169	0.1095
	7	0.0000	0.0001	0.0011	0.0058	0.0186	0.0442	0.0833	0.1312	0.1775	0.2095
	8	0.0000	0.0000	0.0001	0.0011	0.0047	0.0142	0.0336	0.0656	0.1089	0.1571
	9	0.0000	0.0000	0.0000	0.0001	0.0009	0.0034	0.0101	0.0243	0.0495	0.0873
	10	0.0000	0.0000	0.0000	0.0000	0.0001	0.0006	0.0022	0.0065	0.0162	0.0349
	11	0.0000	0.0000	0.0000	0.0000	0.0000	0.0001	0.0003	0.0012	0.0036	0.0095
	12	0.0000	0.0000	0.0000	0.0000	0.0000	0.0000	0.0000	0.0001	0.0005	0.0016
	13	0.0000	0.0000	0.0000	0.0000	0.0000	0.0000	0.0000	0.0000	0.0000	0.0001
14	0	0.4877	0.2288	0.1028	0.0440	0.0178	0.0068	0.0024	0.0008	0.0002	0.0001
	1	0.3593	0.3559	0.2539	0.1539	0.0832	0.0407	0.0181	0.0073	0.0027	0.0009
	2	0.1229	0.2570	0.2912	0.2501	0.1802	0.1134	0.0634	0.0317	0.0141	0.0056
	3	0.0259	0.1142	0.2056	0.2501	0.2402	0.1943	0.1366	0.0845	0.0462	0.0222
	4	0.0037	0.0349	0.0998	0.1720	0.2201	0.2290	0.2022	0.1549	0.1040	0.0611
	5	0.0004	0.0078	0.0352	0.0860	0.1468	0.1963	0.2178	0.2066	0.1701	0.1222
	6	0.0000	0.0013	0.0093	0.0322	0.0734	0.1262	0.1759	0.2066	0.2088	0.1833
	7	0.0000	0.0002	0.0019	0.0092	0.0280	0.0618	0.1082	0.1574	0.1952	0.2095
	8	0.0000	0.0000	0.0003	0.0020	0.0082	0.0232	0.0510	0.0918	0.1398	0.1833
	9	0.0000	0.0000	0.0000	0.0003	0.0018	0.0066	0.0183	0.0408	0.0762	0.1222
	10	0.0000	0.0000	0.0000	0.0000	0.0003	0.0014	0.0019	0.0136	0.0312	0.0611
	11	0.0000	0.0000	0.0000	0.0000	0.0000	0.0002	0.0010	0.0033	0.0093	0.0222
	12	0.0000	0.0000	0.0000	0.0000	0.0000	0.0000	0.0001	0.0005	0.0019	0.0056
	13	0.0000	0.0000	0.0000	0.0000	0.0000	0.0000	0.0000	0.0001	0.0002	0.0009
	14	0.0000	0.0000	0.0000	0.0000	0.0000	0.0000	0.0000	0.0000	0.0000	0.0001
15	0	0.4633	0.2059	0.0874	0.0352	0.0134	0.0047	0.0016	0.0005	0.0001	0.0000
	1	0.3658	0.3432	0.2312	0.1319	0.0668	0.0305	0.0126	0.0047	0.0016	0.0005
	2	0.1348	0.2669	0.2856	0.2309	0.1559	0.0916	0.0476	0.0219	0.0090	0.0032
	3	0.0307	0.1285	0.2184	0.2501	0.2252	0.1700	0.1110	0.0634	0.0318	0.0139
	4	0.0049	0.0428	0.1156	0.1876	0.2252	0.2186	0.1792	0.1268	0.0780	0.0417
	5	0.0006	0.0105	0.0449	0.1032	0.1651	0.2061	0.2123	0.1859	0.1404	0.0916
	6	0.0000	0.0019	0.0132	0.0430	0.0917	0.1472	0.1906	0.2066	0.1914	0.1572
	7	0.0000	0.0003	0.0030	0.0138	0.0393	0.0811	0.1319	0.1771	0.2013	0.1964
	8	0.0000	0.0000	0.0005	0.0035	0.0131	0.0348	0.0710	0.1181	0.1647	0.1964
	9	0.0000	0.0000	0.0001	0.0007	0.0034	0.0116	0.0298	0.0612	0.1048	0.1527
	10	0.0000	0.0000	0.0000	0.0001	0.0007	0.0030	0.0096	0.0245	0.0515	0.0916
	11	0.0000	0.0000	0.0000	0.0000	0.0001	0.0006	0.0024	0.0074	0.0191	0.0417
	12	0.0000	0.0000	0.0000	0.0000	0.0000	0.0001	0.0004	0.0016	0.0052	0.0139
	13	0.0000	0.0000	0.0000	0.0000	0.0000	0.0000	0.0001	0.0003	0.0010	0.0032
	14	0.0000	0.0000	0.0000	0.0000	0.0000	0.0000	0.0000	0.0000	0.0001	0.0005
	15	0.0000	0.0000	0.0000	0.0000	0.0000	0.0000	0.0000	0.0000	0.0000	0.0000
16	0	0.4401	0.1853	0.0743	0.0281	0.0100	0.0033	0.0010	0.0003	0.0001	0.0000
	1	0.3706	0.3294	0.2097	0.1126	0.0535	0.0228	0.0087	0.0030	0.0009	0.0002

		P									
n	*x*	0.05	0.10	0.15	0.20	0.25	0.30	0.35	0.40	0.45	0.50
	2	0.1563	0.2745	0.2775	0.2111	0.1336	0.0732	0.0353	0.0150	0.0056	0.0018
	3	0.0359	0.1523	0.2285	0.2463	0.2079	0.1465	0.0888	0.0468	0.0215	0.0085
	4	0.0061	0.0514	0.1311	0.2001	0.2252	0.2040	0.1553	0.1014	0.0572	0.0278
	5	0.0008	0.0137	0.0555	0.1201	0.1802	0.2099	0.2008	0.1623	0.1123	0.0667
	6	0.0001	0.0028	0.0180	0.0550	0.1101	0.1649	0.1982	0.1983	0.1684	0.1222
	7	0.0000	0.0004	0.0045	0.0197	0.0524	0.1010	0.1524	0.1889	0.1969	0.1746
	8	0.0000	0.0001	0.0009	0.0055	0.0197	0.0487	0.0923	0.1417	0.1812	0.1964
	9	0.0000	0.0000	0.0001	0.0012	0.0058	0.0185	0.0442	0.0840	0.1318	0.1746
	10	0.0000	0.0000	0.0000	0.0002	0.0014	0.0056	0.0167	0.0392	0.0755	0.1222
	11	0.0000	0.0000	0.0000	0.0000	0.0002	0.0013	0.0049	0.0142	0.0337	0.0667
	12	0.0000	0.0000	0.0000	0.0000	0.0000	0.0002	0.0011	0.0040	0.0115	0.0278
	13	0.0000	0.0000	0.0000	0.0000	0.0000	0.0000	0.0002	0.0008	0.0029	0.0085
	14	0.0000	0.0000	0.0000	0.0000	0.0000	0.0000	0.0000	0.0001	0.0005	0.0018
	15	0.0000	0.0000	0.0000	0.0000	0.0000	0.0000	0.0000	0.0000	0.0001	0.0002
	16	0.0000	0.0000	0.0000	0.0000	0.0000	0.0000	0.0000	0.0000	0.0000	0.0000
17	0	0.4181	0.1668	0.0631	0.0225	0.0075	0.0023	0.0007	0.0002	0.0000	0.0000
	1	0.3741	0.3150	0.1893	0.0957	0.0426	0.0169	0.0060	0.0019	0.0005	0.0001
	2	0.1575	0.2800	0.2673	0.1914	0.1136	0.0581	0.0260	0.0102	0.0035	0.0010
	3	0.0415	0.1556	0.2359	0.2393	0.1893	0.1245	0.0701	0.0341	0.0144	0.0052
	4	0.0076	0.0605	0.1457	0.2093	0.2209	0.1868	0.1320	0.0796	0.0411	0.0182
	5	0.0010	0.0175	0.0668	0.1361	0.1914	0.2081	0.1849	0.1379	0.0875	0.0472
	6	0.0001	0.0039	0.0236	0.0680	0.1276	0.1784	0.1991	0.1839	0.1432	0.0944
	7	0.0000	0.0007	0.0065	0.0267	0.0668	0.1201	0.1685	0.1927	0.1841	0.1484
	8	0.0000	0.0001	0.0014	0.0084	0.0279	0.0644	0.1134	0.1606	0.1883	0.1855
	9	0.0000	0.0000	0.0003	0.0021	0.0093	0.0276	0.0611	0.1070	0.1540	0.1855
	10	0.0000	0.0000	0.0000	0.0004	0.0025	0.0095	0.0263	0.0571	0.1008	0.1484
	11	0.0000	0.0000	0.0000	0.0001	0.0005	0.0026	0.0090	0.0242	0.0525	0.0944
	12	0.0000	0.0000	0.0000	0.0000	0.0001	0.0006	0.0024	0.0081	0.0215	0.0472
	13	0.0000	0.0000	0.0000	0.0000	0.0000	0.0001	0.0005	0.0021	0.0068	0.0182
	14	0.0000	0.0000	0.0000	0.0000	0.0000	0.0000	0.0001	0.0004	0.0016	0.0052
	15	0.0000	0.0000	0.0000	0.0000	0.0000	0.0000	0.0000	0.0001	0.0003	0.0010
	16	0.0000	0.0000	0.0000	0.0000	0.0000	0.0000	0.0000	0.0000	0.0000	0.0001
	17	0.0000	0.0000	0.0000	0.0000	0.0000	0.0000	0.0000	0.0000	0.0000	0.0000
18	0	0.3972	0.1501	0.0536	0.0180	0.0056	0.0016	0.0004	0.0001	0.0000	0.0000
	1	0.3763	0.3002	0.1704	0.0811	0.0338	0.0126	0.0042	0.0012	0.0003	0.0001
	2	0.1683	0.2835	0.2556	0.1723	0.0958	0.0458	0.0190	0.0069	0.0022	0.0006
	3	0.0473	0.1680	0.2406	0.2297	0.1704	0.1046	0.0547	0.0246	0.0095	0.0031
	4	0.0093	0.0700	0.1592	0.2153	0.2130	0.1681	0.1104	0.0614	0.0291	0.1117
	5	0.0014	0.0218	0.0787	0.1507	0.1988	0.2017	0.1664	0.1146	0.0666	0.0327
	6	0.0002	0.0052	0.0301	0.0816	0.1436	0.1873	0.1941	0.1655	0.1181	0.0708
	7	0.0000	0.0010	0.0091	0.0350	0.0820	0.1376	0.1792	0.1892	0.1657	0.1214
	8	0.0000	0.0002	0.0022	0.0120	0.0376	0.0811	0.1327	0.1734	0.1864	0.1669
	9	0.0000	0.0000	0.0004	0.0033	0.0139	0.0386	0.0794	0.1284	0.1694	0.1855
	10	0.0000	0.0000	0.0001	0.0008	0.0042	0.0149	0.0385	0.0771	0.1248	0.1669
	11	0.0000	0.0000	0.0000	0.0001	0.0010	0.0046	0.0151	0.0374	0.0742	0.1214
	12	0.0000	0.0000	0.0000	0.0000	0.0002	0.0012	0.0047	0.0145	0.0354	0.0708
	13	0.0000	0.0000	0.0000	0.0000	0.0000	0.0002	0.0012	0.0045	0.0134	0.0327

n	x	P 0.05	0.10	0.15	0.20	0.25	0.30	0.35	0.40	0.45	0.50
	14	0.0000	0.0000	0.0000	0.0000	0.0000	0.0000	0.0002	0.0011	0.0039	0.1117
	15	0.0000	0.0000	0.0000	0.0000	0.0000	0.0000	0.0000	0.0002	0.0009	0.0031
	16	0.0000	0.0000	0.0000	0.0000	0.0000	0.0000	0.0000	0.0000	0.0001	0.0006
	17	0.0000	0.0000	0.0000	0.0000	0.0000	0.0000	0.0000	0.0000	0.0000	0.0001
	18	0.0000	0.0000	0.0000	0.0000	0.0000	0.0000	0.0000	0.0000	0.0000	0.0000
19	0	0.3774	0.1351	0.0456	0.0144	0.0042	0.0011	0.0003	0.0001	0.0000	0.0000
	1	0.3774	0.2852	0.1592	0.0685	0.0268	0.0093	0.0029	0.0008	0.0002	0.0000
	2	0.1787	0.2852	0.2428	0.1540	0.0803	0.1358	0.0138	0.0046	0.0013	0.0003
	3	0.0533	0.1796	0.2428	0.2182	0.1517	0.0869	0.0422	0.0175	0.0062	0.0018
	4	0.1112	0.0798	0.1714	0.2182	0.2023	0.1491	0.0909	0.0467	0.0203	0.0074
	5	0.0018	0.0266	0.0907	0.1636	0.2023	0.1916	0.1468	0.1933	0.0497	0.2222
	6	0.0002	0.0069	0.0374	0.0955	0.1574	0.1916	0.1844	0.1415	0.0945	0.0518
	7	0.0000	0.0014	0.0122	0.0443	0.0974	0.1525	0.1844	0.1797	0.1443	0.0961
	8	0.0000	0.0002	0.0032	0.0166	0.0487	0.0981	0.1489	0.1797	0.1771	0.1442
	9	0.0000	0.0000	0.0007	0.0051	0.0198	0.0514	0.0980	0.1464	0.1771	0.1762
	10	0.0000	0.0000	0.0001	0.0013	0.0066	0.0220	0.0528	0.0976	0.1449	0.1762
	11	0.0000	0.0000	0.0000	0.0003	0.0018	0.0077	0.0233	0.0532	0.0970	0.1442
	12	0.0000	0.0000	0.0000	0.0000	0.0004	0.0022	0.0083	0.0237	0.0529	0.0961
	13	0.0000	0.0000	0.0000	0.0000	0.0001	0.0005	0.0024	0.0085	0.0233	0.0518
	14	0.0000	0.0000	0.0000	0.0000	0.0000	0.0001	0.0006	0.0024	0.0082	0.0222
	15	0.0000	0.0000	0.0000	0.0000	0.0000	0.0000	0.0001	0.0005	0.0022	0.0074
	16	0.0000	0.0000	0.0000	0.0000	0.0000	0.0000	0.0000	0.0001	0.0005	0.0018
	17	0.0000	0.0000	0.0000	0.0000	0.0000	0.0000	0.0000	0.0000	0.0001	0.0003
	18	0.0000	0.0000	0.0000	0.0000	0.0000	0.0000	0.0000	0.0000	0.0000	0.0000
	19	0.0000	0.0000	0.0000	0.0000	0.0000	0.0000	0.0000	0.0000	0.0000	0.0000
20	0	0.3585	0.1216	0.0388	0.0115	0.0032	0.0008	0.0002	0.0000	0.0000	0.0000
	1	0.3774	0.2702	0.1368	0.0576	0.0211	0.0068	0.0020	0.0005	0.0001	0.0000
	2	0.1887	0.2852	0.2293	0.1369	0.0669	0.0278	0.0100	0.0031	0.0008	0.0002
	3	0.0569	0.1901	0.2428	0.2054	0.1339	0.0716	0.0323	0.0123	0.0040	0.0011
	4	0.0133	0.0898	0.1821	0.2182	0.1897	0.1304	0.0738	0.0350	0.0139	0.0046
	5	0.0022	0.0319	0.1028	0.1746	0.2023	0.1789	0.1272	0.0746	0.0365	0.0148
	6	0.0003	0.0089	0.0454	0.1091	0.1686	0.1916	0.1712	0.1244	0.0746	0.0370
	7	0.0000	0.0020	0.0160	0.0545	0.1124	0.1643	0.1844	0.1659	0.1221	0.0739
	8	0.0000	0.0004	0.0046	0.0222	0.0609	0.1144	0.1614	0.1797	0.1623	0.1201
	9	0.0000	0.0001	0.0011	0.0074	0.0271	0.0654	0.1158	0.1597	0.1771	0.1602
	10	0.0000	0.0000	0.0002	0.0020	0.0099	0.0308	0.0686	0.1171	0.1593	0.1762
	11	0.0000	0.0000	0.0000	0.0005	0.0030	0.0120	0.0336	0.0710	0.1185	0.1602
	12	0.0000	0.0000	0.0000	0.0001	0.0008	0.0039	0.0136	0.0355	0.0727	0.1201
	13	0.0000	0.0000	0.0000	0.0000	0.0002	0.0010	0.0045	0.0146	0.0366	0.0739
	14	0.0000	0.0000	0.0000	0.0000	0.0000	0.0002	0.0012	0.0049	0.0150	0.0370
	15	0.0000	0.0000	0.0000	0.0000	0.0000	0.0000	0.0003	0.0013	0.0049	0.0148
	16	0.0000	0.0000	0.0000	0.0000	0.0000	0.0000	0.0000	0.0003	0.0013	0.0046
	17	0.0000	0.0000	0.0000	0.0000	0.0000	0.0000	0.0000	0.0000	0.0002	0.0011
	18	0.0000	0.0000	0.0000	0.0000	0.0000	0.0000	0.0000	0.0000	0.0000	0.0002
	19	0.0000	0.0000	0.0000	0.0000	0.0000	0.0000	0.0000	0.0000	0.0000	0.0000
	20	0.0000	0.0000	0.0000	0.0000	0.0000	0.0000	0.0000	0.0000	0.0000	0.0000

〈 표 2 〉 정규분포표

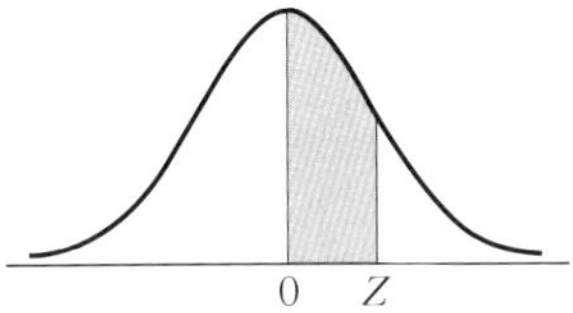

Z	.00	.01	.02	.03	.04	.05	.06	.07	.08	.09
0.0	.0000	.0040	.0080	.0120	.0160	.0199	.0239	.0279	.0319	.0359
0.1	.0398	.0438	.0478	.0517	.0557	.0596	.0636	.0675	.0714	.0753
0.2	.0793	.0832	.0871	.0910	.0948	.0987	.1026	.1064	.1103	.1141
0.3	.1179	.1217	.1255	.1293	.1331	.1368	.1406	.1443	.1480	.1517
0.4	.1554	.1591	.1628	.1664	.1700	.1736	.1772	.1808	.1844	.1879
0.5	.1915	.1950	.1985	.2019	.2054	.2088	.2123	.2157	.2190	.2224
0.6	.2257	.2291	.2324	.2357	.2389	.2422	.2454	.2486	.2518	.2549
0.7	.2580	.2612	.2642	.2673	.2704	.2734	.2764	.2794	.2823	.2852
0.8	.2881	.2910	.2939	.2967	.2995	.3023	.3051	.3078	.3106	.3133
0.9	.3159	.3186	.3212	.3238	.3264	.3289	.3315	.3340	.3365	.3389
1.0	.3413	.3438	.3461	.3485	.3508	.3531	.3554	.3577	.3599	.3621
1.1	.3643	.3665	.3686	.3708	.3729	.3749	.3770	.3790	.3810	.3830
1.2	.3849	.3869	.3888	.3907	.3925	.3944	.3962	.3980	.3997	.4015
1.3	.4032	.4049	.4066	.4082	.4099	.4115	.4131	.4147	.4162	.4177
1.4	.4192	.4207	.4222	.4236	.4251	.4265	.4279	.4292	.4306	.4319
1.5	.4332	.4345	.4357	.4370	.4382	.4394	.4406	.4418	.4429	.4441
1.6	.4452	.4463	.4474	.4484	.4495	.4505	.4515	.4525	.4635	.4545
1.7	.4554	.4564	.4573	.4582	.4591	.4599	.4608	.4616	.4625	.4633
1.8	.4641	.4649	.4656	.4664	.4671	.4678	.4686	.4693	.4699	.4706
1.9	.4713	.4719	.4726	.4732	.4738	.4744	.4750	.4756	.4761	.4767
2.0	.4772	.4778	.4783	.4788	.4793	.4798	.4803	.4808	.4812	.4817
2.1	.4821	.4826	.4830	.4834	.4838	.4842	.4846	.4850	.4854	.4857
2.2	.4861	.4864	.4868	.4871	.4875	.4878	.4881	.4884	.4887	.4890
2.3	.4893	.4896	.4898	.4901	.4904	.4906	.4909	.4911	.4913	.4916
2.4	.4918	.4920	.4922	.4925	.4927	.4929	.4931	.4932	.4934	.4936
2.5	.4938	.4940	.4941	.4943	.4945	.4946	.4948	.4949	.4951	.4952
2.6	.4953	.4955	.4956	.4957	.4959	.4960	.4961	.4962	.4963	.4964
2.7	.4965	.4966	.4967	.4968	.4969	.4970	.4971	.4972	.4973	.4974
2.8	.4974	.4975	.4976	.4977	.4977	.4978	.4979	.4979	.4980	.4981
2.9	.4981	.4982	.4982	.4983	.4984	.4984	.4985	.4985	.4986	.4986
3.0	.4987	.4987	.4987	.4988	.4988	.4989	.4989	.4989	.4990	.4990
3.1	.4990	.4991	.4991	.4991	.4992	.4992	.4992	.4992	.4993	.4993
3.2	.4993	.4993	.4994	.4994	.4994	.4994	.4994	.4995	.4995	.4995
3.3	.4995	.4995	.4995	.4995	.4996	.4996	.4996	.4496	.4996	.4997
3.4	.4997	.4997	.4997	.4997	.4997	.4997	.4997	.4997	.4998	.4998
3.5	.4998	.4998	.4998	.4998	.4998	.4998	.4998	.4998	.4998	.4998
3.6	.4998	.4998	.4999	.4999	.4999	.4999	.4999	.4999	.4999	.4999
3.7	.4999	.4999	.4999	.4999	.4999	.4999	.4999	.4999	.4999	.4999
3.8	.4999	.4999	.4999	.4999	.4999	.4999	.4999	.5000	.5000	.5000
3.9	.5000	.5000	.5000	.5000	.5000	.5000	.5000	.5000	.5000	.5000

〈 표 3 〉 student-t 분포표

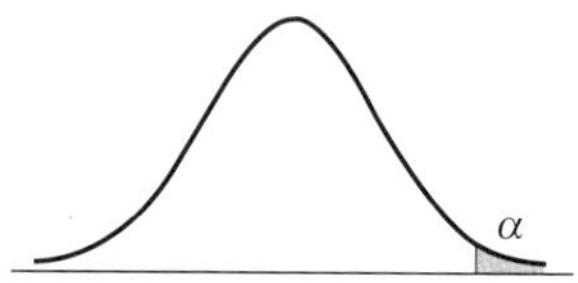

df	α							
	0.1	0.05	0.025	0.01	0.005	0.0025	0.001	0.0005
1	3.078	6.314	12.706	31.821	63.657	127.32	318.31	636.62
2	1.886	2.920	4.303	6.965	9.925	14.089	22.327	31.598
3	1.638	2.353	3.182	4.541	5.841	7.453	10.214	12.924
4	1.533	2.132	2.776	3.747	4.604	5.598	7.173	8.610
5	1.476	2.015	2.571	3.365	4.032	4.773	5.893	6.869
6	1.440	1.943	2.447	3.143	3.707	4.317	5.208	5.959
7	1.415	1.895	2.365	2.998	3.499	4.029	4.785	5.408
8	1.397	1.860	2.306	2.896	3.355	3.833	4.501	5.041
9	1.383	1.833	2.262	2.821	3.250	3.690	4.297	4.781
10	1.371	1.812	2.228	2.764	3.169	3.581	4.144	4.587
11	1.363	1.796	2.201	2.718	3.106	3.497	4.025	4.437
12	1.356	1.782	2.179	2.681	3.055	3.428	3.930	4.318
13	1.350	1.771	2.160	2.650	3.012	3.372	3.852	4.221
14	1.345	1.761	2.145	2.624	2.977	3.326	3.787	4.140
15	1.341	1.753	2.131	2.602	2.947	3.286	3.733	4.073
16	1.337	1.746	2.120	2.583	2.921	3.252	3.686	4.015
17	1.333	1.740	2.110	2.567	2.898	3.222	3.646	3.956
18	1.330	1.734	2.101	2.562	2.878	3.197	3.610	3.922
19	1.328	1.729	2.093	2.539	2.861	3.174	3.579	3.883
20	1.325	1.725	2.086	2.528	2.845	3.153	3.552	3.850
21	1.323	1.721	2.080	2.518	2.831	3.135	3.527	3.819
22	1.321	1.717	2.074	2.508	2.819	3.119	3.505	3.792
23	1.319	1.714	2.069	2.500	2.807	3.104	3.485	3.767
24	1.318	1.711	2.064	2.492	2.797	3.091	3.467	3.745
25	1.316	1.708	2.060	2.485	2.787	3.078	3.450	3.725
26	1.315	1.706	2.056	2.479	2.779	3.067	3.435	3.707
27	1.314	1.703	2.052	2.473	2.771	3.057	3.421	3.690
28	1.313	1.701	2.048	2.467	2.763	3.047	3.396	3.659
29	1.311	1.699	2.045	2.462	2.756	3.038	3.396	3.659
30	1.310	1.697	2.042	2.457	2.750	3.030	3.385	3.646
40	1.303	1.684	2.021	2.423	2.704	2.971	3.307	3.551
60	1.296	1.671	2.000	2.390	2.660	2.915	3.232	3.460
120	1.289	1.658	1.980	2.358	2.617	2.860	3.160	3.373
∞	1.282	1.645	1.960	2.326	2.576	2.807	3.090	3.291

〈 **표 4** 〉 F 분포표(α=0.01)

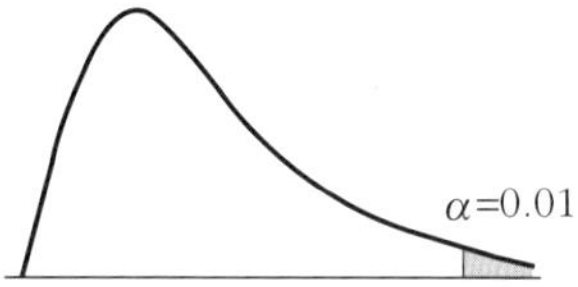

df2	df1									
	1	2	3	4	5	6	8	12	24	∞
1	4052	4999	5043	5625	5764	5859	5981	6106	6234	6366
2	98.49	99.01	99.17	99.25	99.30	99.33	99.36	99.42	99.46	99.50
3	34.12	30.81	29.46	28.71	28.24	27.91	27.49	27.05	26.60	26.12
4	21.20	18.00	16.69	15.98	15.52	15.21	14.80	14.37	13.93	13.46
5	16.26	13.27	12.06	11.39	10.97	10.67	10.27	9.86	9.47	9.02
6	13.74	10.92	9.78	9.15	8.75	8.47	8.10	7.72	7.31	6.88
7	12.25	9.55	8.45	7.85	7.46	7.19	6.84	6.47	6.07	5.65
8	11.26	8.65	7.59	7.01	6.63	6.37	6.03	5.67	5.28	4.86
9	10.56	8.02	6.99	6.42	6.06	5.80	5.47	5.11	4.73	4.31
10	10.04	7.56	6.55	5.99	5.64	5.39	5.06	4.71	4.33	3.91
11	9.65	7.20	6.22	5.67	5.32	5.07	4.74	4.40	4.02	3.60
12	9.33	6.93	5.95	5.41	5.06	4.82	4.50	4.16	3.78	3.36
13	9.07	6.70	5.74	5.20	4.86	4.62	4.30	3.96	3.59	3.16
14	8.86	6.51	5.56	5.03	4.69	4.46	4.14	3.80	3.43	3.00
15	8.68	6.36	5.42	4.89	4.56	4.32	4.00	3.67	3.29	2.87
16	8.53	6.23	5.29	4.77	4.44	4.20	3.89	3.55	3.18	2.75
17	8.40	6.11	5.18	4.67	4.34	4.10	3.79	3.45	3.08	2.65
18	8.28	6.01	5.09	4.58	4.25	4.01	3.71	3.37	3.00	2.57
19	8.18	5.93	5.01	4.50	4.17	3.94	3.63	3.30	2.92	2.49
20	8.10	5.85	4.94	4.43	4.10	3.87	3.56	3.23	2.86	2.42
21	8.02	5.78	4.87	4.37	4.04	3.81	3.51	3.17	2.80	2.36
22	7.94	5.72	4.82	4.31	3.99	3.76	3.45	3.12	2.75	2.31
23	7.88	5.66	4.76	4.26	3.94	3.71	3.41	3.07	2.70	2026
24	7.82	5.61	4.72	4.22	3.90	3.67	3.36	3.03	2.66	2.21
25	7.77	5.57	4.68	4.18	3.86	3.63	3.32	2.99	2.62	2.17
26	7.71	5.53	4.64	4.14	3.82	3.59	3.29	2.96	2.58	2.13
27	7.68	5.49	4.60	4.11	3.78	3.56	3.26	2.93	2.56	2.10
28	7.64	5.45	4.57	4.07	3.75	3.53	3.23	2.90	2.52	2.06
29	7.60	5.42	4.54	4.04	3.73	3.50	3.20	2.87	2.49	2.03
30	7.56	5.39	4.51	4.02	3.70	3.47	3.17	2.84	2.47	2.01
40	7.31	5.18	4.31	3.83	3.51	3.29	2.99	2.66	2.29	1.80
60	7.08	4.98	4.13	3.65	3.34	3.12	2.82	2.50	2.12	1.60
120	6.85	4.79	3.96	3.48	3.17	2.96	2.66	2.34	1.96	1.38
∞	6.64	4.60	3.78	3.32	3.02	2.80	2.51	2.18	1.79	1.00

df1: 분자의 자유도, df2: 분모의 자유도

〈 표 5 〉 F 분포표(α=0.05)

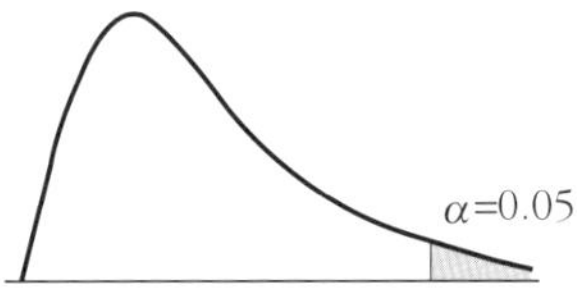

df2	df1									
	1	2	3	4	5	6	8	12	24	∞
1	161.40	199.5	215.7	224.6	230.2	234.0	238.9	243.9	249.0	254.3
2	18.51	19.00	19.16	19.25	19.30	19.33	19.37	19.41	19.45	19.50
3	10.13	9.55	9.28	9.12	9.01	8.94	8.84	8.74	8.64	8.53
4	7.71	6.94	6.59	6.39	6.26	6.16	6.04	5.91	5.77	5.63
5	6.61	5.79	5.41	5.19	5.05	4.95	4.82	4.68	4.53	4.36
6	5.99	5.14	4.76	4.53	4.39	4.28	4.15	4.00	3.84	3.67
7	5.59	4.74	4.35	4.12	3.97	3.87	3.73	3.57	3.41	3.23
8	5.32	4.46	4.07	3.84	3.69	3.58	3.44	3.28	3.12	2.93
9	5.12	4.26	3.86	3.63	3.48	3.37	3.23	3.07	2.90	2.71
10	4.96	4.10	3.71	3.48	3.33	3.22	3.07	2.91	2.74	2.54
11	4.84	3.98	3.59	3.36	3.20	3.09	2.95	2.79	2.60	2.40
12	4.75	3.88	3.49	3.25	3.11	3.00	2.86	2.69	2.50	2.30
13	4.67	3.80	3.41	3.18	3.02	2.92	2.77	2.60	2.42	2.21
14	4.60	3.74	3.34	3.11	2.96	2.85	2.70	2.53	2.35	2.13
15	4.54	3.68	3.29	3.06	2.90	2.79	2.64	2.48	2.29	2.07
16	4.49	3.63	3.24	3.01	2.85	2.74	2.59	2.42	2.24	2.01
17	4.45	3.59	3.20	2.96	2.81	2.70	2.56	2.38	2.19	1.96
18	4.41	3.56	3.16	2.93	2.77	2.66	2.51	2.34	2.15	1.92
19	4.38	3.52	3.13	2.90	2.74	2.63	2.48	2.31	2.11	1.88
20	4.35	3.49	3.10	2.87	2.71	2.60	2.45	2.28	2.08	1.84
21	4.32	3.47	3.07	2.84	2.68	2.57	2.42	2.25	2.05	1.81
22	4.30	3.44	3.05	2.82	2.66	2.55	2.40	2.23	2.03	1.78
23	4.28	3.42	3.03	2.80	2.64	2.53	2.38	2.20	2.00	1.76
24	4.26	3.40	3.01	2.78	2.62	2.51	2.36	2.18	1.98	1.73
25	4.24	3.38	2.99	2.76	2.60	2.49	2.34	2.16	1.96	1.71
26	4.22	3.37	2.98	2.74	2.59	2.47	2.32	2.15	1.95	1.69
27	4.21	3.35	2.96	2.73	2.58	2.46	2.30	2.13	1.93	1.67
28	4.20	3.34	2.95	2.71	2.56	2.44	2.29	2.12	1.91	1.65
29	4.18	3.33	2.93	2.70	2.54	2.43	2.28	2.10	1.90	1.64
30	4.17	3.32	2.92	2.69	2.53	2.42	2.27	2.09	1.89	1.62
40	4.08	3.23	2.84	2.61	2.45	2.34	2.18	2.00	1.79	1.51
60	4.00	3.15	2.76	2.52	2.37	2.25	2.10	1.92	1.70	1.39
120	3.92	3.07	2.68	2.45	2.29	2.17	2.00	1.80	1.60	1.25
∞	3.84	2.99	2.60	2.37	2.21	2.09	1.94	1.75	1.52	1.00

df1: 분자의 자유도, df2: 분모의 자유도

〈 표 6 〉 χ^2분포표

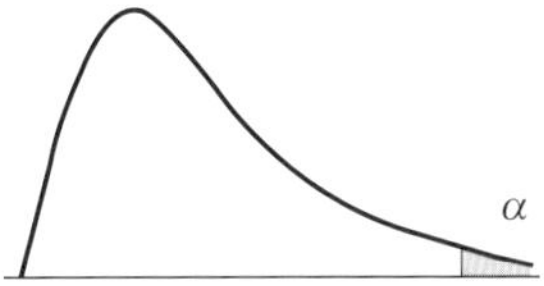

df	α						
	0.250	0.100	0.050	0.025	0.010	0.005	0.001
1	1.32	2.71	3.84	5.02	6.63	7.88	10.8
2	2.77	4.61	5.99	7.38	9.21	10.6	13.8
3	4.11	6.25	7.81	9.35	11.3	12.8	16.3
4	5.39	7.78	9.49	11.1	13.3	14.9	18.5
5	6.63	9.24	11.1	12.8	15.1	16.7	20.5
6	7.84	10.6	12.6	14.4	16.8	18.5	22.5
7	9.04	12.0	14.1	16.0	18.5	20.3	24.3
8	10.2	13.4	15.5	17.5	20.1	22.0	26.1
9	11.4	14.7	16.9	19.0	21.7	23.6	27.9
10	12.5	16.0	18.3	20.5	23.2	25.2	29.6
11	13.7	17.3	19.7	21.9	24.7	26.8	31.3
12	14.8	18.5	21.0	23.3	26.2	28.3	32.9
13	16.0	19.8	22.4	24.7	27.7	29.8	34.5
14	17.1	21.1	23.7	26.1	29.1	31.3	36.1
15	18.2	22.3	25.0	27.5	30.6	32.8	37.7
16	19.4	23.5	26.3	28.8	32.0	34.3	39.3
17	20.5	24.8	27.6	30.2	33.4	35.7	40.8
18	21.6	26.0	28.9	31.5	34.8	37.2	42.3
19	22.7	27.2	30.1	32.9	36.2	38.6	43.8
20	23.8	28.4	31.4	34.2	37.6	40.0	45.3
21	24.9	29.6	32.7	35.5	38.9	41.4	46.8
22	26.0	30.8	33.9	36.8	40.3	42.8	48.3
23	27.1	32.0	35.2	38.1	41.6	44.2	49.7
24	28.2	33.2	36.4	39.4	43.0	56.6	51.2
25	29.3	34.4	37.7	40.6	44.3	46.9	52.6
26	30.4	35.6	38.9	41.9	45.6	48.3	54.1
27	31.5	36.7	40.1	43.2	47.0	49.6	55.5
28	32.6	37.9	40.3	44.5	48.3	51.0	56.9
29	33.7	39.1	42.6	45.7	49.6	52.3	58.3
30	34.8	40.3	43.8	47.0	50.9	53.7	59.7
40	45.6	51.8	55.8	59.3	63.7	66.8	73.4
50	56.3	63.2	67.5	71.4	76.2	79.5	86.7
60	67.0	74.4	79.1	83.3	88.4	92.0	99.6
70	77.6	85.5	90.5	95.0	100	104	112
80	88.1	96.6	102	107	112	116	125
90	98.6	108	113	118	124	128	137
100	109	118	124	130	136	140	149

〈 표 7 〉 무작위표(난수표)

87 03 04 79 88	20 26 36 31 92	21 78 55 09 82	87 02 22 57 51
52 06 79 79 45	31 56 34 19 19	41 92 45 71 51	39 77 32 77 09
46 72 60 18 77	98 40 07 17 66	14 36 59 25 47	28 06 24 25 93
47 21 61 88 32	24 33 45 17 48	59 53 11 52 21	97 67 63 99 61
12 73 73 99 12	01 31 60 10 27	28 04 67 53 44	69 30 16 09 05
02 89 08 16 94	39 65 76 45 45	93 05 31 03 07	19 90 69 64 61
87 18 15 70 07	73 71 23 70 90	21 89 11 47 99	65 97 60 12 11
98 83 71 70 15	72 20 47 33 84	95 18 94 06 97	51 67 47 97 19
10 08 58 07 04	75 17 25 69 17	97 08 31 55 13	17 95 21 78 58
47 90 56 37 31	37 48 79 88 74	69 26 88 86 73	63 52 06 34 30
58 24 97 14 97	95 06 70 99 00	72 61 88 73 61	85 53 83 29 95
47 83 75 51 33	30 62 38 20 46	09 18 29 58 94	37 79 49 12 38
23 05 09 51 80	59 78 11 52 49	54 45 17 24 89	89 09 39 59 24
69 81 84 09 29	93 22 70 45 80	66 04 18 72 87	76 62 16 48 63
35 07 79 71 53	28 99 52 01 41	95 08 00 84 47	71 82 13 50 41
49 34 35 06 47	55 34 57 72 69	93 22 53 64 39	07 10 63 76 35
08 58 94 86 74	69 66 92 19 09	78 76 58 54 74	92 38 70 96 92
09 71 91 34 25	08 99 55 64 57	61 81 31 96 82	00 57 25 60 59
53 33 65 97 21	10 92 35 36 12	42 88 07 10 05	24 98 65 63 21
45 56 20 19 47	96 88 57 17 91	77 94 30 05 39	28 10 99 00 27
08 13 13 85 51	60 61 97 22 61	56 27 09 24 43	34 18 04 52 35
82 63 18 27 44	98 99 46 50 47	48 13 93 55 96	11 20 99 45 18
55 66 12 62 11	90 92 10 70 80	00 06 41 41 20	27 37 83 28 71
27 80 30 21 60	86 96 98 29 06	58 76 17 14 86	10 63 81 92 59
49 99 57 94 82	74 16 32 23 02	27 35 10 24 92	59 71 74 17 32
07 82 75 16 44	81 83 82 04 48	22 17 68 63 84	04 31 17 21 56
15 57 36 23 84	92 79 41 89 79	17 36 27 59 46	61 06 98 03 91
01 41 73 57 64	48 40 35 94 22	16 77 23 02 77	23 68 35 26 00
65 27 38 19 49	64 71 06 21 66	78 43 76 71 61	15 39 25 70 99
92 34 57 12 55	06 94 76 10 08	03 28 28 26 08	58 71 96 30 24
36 63 70 35 33	94 95 48 46 45	79 88 01 97 30	41 47 10 25 03
98 16 04 41 67	14 93 87 81 40	14 85 11 47 23	91 94 14 63 62
56 20 11 32 44	24 62 20 42 31	50 03 42 99 36	80 06 54 18 47
26 99 76 75 63	75 70 16 08 24	61 65 70 22 12	67 72 77 63 99
60 82 29 20 25	85 81 56 39 38	81 83 17 16 33	59 40 24 13 75
33 77 57 68 93	63 62 06 34 41	11 29 01 95 80	74 13 39 35 22
45 60 33 01 07	78 47 23 53 90	89 74 39 82 15	76 51 94 84 86
56 63 05 61 86	87 68 62 15 43	87 80 61 65 31	79 57 95 13 91
22 87 26 07 47	47 60 92 10 77	59 73 19 85 29	77 31 61 95 46
49 18 09 79 49	56 88 87 59 41	66 56 45 65 79	48 38 75 93 29
33 73 99 19 87	26 72 39 27 67	68 69 80 95 44	87 63 66 95 17
87 14 77 43 96	43 00 65 98 50	79 57 92 36 59	08 61 96 51 69
99 53 93 61 28	52 70 05 48 34	22 45 44 84 11	05 52 72 08 40
93 86 52 77 65	13 33 59 05 28	80 43 67 93 82	89 72 41 46 06
18 46 23 34 27	85 13 99 24 44	53 58 47 70 93	42 29 74 23 19

참고문헌

〈국내 문헌〉

김태진. 2006. 행정계량분석의 이론과 활용. 대영문화사

김호정. 2013. 사회과학 통계분석. 삼영사.

남궁근. 2009. 행정조사방법론. 법문사.

노화준. 1989. 행정계량분석. 법문사.

노화준 · 정정길 · 김지원. 1999. 행정계량분석. 한국방송대학교출판부

문병기. 2015. 행정계량분석. 한국방송통신대학교출판문화원.

박정식 · 윤영선. 1990. 현대통계학. 사산출판사.

박주문. 2010. 행정통계학개론. 대영문화사.

윤기중. 1997. 통계학. 법문사.

이준형. 2000. 통계분석. 대영문화사.

채서일. 2003. 사회과학조사방법론. 학현사.

통계청. 2001. 시 · 군 · 구 주요통계지표(CD-Rom).

한국통계학회. 1978. 통계용어사전. 자유아카데미.

홍동식 · 장상희 공역. 1996. 사회통계학. 박영사.

〈외국 문헌〉

Achen, C. H. 1982. *Interpreting and Using Regression*. Beverly Hills: Sage Publications.

Allison, P. D. 2002. *Missing Data*. Thousand Oaks: Sage Publications.

Babbie, E. 1986. *The Practice of Social Research*, 4th ed. Belmont: Wadsworth Publishing Co.

Bryman, A. 1988. *Quantity and Quality in Social Research*. London: Unwin Hyman Ltd.

Churchman, C. W., and P. Ratoosh. (eds.) 1959. *Measurement: Definitions and Theories*. New York: John Wiley & Sons.

Cooper, D. R., and P. Schindler. 2001. *Business Research Methods*. NY: McGraw-Hill Book Company.

DeGroot, M. 1986. *Probability and Statistics*, 2nd ed. Reading, MA: Addison-Wesley.

Draper, N., and H. Smith. 1981. *Applied Regression Analysis,* 2nd ed. NY: John Wiley & Sons.

Gujarati, D. N. 1988. *Basic Econometrics*, 2nd ed. NY: McGraw-Hill Book Company.

Kalejian, H., and W. Oates. 1981. *Introduction to Econometrics: Principles and Allications*, 2nd ed. NY: Harper & Row.

Katz, D. 1982. *Econometric Theory and Applications*. Englewood Cliff, NJ: Prentice-Hall.

Kennedy, P. 1985. *A Guide to Econometrics, 2nd el. Cambridge*, MA: MIT Press.

Levin, R., and D. Rubin. 1994. *Statistics for Management*, 6th ed. Englewood Cliffs, NJ: Prentice-Hall.

Lewis-Beck, W. S. 1980. *Applied Regression: An Introduction*. London: Sage Publications.

Little, R. A., and D. Rubin. 2002. *Statistical Analysis with Missing Data*, 2nd ed. Hoboken, NJ: Wiley.

Meier, K., and J., Brudney. 1997. *Applied Statistics for Public Administration*, 4th ed. Brooks/Cole Publishing Company.

Mendenhall, W., and R. Beaver. 1991. *Introduction to Probability and Statistics*, 8th ed. Boston: PWS-KENT.

Montgomery, D., and E. Peck. 1982. *Introduction to Linear Regression Analysis*. NY: John Wiley & Sons.

Neter, J., Wassernam, W., and M. Kutner. 1985. *Applied Linear Statistical Models*, 2nd ed. Illinois: Irwin.

Phaffenberger, R., and J. Patterson. 1997. *Statistical Methods*. Illinois: Irwin.

Pigott, T. D. 2001. *A Review of Methods for Missing Data*. Educational Research and Evaluation, 7(4): 353-383.

Pindyck, R., and D. Rubinfeld. 1998. *Econometric Models and Economic*

Forecasts. 4th ed. Boston: Irwin/McGraw-Hill.

Rubin, D. B. 1987. *Multiple Imputation for Nonresponse in Surveys*. New York, NY: John and Wiley and Sons, Inc.

SAS Institute Inc. 1992. *SAS/STAT User's Guide*, Version 6, Vol. 1, 4th ed. Cary, NC: SAS Institute Inc.

________. 1992. *SAS/STAT User's Guide*, Version 6, Vol 2, 4th ed. Cary, NC: SAS Institute Inc.

________. 1985. *SAS User's Guide: Basics*, Version 5, ed. Cary, NC: SAS Institude Inc.

Schafer, J. L. 1997. *Analysis of Incomplete Multivariate Data*. New York: Chapman & Hall.

Weich, S., and J. Comer. 1988. *Quantitative Methods for Public Administration: Techniques and Applications*. Chicago: The Dorsey Press.

색 인

ㄱ

가설검정 172, 173, 174, 175, 177, 179, 180, 185, 246
가우스(K. Gauss) 97
갈톤(F. Galton) 287
객관적 의미의 확률 79, 80, 81
검정 통계량 175, 177, 179, 180, 181, 182, 183, 184, 185, 186, 187, 190, 209, 210, 213, 214, 215, 216, 217, 219, 220, 221, 222, 223, 224, 227, 228, 230, 233, 236, 237, 238, 242, 251, 252, 254, 274, 275, 320, 323, 328, 334
결정계수 307, 309
결측치 336, 337, 338, 339, 340, 341, 342, 345, 350
계통오차 18, 19
고셋(W. Gosset) 151
공분산 267, 268, 269, 270, 271, 275, 316
교차표 36, 54, 55, 56, 57, 60, 61, 64, 67, 68, 72, 73, 74, 75, 252, 254, 255, 256, 257, 258
관찰빈도 249
관측값 127, 163, 166, 226, 230, 249, 252, 253, 254, 255, 278, 279, 280
교차표 36, 54, 55, 56, 57, 60, 64, 67, 74, 252, 254, 255, 257, 258
구간척도 15, 16, 17
구간추정 126, 139, 141, 142, 148,
군집표본추출 121, 122
귀무가설 173, 174, 175, 176, 178, 179, 206, 207
기각역 177, 178, 180, 181, 183, 186, 197, 198, 207, 208, 209, 210, 216, 217, 224
기대값 90, 91, 92, 248, 249, 250, 251, 252, 253, 254, 255, 258, 296, 299, 319, 348, 357
기대빈도 249, 255
기본결과 82, 83, 84, 88, 89, 90, 93, 94
기술통계학 20
기울기 271, 273, 298, 300, 301, 318, 319, 326, 330, 339, 340, 341

ㄴ

난수표 119, 120
누적 백분율 64
누적 빈도 72

ㄷ

다중회귀분석 286, 321,
단순회귀분석 286, 291, 321,
단측검정 178, 179, 182, 184, 185, 186, 187, 191, 194, 207, 209, 227
대립가설 173, 176, 177, 178, 179, 185
대응표본 205, 236
대표값 126
대표본 144, 180, 188, 195, 213
도수분포 54, 55, 61, 62, 63, 64, 70, 72, 73
독립변수 11, 12, 286, 288, 289, 290, 291, 296, 297, 298, 299, 300, 301, 307, 319, 321, 322
독립표본 204, 235
두 집단 평균의 차이 검정 204,
등분산 208, 228, 314, 315

ㅁ

명목척도 14, 15, 17, 25, 246, 252, 258, 261
모수 21, 98, 121, 126, 129, 136, 137, 138, 139, 141
모집단 19, 20, 21, 118, 119
무작위 표본추출 118, 119, 120, 122, 131, 132, 133, 144, 154, 343

ㅂ

범위 29, 41
범주형 변수 355
β-오류 175
베르누이(Bernoulli) 과정 93, 94
변동량 323
변수 10, 11
변이계수 31, 32
분산 24, 29, 30, 31, 41, 91, 92, 96, 212, 306, 307, 314, 315, 323, 326, 328, 348, 349
불연속 확률변수 88
불편추정량 126, 140, 310, 311
비척도 16, 17
비대칭도 32, 35
비모수적 통계학 247
비선형 294, 313, 341
비선형 회귀분석 313
비자기상관 316, 317, 326
비정규분포적 통계학 247

ㅅ

사건 79, 80, 83, 84, 85, 86
사분위수 30
사분편차 29, 30
산술평균 24, 25, 26, 27, 30, 31, 32, 98, 126
산점도 266, 293
산포도 261, 271, 272, 273, 281, 282,

293, 294, 301, 312, 330, 331
상관계수 269, 270, 271, 272, 273, 275, 278
상관관계 256, 261, 264, 265, 267, 268, 269, 271, 272, 273, 286, 317, 350
상관분석 264, 267, 281, 290, 291
선형관계 290, 294, 299, 312, 313, 331
설명되는 변량(ESS) 308, 309
설명변수 11, 288, 291, 294, 302, 304, 311, 313, 319, 323, 326
설명할 수 없는 변량(RSS) 308, 309, 321, 323
소표본 144, 180, 217
순위척도 15
신뢰계수 143, 148, 150, 153, 215
신뢰구간 136, 141, 142, 143, 144, 145, 146, 147, 148, 149, 150, 152, 153, 154, 172, 174, 177, 180, 204, 213, 214, 215, 216, 219, 220, 222, 247
신뢰수준 142, 143, 148, 161, 168, 176
쌍체표본 205, 235, 236, 237, 239

ㅇ

알파(α-)오류 174
양적 변수 11, 13, 294
양측검정 178, 179, 185, 186, 187, 207, 208, 209
F-분포 323
F-분포표 323
*F*값 323, 328
여집합 173, 179, 206
연구가설 173
연속변수 11, 13
연속확률변수 88, 89
영가설 173
오른쪽 꼬리 158, 189, 190, 197
OLS 303
오차 18, 19, 20, 21, 288, 289, 298, 306, 314, 321
왜도 32, 34, 35, 41
왼쪽 꼬리 164, 197, 217
원인이 있는 오차 18
유의수준 153, 176, 179, 206
이산변수 11, 13
II종 오류 173, 174, 175
이항분포 92, 93, 96
인과관계 11, 12, 264, 265, 267, 275, 286, 289, 290, 319, 319, 332
I종 오류 173, 174, 175, 176, 206, 349
임계치 177, 178, 179, 180, 185, 187, 189
임의오차 18, 19

ㅈ

자연 영(0) 16, 17
자유도 153, 154, 185, 186, 187, 233,

234, 236, 250, 307, 321, 323, 328, 346, 348
잔차 302, 303, 307, 308, 309
전수조사 19, 118, 136
절편 298, 299, 301, 318, 326
점추정 139, 141, 148
정규분포 27, 32, 34, 35, 97, 98, 99, 100, 101, 102, 125, 126, 143, 144, 151, 152, 180, 204, 246, 247, 297
정밀도 18, 19, 141
정확도 18, 19, 141
Z-값 101, 102, 105, 108, 150, 164, 181, 189, 196, 211
조건부 확률 85, 86
종속변수 11, 12, 286, 288, 289, 290, 291, 296, 298
주관적 의미의 확률 80, 81
중심극한정리 125, 126, 145, 148, 150, 158, 178, 180, 191, 199, 246
중앙값 24, 26, 27, 32, 35, 41, 98
질적 변수 11, 13, 246
집락표본추출 121

ㅊ

채택역 177, 178, 180, 208, 209, 210, 217
척도 14
체계적 표본추출 122
총변동 308
총변량 307, 308, 309
최량선형불편추정량 310
최빈값 24, 26, 27, 32, 35, 41, 98
최소자승법 302, 303, 306, 310, 312, 317, 318
추론통계학 19, 145, 274
층화군집표본추출 122
층화표본추출 120, 121, 122

ㅋ

χ^2-검정 246, 247, 251, 252

ㅌ

통계량 33, 91, 137
통계치 25, 154, 269
*T*값 154, 186, 199, 320,
t-검정 185, 186, 187, 201, 237, 238, 239, 241, 242, 319, 320, 321
t-분포표 153, 186, 187, 209, 221, 223, 320

ㅍ

편의 18, 19, 140, 141, 311, 341, 346, 348
평균의 표본분포 123, 125, 126
표본 19, 20, 21
표본공간 82, 83, 84
표본분포 125, 126, 129, 246, 310
표본의 크기 31, 123, 125, 126, 129,

140, 144, 150, 152, 153
표본추출오차 20, 21, 118, 119, 142, 146, 148
표본평균들의 분포 125, 126, 145, 146, 150, 151
표본평균들의 평균 124, 125, 140, 151
표본회귀선 300, 301, 302, 303, 305, 306, 307, 309
표준오차 125, 147, 181, 211, 306, 307, 321, 326
표준편차 30, 31, 91, 92, 97, 102, 125, 126, 139
표준화된 정규분포 101, 102, 150, 181, 182, 185, 208, 209
피셔(R. Fisher) 151
피어슨(K. Pearson) 269
피어슨 비대칭도 계수 35
피어슨 상관계수 269

ㅎ

함수 87, 88, 97, 289, 299, 310, 312
합집합 85
확률 79, 80, 81
확률밀도함수 97, 98
확률변수 87, 88, 89
확률변수의 기대값 90
확률변수의 분산 91
확률분포 89, 90, 97, 289, 291
확률의 기본 공리 84
확률적 실험 81, 82, 83, 84, 87, 89, 90, 294
회귀 287, 288
회귀계수 298, 301, 303, 305, 306, 310, 314
회귀계수의 유의성 검정 320, 321, 322, 327
회귀분석의 기본가정 312, 326, 341
회귀모형의 유의성 검정 328
회귀방정식 312, 317
회귀분석 267, 271, 286, 287, 288, 289, 290, 291, 292, 294, 300, 312, 317, 321, 349
회귀선 271, 295, 296, 297, 298, 299, 300, 301, 302, 303, 305, 306, 307, 308, 309, 310, 313, 314, 318, 319, 339, 340, 341
회귀선의 적합성 309
히스토그램 62, 64

[저 자 약 력]

한국외국어대학교 정치외교학 학사
미국 로체스터대학교 정치학 석사
미국 뉴욕주립대학교(SUNY at Stony Brook) 정책학 박사
(정책분석 및 평가 전공)
대통령자문 지속가능발전위원회 전문위원
한국행정학회 편집위원
각종 공무원 시험, 공인 자격시험 출제위원
현, 호서대학교 법정학부 행정학과 교수

E-mail: duckjoon@hoseo.edu

행정계량분석

2015년 8월 20일 초판 인쇄
2015년 8월 25일 초판 발행

저 자 김 덕 준
발행인 배 효 선
발행처 도서출판 法 文 社
주 소 413-120 경기도 파주시 회동길 37-29
등 록 1957년 12월 12일 제2-76호(윤)
TEL (031)955-6500~6 FAX (031)955-6525
e-mail (영업) bms@bobmunsa.co.kr
(편집) edit66@bobmunsa.co.kr
홈페이지 http://www.bobmunsa.co.kr
조 판 성 지 이 디 피

BUM MOON SA

정가 25,000원 ISBN 978-89-18-02437-0